"十二五"普通高等教育本科国家级规划教材

21世纪经济管理新形态教材·营销学系列

国际市场营销学

(第四版)

闫国庆 ◎ 主　编

孙　琪　黄锦明　郑蕾娜　闫　晗 ◎ 副主编

清华大学出版社
北京

内容简介

本书全面系统地介绍了国际市场营销学。

全书分为六篇：导论、国际营销环境分析、国际营销战略、国际营销组合策略、国际营销的组织和控制、国际营销的未来。

本书全面地、创新性地引入了新形态教材的理念与方法，将纸质、网络多种媒介有机结合在一起。本书每章都有全球视角引出每章内容，章后附有本章小结、课后习题、本章讨论案例以及自我评价。同时，通过扫描书上各章节中的二维码，可查看PPT、补充说明资料以及教学大纲、模拟试卷和答案等。这些为同学学习、迎考及老师的备课带来了极大便利，提高了教与学的效率。

本书封面贴有清华大学出版社防伪标签，无标签者不得销售。
版权所有，侵权必究。举报：010-62782989，beiqinquan@tup.tsinghua.edu.cn。

图书在版编目(CIP)数据

国际市场营销学 / 闫国庆主编. —4版. —北京：清华大学出版社，2021.1（2025.1重印）
21世纪经济管理新形态教材. 营销学系列
ISBN 978-7-302-57103-2

Ⅰ.①国⋯ Ⅱ.①闫⋯ Ⅲ.①国际营销－高等学校－教材 Ⅳ.①F740.2

中国版本图书馆CIP数据核字(2020)第251246号

责任编辑：刘志彬
封面设计：汉风唐韵
版式设计：方加青
责任校对：王荣静
责任印制：曹婉颖

出版发行：清华大学出版社
网　　址：https://www.tup.com.cn，https://www.wqxuetang.com
地　　址：北京清华大学学研大厦A座　　　邮　编：100084
社 总 机：010-83470000　　　邮　购：010-62786544
投稿与读者服务：010-62776969，c-service@tup.tsinghua.edu.cn
质 量 反 馈：010-62772015，zhiliang@tup.tsinghua.edu.cn

印 装 者：大厂回族自治县彩虹印刷有限公司
经　　销：全国新华书店
开　　本：185mm×260mm　　印　张：26.25　　字　数：599千字
版　　次：2004年8月第1版　2021年3月第4版　印　次：2025年1月第10次印刷
定　　价：69.00元

产品编号：091069-01

前 言

中国和世界正处于"百年未有之大变局"：世界经济重心在变、世界政治格局在变、全球化进程在变、科技与产业关系在变、全球治理在变，国际秩序和全球治理体系正面临重塑。同时，国际市场营销环境发生着深刻的变化：市场不断延伸，国际化程度超过任何时代，企业间的市场竞争空前激烈。对于中国企业，从早年看似遥远的国际市场营销，逐步发展到今天近在咫尺的国际市场营销，所亟待解决的已经不是如何面对的问题，而是如何真真实实地参与其中、融入其中。中国已经成为国际市场环境中不可或缺的元素，中国企业也正在长袖善舞一样在全球的市场竞争中展现着充满东方智慧的营销哲学、营销技巧。在这日新月异的环境下，本书迎来了第四版修订工作。

本书作为国家级规划教材和21世纪经济管理新形态教材，自出版以来得到社会各界广泛的认可，国内百余所高校及一些培训机构采用本书作为教材，本书亦有在短时间内20余次印刷的畅销史。兄弟院校和培训机构对本教材的采用是对我们工作的认可，更是一种鼓励和鞭策，使我们有一种强烈的责任感和使命感要将本书修改得更加完善。我们很荣幸，能够在这样一个不断变化又充满挑战的市场环境中，用心去编著一本能够与时代共呼吸、共进步的具有中国气派的高校国际营销教材，让采用本书做教材的高校、培训机构、国际营销人员能够与我们一起近距离地感受国际市场营销环境中的新理论、新思维、新案例所带来的认知变化。

本书力图在以下方面有所作为：

1. 在形成一个科学的、适应当代国际营销发展形势需要的"国际营销"课程体系上有所建树。本书在借鉴国内外相关教材结构体系的基础上构建了自身的体系，各章节之间逻辑关系清楚，涵盖了当今国际营销理论与实务的全貌，并增加了近年国内外对外经贸政策的新变化。

2. 内容安排上让教师易教、学生易学且产生兴趣。由于本书重点关注的是大学毕业后直接从事一线工作的同学，所以讲通如何将理论运用到实践对本书来说尤为重要。因此，本书尽量简化对各种模型的解释，同时注重运用各国的实例来印证国际营销理论，使分析更具说服力，并引起学生的浓厚兴趣。

3. 案例分析覆盖国际国内最具代表性的企业经典案例。本书注重通过案例分析介绍各种国际营销新理念、新方法的影响。丰富而鲜活的国内外案例给读者更多贴近感和现实感。

4. 行文风格活泼，资料新颖。以学生为导向是本书的行文风格。每章通过全球视角导入，章前有学习目标，章后有本章小结、课后习题以及自我评价。这些栏目设置有助于引起学生的学习兴趣，激发学生的总结与创新能力。

5. 全面地、创新性地引入新形态教材的理念与方法。将纸质、网络多种媒介有机结合在一起，使学生可以从文字、PPT等获取教学相关知识与内容，为学习带来极大便利，也提高了教与学的效率。本书每章都由全球视角引出每章内容，同时，通过扫描书上各章节中的二维码，可查看PPT、补充说明资料以及教学大纲、模拟试卷和答案等。这些理念与方法的运用，对提高学生的学习兴趣，扩展视野，培养创新性思维，促使其更深刻地掌握每章知识点，巩固和运用所学知识将起到重要作用。

6. 挖掘提炼本课程所蕴含的思政元素和德育功能，实现思政教育与专业教育的同向同行。党的二十大报告提出要深化教育领域综合改革，加强教材建设和管理，完善学校管理和教育评价体系，健全学校家庭社会育人机制。本教材坚持以习近平新时代中国特色社会主义思想为指导，贯彻党的二十大精神和党的教育方针，落实立德树人根本任务，坚持和弘扬社会主义核心价值观，落实教材国家事权，服务国家发展战略，服务自主知识体系构建。扎根中国大地，站稳中国立场。引导学生坚定道路自信、理论自信、制度自信、文化自信。本教材紧密结合每一篇每一章的主题，设计思政，运用社会关注热点、重大事件、经典企业案例阐述思政，运用文字和视频传达思政，向学生布置思政作业，要求学生完成。进而升华学生的思想品德境界，为今后成为有社会责任感的营销者奠定基础。

营销，永远是一门与时俱进的学科。因此，我们在保留前三版的整体框架及特色的基础上，对原书又一次进行了较大程度的修订。

一是重写了原书第17章和第18章的内容，将国际市场营销中最前沿的网络、移动和社交媒体营销的内容纳入其中，深刻反映数字经济时代下国际市场营销的深度变革。同时，对国际市场营销的未来进行了展望，对国际营销环境、国际营销观念、国际营销战略、国际营销模式及国际营销业态在未来的发展提出了我们的见解，具备很强的前瞻性。

二是将原书的第7章与第8章的内容进行合并，并在原书基础上进行了结构上的优化调整，让本书的体系更具有严谨性和逻辑性。

三是每章增加了"即测即练题"板块，将随堂学习与随堂测试相结合，让学生及时学会书中的每个知识点，领会国际市场营销的精髓。

四是每个章节的全球视角、超级链接、本章讨论案例等内容都进行了全面的修改和完善，对每一章的数据进行了全面更新。

本书具体写作分工如下：闫国庆编写第1章、第2章、第16章和第17章，黄锦明编写第3章、第4章、第5章和第6章，郑蕾娜编写第7章、第8章和第9章，孙琪编写第10章、第11章、第12章和第13章，闫晗编写第14章和第15章，谢翠华、刘明哲、连新泽参与了第16章和第17章的写作。全书由闫国庆总纂、定稿。

一本好的教材需要不断的修订，要与理论和现实的发展保持紧密的联系。借用冯友兰先生的说法，做学问有"照着讲"和"接着讲"两种。本书在一定程度上已经完成了"照着讲"和部分"接着讲"的任务,但在"接着讲"方面,还需不断努力前行。我们期待与大家一起在教与学的过程中对本教材不断完善,在完善的过程中不断提高,始终把握"国际市场营销学"最鲜活、最具生命力的时代脉搏。

我们真诚地等待着您对本书一如既往、十分宝贵的意见与建议。再小的改进、改变、改善都是一种进步!

闫国庆
2024 年 1 月

致 谢

在本书的写作过程中，我们还要对本书借鉴和吸收的大量海内外研究成果、文献著作的著作者和出版者表示衷心的感谢！是大家的共同努力推动着"国际市场营销学"这一领域研究与教学的发展，我们的努力只不过是沧海一粟！

本书不仅是编者多年教学和实践经验的结晶，更是团队精诚合作的产物。众多老师、同学及政府和企业界人士参与了本书资料搜集、整理及相关内容写作与评论，为本书出版付出了满腔的热情与辛勤的汗水。他们是：

李宣墨、何佳音、刘星伍、李思远、靳佩佩、王昊楠、潘越、王天娇、盛方欣、王锦霞、张春红、吕倩倩、胡月、沈怡婷、张悦、胡聪慧、付靓霞、刘凤凤、李悦、陈美琪等。（第四版）

孔文超、谈圆、刘财旺、刘嘉豪、孔汝萍、王童倩、胡慧娇、徐进、宋雪芳、任淑婷、高腾达、孙有億、沈婷桦、赵秉龙、朱芬芬、王盼等。（第三版）

王玲玲、陈雯、吴江明、陈奕串、邓博文、洪灿锋、倪飞林、张滨、胡炳、曾超、何润茜、孙博廷、许玲蔚、章健、王英、何铮铮等。（第二版）

王萍、陈晓峰、郑晶晶、戚建媚、方杰璇、赵琼婉、蒋军伟、朱丹、朱丽君、韩芳芳、姚星考、孙丽君等。（第一版）

在本书的写作与修订过程中，清华大学出版社经济管理事业部刘志彬主任等多次与编撰团队进行友好、深入的沟通讨论，对修订方案及许多细节内容给予了有针对性的、有效的指导与帮助。

许多使用本书的学生及老师对本书提出了很多中肯的意见；不少热心读者在使用本书的过程中提出了很多宝贵的建议；一些海外朋友为本书提供了大量的国外相关资料、最新研究成果和数据等。雅戈尔、奥克斯、世贸通、全球贸易通、海通、银亿、杉杉、中基等集团公司的经理与业务员们与我们倾心交流，提供了大量珍贵的第一手资料，这是使本书最贴近"国际市场营销学"实践所不可或缺的。

最后，要感谢我们家人无私的支持，我们在写作过程中遇到重重难题时，总能得到他们及时的、亲切的鼓励。我们将本书献给他们！

闫国庆
2024 年 1 月

目 录

第一篇 导论

第1章 认识市场营销 ·············· 2
全球视角 泰国东方饭店的故事 ·········· 2
1.1 营销的定义 ·············· 3
1.2 市场营销学的核心概念 ······· 5
1.3 营销观念 ·············· 12
本章小结 ·············· 17
关键术语 ·············· 17
课后习题 ·············· 18
本章讨论案例 耐克和New Balance营销
战略比较分析 ······· 18
讨论题 ·············· 19

第2章 国际营销学主要概念及其基本
理论 ·············· 20
全球视角 营销理论中的西方战略迷局 ·· 20
2.1 国际营销学的主要概念及其形成 ···· 21
2.2 国际营销学的基本理论 ······· 24
本章小结 ·············· 39
关键术语 ·············· 39
课后习题 ·············· 39
本章讨论案例 宝洁公司在中国本土的
营销战略 ········ 40
讨论题 ·············· 42

第二篇 国际营销环境分析

第3章 国际营销经济环境 ·········· 44
全球视角 当今世界经济格局发生
深刻变化 ·············· 44
3.1 世界经济环境分析 ·········· 46
3.2 区域市场环境 ·············· 56
本章小结 ·············· 65
关键术语 ·············· 65
课后习题 ·············· 66
本章讨论案例 海尔进入印度尼西亚市场·· 66
讨论题 ·············· 68

第4章 国际社会文化环境 ·········· 69
全球视角 肯德基公司"家乡鸡"
香港市场沉浮 ········ 69
4.1 文化的概念及其文化环境的重要性·· 71
4.2 文化的基本要素 ·············· 73
4.3 社会文化环境的综合评价 ········ 78
4.4 社会文化环境对国际营销产品的
影响 ·············· 84
本章小结 ·············· 86
关键术语 ·············· 86

课后习题 ·········· 87
本章讨论案例 芭比娃娃的失败营销 ·········· 87
讨论题 ·········· 89

第5章 国际政治法律环境 ·········· 90

全球视角 全球治理困境凸显 ·········· 90
5.1 国际政治环境 ·········· 91
5.2 国际法律环境 ·········· 95
本章小结 ·········· 100
关键术语 ·········· 101
课后习题 ·········· 101
本章讨论案例 新冠疫情蔓延全球，国际油价"三国杀"陷负和博弈？ ·········· 101

讨论题 ·········· 104

第6章 国际营销信息系统和营销调查 ·········· 105

全球视角 麦当劳这么懂客户 全因大数据 ·········· 105
6.1 国际营销信息系统 ·········· 107
6.2 国际营销调查 ·········· 110
本章小结 ·········· 118
关键术语 ·········· 118
课后习题 ·········· 118
本章讨论案例 可口可乐的新口味产品的试验 ·········· 119
讨论题 ·········· 119

第三篇 国际营销战略

第7章 国际营销战略规划及其竞争策略 ·········· 122

全球视角 沃尔玛的零售冠军之道 ·········· 122
7.1 行业分析及竞争对手分析 ·········· 124
7.2 公司层次的战略 ·········· 127
7.3 国际营销战略规划过程 ·········· 136
7.4 竞争战略设计及策略设计 ·········· 140
本章小结 ·········· 145
关键术语 ·········· 145
课后习题 ·········· 146
本章讨论案例 福特潜伏战 ·········· 146
讨论题 ·········· 148

第8章 国际营销的市场细分与目标市场选择 ·········· 149

全球视角 宜家的选择 ·········· 149
8.1 国际市场的细分 ·········· 150
8.2 国际目标市场评估和选择 ·········· 155
8.3 进入国际市场方式 ·········· 158

本章小结 ·········· 164
关键术语 ·········· 164
课后习题 ·········· 164
本章讨论案例 Brandless的营销新思维 ·········· 165
讨论题 ·········· 167

第9章 国际营销的产品差别化和定位 ·········· 168

全球视角 Costco电商大潮中逆势而起 ·········· 168
9.1 国际营销的差别化 ·········· 169
9.2 国际营销的产品定位 ·········· 176
本章小结 ·········· 180
关键术语 ·········· 181
课后习题 ·········· 181
本章讨论案例 太古集团的产品与服务差别化 ·········· 182
讨论题 ·········· 184

第四篇 国际营销组合策略

第 10 章 国际市场产品策略 ········· 186

全球视角 苹果公司傲人销售业绩背后的
　　　　 产品营销策略 ········· 186
10.1 国际产品整体概念 ········· 187
10.2 国际产品的调整与适应策略 ········· 189
10.3 国际市场产品生命周期 ········· 198
10.4 国际新产品开发策略 ········· 203
10.5 国际品牌策略 ········· 210
本章小结 ········· 218
关键术语 ········· 219
课后习题 ········· 219
本章讨论案例 时装杀手 ZARA，
　　　　　　　 席卷全球 ········· 220
讨论题 ········· 221

第 11 章 国际市场价格策略 ········· 222

全球视角 宜家的价格策略 ········· 222
11.1 国际定价的影响因素 ········· 223
11.2 国际定价方法及程序 ········· 227
11.3 国际定价策略 ········· 231
11.4 国际市场的价格管理与控制 ········· 239
11.5 跨国公司定价策略 ········· 244
本章小结 ········· 250
关键术语 ········· 250
课后习题 ········· 251
本章讨论案例 铁矿石定价的尴尬 ········· 251
讨论题 ········· 252

第 12 章 国际市场分销渠道策略 ········· 253

全球视角 华为公司的分销模式 ········· 253
12.1 国际分销渠道结构 ········· 254
12.2 国际分销渠道成员类型 ········· 258
12.3 国际分销渠道决策 ········· 265
12.4 国际分销渠道管理 ········· 271
本章小结 ········· 276
关键术语 ········· 276
课后习题 ········· 277
本章讨论案例 从一块肥皂诞生而来的
　　　　　　　 日化巨头 ········· 277
讨论题 ········· 279

第 13 章 国际市场促销策略 ········· 280

13.1 国际广告策略 ········· 281
13.2 国际市场人员推销策略 ········· 288
13.3 国际市场营业推广策略 ········· 294
13.4 国际营销公共关系策略 ········· 303
本章小结 ········· 309
关键术语 ········· 309
课后习题 ········· 310
本章讨论案例 悦诗风吟的组合营销 ········· 310
讨论题 ········· 311

第五篇 国际营销的组织与控制

第 14 章 国际营销的组织 ········· 314

14.1 国际营销组织的演进及其结构
　　　类型 ········· 315
14.2 影响国际营销组织结构的因素 ········· 322
14.3 企业在选择国际营销组织形式时
　　　要考虑的主要因素 ········· 323
本章小结 ········· 325
关键术语 ········· 325
课后习题 ········· 326
本章讨论案例 ABB 公司的组织结构 ········· 326
讨论题 ········· 327

第 15 章 国际营销的控制 ········· 328

15.1 国际营销控制的影响因素 ········· 328

15.2 国际营销控制模式 …………… 330
15.3 国际营销控制的程序 …………… 332
15.4 国际营销控制的类型 …………… 333
本章小结 …………………………… 343
关键术语 …………………………… 343
课后习题 …………………………… 344
本章讨论案例　麦当劳的营销控制 …… 345
讨论题 ……………………………… 346

第六篇　国际营销的未来

第16章　国际营销的数字经济时代：网络、移动和社交媒体营销 ……… 348

全球视角　汉堡王："为了皇堡绕路" …………………………… 348

16.1 国际市场网络、移动和社交媒体营销的产生与发展 …………… 349
16.2 网络、移动和社交媒体营销的内涵、特点及功能 ……………… 351
16.3 国际市场网络、移动和社交媒体营销的影响 …………………… 358
16.4 国际市场网络、移动和社交媒体营销的策略与方法 …………… 363
本章小结 …………………………… 369
关键术语 …………………………… 369
课后习题 …………………………… 369
本章案例讨论　漫威影业的微博营销 …… 370
讨论题 ……………………………… 371

第17章　国际营销展望 ……………… 372

17.1 国际营销环境更迭化 …………… 372
17.2 国际营销观念丰富化 …………… 377
17.3 国际营销战略层次化 …………… 385
17.4 国际营销组合策略多元化 ……… 386
17.5 国际营销模式个性化 …………… 391
17.6 国际营销手段虚拟化 …………… 394
17.7 国际营销业态数字化 …………… 395
本章小结 …………………………… 396
关键术语 …………………………… 397
课后习题 …………………………… 397
本章讨论案例　腾讯营销 ………… 398
讨论题 ……………………………… 399

主要参考文献 …………………… 400

主要参考网站 …………………… 404

第一篇 导论

第1章
认识市场营销

学完本章，你应该能够：

1. 掌握营销的含义；
2. 领会市场营销学的核心概念；
3. 熟悉各种有代表性的传统营销观念和现代营销观念；
4. 明晰营销观念历史演进的轨迹。

泰国东方饭店的故事

泰国东方饭店距今已有100多年历史，是世界十大饭店之一。东方饭店每天爆满，顾客想入住该饭店都要提早一个多月预订。

记得当时我在那里住的时候，早上一起来，服务生就迎上来问候："早，余先生！"

"你怎么知道我姓余？"

"余先生，我们饭店有个规定：晚上客人睡觉的时候，这个楼层的服务生要背每一个房间客人的名字。"

这让我很欣慰。我坐电梯下楼去，电梯门一开，已经有一位小姐站在那里。

"早，余先生，吃早餐吗？"

唉呀，这位也知道我姓余呀！

"你怎么知道我姓余？"

"上面的电话刚刚下来，说余先生下来了。"

她带我到餐厅去，一进门服务生就问："老位置吗？"

哟，还老位置！

"余先生，去年4月17日你来过这里，坐靠河的第二个窗口。是吗？喜不喜欢老位置？"

我说："好吧，就老位置！"

我欣慰地坐下去，原来他们的电脑里有我的记录。

"余先生，老菜单吗？"

我说："再加一个水果！"

有一道菜上来，我问服务生："这是什么东西？"

他看一下，后退一步，说："这是××。"

我说："那这又是什么东西？"

他上前看一下，又后退一步，说："那是××。"

为什么后退一步？因为他怕他的口水会喷到我的饭里！

他居然后退一步！这种教养我在世界各地都很少看到。

回到台湾后约两三年，我居然收到他们一封信："亲爱的余先生，祝您生日快乐！您已经三年没来我们饭店，我们全饭店的人都非常想念您。"

今天是我的生日……他们竟然知道！

我跑到卧室里哭了一场，太感激了！发誓这辈子再经过泰国我一定去住那个东方饭店。

显然，泰国东方饭店的成功主要是营销观念和方法的成功，它切切实实地奉行顾客就是上帝的营销观念，而且把这种观念渗透到每一个细节，努力做到让顾客满意。

资料来源：根据余世维博士的《成功经理人》讲座内容改编．

国内营销和国际营销的主要差别是营销活动范围的不同，一个是国内范围，一个是国际范围。营销的绝大多数观念、思想和策略可以同时适用于国内营销和国际营销。从这种意义上来讲，学习国际营销首先要学习营销的一些基本概念和思想。

1.1 营销的定义

本门课程学的是国际营销，那么什么是营销？很多人会回答，营销就是卖东西，或者说营销就是推销和做广告。之所以会这样，是因为在当今社会里，人们每天都接触到大量的广告，每天都有人通过各种手段和媒体向我们推销各种各样的商品。然而，推销和广告仅仅是营销的一部分内容，并且不是最重要的内容。

那么，营销到底是什么？几十年以来，人们从不同的角度对营销进行了定义，其中被普遍接受的定义有两条。一条是美国市场营销协会（American Marketing Association）定义：

营销是计划和执行关于商品、服务和创意的构想、定价、促销和分销，以创造符合个人和组织目标的交换的一种过程（Marketing is the processes of planning and executing the conception, promotion, and distribution of ideas, goods, services to create exchange that satisfy individual and organizational goals）。

美国营销协会关于营销的定义可以从以下几个角度来理解。首先，营销是一组活动的总和，而不是一项单一的活动，它包括产品（Product）、价格（Price）、促销（Promotion）和渠道（Place）策略的设计和规划。这四项策略通常简称为4Ps。

其次，营销活动是指向一定目标的，这个目标就是顾客。因此，以上营销组合策略的设计必须能够影响经营渠道和顾客的购买行为，如图1-1所示。

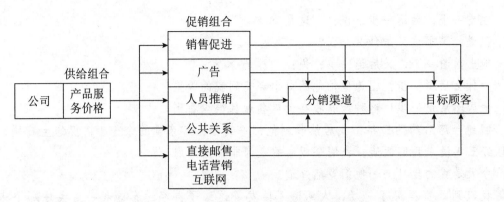

图 1-1　市场营销活动过程中的营销组合策略

此外，营销是一个过程，并且都是在一定的环境中进行的。因此，企业的营销活动除了考虑顾客的需要和购买决策行为之外，还要考虑来自环境和竞争对手的影响。道理很简单，不同的经营环境和不同的竞争对手决定了企业应该采用不同的营销战略和策略。图 1-2 说明了现代营销系统所包括的主要要素：企业自身、经营环境、顾客、竞争对手、供应商和中间商。

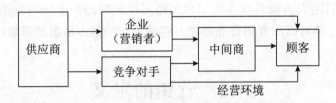

图 1-2　现代营销系统的构成要素

另一条被普遍接受的定义是美国营销大师菲利普·科特勒所提出的"世界上最短的营销定义"——比竞争对手更加有力地满足顾客的需要。这条定义虽然短，但却包括了市场营销的所有内容。因此，从某种意义上说，学习市场营销就是学习这一句话。

首先，这句话告诉我们：什么是正确的市场营销观念，即在开展市场营销活动时应该怎么想。显然，这句话的中心词是"顾客的需要"，它要求企业的市场营销活动要从顾客的需要出发，把满足顾客需要作为企业营销活动的基本点和出发点。这句话另一个关键词是"竞争对手"。它告诉我们，在满足顾客需要的过程中，企业要比竞争对手做得更好。

其次，这句话还告诉我们市场营销应该怎么做，即市场营销活动的内容。如上所述，企业的营销活动要从顾客的需要出发。因此企业首先要研究顾客，以了解顾客的需要，而顾客都生活在一定的社会环境里，顾客的购买行为受各种环境因素、自身特征因素和竞争对手的影响。因此，企业首先要分析宏观环境、顾客购买行为和竞争对手，以确定企业的营销机会之所在。这个过程称作分析营销机会。发现了市场机会以后，企业就需要制定有效的营销战略来利用这个市场机会。然而，营销战略还只是方向性的框架，企业要想把市场机会转变成实实在在的利润，还需要把营销战略

扩展阅读 1.1
市场营销的主要职能

扫码　阅读

具体化，称之为营销策略。这个过程称作制定营销策略。企业制定并实施营销策略后，能不能达到预期的目标还需要对营销活动进行有效的管理，包括营销活动的计划、组织、评价和控制等。

从上面的两个普遍接受的营销定义，我们可看出市场营销学的基本内容包括以下5个部分：

（1）认识市场营销，主要内容包括市场营销的主要概念、市场营销观念及其历史演进；

（2）分析营销机会，主要内容包括宏观环境分析、顾客行为分析、行业分析和竞争分析；

（3）制定营销战略，主要内容包括企业战略规划、市场细分、选择目标市场、差别化和产品定位；

（4）制定营销策略，主要内容包括产品策略、定价策略、渠道策略、促销策略设计；

（5）营销活动的组织和控制，主要内容包括营销活动的计划、组织、评价和控制。

当然，要想进一步了解市场营销，还需要对营销学里的核心概念有准确的理解。这些核心概念主要包括：需要、欲望、需求、产品和服务、顾客价值、顾客满意、质量、交换、交易、关系和市场。这些概念之间还存在着内在的联系，构成一个闭合的环路，如图1-3所示。

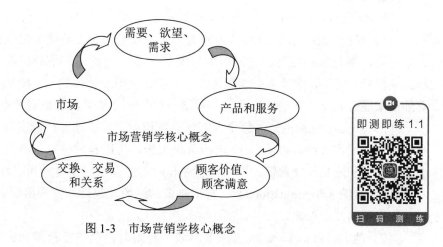

图1-3 市场营销学核心概念

1.2 市场营销学的核心概念

1. 需要、欲望、需求

一切市场活动都是由人类的需要和欲望引起的，如果人类没有需要和欲望，也就不存在市场和市场活动，因此，研究市场营销首先要研究人类的需要和欲望。

需要（Needs）是指人类固有的基本要求，比如衣、食、住、行等；欲望（Wants）是指想要得到能满足需要的东西或服务的愿望；需求（Demands）是指有能力且意愿购买某个具体产品的欲望。

比如，人有维持体面的需要，欲望可能是得到一辆奔驰车，但是并不是大多数人能够并愿意买一辆奔驰。如果有能力购买而且也有意愿购买，这时，欲望就变成了需求；如果没有购买力，那么欲望最多还只是一种潜在的需求。

在需要研究方面，比较有影响的有马斯洛的需要层次理论。该理论指出人类的基本需要主要有五种：生理的需要、安全的需要、感情与归属的需要、自尊的需要和自我实现的需要。

2. 产品或市场提供物

人类有需要和欲望，自然就要通过提供某种产品或服务来满足这种需要或欲望。

那么，什么是产品？产品（Product），也称市场提供物（Offerings），是提供给市场的，供顾客购买、使用、消费的，能满足顾客某种需要或者愿望的任何东西。

在市场营销学里，产品或市场提供物涉及10种概念。

（1）商品（Goods）：有的翻译成实物产品。这种产品形式最为普遍，比如牙膏牙刷、汽车、电脑及衣服等。

（2）服务（Services）：可能是产品的一部分，这种称为支持性服务；也可能本身就是一种产品，比如教师的上课、律师的辩护和医生的诊断等。当下，服务在总体产品中所占的比重越来越大。

（3）事件（Events）：比如奥运会、展览会等。

（4）经历（Experiences）：也称为体验。像蹦极、游览迪斯尼乐园、旅游、探险和看电影等，都是一种经历。它可以本身就是产品，或者是产品的一部分。例如，顾客在星巴克消费的时候，除了享用咖啡之外，主要还经历一种体验——坐在大幅玻璃墙里面，看外面来往的人流，观察世间百态。对城市白领阶层来讲，这是一种有价值的体验。

（5）人员（Persons）：每个人都在有意识或无意识地对自己进行营销，以赢得社会和公众的认同和接纳。对于2012年的总统大选，奥巴马和普京需要营销，以赢得更多的选票；歌星和影星需要营销，以赢得歌迷和影迷的喜欢，使电影和唱片更畅销。

（6）组织（Organizations）：越来越多的组织（包括非营利组织）对自己进行营销，以建立良好的社会形象。

（7）地方（Places）：越来越多的城市开始对自己进行营销。比如大连，大连市领导认为城市漂亮了，自然会有更多的外资企业和外地游客光顾，城市收入就会相应增加，而且城市漂亮了，老百姓的生活质量和心情就会更好。因此，从多方面增加了城市的价值，并且这个价值远远大于城市建设的成本。

（8）财产权（Properties）：如股票、债券等。

（9）信息（Information）：如房屋介绍所提供的信息。

（10）主意（Ideas）：比如咨询公司的管理建议。

3. 顾客满意、顾客价值、顾客让渡价值、价值链

仅仅知道顾客有哪些需要和欲望并提供产品是不够的，企业还要想办法去满足这种需要，也就是说要让顾客满意。顾客满意（Customer Satisfaction）是现代营销学的核心，

现代营销学就是围绕着顾客需要的满足（即顾客满意）展开的。使顾客满意度最大化，进而使顾客忠诚和培养顾客资源，既强化了企业的抵御市场风险的能力，也有助于经营管理创新，同时也是企业持续稳定增效的重要保证。

菲利普·科特勒认为，顾客满意是指一个人对一种产品感知到的效果与他的期望值比较后，所形成的愉悦或失望的感觉状态。如果效果低于期望值，顾客就不会满意；如果效果和期望值相当，顾客就满意；如果效果超过期望值，顾客就会高度满意或欣喜。

那么顾客如何形成他们的期望值呢？期望值主要基于顾客过去的购买经验、朋友和伙伴的种种言论以及营销者的承诺。因此，营销者如果将期望值提得太高，顾客很可能会失望。

超级链接 1-1

企业和品牌如何与顾客建立联系

数字时代催生了一系列建立顾客关系的新型工具，从网站、在线广告和视频、移动广告和应用软件、博客，到在线社区以及Twitter、Facebook、YouTube、Instagram和Pinterest等大众社交媒体。

过去，企业主要采用大众营销，针对大范围的顾客，但与顾客之间有着一定的距离。而如今，企业采用在线媒体、移动媒体和社交媒体营销，精准定位目标群体，并与顾客进行更深入的互动。旧式营销是将品牌营销给顾客，新式营销则是顾客参与营销——通过促成顾客直接和持续的参与来塑造品牌对话、体验和社区。顾客参与营销的目的远不只把品牌推销给消费者，还有使品牌成为消费者交流和生活中有意义的一部分。

互联网和社交媒体的快速发展极大地促进了顾客参与营销的发展。如今的消费者与以往相比掌握了更多的信息，相互之间联系更加紧密且具有更大的控制权。新型消费者对品牌有更多的了解，并拥有丰富的数字平台用以向他人传播、与他人分享自己对品牌的看法。因此，如今的营销人员不仅仅要进行顾客关系管理，同时要让顾客管理关系，在这个过程中顾客通过与企业和与其他顾客联系来形成自己的品牌体验。

顾客权力的增加意味着企业不能再依赖入侵式的营销。企业必须要采用吸引式的营销，即创造会吸引顾客的市场供给物和信息，而不是打扰他们。因此，如今大多数营销人员都将大众媒体营销与一系列在线、移动、社交媒体营销等方式相结合，以促进品牌与顾客的互动和对话。

例如，企业会将自己最新的广告和宣传视频发布在社交媒体网站上，希望能产生病毒式传播。它们在Twitter、YouTube、Facebook、Pinteret、Instagram、Vine和其他的社交媒体上频繁出现以创造品牌讨论。企业发布自己的博客、移动App在线微型网站和消费者评价系统，目的是更个性化、更互动化地吸引顾客参与。

以Twitter为例，从戴尔、捷蓝航空、唐恩都乐到芝加哥公牛队、美国赛车协会和洛杉矶消防部，这些机构都注册了Twitter账号并在上面做推广。它们利用Tweet与Twitter上2.88亿活跃用户进行对话，处理顾客服务问题，研究顾客反应并提升相关文章、网站、移动端、竞赛、视频和其他品牌活动的流量。

类似地，几乎每家企业都在 Facebook 上有一些营销活动。星巴克在 Facebook 上有 3 800 万"粉丝"，可口可乐的"粉丝"则超过 9 400 万。每个企业都有一个 YouTube 频道，在那里品牌和"粉丝"可以发布最近的广告以及其他供娱乐或获取信息用的视频。企业巧妙地使用社会媒体让顾客参与进来并谈论其品牌。

参与式营销的关键在于找到将有吸引力的品牌相关信息加入到消费者对话中的方法。简单地发布一个幽默视频、建立一个社交媒体主页或开一个博客是不够的。成功的参与式营销意味着为顾客的生活和对话作出相关的、真实的贡献。

资料来源：（美）加里·阿姆斯特朗，（美）菲利普·科特勒著，赵占波等译. 市场营销学案例 [M]. 北京：机械工业出版社，2019：14-15.

企业为什么要追求顾客满意呢？首先，顾客是企业利润的源泉，如果没有顾客，企业也就失去了存在的意义。其次，顾客满意度直接关系到顾客忠诚度，只有顾客满意了，才会更久地忠诚于本企业，才会重复购买本企业的产品。施乐公司的研究表明，高度满意或欣喜的顾客会忠诚于公司更久，购买更多公司生产的新产品并提高购买产品的等级，为公司以及产品说好话，忽视竞争品牌，对本公司产品的价格不敏感，向公司提出产品或服务建议。

那么，怎么才能提高并保持高的顾客忠诚度呢？方法很多，但从根本上讲是给顾客传递高的顾客让渡价值。

顾客价值（Customer value），也称为总顾客价值，是顾客从某一特定产品或服务中获得的一系列利益的总和，包括产品价值、服务价值、人员价值和形象价值。其中，产品价值包括可靠性、耐用性、性能和再出售价值等；服务价值包括送货、培训、维修、保养等；人员价值主要是指企业员工的素质，比如知识、技能、责任心、沟通能力等；形象价值主要指企业、企业产品和品牌在公众心目中的印象，如图 1-4 所示。

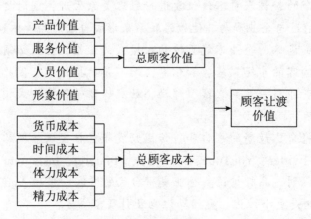

图 1-4　顾客让渡价值

与之相对应，总顾客成本是顾客在评价、获得和使用该产品或服务时所引起的总费用，包括货币成本、时间成本、体力成本和精力成本。

总顾客价值和总顾客成本之差就是顾客让渡价值（Customer Delivered Value），它是企业取得高顾客忠诚度的最大关键。顾客让渡价值可以用绝对数表示，也可以用相对数表示。例如，如果总顾客价值是 20 000 元，总顾客成本是 16 000 元，那么，顾客让渡价值用绝对数表示就是 4 000 元，用相对数表示就是 1.25。顾客让渡价值越高，对顾客购买行为的刺激作用也就越大。

▶ 国际营销案例 1-1

星巴克体验营销

企业无法向全部可能的消费者进行体验管理，只有确定目标顾客，获得有价值的客户，并为他们创造和提供一个体验式服务，才能创造和传递有效的体验战略，提高顾客的满意度和忠诚度，并最终使他们成为忠实的顾客。

一、提供特色的店铺环境

实现体验营销要站在消费者的角度思考，给企业一个定位自身产品的机会，从而满足消费者不断变化的需求。如今的消费者喜欢追求高质量的产品，同时更追求有特色的店铺环境。星巴克站在消费者的角度思考，对店面设计下了一番苦功：依据当地环境的特色，思考怎样把星巴克融入其中；在品牌统一的基础上，又尽量发挥个性特色；星巴克产品不单是咖啡——咖啡只是一种载体：通过咖啡这种载体，星巴克把感性文化和环境文化传送给顾客并感染顾客，形成良好的互动体验。由此可见，企业应该将自身企业文化融入载体其体验提供物中，来给顾客提供独特的体验，形成企业体验文化。只有充分考虑顾客体验需求，才能提升企业核心竞争力和竞争优势。

二、加强产品质量管理

星巴克在选择供应商的时候，首要因素永远是品质，其次是服务，最后才是价格。星巴克坚持质量管理，从采购咖啡豆、烘焙、调制到贩售，中间不由其他机构经手，以确保产品的稳定性；采购精选的咖啡后，在西雅图烘烤。这一系列的采购程序必须符合最严格的标准，直到最后呈现给顾客一杯完美的咖啡。星巴克坚持把握好每一个细节，煮好每一杯咖啡。

三、注重与顾客情感互动

星巴克主要竞争战略是在咖啡店中与客户之间的沟通，发现他们内在的需求，从顾客体验的角度出发，审视自己的产品与服务。通过体验使顾客对星巴克产生情感寄托，从而成为星巴克的忠实客户。星巴克投入了更多的时间和精力来完善自己的服务，在面对不同的顾客群体，伙伴会根据他们的不同喜好来推荐适合他们的饮料，伙伴在为顾客点单时会在杯子上写上顾客的姓氏，在出饮料的时候会根据顾客的姓氏出饮料，并询问顾客饮料的口感如何。在每天营业低峰时段，店内伙伴会抽出十几分钟的时间，寻找店内的熟客为他们做一个咖啡一刻，目的是为顾客普及一下咖啡知识，与顾客进行适当的交流。星巴克在每次新品上市前都会举办一个咖啡教室，会邀请店内熟客一起参加新品品鉴、做游戏活动等，从而增强顾客感情。

四、培养员工忠诚度

星巴克重视员工之间和谐与团结,尊重员工的人格和福利,星巴克的员工都会以"伙伴"相称,以拉近彼此间的距离,建立互相尊重与信任。此外,星巴克还给予员工有限股权,并且扩大到临时工,让员工享受到公司成功的利益与好处。舒尔茨已经发现员工高度的流动性必然会影响顾客的忠诚度,因为无论是哪位星级咖啡师,他们都非常熟悉经常来星巴克的消费者的消费习惯和爱好,一旦这些人离开,就会导致企业与顾客间的坚实纽带中断。顾客重购的原因不单是因为产品价格或其便利性,更多的是对品牌的信任和一种精神追求。

资料来源:节选自朱雪兰,朱超云.星巴克体验营销策略分析[J].中外企业家,2018(30):236-237.

到目前为止本章介绍顾客满意的关键是提供高的顾客价值,接下来的问题自然是顾客的价值是如何创造出来的。迈克尔·波特的价值链理论非常生动地说明了顾客价值的创造过程,如图1-5所示。

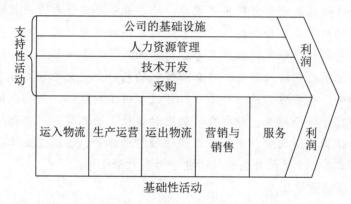

图1-5 一般的价值链

价值链(Value Chain)是现代营销学中一个非常重要的概念和工具,是由迈克尔·波特(Michael Porter)提出的,并把它作为一种工具用以识别创造更多顾客价值的途径。价值链将一个企业的创造价值和产生成本的诸多活动分解为战略上相互关联的9项活动,其中5项为基础性活动,4项为支持性活动。

基础活动是指企业购进原材料(运入物流),经过加工生产成最终产品(生产运营),将其运出企业(运出物流),上市销售(营销和销售)到售后服务(服务)依次进行的活动。支持性活动始终贯穿在这些主要活动的过程中。采购是指对各项基础活动所需要的各种投入物的采购,而其中只有一小部分是由采购部门办理的。每项基础活动都需要技术开发,而其中只有一小部分是由研究开发部门进行的。所有的部门都需要人力资源。公司的基础设施涉及由全部基础活动和支持性活动产生的一般性管理、计划、会计、财务、法律和其他有关事务所需要的开支。

从价值链上可以看出,竞争优势其实体现为顾客价值创造活动的优势,即哪个企业在顾客价值创造方面更加有效,哪个企业就具有竞争优势。为此,企业要检查每项活动所创造的价值以及相对应的成本,并寻求改进措施。为此,经常需要公司对竞争者的成本和经营情况做出估计，并以此作为定点超越（Benchmarking）的基础。只有当公司在某些方面的活动做得比竞争对手好，它才能获得竞争优势。

需要指出的是，不是每项活动都需要企业自己完成，如果某些活动可以更加有效地从外部获得，企业则考虑外包。这在西方国家已经非常普遍。

今天，越来越多的企业更进一步超越自身的价值链，进入其供应商和顾客的价值链中去寻求竞争优势。比如，越来越多的公司与特定的供应商和分销商合伙，以建立高效的价值传递网络（Value-delivery Network）或称供应链（Supply Chain）。表1-1体现了生产者和采购者驱动的全球价值链比较。

表1-1 生产者和采购者驱动的全球价值链比较

项　　目	生产者驱动价值链	购买者驱动价值链
动力根源	产业资本	商业资本
核心能力	研究与发展、生产能力	设计、市场营销
进入障碍	规模经济	范围经济
产业分类	耐用消费品、中间商品、资本商品	非耐用消费品
典型产业部门	计算机、汽车、航空器等	服装、鞋、玩具
主要的制造企业	跨国企业，主要位于发达国家	地方企业，主要集中在发展中国家
主要产业联系	以投资为主线	以贸易为主线
主导产业结构	垂直一体化	水平一体化
辅助支撑体系	重硬环境、轻软环境	重软环境、轻硬环境
典型案例	波音、丰田、格兰仕等	沃尔玛、国美、耐克、戴尔等

资料来源：张辉.全球价值链理论与我国产业发展研究[J].中国工业经济，2004.

4. 交换（Exchange）、交易（Transactions）和关系（Relationships）

其实，以上所做的工作都是为了促成有效交易的成功，而且如果营销用交易去定义的话，营销是关于如何提高交易有效性的学问。

所谓交换就是通过提供某种东西作为回报，从某人那儿取得所想要的东西的活动。交换的发生必须符合五个条件：①至少要有两方；②每一方都有对方认为有价值的东西；③每一方都能沟通信息和传递货物；④每一方都可以自由接受或拒绝对方的产品；⑤每一方都认为与另一方进行交易是合算的或称心如意的。

交换应被看作是一个过程而不是一个事件。如果双方正在谈判，并趋于达成协议，则意味着他们正在进行交换。而一旦达成协议，我们就说发生了交易关系。交易是交换活动的基本单元，是由双方之间的价值交换所构成的，是A把X给予B以换得Y。比如，张三给李四1 000元，从而得到一台电视机，这就是一项典型的交易。

关系是指营销者与关键利益相关者（Stakeholders），包括顾客、供应商、分销商建立长期的合作关系，开展关系营销可以使有关各方建立起经济、技术和社会等其他方面的纽带，使交易从原来的每一次都要协商变为惯例，因此可以节省成本和时间。关系营销的最终结果是建立起公司的独特资产，即一个营销网络（Marketing Network）。这样，竞争不是在公司之间进行，而是在整个网络之间进行，谁的营销网络好，谁就会在市场竞争中获胜。

现代营销的核心是顾客需要的满足和顾客满意度的提高,由此决定了关系营销和顾客关系的重要性。一般来说,顾客的发展过程遵循以下的路径,如图1-6所示。

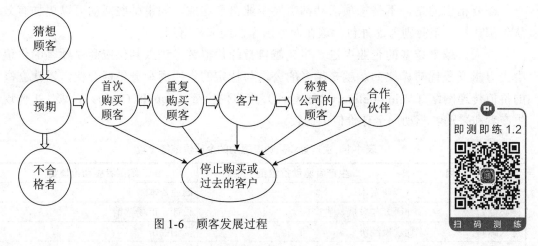

图1-6　顾客发展过程

交换和交易形成了市场,至此,便形成了图1-3所示的一个完整的圈子,于是又开始了另一轮循环。当然,原始驱动力是顾客需要（Needs）。

5. 市场

市场在不同的领域有不同的含义。

传统的概念认为,"市场"是指买卖双方聚集在一起进行交换活动的实地场所;在经济学里,市场是指买方和卖方的集合。在市场营销学里,我们将市场定义为所有具有特定的需要和欲望。愿意和能够以交换来满足这些需要和欲望的潜在顾客的集合,简称买方的集合。买方构成市场,卖方构成行业。市场包含3个基本要素：顾客、购买欲望和购买力。

1.3　营销观念

1.3.1　营销观念的含义和作用

所谓营销观念就是指导和影响营销活动的经营哲学,这是营销活动的指导思想。它对企业的营销活动起着方向性的作用,有什么样的营销观念就会有什么样的营销活动。比如,健力宝的"第五季"和可口可乐公司的"酷儿"之所以采用不同的营销策略,主要是因为两家企业所信奉的营销观念不同。"第五季"是典型的推销观念,而"酷儿"是典型的顾客导向的市场营销观念。

1.3.2　营销观念的历史演进

营销观念的形成受各种因素的影响,在不同的市场和历史条件下往往会有不同的营销观念。在营销的发展历史上，先后出现过以下 5 种有代表性的营销观念。

1. 生产观念（The production concept）

生产观念是指企业的一切经营活动均以生产为中心，围绕改进、增加生产来安排一切业务活动，"以产定销"。

国际营销案例 1-2
福特与T型车（之一）
扫码阅读

生产观念产生并流行于 20 世纪初。当时美国的大工业生产刚刚起步，许多工业品供不应求；消费者生活水平比较低，对他们来讲，能获得某种产品就已经很不错了，他们没有太多的条件和机会对产品进行选择。

生产观念的假设前提就是消费者可以接受任何买得到和买得起的产品。至于其他，如产品的花色品种就不必考虑。美国汽车大亨福特早期的营销观念便是如此。

生产观念认为，消费者喜欢那些随处可买到的、价格低廉的产品。因而，企业的主要任务就是努力提高生产效率、降低成本、扩大生产。在当时的市场条件下，生产观念被很多企业所采用，确实也有很多企业因此很快地发展起来。

2. 产品观念（The product concept）

产品观念认为，消费者喜欢那些质量高、功能多、有特色的产品。因此，企业应致力于生产高档次的产品，并不断地加以改进。

国际营销案例 1-3
福特与T型车（之二）
扫码阅读

产品观念产生和流行的社会背景：市场已开始由卖方市场向买方市场过渡；消费者的生活水平有了很大的提高，已不再满足于产品的基本功能，开始追求产品在质量、性能、特色等方面的差别，因此，企业的当务之急就是生产出质量更高、更有特色的产品。

产品观念相比此前的生产观念，其优越性非常明显。通用汽车公司在市场竞争中一举击败了福特公司就是一个以产品观念取胜生产观念的典型例子。

目前在我国有很多企业不同程度地信奉产品观念，他们把质量作为企业的头等大事来抓，认为质量就是生命，企业竞争就是质量竞争。这在一定程度上推动我国企业产品的革新换代，缩小与发达国家同类产品之间的差距。但是应该注意到，这种观念具有明显的片面性。所谓质量不应该只是经营者心目中的质量，而应该是消费者心目中的质量，而且，质量也并不是越高越好，比如茅台和二锅头。不可否认茅台酒的绝对质量肯定要比二锅头高，然而二锅头的顾客并不比茅台的顾客少。如果把二锅头的质量提高到茅台酒的水平，再以茅台酒的价位出售，结果会怎么样？

扩展阅读 1.2
爱尔琴手表孤芳自赏不长久
扫码阅读

3. 推销观念（The selling concept）

推销观念认为，一方面，消费者在购买产品时都有惰性，一般不会足量购买某种产品；另一方面，追逐消费者的产品太多，消费者一般不会足量购买某个企业的产品。因此，企业必须大力开展推销和促销活动。

推销观念产生和流行的社会背景：卖方市场已完全转向买方市场，产品供过于求。

必须承认推销观念的两个前提条件在现代社会中是客观存在的。在消费品极其丰富的市场条件下，消费者一般不用担心买不到某种产品，因此，没必要一次性大量购买所需要的产品；另外，一种产品往往有很多家企业在生产，因此，追逐消费者的厂家很多。在这样的市场条件下，企业确实有必要加强宣传，让更多的消费者了解企业的产品，也就是说不能"好酒不怕巷子深"，好酒也得吆喝。然而问题并不是好酒要不要吆喝，而是吆喝的是不是好酒。如果不是好酒，即便是吆喝出去了，其副作用也是非常大的。

4. 市场导向营销观念（The marketing concept）

到了20世纪50年代，市场营销经历了一次质的飞跃，其标志是现代市场营销观念的产生，包括市场导向的营销观念、社会营销观念以及本书最后一章作了详细介绍的战略营销观念。

扩展阅读1.3
树立现代市场营销观念，提升市场竞争优势

扫码阅读

市场导向的营销观念也称为顾客导向的营销观念，因为在市场营销这门学科里，市场被定义为顾客的总和。在实际营销活动中，为了方便，市场导向的营销观念往往被简称为市场营销观念或营销观念。

市场导向营销观念的主要内容：企业实现目标的关键在于确认目标市场的需要，然后比竞争对手更加有效地满足这种需要。

市场导向营销观念的原型最早是在1957年由通用电气的约翰·麦克金特立克提出的。他认为，市场导向营销观念是企业提高效益和保持长期盈利的关键，企业经营成功的关键在于脚踏实地地研究顾客的需要，然后通过提供适当的产品或服务去满足这种需要，这是组织实现自身目标的最佳方式。这些观点对营销史有着破旧立新的意义。正如顾客所希望看到的，市场导向营销概念的重点从"以产定销"转向"以销定产"，在满足顾客需求的同时也实现了企业自身的目标，使顾客与企业之间的关系趋于双赢。

市场导向营销观念的产生在营销理论的发展史上具有深远的意义，它与传统的推销观念相比是一次质的飞跃。

推销观念注重卖方需要，营销观念注重买方需要；推销观念以卖方需要为出发点，考虑怎样把产品变成现金，而市场导向营销观念则考虑如何通过产品以及与创造、传送产品和最终消费品有关的所有事情来满足顾客的需要。

首先，在思想认识上，市场导向的营销观念把思考问题的出发点由企业自身转向目标市场；其次，市场导向的营销观念把工作重心由原来的产品转向顾客需要；此外，市场导向的营销观念把企业经营的目标由通过销量获得利润转向通过顾客满意获得利润；最后，市场导向的营销观念把实现目的的手段由推销和促销转向整合营销。

市场导向营销观念建立在四大支柱之上，即目标市场、顾客需要、整合营销和盈利能力。

（1）企业要决定进入哪些目标市场。在无限的市场中，企业的资源和能力是有限的，有所不为才能有所为。为此，企业要对市场进行细分，然后结合自己的资源、能力和战略目标选择自己的目标市场。

（2）现代营销强调根据顾客的需要设计和提供产品或服务，以提高产品和服务的针对性。为此，企业要深入研究顾客的需要。这从理论上讲非常简单，但在实际操作中是个难题。有时候，顾客自己也不能确定自己的确切需要。此外，顾客的需要经常会发生变化，根据顾客需要设计的产品在推向市场时，顾客的需要可能已经发生变化。

（3）企业还要进行有效的整合营销。整合营销的基本含义有两层：首先，营销内部各项职能，如推销人员、广告、产品管理、营销调研等，必须从顾客观点出发彼此协调；其次，企业各项职能，比如生产运营、财务管理、研发、人力资源管理等部门协调一致，想顾客所想，共同致力于顾客满意度的提高。为了激励企业所有部门的团队精神，企业既要进行外部营销（External marketing），又要进行内部营销（Internal marketing）。

（4）企业在服务顾客和满足顾客需要的过程中要保持一定的盈利能力，这是因为营销观念的最终目的是帮助组织达到其目标。企业应靠比竞争者更好地创造顾客价值，更好地满足顾客需要来获取利润。

莎士比亚曾说过：幸福的家庭是相似的，不幸的家庭各有各的不幸。

企业也一样。成功的企业是相似的：它们以市场为导向，在研究市场需求的基础上制定出营销战略，然后在营销战略的基础上制定出营销策略，再通过有效地实施这些营销策略获得利润。然而失败的企业却有不同的失败方式：有的在营销观念上犯错误，有的在营销战略方面出差错，有的在营销策略上出问题。但从根本上来讲，最严重的失误是营销观念上的失误。理由是：首先，营销观念是营销活动的指导思想，因此，营销战略和营销策略方面的错误往往是由观念的错误引起的；其次，在营销观念正确的情况下，即便在营销战略和营销策略方面出现一些失误，还有挽回的余地，然而，在营销观念错误的情况下，营销战略和营销策略越"成功"，企业往往失败得越彻底。表1-2对推销观念和市场导向营销观念进行了比较。

扩展阅读1.4
从推销到营销究竟有多远

表1-2 推销观念和市场导向营销观念比较

	企业重心	企业业务	产品的对象	主要目标	实现目标的渠道
推销观念	内在的，以企业需求为基础	销售商品和服务	所有人	通过扩大销售量来获利	主要通过集中促销
市场导向营销观念	外在的，以客户的需求和偏好为基础	满足客户需求并传递一流的价值	特定群体	通过满足客户来获利	通过协作营销和跨部门活动

资料来源：改编自[美]卡尔·麦克丹尼尔，小查尔斯·W. 兰姆，小约瑟夫·F. 海尔. 市场营销学案例与实践[M]. 2013.

▶ 国际营销案例1-4

乐高公司的"战略漂移"

自2013年起，丹麦的家族企业乐高成功占据了全球玩具市场约8%的市场份额，成为继美泰（生产芭比娃娃）和孩之宝（开发了《大富翁》游戏）之后，全国第三大玩具生产商。在2011年的财年报告中，乐高整体收益高达35亿美元，比2010年提高了17%；营业利润10.6亿美元，提高了20%。

但是高成就的背后并非一帆风顺。2003年，公司遭受净损失约达31.9亿美元。乐高强烈地相信自己独特的理念高于其他产品，但是公司在竞争孩子游戏时间方面正面临巨大的压力。著名的乐高积木面对来自电视、音像、CD-ROM 游戏和互联网的竞争压力不断增大。在乐高的案例中，似乎2003年出现了战略漂移：乐高的管理人员对独特性和益智玩具的盲目相信与不断发展的世界产生了极大的不和谐。许多父母迫于工作缺席孩子的成长，越来越没有时间控制孩子的游戏习惯，电脑游戏以其精致壮丽的画面感逐渐取代了乐高生产的健康益智玩具。这些快速变化的发展迫使乐高根据产品项目和市场去重新审视自己的战略。

乐高试图将传统玩具的概念和价值观扩展至媒体产品中，并针对2～16岁的儿童客户推出宽泛的产品种类，如PC客户端与后台操控软件、书、杂志、电视、电影和音乐等，目的是在孩子和家长的心中重建信任。同时，乐高也追求高科技在产品中的运用，像头脑风暴和动画电影中的乐高生化战士玩具等。

资料来源：节选自 [丹] 斯文德·霍伦森著. 张昊，梁小宁，徐亮译. 国际市场营销学 [M]. 北京：机械工业出版社，2019: 10.

5. 社会营销观念（The Societal Concept）

社会营销观念的主要内容是，企业经营者在进行营销决策时，不但要考虑消费者的需要和企业目标，更要考虑消费者和社会的长期利益，要在自身利益、顾客利益和社会利益之间达成平衡和协调。营销观念强调的是目标顾客和营销者自身需要的满足。然而，在环境恶化、资源短缺、人口爆炸性增长、恶性竞争、世界性饥荒和贫困面前，如果企业仅仅关注目标顾客和营销者自身的需求，这显然是不够的。因此，还要求关注社会、环境和经济的可持续性协调发展以及关注消费者健康和生活质量的社会营销观念修正或者取代营销观念，诸如"人类营销""生态营销""绿色营销""健康营销""事业关联营销""关系营销"或"大市场营销"等概念都从不同角度、不同侧面描述了社会营销观念的内涵。

社会营销观念产生于20世纪70年代，社会和企业开始反思传统的营销活动，意识到企业的营销应担负起一定的社会责任。第一，消费者有时是无知的，营销不应该利用他们的弱点，如企业说服消费者抽某个品牌的香烟或看某部刺激的电视片，这可能对于消费者不利。汉堡包可以充饥，可是汉堡包里含有大量脂肪，严重地危害消费者的健康，因此，快餐业要考虑其产品对人体的不利方面。同样，娱乐业也要提供好的精神产品。第二，社会资源是有限的，如果企业的营销活动一味鼓励消费者大量消费，势必会造成社会资源的枯竭。此外，大量消费会引发环境方面的问题：化妆品和洗涤用品对江河造成严重污染，生产方便食品的企业所使用的塑料包装严重地污染了环境等。

本书将在最后一章对此进行论述，这里就不再赘述了。图1-7对上述5种营销观念之间的区别进行了归纳。

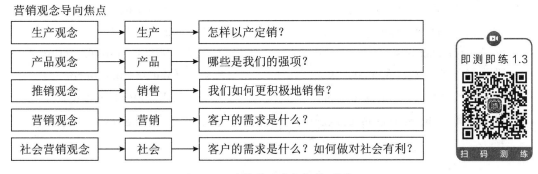

图1-7　5种营销观念之间的区别

本 章 小 结

营销是计划和执行关于商品、服务和创意的构想、定价、促销和分销，以创造符合个人和组织目标交换的一种过程。首先，营销是一组活动的总和，而不是一项单一的活动，它包括产品（product）、价格（price）、促销（promotion）和渠道（place）策略的设计和规划。这四项策略通常简称为4Ps。其次，营销活动是指向一定目标的，这个目标就是顾客。再次，营销是一个过程，并且都是在一定的环境中进行的，因此，企业的营销活动除了考虑顾客的需要和购买决策行为之外，还要考虑来自环境和竞争对手的影响。

营销学里包括丰富的概念，它们从需要、欲望和需求开始，到市场结束，又从下一次的需要开始，形成一个封闭的环路。这些概念除了需要、欲望和需求，还包括产品和服务、顾客价值、顾客满意、顾客让渡价值、价值链、交换、交易、关系营销、市场等。

在长期的营销实践中，随着市场环境的变化和营销实践的发展，营销的观念也不断地发生变化，从20世纪初的生产观念，经由产品观念、推销观念，演进到现代营销观念，包括顾客导向的营销观念、社会营销观念乃至战略营销观念，从而使企业的营销活动更加符合环境的变化。

关 键 术 语

营销组合策略（4Ps）　　　　　　　　　需要（needs）
欲望（wants）　　　　　　　　　　　　需求（demands）
市场提供物（offerings）　　　　　　　　顾客价值（customer value）
顾客满意（customer satisfaction）　　　　顾客让渡价值（customer delivered value）

价值链（value chain）　　　　　　　价值传递网络（value-delivery network）
供应链（supply chain）　　　　　　　交换（exchange）
交易（transactions）　　　　　　　　关系营销（relationship marketing）
营销网络（marketing network）　　　生产观念（the production concept）
产品观念（the product concept）　　推销观念（the selling concept）
营销观念（the marketing concept）　社会营销观念（the societal concept）

课后习题

1. 什么是营销？市场营销活动主要包括哪些内容？
2. 营销组合策略具体包括哪些？
3. 什么是产品？产品主要包括哪些类型？应该如何准确地了解产品的本质？
4. 什么是顾客满意和顾客价值？
5. 试说明顾客满意的关键是什么。
6. 试说明企业可以从哪些方面提高顾客的满意度。
7. 什么是市场营销观念？试比较推销观念和市场营销观念。
8. 如何理解营销观念演进的内在原因？

本章讨论案例

耐克和 New Balance 营销战略比较分析

2015 年，耐克作为一个美国品牌，在中国的销量达到了 3 亿美元，较上年增长 18%，约占全球市场的 13%。New Balance 从 2012 年至 2014 年，在中国内地的门店数量由 573 家暴增到 1 000 多家，销售额也在两年中达到了跨越式增长。

耐克注重创新，并且和其他宣传创新的公司不同的是，他通过向消费者陈述自己的产品，比如关爱运动员对鞋子的使用、宣传传统的制鞋工艺，改变消费者对传统运动鞋的认知。而 New Balance 则宣传"匠气味"，强调"美国制造"，如 2014 年末针对中国市场的"致匠心"广告。显而易见，较之于耐克注重于运动方面的专业性和创新精神而言，New Balance 更为强调高品质的精雕细琢的匠心态度。由此看来，两个品牌的运营过程中，都根据品牌历史、产品特性，在消费者心中留下固定的品牌印记，建立品牌经济，减少新产品推广的成本。

耐克营销的重点围绕着打造"感性品牌"的思想。耐克推出了足球迷社交博客网站，这种尝试让他们发现博客等社交网络言论对耐克品牌形象的塑造的重要作用。之后，为了满足体育营销的时效性和灵活性，耐克将越来越多的精力投入这方面的营销之中。

对比来说，2014年以前，New Balance 的营销预算占总营业额的 5%～10%。New Balance 从"总统慢跑鞋"到时尚品牌到专业运动鞋的品牌打造也是通过一系列营销事件来完成的。在精准营销上，他做得十分到位，明确产品和用户群体的联系，例如，利用爱情文艺短视频，吸引中青年的客户，利用大牌明星情怀片来吸引年龄层次稍高的精英群体，再通过网络红人微信游戏、草根意见领袖励志片、娱乐明星交互式短片对目标人群进行补充，通过各种渠道，有针对性地一步步吸引、突破各个人群。

资料来源：节选自邵禹源. 耐克和 New Balance 的品牌形象和营销策略分析 [J]. 中国集体经济，2018（1）：61-62.

讨 论 题

耐克和 New Balance 公司的营销观念有何异同？

（考核点：市场营销观念）

第2章
国际营销学主要概念及其基本理论

学完本章,你应该能够:

1. 掌握国际营销学的基本概念;
2. 明确国际营销学的形成;
3. 掌握国际营销学主要理论的基本内容,明确各理论的局限性。

营销理论中的西方战略迷局

战略是从全局谋划,以实现全局目标的一种规划,特征是发现智慧的纲领。战略欺骗,是从全局的角度掩饰己方真实意图,诱导对方产生错误的全局性判断、目标和规划,以使己方最终形成战略性优势。

就企业来讲,德鲁克在《管理的实践》中说,战略的本质是管理者对"我们的企业是什么""我们的企业将是什么""我们的企业应该是什么"这三个问题的深入思考和回答。因此,针对整个工商界的战略欺骗将是对企业身份认知层面的误导,通过对营销基础理论的修饰、删减和构建逻辑陷阱,使对手产生错误的身份认知、企业愿景和行动纲领。这样,企业将在被刻意设计的道路上渐行渐远,直至最终迷失自我。

近年来,我国工商业开始战略升级,"中国制造"在向"中国品牌"转变。然而,"品牌"建设却可能是企业最闹心的一件事。因为品牌理论多如牛毛,在营销大师菲利普·科特勒的最新著作《营销革命3.0:从价值到价值观的营销》这本书中就记录了多达23种品牌营销策略,却没有一个核心理论,并且这些营销理论都成立,都有成功案例支撑;同时也不全对,也都有失败案例曝光。

中国企业一直想从西方取到"品牌"这部真经,那是真正赚钱的学问。然而,现实情况是,有经济学家表示世上不存在赚钱的学问。品牌对于我们仍然像龙卷风一样,威力巨大但无法制造,令人迷惑又使人着迷。出现这种情况有两种可能,第一种可能,人们真的还没有发现赚钱的学问;还有一种可能,像"赚钱的学问"这种事,没有人能告诉你其中的真髓。真正赚钱的学问融合了科学和艺术,结合了宏观与微观;简单到只言片语,复杂到触动心灵;存在于地球上少数人的大脑中,秘而不宣的原因在于:大家都遵循黑暗森林法则。

资料来源:节选自王宁.智子再现:营销理论中的西方战略迷局[J].商场现代化期刊,2020(7):40-42.

2.1 国际营销学的主要概念及其形成

2.1.1 国际营销涵义与特点

国际营销是企业根据国外顾客需求，将生产的产品或提供的服务提供给国外的顾客，并最终获得利润的贸易活动。

上述定义包括两大领域——生产领域和流通领域，一种手段——提供产品或服务，一个原则——满足国外顾客需求，一个目标——企业获得利润。

国际营销的实质：企业通过为国外顾客提供满意的产品或服务获得合法利润的贸易活动。

国际营销有别于一般的市场营销：国际营销必须是跨越国界的，国际营销所包括的内容不是市场营销内容的全部。

企业参与国际营销的程度是由从事国际营销的方式所决定的。一般来说，可供企业选择的方式主要有以下几种：

出口、授权国外生产、在海外建立营销机构、海外生产海外营销、这些方式具体将在第13章进行详细讨论。

国际营销与国际贸易存在许多区别，请见表2-1。

扩展阅读2.1
"国际营销"概念的发展
扫码阅读

扩展阅读2.2
国际市场营销与国际贸易的区别
扫码阅读

表2-1 国际营销与国际贸易的比较

内　　容	国际贸易	国际营销
1. 隶属学科	经济学	管理学
2. 研究领域	宏观经济学	微观经济学
3. 行为主体	国家或企业	企业
4. 产品是否跨越国界	是	不一定
5. 动机	比较利益	利润动机
6. 信息来源	国际收支表	公司账户
7. 市场活动	有	有
8. 购销	有	有
9. 仓储、运输	有	有
10. 定价	有	有
11. 市场研究	一般没有	有
12. 产品开发	一般没有	有
13. 促销	一般没有	有
14. 渠道管理	没有	有

资料来源：作者根据Vern Terpstra. International Marketing[M]. 4th edition. Illinois：The Dryden Press，1987. 等资料整理而成。

2.1.2 国际营销的任务及对营销人员的要求

由于国际市场要比国内市场具有更大的挑战和风险,国际市场营销的任务也就比国内市场营销更加艰巨。在进行国内市场营销时,企业至少对市场具有一个比较直观的了解,而进入国际市场以后,企业对市场营销的活动,包括市场调查、产品开发、定价分销、广告宣传、促销及售后服务等各个环节则往往是通过直接的或是间接的方式来了解。

国际市场营销决策的具体任务可以划分成两块:一是进行有效的市场调查,其内容主要包括市场环境以及对市场需求的调查,并在此基础上提出目标市场的选择或营销问题的所在;二是针对目标市场或是营销中的问题提出可供选择的营销方案。这些方案都是营销因素的不同组合,要对这些方案加以权衡,从中选择最佳方案加以实施,并对实施进行跟踪调查。

由于国际营销的任务复杂,同时国际营销又始终面临着风险和不确定性,人们在国际营销的决策中就经常会出现一些失误,而避免失误的最根本的措施就是使国际营销人员具备必要的素质,这些素质主要包括:

(1)高涨的工作热情和足够的自信。对于营销人员的工作没有一个可以衡量的精确尺度,有时工作也很难马上见到效果,具备高涨的工作热情才能主动地去开展工作,使其聪明才智充分发挥。同时,营销人员经常需要及时决策,而自信心是决策的关键要素。

(2)外向的性格。开朗活跃,愿意主动与人打交道,这常常是开展公共关系所必不可少的条件。

(3)出众的信息交流能力。这包括两个方面的能力,一是要善于言辞,能够充分恰当地表达自己的意思;二是要善于听取各方面的意见,及时上传下达。

(4)高层次的社会工作能力。这包括有想象力,有个性,沉着自信,能把握方向,并具有较好的仪表和谦恭殷勤的举止。

(5)高超的学习理解能力。作为营销人员所需要接触的知识甚为广泛,且还必须具有举一反三的能力,同时还要对所营销的产品有正确的理解和把握,营销绝对是"综合素质"的竞争。

(6)强烈的自我约束力和自我激发力。因为市场营销的工作常常是在没有他人监督的情况下进行的,而且有些工作也是他人无法监督的。

(7)热情的服务态度。因为正是在这种热情的服务中可以发现进行市场营销活动的各种机会。

(8)充沛的精力。市场营销工作人员常常要夜以继日,因此营销人员需要很好的身体素质,要具有体力和脑力上的耐久力。

扩展阅读 2.3
国际营销调研人员的角色变化

扫码阅读

(9)敏锐的洞察力和严谨的分析能力。要能够及时注意到并服务于潜在顾客的需要与愿望,还要根据掌握的信息分析得出结论。

(10)精通地掌握一门以上外国语言。这是从事国际市场营销活动必不可少的工具。

(11)很强的计划与执行能力。善于计划和实施销售任务,尤其要善于安排时间。在国际市场的营销活动中合理安排好时间更是十分重要的，因为在有些国家的人看来，能否遵守时间是一个人信誉的标志。

（12）较强的国际政治经济与环境形势分析与把握能力。这是从事国际市场营销活动必不可少的工具。

2.1.3　国际营销学的形成

市场营销作为一门独立的学科，是20世纪初的事情，距今已有100余年的历史。19世纪末到20世纪初，随着经济和科学技术的迅猛发展，经济学科和管理学科有了重大进展，市场营销学也逐渐形成，开始从经济学科中分离出来。

一般认为，第一本用Marketing命名的教科书是美国哈佛大学的赫杰特齐教授于1912年出版的市场营销教科书，这是营销学作为一门独立学科出现的标志。当时，科学管理系统正处在初创时期，虽然商品流通以及市场营销的重要性已显现出来，但企业经营的重点一般都放在生产管理上。因此，那时营销学仍处于萌芽阶段，它的内容实际上仅限于"推销术"和"广告术"，与现代营销学有较大的差距。

真正现代营销学是在20世纪50年代开始形成的。第二次世界大战以后，特别是20世纪50～70年代，西方各国的经济得到了恢复和发展，劳动生产力大幅度提高，各国市场形势都发生了重大变化。随着卖方竞争空前激烈，原来的营销理论和方法日益落后于现实经济生活的需要。于是，营销理论出现了重大变化，现代市场营销观念以及整套现代企业经营的策略方法应运而生。在西方国家，人们把这一变化称为"营销革命"，甚至同产业革命相提并论。

20世纪50年代以来，发达国家在新技术革命浪潮推动下，加速了工业生产的自动化、连续化和高速化，促进了新兴工业和信息产业的飞速发展。随着国内市场的饱和，企业迫切要求采用进取性的市场营销策略来拓展国外市场。现代市场营销理论逐步成为工商企业从事国内外市场营销活动的指导思想，甚至成为某些政府部门和非营利单位改进社会服务，改善与公众关系的指导思想。

20世纪60年代以来，世界经济、国际分工和国际贸易都发生了巨大的变化。发达国家侧重于发展资本技术密集型的产业，而将劳动密集型的加工业转移到发展中国家去。国际贸易总额大幅度上升，国际市场更加多样化，市场竞争更加激烈复杂，科学技术的作用越来越突出，国际专业化分工更加深化，生产国际化和资本国际化在深度和广度上继续扩大，新型国际垄断组织迅速发展，相继形成了诸如欧洲联盟、东南亚国家联盟、石油输出国组织、七十七国集团等地区性经济组织，在国际经济贸易中发挥重要作用。

在上述国际经济交流日益繁荣和扩展的情况下，西方国家纷纷把国内行之有效的现代市场营销学的基本理论，直接引申到国际营销活动之中，经过营销学家们的整理和总结，于20世纪60年代形成了国际营销学。

2.2 国际营销学的基本理论

2.2.1 比较成本理论

西方国际贸易理论体系的建立,是从比较成本理论的建立开始的,比较成本理论是西方国际贸易理论的核心。18世纪末,在欧洲,资本主义工场手工业有了长足的发展,工业革命逐渐展开,新兴的资产阶级要求扩大对外贸易,以便获取廉价原料和更大的海外市场。亚当·斯密和大卫·李嘉图适应时代的要求,在创立古典经济学同时也为西方国际贸易学说奠定了理论基础。斯密首先提出了绝对成本论,李嘉图在此基础上提出了比较成本论。

亚当·斯密(Adam Smith,1723—1790)是产业革命前夕资本主义工场手工业时期的英国经济学家,其代表作是1776年出版的《国民财富的性质和原因的研究》(*Inquiry into the Nature and Causes of the Wealth of Nations*)。在这本书中,他在批判重商主义同时,提出了主张自由贸易的绝对成本理论(Theory of Absolute Cost)。

亚当·斯密认为,人类有一种天然倾向,就是交换。交换是出于利己之心并为达到利己的目的而进行的。人们为了追求私利,通过市场这个无形之手(Intangible hands)给整个社会带来利益,这往往比存心为社会谋福利效果要强得多。

由于人类的交换倾向,产生了分工,而社会劳动生产力的巨大增进都是分工的结果。亚当·斯密举了制针业中手工工场分工的例子,制一枚针要经过18种操作,如分工生产,10个人每天能生产48 000枚针,而由一个人单独去干,一天最多能制出20枚针,可见分工可使生产效率获得极大的提高。在强调了分工利益之后,他又提出了分工原则。他认为,适用于一国内部的不同职业之间的分工原则,也适用于各国之间。因此他主张如果外国产品比自己国内生产的要便宜,那么最好是输出本国在有利条件下生产的产品去交换外国的产品,而不要自己去生产。比如在苏格兰,可以利用温室种植葡萄,并酿造出同国外进口的一样好的葡萄酒,但它的成本却要比国外贵30倍。显然,这样的做法明显是愚蠢的。每个国家都有其适宜于生产某些特定产品的绝对有利的生产条件,如果每个国家都按照其绝对有利的生产条件(即生产成本最低)去进行专业化生产,然后彼此进行交换,则对所有国家都有利。

他认为,国际间的自由交易会引起国际分工,而国际分工的基础是先天有利的自然禀赋和后天有利的生产条件。因为无论是先天有利的自然禀赋还是后天的有利的生产条件,都可以使一国在生产某些产品成本上绝对低,在对外贸易上比其他国家处于绝对优势地位。各国按照各自有利的生产条件进行分工和交换,会使各国的土地、劳动力和资本得以最有效的利用,这将会大大提高劳动生产率和增加物质财富。因此,他的理论也叫地域分工理论或绝对优势理论。

综上所述,绝对成本理论的中心内容是:一国对外贸易的利益,在于输出本国在生产费用上占绝对优势的商品，以换取本国不能生产或生产费用较高的商品。按这种方式进行的国际分工和贸易，可使参加国都能获得利益。只有各国都实行自由对外贸易政策，这种利益才能得到最大限度的实现。

大卫·李嘉图（David Ricardo，1772—1823）是英国产业革命深入发展时期的经济学家。他作为交易所中股票经纪人，25 岁就由一个白手起家者变成了百万富翁，然后致力于学习和科学研究。他在 1817 年雄辩地证明，国际生产专业化有利于所有国家。以此思想为核心，提出了著名的比较成本理论（Theory of Comparative Cost），也称为相对成本理论、比较优势理论、比较利益理论。

下面用大卫·李嘉图在他书中的例子对比较成本理论进行具体说明。假设：

（1）英国和葡萄牙都生产毛呢和酒，两国毛呢和酒的产量相等，毛呢都是 X 单位，酒都是 Y 单位；

（2）两国间 X 单位毛呢同 Y 单位酒能交换，而在各国内部不能交换，因为价值不等。英国生产 X 单位毛呢需 100 人劳动一年，生产 Y 单位酒需要 120 人劳动一年；葡萄牙生产同量的毛呢和酒分别需要 90 人和 80 人劳动一年。

分 工 前		
	毛呢（X）	酒（Y）
英国	100 人 / 年	120 人 / 年
葡萄牙	90 人 / 年	80 人 / 年

葡萄牙两种产品的成本都比英国低，两国间的两种产品的成本比例分别是：

90 人 / 年 ÷ 100 人 / 年 =0.9

80 人 / 年 ÷ 120 人 / 年 =0.67

即，葡萄牙的毛呢成本是英国的 90%，酒的成本是英国的 67%，均处于优势。相反，英国生产这两种产品成本都高（为上述成本比例的倒数），即都处于劣势。

对于这个问题，李嘉图指出，对于英国来说，虽然其成本都处于劣势，但如果从事生产劣势相对较小的毛呢生产，交换还是有利的。因为，与其用 120 人 / 年去生产 Y 单位酒，还不如用 100 人 / 年生产 X 单位毛呢去交换 Y 单位的酒，这样就能节约 20 人 / 年；而对葡萄牙来说，虽然成本都处于优势，但生产酒的优势更大，因为，与其用 90 人 / 年生产 X 单位毛呢，还不如用 80 人 / 年生产 Y 单位酒去交换英国 X 单位的毛呢。

分 工 后		
	毛呢（X）	酒（Y）
英国	（100+120）÷100=2.2	0
葡萄牙	0	（80+90）÷80=2.125

英国分工生产毛呢后，生产酒的劳动也用来生产毛呢，共生产 2.2X 单位；葡萄牙分工生产酒，共生产 2.125Y 单位。可见产品总量都比分工前增加了。毛呢增加了 0.2X 单位，酒增加了 0.125Y 单位。因为 X 单位毛呢可用 Y 单位酒相交换，所以交换后结果如下：

	交 换 后	
	毛呢（X）	酒（Y）
英国	2.2-1=1.2	1
葡萄牙	1	2.125-1=1.125

可见，如果按"两优取其重，两劣择其轻"的原则分工和交换，两国都比分工前多得了产品。

综上所述，李嘉图比较成本理论的中心内容是：各国应按照生产成本的相对差别进行国际分工，各国应专门生产成本上相对有利的产品，而成本相对不利的其他商品，即使生产该商品的绝对费用低于其他国家，亦仍然从国外进口为有利，这样可以彼此节省劳动量，各得其利。

2.2.2 相互需求理论

比较成本理论证明了，国际分工和国际贸易为什么会发生，或者说，国际贸易能否为参加国带来利益，但却没有回答：带来的利益范围是多大？贸易双方各占多少？贸易条件的变动是由什么决定的？换句话说就是，比较成本理论没有回答国际贸易中的产品价值、产品的交换比率是由什么决定的？约翰·穆勒的相互需求理论回答了这些问题。

约翰·穆勒（John Stuart Mill，1806—1873）是英国产业革命深入发展，英国资本主义空前繁荣时期的经济学家。他在《政治经济学原理》一书中提出了他的相互需求原理（Reciprocal demand doctrine），按他自己的提法也称为"国际需求方程式"或"国际价值法则"。

他认为，本国商品的价值决定于它的生产成本，而外国商品的价值则决定于为了得到这种产品所必须支付给外国的本国产品的数量。换句话说，外国商品的价值决定国际贸易的条件。所谓国际贸易条件就是指两国产品的交换比率，而交换比率的确定，取决于国际需求方程式。

所谓国际需求方程式是指本国产品与其他国家产品交换时，其价值必须使该国输出品全部恰好能够支付该国输入品全部，即：甲国进口需求量 × 国际价值 = 乙国进口需求量 × 国际价值。

穆勒在解释他的论点时，强调比较优势的概念，而不像李嘉图强调比较成本的概念。也就是说，穆勒以两个国家相等的劳动投入量生产出不同的产出量为出发点，而不是以出产同一产量所需要的劳动量不同为出发点。穆勒假定相同的劳动投入量在英国和德国的产量情况如下：

	英	德
亚麻布（码）	15	20
细棉布（码）	10	10

从上表可知，在生产亚麻布上德国是占优势的，在细棉布上英德两国的优势是一样的，但如果和生产亚麻布相比，英国生产细棉布的不利程度比较小。根据比较成本理论，英国应出口细棉布以换取德国的亚麻布；德国在生产麻布上，有利程度大，所以应出口亚麻布。

穆勒在比较成本理论的基础上，用两国商品交换比例的上下限阐述贸易双方获利范围的问题。从上例看两国商品交换比率（即国际交换条件）的上下界限，从英国来看上限为20码亚麻布，下限为15码亚麻布。如果两国商品交换比例为10码细棉布交换20码亚麻布，这对英国极为有利，但德国以20码亚麻布在国内也可换到10码细棉布，故必然不愿再将亚麻布输往英国。反之，如果国际交换条件为10码细棉布交换15码亚麻布，这对德国最为有利，但英国必然不愿将细棉布输入德国。故当"国际交换条件"超过上下限时，必有一方蒙受损失，退出交易。这也就是说，国际交换条件必须在上下界限内变动，而这个国际交换比率的上下界限是由两国的这种产品的国内交换比率或比较优势所决定的。

假如"国际交换条件"为10码细棉布交换17码亚麻布时，德国需10 000码细棉布，英国需17 000码亚麻布，这时两国的相互需求使双方收支趋向平衡，符合于国际需求方程式的要求。因为10 000∶17 000=（1 000×10）∶（1 000×17）=10∶17，故国际价值（即国际交换条件）就稳定下来，停留在这一点上。

如果两国相互需求强度发生变化，在10码细棉布∶17码亚麻布的交换比率下，英国对亚麻布的需求只有13 600码，而德国对细棉布的需求不变，此时10∶17的交换条件比率显然不能满足双方的需求方程式，因为10 000∶13 600=（10×1 000）∶（17×800）≠10∶17，因此，相互需求不平衡，贸易条件不能稳定下来，原来的均衡现在必然发生变动。

德国对英国的细棉布需求要比英国对德国的亚麻布需求强烈，因此，德国为了取得英国的细棉布，就需要降低亚麻布的交换价值，从而换回足够的细棉布。假设交换比率变为18∶10，由于细棉布价值上升，故德国需求减至9 000码（即10码的900倍）；反之，由于亚麻布价值下降，英国的需求增大至16 200码（18码的900倍），此时，18∶10的交换比率恰能符合国际求方程式的要求，即16 200 000=（18×900）∶（10×900）=18∶10，这样，国际价值开始趋于稳定。如果发生了相反情况，即英国对德国的亚麻布的需求强度不变，而德国对英国的细棉布需求下降，则贸易条件就要降到10∶17以下。总之，贸易条件的变动，必须使国际需求方程式成立。

2.2.3 生产要素禀赋论

生产要素禀赋论（Factor Endowment Theory）产生于20世纪20～30年代，是瑞典经济学家伊·菲·赫克歇尔（E. F. Hekscher，1879—1955）和贝蒂尔·戈特哈德·俄林（Beritil Gotthard Ohlin，1899—1979）提出的。它是用生产要素的丰缺来解释国际贸易产生的原因和商品流向的理论。从广义上来说，用生产要素的丰缺来解释国际贸易的原因和方向也是比较利益的一种发展，只不过这种解释不像李嘉图那样用单一的生产要素（劳动）的成本差异来说明比较利益的来源，而是用多种生产要素（土地、劳动、资本）的价格差异来说明。

李嘉图在讨论国际贸易时，是从各国劳动生产率存在着差异这一点出发的，也就是说，李嘉图理论假定各国对同一商品生产的生产函数是不一样的（生产函数是指生产某种产品所投入的各种生产要素的比例关系）。赫克歇尔－俄林原理与此不同。它假定各国对同一种商品的生产函数是相同的，从而排除了各国在生产同一商品的劳动率差异的存在。同时他还假定，单位生产成本并不随生产规模的增减而变化，不考虑运输成本的影响，不考虑贸易方面可能存在的限制，生产要素在国内可以自由流动，但是在国际间却没有流动性。每个国家的生产要素的供给是固定的，并可能得到充分利用，生产要素的报酬取决于它的边际生产力，商品价格取决于它的边际成本，只考虑商品的交换，不考虑国际间的人员流动和资本流动。俄林认为有三大生产要素：劳动、资本、土地（包括耕地和其他自然资源）。各国在生产要素方面拥有的情况是不尽相同的，有的地少人多，有的地广人稀，有的自然资源比较丰富，有的则比较贫瘠。

如果暂时不考虑需求的情况，某种要素比较丰富，那么这种要素的价格相对来说就比较便宜。如果在产品中较多地使用这种比较便宜的要素，产品的成本就会低，这种产品的价格自然就比别国同类产品便宜。

俄林认为，导致国际贸易产生的另一个原因是，不同产品所需要的各种生产要素比例不同。例如有的产品需要较多的劳动力，有的需要较多的资本，有的需要较高的技术。根据产品里面投入的所占比例最大的生产要素种类不同，把产品分成不同种类，哪种生产要素在这种产品中所占的比例最大，就把这种产品称为这种要素密集型产品，如资本密集型产品、劳动密集型产品。

既然各国在生产要素拥有方面情况不同，不同产品所需用的生产要素比例不同，而且，供给丰富的要素，价格较便宜，反之价格则贵。因此，在国际分工体系中，一个国家要专门生产那些需要大量使用本国供给品种丰富、价格低廉等生产要素的产品，并出口这些产品，进口那些本国供应相对稀缺、价格相对较高的生产要素生产出来的产品。换句话说，各国应发挥它所拥有生产要素的优势。

俄林认为，国际贸易使参加国的生产要素的价值发生变化，它使贸易国原来相对较低的生产要素价格上升，使原来相对较高的生产要素价格下降。其结果，一是导致国际贸易的各个参加国的生产要素价格趋于均等化，导致各国的工资、利息以及地租、利润等的水平相一致，使世界各国同种生产要素所获得的收入趋于均等；二是使世界范围内的生产要素得到更有效的利用，从而增加产品数量，使各国均得到利益。

为什么在现实中生产要素价格的均等化及商品价格的均等化并没有像理论上所推论的那样顺利地实现呢？这主要是由于它理论上的假定与事实上不完全相符造成的。例如，实际上，不同国家对同一种商品的生产函数是不一样的，完全竞争实际上也是不存在的，工资和价格缺乏升降的灵活性等。这也表现出了这一理论的局限性。

生产要素禀赋理论的中心内容是：进行国际贸易的原因在于各国生产要素禀赋的差

异,一国应生产并出口密集使用其丰裕要素禀赋的产品,同时进口需要密集使用其稀缺要素的产品。并且,商品流动可以代替生产要素流动,从而使各国生产要素的价格趋于均等化。

2.2.4 里昂惕夫之谜及其解释

根据赫克歇尔-俄林原理,一个国家如果某一种生产要素比较丰裕,它就应当生产和出口使用这种生产要素的产品。根据这一原理,美国是一个资本比较丰裕,而劳动资源相对来说不丰裕的国家,所以美国应当出口资本密集型产品,进口劳动密集型产品。

但赫克歇尔-俄林原理能否得到统计上的验证呢?美国经济学家里昂惕夫(Wassily Leontief)对此进行了验证。里昂惕夫于1953年在所著的《国内生产和对外贸易:美国资本现状再考察》一文中指出,美国实际统计资料与赫克歇尔-俄林原理不符。

里昂惕夫利用1947年美国统计数据,对200种产业进行分析。他把生产要素分为资本和劳动力两种,然后选出具有代表性的在美国生产的进口产品,再计算出生产每百万美元的出口品和进口替代品使用的资本和劳动量的比例,从而得出美国进出口商品中,资本和劳动的密集程度。美国出口品的资本密集程度为14 015,小于进口品资本密集程度18 184,出口品资本密集程度只是进口的77%。显然,这与赫克歇尔-俄林原理相反了,因为美国出口品并不是资本密集型产品,进口品也不是劳动密集型产品,而恰恰相反,出口是劳动密集型产品,进口是资本密集型产品。西方经济学界把这种现象称为里昂惕夫之谜(Leontief Paradox),也称里昂惕夫悖论或里昂惕夫稀少生产要素之谜。

对这一现象的出现,西方国际贸易学界大为震惊,纷纷进行验证和研究。印度经济学家巴哈尔德尔研究印度的贸易构成发现,出口多是劳动密集型产品,进口多是资本密集型产品,与赫克歇尔-俄林模式一致,谜不存在。但在与美国贸易中,出口则是资本密集型产品,进口则是劳动密集型产品,谜又存在。此外,人们还对加拿大、日本、苏联、东德等国进行了检验,发现有的与里昂惕夫之谜一致,有的与赫克歇尔-俄林模式一致。

扩展阅读2.4
新"里昂惕夫之谜"
扫码阅读

西方经济学家在"里昂惕夫之谜"这个难题的刺激之下,进行了长期的探讨和辩论,提出了一系列新的国际贸易理论。

1. 新元素说

(1)劳动力不同质说

里昂惕夫自己认为,谜的产生是因为美国工人的效率和技巧比其他国家的高(约是其他国家的3倍)所造成的。如果将劳动以效率单位来衡量(即计算美国所付出的劳动力人数时,把实际人数乘以3),那么,美国将是劳动力丰裕相对而资本却相对稀缺的国家,这样谜就不存在了。

(2)人力资本说

美国经济学家舒尔茨是该理论的创立者。他认为资本有两种:一种是物质资本,即人们通常所看到的机器、厂房、原材料等有形资本；另一种是人力资本，这是一种无形资本。人力资本是指寓于人体中的人力技能，表现在企业人员文化水平、生产技巧、工作熟练程度、管理才能与健康状况等方面。物质资本是对物质资料投资的结果，而人力资本是通过教育、培训等手段对人力投资的结果。人的技能之所以称为资本，因为它同物质资本一样，能够重复不断地取得收入。如果将熟练劳动的收入高出简单劳动的部分算作资本并同有形资本相加，作为"资本/劳动"的分子，那么，由于分子大了，里昂惕夫之谜就消失了。

（3）研究与开发要素说

该理论认为，研究与开发要素是使产品在国际市场上有竞争力，是使企业有出口优势的重要因素。据格鲁伯和费农等人就美国19个产业情况进行统计分析表明，需要投入大量研究开发经费和大批科学家、工程师的6个产业，其研究和开发经费占19个产业的89.4%，科学家和工程师占85.3%，这6个产业销售量占19个产业的39.1%，而出口量则占72%。可见，研究与开发要素是企业产品在国际贸易上具有竞争力、使企业有出口优势的重要因素。

（4）其他要素论

此外，有些人还提出应将信息、管理、创新也作为独立的生产要素来对待。例如，认为信息是一种无形资源，能够创造价值并进行交换，它同有形资源相结合同样影响着一国的比较优势。如何及时、准确地获得大量的信息，已成为在国际贸易中能否取胜的关键。因此，信息也构成国际贸易活动的一项重要内容。

2. 动态周期说

（1）技术进展论

该理论认为，技术是一个独立的生产要素，因为它能改变土地、劳动和资本在生产中的相互比例关系，提高这三者的生产率。因此，同人力技能、研究与开发等要素一样，技术进展也决定着一国生产要素禀赋状况及其在国际贸易中的比较利益。技术进展是过去对研究与开发工作进行投资的结果，所以强调技术进展对国际贸易比较优势的决定作用，实际上也是强调"研究与开发"要素的作用。

技术进展一般有两种方式：一种是发展出新的更高效率的方式来生产现有的产品，另一种则是研发出崭新的产品或改进现有的产品。在第一种方式下，技术进展提高了要素的生产率，同时又导致各国之间出现技术差距。在第二种方式下，获得新技术的国家能够出口新产品，并在一段时间里垄断出口优势。简言之，技术进展能使得一国享有特殊的贸易利益。之所以会这样，其中一个重要原因是存在一个"仿效差距"，即从一个国家发明新的技术到另一个国家成功地仿制之间的时差。一种新产品进口之后，本国消费者认识到它是国内商品的完全替代品从而对其产生需要，会有一段时间间隔，这称为"需求差距"。从新产品进口到本国生产者意识到它的竞争性威胁，进而模仿生产加以抵制，也会有一段时间间隔，这称为"反应差距"。正是这些差距之间的时间差异，决定着国际贸易的可能性和国际贸易利益的大小。这就是说，技术创新国将新产品出口到需求差距比反应差距要短的国家，就能获得贸易利益。需求差距越短，反应差距越长，创新国的贸易利益就越多。可见，技术差距是技术创新国在国际贸易中占据相对优势乃至占据出口垄断优势的关键所在。

一般来说，需求差距总是比反应差距要短，所以创新国能够得到更多贸易利益。反应差距的长短取决于规模经济、关税、运费、国外市场规模、收入弹性和收入水平等因素。如果创新国从新产品的大规模生产中取得了规模经济（即生产规模适度而带来的生产成本节约），并且关税和运费较低，进口国的收入水平和收入弹性较低而市场又较狭小，那么就有利于继续保持创新国的出口优势。反之，进口国的反应差距就会缩短，创新国的贸易利益相应减少。对于技术模仿国来说，反应差距的长短主要取决于政府和企业的决策，以及模仿国吸收新技术的能力。如果模仿国掌握新技术后实行以低工资为基础的出口，就能利用比较优势获得比较利益。

（2）国际产品生命周期说

美国经济学家哈佛大学教授 R·弗农于 1966 年在技术进展理论的基础上，提出了产品生命周期理论，后经威尔斯等人不断完善。该理论认为，由于新技术的创新和扩散，使产品经历了由新生到成熟的生命周期。威尔斯以美国情况为例，将美国的产品周期分为 4 个阶段。第一阶段是由美国进行技术创新而推出的新产品，处于垄断地位并向欧洲出口；第二阶段是外国生产者开始生产这种新产品，并在国际上同美国竞争；第三阶段是外国生产者增多，同美国的竞争进入取胜时期，由于外国劳动成本低，往往使产品成本低于美国，因此出口方面的竞争力越来越强，而美国出口则下降；第四阶段是美国由出口国变为进口国，外国生产的产品打入美国市场。

在产品周期中，由于技术的传递和扩散，各国在贸易中的地位不断变化。该理论指出，产品生命周期在第一类国家将要结束，在第二类国家往往是正在开始，而在第二类国家将要结束，在第三类国家正在开始。新技术和新产品就是这样此伏彼起波浪式地传递和推进。例如，美国正在生产和出口以信息、航空航天、生物和新材料为主的产品，欧洲接过汽车等产品，而纺织品和半导体等则通过了前两类国家在发展中国家落户。

3. 产业内贸易理论

所谓产业内贸易是与产业间贸易相对而言的。产业间贸易是指传统的各国以部门间生产专业化为基础的商品交换，如工业品与初级产品的交换。产业内贸易是指各国以产业内生产专业化为基础的交换，这种交换是产业结构相同、消费结构相似的工业国家进行的交易。它综合产品差异论、规模经济、偏好相似论和国际贸易不完全竞争说 4 个理论来解释产业内贸易产生的原因。

（1）产品差异论

它是指产品的质量、性能、规格、品牌、装潢等的不同，甚至每种产品在其中每一方面都有细微差别而形成的由无数样产品所组成的产品系列，这些产品产自不同的国家，而每样产品在各国都有需求，所以各国对同种产品产生相互需求，从而产生贸易。

（2）规模经济

亦称规模节约，由于生产专业化水平的提高等原因，使企业的单位成本下降，从而形成企业的长期平均成本随着产量的增加而递减的经济。由规模经济取得的贸易优势，如图 2-1 所示。

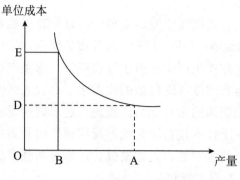

图 2-1 产量与成本的关系

上图中的曲线是 A 国和 B 国的单位成本曲线，单位成本随产量增加而不断下降。A 国产量为 OA，单位成本为 OD；而 B 国产量为 OB，单位成本为 OE。这样 A 国的产品，在国际贸易方面有出口优势，可以低价出口到 B 国，从而产生贸易。

（3）偏好相似论

该理论认为，一国的新产品首先是为了满足本国的需求而生产的。厂商总是出于利润动机为本国市场从事生产，当发展到一定程度，才出口到国外。厂商不可能一开始就生产本国市场没有需求且他也不熟悉的外国市场所需求的产品。

那么，工业贸易在哪些国家之间的量最大呢？该理论认为，两国需求偏好越相似，两国进行贸易可能性就越大。人均收入水平决定一个国家的需求结构。低收入、中等收入、高收入国家之间的需求结构是不同的。高收入国家对高档商品的需求多，而低收入国家主要需求一般档次的商品，因此收入越相近，需求结构就越相近，相互需求也就越大。由上述可知，两国之间贸易的可能性决定于两国的重合需求，即两国需求偏好的重叠程度。

（4）国际贸易不完全竞争说

这是用国际贸易渠道是否通畅，是否存在贸易保护政策来解释的，其主要提出人是特拉维斯和鲍德温等。他们认为，赫克歇尔-俄林原理只有在国际间贸易渠道畅通无阻以及不存在保护关税等贸易障碍的情况下才有效。比如，一个国家本来可以按自己生产要素相对丰裕程度，出口甲生产要素密集的商品和进口乙生产要素密集的商品，但由于种种原因，甲种生产要素密集商品难以出口，于是只好改换成另一种生产要素密集的商品出口。或者，所需进口的乙种生产要素密集的商品，由于受到本国的关税限制或进口限额的阻碍，或出口国家限制其出口，也难实现此类商品的进口。所以贸易中的人为的阻碍使赫克歇尔—俄林的原理失去作用。

对里昂惕夫之谜还有其他一些解释，如产品获得说、密集经济说、学习曲线说等，这里就不再一一赘述。

以上是战后西方国际贸易理论的主要内容，从中我们可以发现它的特点和趋势。战后西方国际贸易理论始终是以比较优势理论为核心的，但缺乏系统性。各理论都从某一角度立论,所以只在某一方面有说服力。但总体来看,理论研究越来越细,从供给到需求,从静态到动态,从两要素到多要素,从部门间到部门内。近些年来,西方国际贸易理论出现了综合趋势,产业内贸易理论就是个有力的尝试。

2.2.5 垄断优势理论

垄断优势理论产生于20世纪60年代初,首先由美国学者海默在他的博士论文《国内企业的国际经营:关于跨国直接投资的研究》中提出,继而经其导师金德尔伯格加以完善。这是最早的、具有深远影响的现代跨国直接投资理论。

在传统的经济学理论中,对外直接投资和间接资本输出不加区分地都作为国际资本移动来处理,认为资本国际移动的原因主要在于各国利率的差异,而各国利率的差异又取决于各国资本要素的丰裕程度,因此资本从资本充裕的国家流向资本稀缺的国家。

海默的研究突破了传统国际资本流动理论的旧框架,摒弃了传统理论的基本前提——自由竞争,首次提出:直接投资不同于证券投资,直接投资的特征在于控制国外的经营活动,而间接投资不以控制投资企业的经营活动为核心,投资的目的在于获得股息、债息和利息。研究跨国直接投资应该从不完全竞争出发。

海默在研究中发现,东道国的民族企业至少在下列3方面具有从事跨国经营的企业所没有的优势。

(1)民族企业更能适应本国政治、经济、法律、文化诸因素所组成的投资环境;
(2)民族企业常能得到本国政府的优惠和保护;
(3)民族企业不必担负跨国经营企业所无法逃避的各种费用和风险,如直接投资的各种开支、汇率波动的风险等。

因而,企业对外直接投资必须满足两个条件。

(1)企业必须拥有竞争优势,以抵消在与当地企业竞争中的不利因素;
(2)不完全市场的存在,使企业拥有和保持这些优势。

海默在研究中发现,美国从事海外直接投资的企业主要分布在资本相对密集、技术相对先进的行业。随后,金德尔伯格直接将市场不完全或称不完全竞争市场作为企业对外直接投资的决定因素,并列出市场不完全的4个方面:一是产品和要素市场的不完全,二是由规模经济导致的市场不完全,三是政府管制而引起的市场不完全,四是由税赋和关税产生的市场不完全。正是国内和国际市场存在这些不完全性,才形成企业对外直接投资的社会经济基础。

那么,什么样的企业才具备对外直接投资的条件并据此获利?海默发现直接投资与垄断的工业部门结构有关。美国企业对海外进行直接投资的主要动因是为了充分利用自己的"独占性生产要素",即所谓的垄断优势。因此,他认为,愿意而且能够从事对外直接投资并由此获利的企业,必须具有一种或若干种当地厂商所缺乏的独占优势,它们可以抵消跨国竞争和国外经营所引起的额外成本。对外投资企业至少应具有以下

4 种优势。

（1）技术优势

它包括技术、知识、信息、诀窍、无形资产等范围广泛的要素。其中新产品、新生产工艺和产品特异能力是最具实质性的构成部分，因为它们既造成投资企业的独占性，又常常是东道国市场所需要的东西。垄断优势主要是由于跨国企业对知识产权的占有，国外子企业可以在不增加成本的条件下利用这些知识。产品特异能力在技术已变得标准化的地方则更为重要，依靠对产品物质形态做少量变化，或者通过广告形成的商标认识，可以避免产品被当地竞争者仿制。

（2）规模经济

跨国企业的垄断优势主要来自非生产活动的规模经济性，主要包含集中化研究与开发，建立大规模销售网络，以及进行集中的市场购销、资金筹措和统一的管理等，他们还把企业规模同其技术密集度联系起来说明垄断优势。

（3）资金和货币优势

对外投资企业或有丰裕的资金需要寻求出路，或者有较强的资金筹集能力和来源广泛的渠道。寻求较高的资金收益是它们对外投资的重要的原因。投资企业拥有相对坚挺的货币可以使它首先在汇率上获得一个所谓通货溢价（指所支付的实际金额超过证券或股票的名目价值或面值）的额外收益。

（4）组织管理能力

这种优势一方面是由于它们有受过较好训练和教育并且具有丰富经验的管理人员，另一方面则由于它们有较快并有效作出决策的良好组织结构，这种管理上的潜能随着公司对外直接投资而扩大经营规模后得到充分利用。

以上 4 种优势后来被邓宁教授概括归纳为"所有权优势"，用以解释跨国公司对外直接投资的主观条件和动因。但是垄断优势论无法解释为什么拥有独占性技术优势的企业一定要对外直接投资，而不是通过有偿的转让技术或出口来获取那些潜在收益。此外，该理论也无法解释发展中国家企业的对外直接投资。

2.2.6 国际生产折衷理论

国际生产折衷理论又称为国际生产综合理论。这一理论是在 20 世纪 70 年代末由英国的经济学家邓宁提出的。他认为以往的理论只能对国际直接投资作出部分解释，并且它们无法将投资理论与贸易理论结合起来，客观上需要一种折衷理论。邓宁提出的折衷理论是对西方经济理论中的厂商理论、区位理论、工业组织理论等进行兼容并蓄，并吸收了国际经济学中的各派思潮，包括海默等人的思想，在吸收前人理论的基础上，独树一帜，建立了现代跨国公司的一般理论模式。邓宁在 1981 年出版的《国际生产和跨国公司》一书中，系统阐述了他的理论。

国际生产折衷理论的核心是提出了 3 个决定一国企业对外直接投资的变量，即所有权优势、内部化优势和区位优势。这 3 个优势变量的不同组合决定跨国公司在出口贸易、直接投资和许可证安排之间的选择。一般来说，这些选择可有三种情况：①当企业同时拥有 3 项优势时，就会倾向于对外投资；②如果只有所有权优势而缺乏内部化优势和区位优势，企业将选择技术许可证贸易的方式；③如果企业拥有所有权优势和具备内部化的条件，但国外区位缺乏吸引力，选择出口贸易的形式是比较有利的。

国际生产折衷理论将企业特定的优势、国家的区位和资源的优势有机结合起来，注重综合分析，注重客观把握和动态研究，为研究跨国公司对外直接投资提供了一套比较完备的系统的理论。

扩展阅读 2.5
创新扩散理论的内涵
扫码阅读

2.2.7 创新扩散理论

埃弗里特·M. 罗杰斯（Everett M.Rogers）在其专著《新发明的扩散》（*Diffusion of Innovations*）一书中，将其扩散理论研究浓缩成对国际营销人员很有用的 3 个概念：采用过程、新发明产品的特征以及采用者类型。

1. 采用过程

采用过程，即个人从初知新产品到采用或购买该产品所经过的几个阶段。罗杰斯提出，个人从初知某产品到最终采用或购买它的过程经过了 5 个不同的阶段：知晓、感兴趣、评估、试用和采用。

（1）知晓

在此阶段，顾客初次知晓一个产品或一项新发明。研究结果显示，在这一阶段，大众媒体广告等非个人信息来源最为重要。全球营销中的一个重要的早期沟通目标是通过使大众普遍接触广告信息来创造新产品的知晓度。

（2）感兴趣

在此阶段，顾客对了解更多的情况有足够的兴趣。顾客将注意力集中在与产品相关的沟通活动上，并将开展调研活动，寻求更多的信息。

（3）评估

在此阶段，顾客根据当前和未来的需要思考和评判产品利益，并基于这一判断决定是否试用该产品。

（4）试用

大多数顾客不经"亲自"经历，即营销经理们所称的"试用"是不会购买昂贵产品的。对产品进行试用但未购买的一个好的例子便是试开汽车。对保健品和其他非昂贵消费品而言，试用经常涉及实际的小额购买。营销经理们经常通过发放免费样品诱引试用。对于非昂贵产品而言，单个产品的首次购买被界定为试用。

（5）采用

此时，个人或者是首次购买（如较贵的产品），或者是继续购买（采用或表现对品牌的忠诚）不太贵的产品。研究表明，随着个人从评估经过试用再到采用阶段，个人的信息来源比起非个人的信息来源更加重要。正是在这个阶段，销售代表和口碑成为影响购买决策的主要作用力。

2. 新发明产品的特征

除了描述产品采用的过程以外，罗杰斯还指出了影响新产品采用速度的 5 个主要的因素：相对优势、兼容性、复杂性、可分性和可传播性。

相对优势是指在顾客眼里新产品与现有产品或试用方法比较的结果。一个新产品相对于现有产品的感知优势是影响采用速度的主要因素。如果某产品相对于竞争品牌来说确有优势，它有可能被迅速接受。

兼容性是指产品与采用者现有的价值观和过去的经验相一致的程度。

复杂性是指新发明或新产品难以理解和使用的程度。产品复杂性是一个能降低采用速度的因素，尤其是在识字率低的发展中国家市场上。

可分性是指产品被试用，并可在花费不大的情况下被试用的能力。全球各地收入水平的巨大差异使得人们对产品质量、包装尺寸及产品分量的偏好具有很大的差别。

可传播性是指针对潜在市场，新发明提供的利益或产品价值可被传播的程度。飞利浦公司一个新的数码盒式磁带录音机销售不佳的部分原因是广告未能清晰地表述该产品的特点，即该产品不但能使用新的盒式磁带技术播放旧的模拟式磁带，而且能产生光盘质量的录音效果。

3. 采用者类型

采用者类型是在某市场中，针对每一个个体所不同的创新精神进行的一种分类。有关新产品扩散问题，成百上千项研究结果表明，采用是一个以正态分布曲线为特征的社会现象。

这一正态分布中的总体被划分为 5 个类型。某产品第一个 2.5% 的购买者被界定为领先采用者，13.5% 的购买者被界定为早期采用者，34% 的购买者被界定为早期多数采用者，34% 的购买者被界定为晚期多数采用者，16% 的购买者被界定为滞后采用者。

研究表明，领先采用者多半具有冒险精神，在处理社会关系时采取四海为家的态度，他们也比其他采用者富裕。早期采用者在社区中是最有影响的人，其影响大于创新者。因此，早期采用者在采用过程中是一个关键的人群，他们对早期多数采用者和晚期多数采用者有很大的影响，这两个群体构成任何产品采用者的主体。早期采用者有几个突出的特点。首先，他们多半比较年轻，具有较高的社会地位并比晚期采用者处于较有利的经济地位。他们对大众媒体的信息来源必须及时作出反应，必须了解来自那些信息来源的新产品情况，因为他们根本不能模仿一些早期采用者的消费行为。

2.2.8 需要阶梯理论

需要阶梯理论又称为需要层次理论，是美国学者马斯洛通过对消费者需要的研究而提出来的。马斯洛的需要阶梯理论有两个基本观点。一个基本观点是：人是有需要的动物，其需要取决于他已经得到了什么，尚缺少什么；已得到满足的需要不能起激励作用，只有尚未满足的需要才能够影响行为。另一个基本观点是：人的需要都具有层次之分，当其中某种低层次的需要得到满足以后，另一较高层次的需要才出现并要求获得满足。

马斯洛认为，人的需要层次存在一个由低级到高级的阶梯。在某一特定的时刻，人的一切需要如果都未得到满足，那么最主要的需要就比其他需要更为迫切，只有低一层次的需要得到了满足，才能产生更高一级的需要。而且只有当前面的需要得到充分的满足之后，后面的需要才显出其激励作用。此外，还认为每个人都具有下面所描述的各种需要，并且每个人的需要层次都是一样的——从生理需要到自我实现需要。

扩展阅读 2.6
马斯洛需要层次理论受到的质疑
扫　码　阅　读

马斯洛将人的需要按其重要性与发展次序分为 5 个等级。如图 2-2 所示。

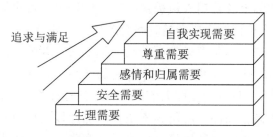

图 2-2　马斯洛需要层次理论图

（1）生理需要

生理需要是维持人类生存和延续所必需的，是人类一切需要中最基本的需要，是推动人们行动的主要动力，它包括衣、食、住、行、医药、性等。当其他一切需要都未得到满足时，生理的需要就起着支配作用。在这种情况下，其他需要都不会构成激励的基础。马斯洛认为：缺乏食品、安全、爱情和尊重的人很可能对食品的渴望比对其他任何东西的需要都更为强烈。

（2）安全需要

随着生理的需要得到满足，继而就会产生高一层次的需要——安全的需要。安全的需要包括生产中的人身安全和财产的安全。如防止肉体受到伤害、防止职业病的侵袭、避免经济上的意外灾难，此外还包括工作的安定、没有失业的威胁、退休后有养老金等，从而便产生对劳动保护、医疗保健、药品，保险等的需求。

（3）感情和归属需要

生理和安全需要满足以后，感情和归属等社会需要就成为迫切的需要了。感情和归属的需要包括社交、隶属、友情、爱情等方面的需要。例如：希望与同事之间保持良好的关系；朋友之间的友谊持久而真挚；进行社会交往，成为社会集体中的一员；获得某一集团的承认，使自己有所归属；得到人们的关心、重视等。感情和归属的需要是属于精神范畴的需要，与一个人的性格、经历、教育、宗教信仰等都有关系。当这些需要得不到满足，就可能影响精神健康。

（4）尊重需要

这是指对自尊心和荣誉感的需要，即人们对获得一定社会地位、权力、受人称赞和尊重的愿望。这类需要包括自尊和受别人尊敬，即在要求别人尊重自己的人格、承认自己的劳动的同时，还要求别人给予尊敬、赞美、赏识以及更高的委任。这种需要得到满足，即可带来自信和荣誉感。

（5）自我实现需要

这是最高一级的需要，希望能充分发挥自己的才能，做一些自己觉得有价值、有意义事情。马斯洛认为这种需要就是"人希望越变越完美的欲望"。人们都希望能充分发挥自己的才能，在成就、职位、地位上达到自己所希望的高度。如，希望在社会科学、自然科学方面作出贡献、取得成就或成为一个理想的妻子、著名的科学家、出色的运动员、领薪很高的大学教授或公司经理等。

马斯洛的理论为国际市场营销人员提供了一个区别消费者可能需要购买的产品的有效方法，而且也对为什么顾客的需要会随时间而改变作了解释。例如，在经济不发达国家，大部分消费者是为了获得基本生存条件而劳动，他们所需要的产品基本上是第一、二级的需要，如食物、衣着、住房及其他与生存有关的产品。若向这些国家大量推销高档消费品就行不通。在经济发达国家，支配人们购买行为的往往是第三、四、五级需要居多，对这些国家要增加销售高档商品，用所谓威望类产品，以及地位和豪华类产品来满足消费者的需要。如在欧洲，高级服装质量高、式样雍容华贵、价钱高得惊人，但照样可以卖出去。在美国，汽车是以表示受尊重和地位为基础而出售的。

超级链接 2-1

创立人类动机理论的马斯洛

马斯洛（Abraham H. Maslow, 1908—1970），美国社会心理学家、人格理论家和比较心理学家。人本主义心理学的主要发起者和理论家。1933年在威斯康星大学获博士学位，第二次世界大战后转到布兰代斯大学任心理学系教授。曾任美国人格与社会心理学会主席和美国心理学会主席（1967）。

马斯洛主要著作有：《动机和人格》（1954）；《存在心理学探索》（1962）；《科学心理学》（1967）；《人性能达到的境界》（1970）等。

马斯洛的著名论文《人类动机论》最早发表于1943年的《心理学评论》。他的动机理论又称需要层次论。他认为，健全社会的职能在于促进普遍的自我实现。他相信，生物进化所赋予人的本性基本上是好的，邪恶和神经症是由于环境所造成的。越是成熟的人，越富有创作的能力。

资料来源：作者根据有关资料整理而成。

本 章 小 结

国际营销是企业根据国外顾客需求,将生产的产品或提供的服务提供给国外的顾客,最终获得利润的经济活动。它包括两大领域——生产领域和流通领域,一种手段——提供产品或服务,一个原则——满足国外顾客需求,一个目的——企业获得利润。

企业参与国际营销的程度是由其从事国际营销的途径所决定的。可供企业选择的途径有:偶然的出口、积极的出口、授权国外生产、在海外建立营销机构、海外生产海外营销。

国际营销与国际贸易的区别主要表现在隶属学科、研究领域、原动力等方面不同。

国际营销学的基本理论包括:比较成本理论、相互需求理论、产业内贸易理论、国际产品生命周期理论、里昂惕夫之谜、产业内贸易理论、垄断优势理论、国际生产折衷理论、创新扩散理论、马斯洛需要层次理论等。这些理论为国际营销学的发展奠定了坚实的基础。

关 键 术 语

国际营销学(international marketing)
国际贸易(international trade)
全球化(globalization)
环境敏感度(environmental sensitivity)
标准化与差异化(unifying and differentiating influences)
产品的生命周期(product life cycle)
比较成本理论(theory of comparative cost)
相互需求理论(mutual demand theory)
里昂惕夫之谜(Leontief paradox)
生产要素禀赋论(factor endowment theory)
垄断优势理论(monopolistic advantage theory)
创新扩散理论(theory of diffusion of innovation)
产业内贸易理论(intra-industry trade theory)
马斯洛需要层次理论(Maslow's hierarchy "needs" theory)
国际生产折衷理论(the eclectic theory of international production)

课 后 习 题

1. 国际营销与国内营销和国际贸易有何联系与区别?
2. 从企业参与国际营销的程度分析企业从事国际营销的途径。

3. 国际营销人员的任务与要求是什么？
4. 试对你身边较熟悉的某企业提出你的开拓国际市场的建议。
5. 在里昂惕夫之谜的刺激下，出现了哪些新的国际贸易理论？
6. 企业对外投资应该满足哪些基本条件？
7. 请解释国际生产折衷理论以及其核心变量。
8. 创新扩散理论中影响新产品的采用速度的因素有哪些？
9. 需求阶梯理论有哪几大等级？等级之间的关系是什么？

本章讨论案例

宝洁公司在中国本土的营销战略

从1978年开始，中国进入了变革期。通过邓小平提出的"改革开放"政策，从国民的想法到市场结构，中国在各个方面都经历了巨大的变化。把中国这样的变化看作机会，乘着中国的良好势头，进入中国的外国企业有很多。宝洁是其中一家公司。

1988年日用消费品制造商巨头宝洁进入中国，成立了广州宝洁有限公司。从1988年到1997年，宝洁在中国建立起了日用消费品的帝国。据统计，宝洁公司从1991年到1997年，其销售额以平均年率50%的速度逐年增加。1997年，宝洁在中国市场的主要营业收入为80亿元，是进入中国市场以来最高的业绩。但进入1998年，其销售额却跌至52.42亿元，1999年降至最低的39.17亿元。1998—2001年宝洁陷入了危机，此后进入了调整期。2002年，返回了75亿元前后。2003年中国市场的销售额增长率大幅度超过了宝洁的全球平均增长率。2004年，宝洁在中国市场开始了品牌扩张的时代。

1988年进入中国以来，宝洁经历了各种各样的起起伏伏，最终达成了全世界瞩目的业绩。宝洁在中国市场的成功是显而易见的。

宝洁公司成功的原因主要有以下3个方面。

（一）进入中国的时间和地点的选择

在中国的经济发展中，存在着地域差距。广东省是改革开放政策的前沿，是经济发展发达的地方。宝洁公司进军中国市场的1988年，广东省正好迎来了改革开放以来第四次经济发展周期。GDP从1990年开始上升，1992年、1993年以22.1%和22.3%的增长率达到了顶峰。90年代以后，随着中国东部市场化水平的提高，非国有经济的发展显著，特别是随着对外开放地区的扩大，东部经济发展的原动力比中部、西部更强。从GDP的增长率来看，东部和中部，西部分别高2.2个和2.8个百分点。从收入的差别来看，和经济发展的倾向几乎一样。无论是城镇居民人均可支配收入，还是农村居民人均纯收入，比起中西部，东部明显要高。从经济指标的分析来看，无论经济发展的总量还是速度，东部都比中西部优越。宝洁公司把握中国经济发展的差距，考虑广东省的经济开放性及购买力，以广东省为据点进入中国市场，可以说是其成功的原因之一。

（二）采用正确的市场营销战略

1. 消费者至上的经营理念

宝洁公司的成功与"消费者至上"的理念密切相关。为了把这个理念扎实到所有的地方，宝洁公司做了各种各样的工作。为了向消费者提供更好的产品和服务，1934年在美国设立消费者研究机构，成为美国工业界最先以科学分析方法分析消费者需求的企业。在中国市场，宝洁公司的"消费者至上"理念不仅仅是满足消费者的需求，更重要的是培养消费者的需求、引导消费者。宝洁通过广告和宣传，告诉了中国的消费者如何洗头，如何刷牙。在获得经济利益的同时，也带来了前所未有的长期的社会效益。从提倡洗发新概念到引导经常洗发，从正确刷牙到正确选择牙膏，从勤洗手到杀菌，带给中国消费者的生活意识、生活习惯的变化，即给消费者带来健康的生活方式、全新的健康理念和健康用品。作为消费者，既容易接受，又能提高生活品质。

2. 品牌战略——以众多品牌占有市场

宝洁公司在中国市场的营销战略中有一项值得瞩目的就是品牌价值创造。随着经济的发展，中国人民的生活水平大幅度提高，人们的喜好也变得多样化，追求品牌化了。宝洁公司不仅能根据中国消费者的不同喜好，提高其品牌形象，还能通过在同一产品中推出多种功能不同的品牌，从而获得更高的市场占有率支撑着继续快速发展的宝洁。以洗衣粉为例，宝洁根据消费者的喜好，推出了全世界功能不同的9个品牌，但是在中国只有汰渍和碧浪2个品牌。在顾客版权较低、消费者喜好差异较大的洗发水市场，为了满足消费者的不同需求，推出了飘柔、潘婷、海飞丝等品牌。

3. 产品的命名

宝洁在给产品命名上下了工夫。适当精美的产品名称可以减少对消费者产品的认知阻力，并能唤起消费者的美好联想。同时，也能增进消费者对产品的亲和力及委托感。因此，可以减少产品的促销费用。

在中国市场上销售的所有宝洁产品，都是具有意义的名称。命名产品时，做到既表示产品的特征又恰好地描绘出品牌印象。**Pam-pers**（帮宝适）、**Safeguard**（舒肤佳）就是一个很好的例子。在汉语中，"帮"是帮忙的意思，"宝"是宝宝的意思，"适"是舒适的意思，"帮宝适"的中文意思就是"帮助宝宝舒适"。"舒肤佳"也一样，"舒"是舒适的意思，"肤"是皮肤的意思，"佳"是好的意思，合起来就是"让皮肤变好""让心情变好"的意思。

（三）坚持以研究开发为基础的事业

为了研究适合东方人的产品，宝洁公司在日本设立了全球最大的技术中心，为亚洲消费者提供服务。不仅研发新产品，还要改善产品的质量、配方、包装设计，使消费者满意。许多宝洁的产品每年至少改良1次。世界首款高效合成洗涤剂汰渍自

1946年上市以来,已进行了60次以上的改良。宝洁之所以能在日益激烈的竞争中立于不败之地,是通过研究开发不断革新不可或缺的重要原因之一。

位于宝洁研究中心的83 000多名科学家用心建立了宝洁日用品帝国。他们在关怀人性的同时,以消费者至上的理念,从实用、方便、舒适、美丽的角度为消费者创造精彩的生活。在此,以中国消费者熟悉的洗发水品牌飘柔为例,分析宝洁公司是如何不断地追求创新。1989年秋天,宝洁开发出了飘柔"洗发水2 in 1",并将其送往市场。其销售数量占中国洗发水市场的一半以上。1989年12月,在中国市场推出了飘柔5 ml轻便包装。1990年,飘柔推出了中国第一款"去头皮屑2 in 1"洗发水。2003年9月,推出了1分钟调节剂精华。2003年10月,REJOICE全面更新。2005年4月,推出了面向年轻人的水果精华系列。不懈的努力和新产品的研究开发使得飘柔在竞争激烈的中国洗发水市场保持高度占有率。这也是171年以来,宝洁公司成为"高品质、安全、放心"的代名词的理由。

资料来源:节选自张艺凡.浅析宝洁公司在中国市场的营销战略以及对中国企业的启示[J].广西质量监督导报,2019(8):102,94.

讨 论 题

1. 宝洁公司在中国市场上获得利益的营销理论依据是什么?
2. 宝洁公司在中国的营销策略给中国的本土企业带来哪些启示?

（考核点：国际营销学的基本理论）

第二篇　国际营销环境分析

第3章
国际营销经济环境

学完本章,你应该能够:

1. 掌握国际营销经济环境的含义;
2. 理解世界经济的特征;
3. 理解市场发展阶段的有关概念;
4. 了解全球主要国家的收入和人口;
5. 理解区域经济一体化形式;
6. 了解世界上主要区域市场的特征。

当今世界经济格局发生深刻变化

世界经济出现了3个方面重要变化。

一是全球经济增长已到拐点,需求减弱带来政策预期转变。从经济周期来看,全球经济经历了金融危机之后近10年复苏性增长,当前已经触及本轮增长周期的顶点,逐渐进入下行阶段。从主要国家来看,美国经济增长动能逐渐减弱,减税政策效应递减落;英国脱欧打击市场信心,法国"黄马甲"运动引发社会动荡,民粹主义持续发酵,欧洲经济可能衰退;新兴经济体内部分化加剧、产业结构重塑,经济脆弱的国家可能出现债务危机。为了应对需求减弱导致经济下行压力加大,发达经济体货币政策正常化走到尾声,甚至出现转向的可能。全球已有十多家央行降息,美联储降息的预期逐渐增强,对全球经济金融市场带来新的影响。

二是中美贸易摩擦不确定性上升。近年来美国盛行贸易保护主义,中美贸易摩擦成为全球关注的焦点。美国单方面对2 000亿美元中国出口商品征收25%的关税,并威胁将对另外3 250亿美元的中国商品征收25%的关税。中方立刻作出应有的反制措施,对原产于美国约600亿美元进口商品加征关税。虽然目前双方处于对峙态势,但都有所克制,并且都有缓和紧张态势的意愿,已经签署第一阶段协议,未来双方团队有可能继续开展磋商。但是需要明确的是,即使当前摩擦降温,中美竞争关系不会根本改变,未来美国仍将从知识产权、金融、科技、政治、军事等领域全方位遏制中国,我们要做好持久战的准备。

三是国际经贸体系处于变革时期,全球经济格局将深刻调整。全球主要的经贸体系普遍建立于20世纪,有的已经运行超过50年,传统国际经济规则已经难以适应现代经贸环境,目前处于变革的关键时期。多边经贸体系改革愈发成为共识,全面与进步跨太平洋伙伴关系协定(CPTPP)已经生效、新的北美自贸协定(USMCA)已经达成,区域全面经济伙伴关系(RCEP)、国际服务贸易协定(TISA)等贸易投资规则正在推进,将对现行国际经贸规则和国际贸易体系产生较大冲击。WTO改革势在必行,但如何改革存在诸多分歧。

当前外部环境变化对我国经济的直接影响可控,但随着全球经济格局的转变,需要关注外部冲击对我国可能造成的影响。我国经济具备平稳运行的能力,采取有效措施能够很好应对外部冲击。

资料来源:刘学智. 世界经济格局深刻变化,积极有效应对外部冲击 [N]. 21世纪经济报道,2019.6.14(004).

企业都是在一定的经济环境中开展营销活动的,因此,经济环境直接影响企业的营销战略和策略的选择和实施。从事国际营销活动的国际企业更加如此,这主要是因为国际营销环境比国内营销环境更加复杂多变。

国际营销经济环境是对国际营销活动有影响的而国际企业又无法控制的各种经济要素的总和,它具有两个层次的含义:第一个层次的含义是从世界经济整体来说的经济环境因素,简称世界经济环境;第二个层次的含义是从某个大洲、区域和国家角度分析的经济环境因素,简称洲域、区域和国别经济环境,重点是国别经济环境。

世界经济环境是指在全球范围内发生影响作用的经济因素,其中发生作用的主要是国际贸易体系和国际投资金融体系。

国别经济环境,也即东道国经济环境,是指目标市场国影响国际企业营销活动而企业又无法控制的社会经济状况及相关政策,包括东道国的社会经济发展水平、社会经济结构、经济体制、经济政策、市场规模、生产要素的质量和供应状况、各种服务体系的完善程度、经济发展阶段、人口、国民经济的增长状况、地区与行业的发展状况、社会购买力水平、消费模式等因素。衡量或反映这些因素的经济指标有国内生产总值、国民生产总值、就业率、通货膨胀率、汇率、财政政策、货币制度、对外贸易政策与管理体制等,也要分析国与国之间的区域经济一体化。

在分析经济环境时,不能截然分割世界经济环境和国别经济环境,实际上两者相互影响相互作用,可以把国别经济环境的共性因素或特点归纳汇合为世界经济环境的因素或特点。

3.1 世界经济环境分析

3.1.1 世界经济特征

1. 全球化 4.0 时代的世界经济新秩序和新格局诞生

目前，随着中国不断崛起，世界经济体系已经进入了在新兴经济体推动下的全球化 4.0 时代。在这第四次科技和产业革命浪潮中，国际投资、收支，以及全球所面临的经济需求都发生了翻天覆地的变化。从硬件来看，货币、全球贸易、全球投资、咨询以及技术正在进行重新组合，并在全球贸易机制作用下进行产业的转型和整合；再从软件上来看，经济政策协定、国际经济治理新体系以及国际经济新秩序的形成，都为全球化 4.0 时代的经济复苏注入了新鲜的血液。其中最为突出的是国际经济新秩序的重塑，帮助各个国家在刚刚建立起来的全球经济新格局中找到自身的位置，并实现经济体制中新旧动能的转换、调整和变革。

2. 信息产业加速推进全球经济一体化

信息的发展大大缩短了世界市场各个部分之间的距离。特别是多媒体技术与网络经济的诞生，使企业可以在片刻之间完成上万亿美元的国际金融和贸易业务，大大降低了交易成本，缩短了交易时间。现代通信技术向着网络化、数字化、宽带化方向发展，人类将全面进入信息时代。信息技术将为各国贸易的发展和跨国公司的发展提供技术基础，并成为知识经济社会中最重要的资源和竞争要素。信息产业无疑将成为未来全球经济中最宏大、最具活力的产业。各国对发展信息产业均十分重视，采取了一系列措施：如欧盟成员国每年对信息产业的投资约为 280 亿美元，日本每年用于信息产业研究和开发的投资约为 250 亿美元。这些措施使包括硬件制造业、软件业、信息服务业在内的信息产业得到空前发展。信息产业正成为全球新的、重要的经济增长点，并且加速推进经济的全球化发展。

扩展阅读 3.1
新产业革命推动经济全球化

3. 区域经济一体化在推进

区域经济一体化是国际竞争向更高层次、更新状态发展的一种表现形式。目前，已经有 100 多个区域经济一体化组织，还有更多的区域一体化组织在谈判组建中。欧盟、北美自由贸易区、亚太经合组织是当代世界三大最有影响力的区域性组织。其中最典型的区域一体化组织是欧洲联盟，截至 2019 年 1 月 1 日，它拥有 27 个成员国，总人口为 4.46 亿，2019 年国内生产总值达 15.58 万亿美元，是当今世界上经济实力最强、一体化程度最高的国家联合体。区域一体化消除了区域内的市场障碍，降低了壁垒，使得资源得以自由地流动，促进了区域内的竞争与合作，增强了区域内企业的活力。同时，区域一体化还加强了对区域经济的保护，增加了对区域

扩展阅读 3.2
区域全面经济伙伴关系协定（RCEP）

外企业的壁垒。经济的区域一体化同时改变了企业的营销环境。一方面企业需要关注全球市场;另一方面需要注意区域经济壁垒。区域之间的政治、经济、文化等区别使得企业的营销环境更为复杂多变。

4. 2015年开始中国经济和世界经济已经同时进入了低速增长的新常态

世界经济正处于新旧规则交替的动荡期。世界各国的经济思维产生"三新"式的变化,即新旧观念的碰撞、新旧动力转换以及新旧力量对比。而在这个调整期,又呈现出了"三低、三失衡、三分化"的发展特征。"三低"指的就是经济呈"低速率、低利率、低通胀"式进行增长;"三失衡"即指"收入与支出失衡、贫富两端失衡、宏观经济调控机制失衡";而"三分化"即经济增长的速度、调控政策以及国际贸易格局3个方面的分化。

5. 主要国家创新战略驱动全球经济回暖复苏

创新驱动战略可以为全球经济复苏拓展出新的空间。从过往的历史中,我们可以总结出一条经验,任何一次局势的变更都离不开技术的创新。在金融危机后,很多发达国家都开始在技术创新方面寻求新的突破口,由此诞生出了许多新兴的技术,如互联网技术、人工智能技术、3D打印、AI技术、生物医药技术等。由互联网引发的产业链融合为世界经济的复苏带来了新的希望,并不断推动科技革命,势必为世界经济的崛起引领新的征程。比如,美国的3D打印技术是世界科技的前沿,为了提高产业经济效益,美国将3D打印技术作为提高产业竞争力的战略级技术;而德国政府也在利用科技革命进而推动"工业4.0"的战略计划,主要通过提升产业的智能化水平,如网络信息技术、计算机技术以及自动化技术,从而打开生产模式的新格局,积极推进智能生产线、智能物流等重要战略内容;同时中国也在进行"中国制造2025"等战略项目,通过创新驱动战略使国内乃至国际经济爆发出新的生机。

3.1.2 经济体制

目前世界上主要有3种经济体制分类是以占主流的资源配置方式为基础的:它们分别为市场配置体制、指令配置或中央计划配置体制以及混合配置体制。

1. 市场配置体制

市场配置体制是一种依靠消费者分配资源的体制。消费者通过决策由什么人生产什么来"编写"经济计划。市场经济体制是一种经济民主——公民有权依据他们的"钱包"来选择自己想要的货品。国家的作用是促进竞争和保证消费者受到保护。美国、大多数西欧国家和日本是市场经济占统治地位的国家。在提供人们所需和所要的货物和服务方面,市场配置体制具有明显的优势。

2. 中央计划配置体制

在指令配置体制中,国家在服务于公众利益方面享有很大的权力。这些权力包括制造什么产品和怎样制造。消费者可以自主选择所供应的产品,但是,有关生产什么和供应什么则是由国家计划编制者决定的。由于供不应求,市场营销组合因素不能被用做策略变量,几乎也不靠产品差异化、广告和促销,分销由政府掌管以阻断中间商的"剥削"。

3. 混合配置体制

在世界经济的现实中，并不存在纯粹的市场体制或纯粹的指令配置体制。所有的市场体制都有一个指令部分，所有的指令体制都有一个市场部分。在市场经济中，指令分配部门就是国内生产总值中由政府通过税收获取并花费的部分。在经济合作和发展组织成员国里，这一比重各不相同，小到占国内生产总值的32%，如美国；大到占64%，如瑞典。因而，在总支出的64%控制在政府手中的瑞典，经济体制显得"指令"多于"市场"；美国的情况则相反。大多数社会主义国家都有一个传统，即农民被允许将农产品的一部分拿到自由市场上去卖。改革开放初期，中国政府给予广东省的企业和个人相当大的自由，使其在市场经济体制中运作。

不同的经济制度以不同的资源配置方式为企业国际营销环境提供宽、严程度不同的经济环境，从而所面临的国际营销环境的复杂程度也不同。

3.1.3 国际市场发展阶段

全球国家市场处于发展的不同阶段。人均国民生产总值提供了一个细分组合这些国家的有用方法。以国民生产总值为基础，可以将全球市场分成5类：低收入国家、中低收入国家、中高收入国家、高收入国家和经济瘫痪国家。尽管对每一个阶段收入的定义是任意的，但每一类别中的国家都具有相同的特征。

1. 低收入国家

低收入国家亦称前工业国，是人均国民生产总值不到1 025美元（世界银行标准）的国家。处于这一收入水平的国家具有以下特征：

（1）工业化程度有限，人口的很大一部分从事农业和生存性农业。

（2）出生率高。

（3）识字率低。

（4）严重依赖外国援助。

（5）政局不稳，动荡不安。

（6）集中在撒哈拉以南的非洲地区。

一般来说，这些国家为各种产品提供的市场是有限的，它们也不处于构成威胁的战略要害地带，但也有例外。

2. 中低收入国家

中低收入国家，亦称不发达国家（Least Developed Countries，LDCs）。这些国家的人均国民生产总值为1 026～3 995美元。它们处于工业化的早期阶段，其工厂为成长中的国内市场提供诸如服装、电池、轮胎、建材和包装食品等产品。

这类国家的消费者市场正在扩大。当LDCs发动它们那些相对便宜的劳动力为世界其他地区的目标市场服务时，这些国家正在成为一种越来越大的竞争威胁。LDCs在成熟的、标准化的劳动力密集型产业，如玩具和服装制造业中，具有较大的竞争优势。印度尼西亚是前进中LDCs的一个范例，其人均国民生产总值从1985年的250美元提高到

2018 年的 3 894 美元。

3. 中高收入国家

中高收入国家亦称正在工业化的国家，其人均国民生产总值为 3 996～12 375 美元。随着就业人口向工业部门的转移、城市化程度的增加，这些国家的农业人口急剧减少。马来西亚等许多处于这一阶段的国家，正在迅速地实现工业化。人们的工资水平和识字率上升，教育比较先进。可是，它们还享有发达国家所没有的、可观的低工资成本。处于这个发展阶段的国家经常会成为令人可畏的竞争对手，并会经历迅速的、以出口驱动的经济增长。

扩展阅读 3.3

厉以宁：中国可以跨越"中等收入陷阱"

扫码阅读

4. 高收入国家

高收入国家亦称先进的工业化、后工业或发达国家。它们的人均国民生产总值超过 12 375 美元。除了少数石油富国以外，此类别中的其他国家是靠持续的经济增长过程达到目前的收入水平的。

相对于工业社会而言，在后工业社会里，产品和市场机会更多地取决于新产品的创新。大多数家庭对基本产品的拥有率非常高。寻求发展的组织如果要在现有市场上扩增自己的份额，任务非常艰巨。它们必须另辟蹊径，努力创造新的市场。

5. 经济瘫痪国家

经济瘫痪国家遇到的经济、社会和政治问题非常严重，使得投资者和经营者对其失去兴趣。埃塞俄比亚和莫桑比克等一些低收入、无增长的经济瘫痪国在接连不断的灾难中勉强维持生活。其他一些曾经获得增长和成功的国家因政治斗争造成分裂、内战，国民收入降低，而且经常对居民构成相当的危险。20 世纪 90 年代中期的南斯拉夫便是一例。受内战困扰的经济瘫痪国是危险地区，大多数公司认为不去那些战乱国家是谨慎之举。

3.1.4 国际市场产品生命周期模型

当把国内市场扩展到国际市场时，由于各国在科技进步和经济发展水平等方面的差异而形成的同一产品在各国的开发、生产、销售到消费上的时间差，同一产品生命周期在各个国家的市场上出现的时间是不一致的，这被称为国际市场产品生命周期。

美国哈佛大学商学院教授雷蒙德·弗农（Raymond Vernon）以产品生命周期理论为基础，对世界贸易和投资方式提出了新的理论，即"国际市场产品生命周期理论"，他将产品生命周期划分为 3 个阶段：产品导入期，产品成长和成熟初期，产品成熟和标准化期。由于发达国家、较发达国家和发展中国家的经济、科技发展水平不同，因此产品进入这 3 个阶段的时间先后不一样。国际产品贸易周期模型描述了产品生命周期（Product life cycle，PLC）以及贸易和投资之间的关系。20 世纪 50 年代到 70 年代中期，持续的国际市场发展对贸易模式和纺织品、消费电子品及其他产业的制造地点造成影响。产品贸易周期模型准确地描述了这种影响是如何产生的。

简而言之，像日本和美国这类高收入、大量消费的国家最初是出口国，但最终会演变成为进口国，是第一梯队。第二梯队发达国家起初进口外国产品，经过一段时间后又出口产品。第三梯队低收入国家以制造厂商起家，随后显示了同样的从进口到出口的转变。这些转变与产品生命周期的导入期、成长期和成熟期是相对应的：高收入国家在导入期是出口国，中等收入国家在成长期时为出口国，低收入国家在成熟期时成为出口国。国际产品贸易周期如图3-1所示，其中，P代表生产曲线，C代表消费曲线，E代表出口量，I代表进口量。

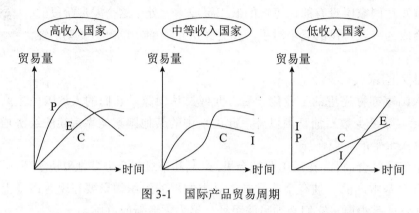

图3-1 国际产品贸易周期

国际产品贸易周期模型则如图3-2所示，其中，GDP是国内生产总值。

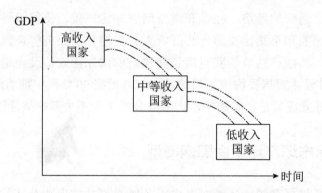

图3-2 国际产品贸易周期模型

国际产品贸易周期是一个对贸易模式的经验记录，它反映了许多美国和欧洲的消费电子产品公司及其他行业公司的经营行为。这些公司放弃了为在本国维持世界级生产设施所需的投资和努力，因为它们面临着高工资和其他成本的挑战。在美国，很多面临质量和成本挑战的经理们作出了战略选择，他们或将生产转移到低成本国家，或在其他一些国家将市场份额让给低成本的生产商。可惜，这样的方式可能会将战略中心置于不合适的地位。把生产转移到低工资国家的公司确实赢得了一时的优势，在所有其他条件平等的情况下，它们降低了劳动力成本。然而，一家醉心于通过向低成本国家转移生产来降低成本的公司，从长期来看，可能还会在产品创新、产品特色、制造能力和质量方面落后于竞争对手。

对于全球营销企业而言，产品贸易周期模型同时强调创新的重要性。只要产品不变，周期是不可避免的。许多高收入国家经理的行为说明消费、贸易和投资的轮换周期是不可避免的。发达国家的公司被迫不停地去发现和推出新产品,因为它们在成熟产品的经营中竞争不过低工资的对手。但是,现有产品和制造流程的创新使得高收入国家的公司能够在全球的各产业中百战不殆。事实上,创新者能够给国际贸易周期画上句号。有创新能力的全球公司绝不给在低收入国家生产的对手留下空当。相反,创新者作出战略选择,将制造基地设在离本国顾客较近的地方,以便向那些顾客提供他们想要的产品。

1. 产品导入期

工业发达国家通过研究与开发技术生产出新的产品。在这一阶段,生产技术还有待发展,产品品质并不稳定,成本也较高,但由于竞争对手较少,产品在国内生产并首先满足国内市场的需求。发达国家的消费者比其他国家的消费者的消费观念更新、更容易接受新产品也是首先选择国内市场销售的一个重要原因。当技术发展到一定水平之后,产品质量稳定下来,竞争较以前激烈,国内市场基本饱和,开始有少量产品出口到其他发达国家。

2. 产品成长和成熟初期

这时,产品日益成熟,生产技术更加完善,生产规模的扩大给企业带来规模经济效益,生产成本下降,国内市场供过于求,产品大量出口到其他发达国家及发展中国家。同时,其他发达国家也逐渐掌握了产品的生产技术,开始仿制生产该种产品,国际市场上出现越来越多的竞争者。技术创新国开始对外投资,在国外设立子公司或分公司,以保持和扩大国际市场份额。

3. 产品成熟和标准化期

在这个阶段,产品和技术都已标准化并被大量生产,其他发达国家产品技术可以和创新国相抗衡,由进口国转为出口国。由于技术已被广泛知晓,发展中国家在进口的基础上,可以轻易掌握标准化技术生产出标准化产品,而且由于发展中国家存在自然资源和劳动力的优势,可以低成本地生产出同类产品参与国际竞争,使最先技术创新和产品出口的国家丧失竞争优势。这时,最早技术创新国可以有两种选择,一是逐步退出该产品的市场,研制出新的技术和产品;二是将生产基地完全转移到发展中国家。至此,发展中国家进口国变成出口国。

3.1.5 全球主要国家国民收入与人均收入

当一家公司在为扩张全球市场制定计划时,经常会发现收入对大多数产品来说是唯一最具价值的经济变量。毕竟,市场被界定为一个愿意并有能力购买特定产品的人群。对有些产品,尤其是那些单位成本很低的产品(如香烟)而言,人口比起收入来说是更有价值的预测因素。不过,就如今国际市场上五花八门的工业品和消费品而言,唯一最具价值和最为重要的市场潜量预测指标是收入。个人收入通常是指工资、红利、租金或其他形式获得的总收入。

视频 3.1
中国国民收入

扫码阅读

在理想状态下，国民生产总值和其他折算成美元的国民收入度量指标的计算应该以购买力平价即用某种货币在有关国家所能买到的东西为基础，或者通过对特定产品实际价格的直接比较来完成。这样做便可以将世界各国的生活水平进行实际的比较。可惜，这些数据无法从定期的统计报告中获得，我们只好使用按年末美元汇率折算的当地货币数字。我们必须记住，在最佳状态下，汇率受国际贸易产品和服务的价格影响。它们与那些非国际贸易产品和服务没有什么关系，而后者是构成大多数国家国民生产总值的主体部分。特别是发展中国家（相对于工业国）的农产品及其服务的定价常常低于工业品。况且农业在发展中国家普遍占据了生产总值的最大部分。由此可见：使用汇率趋向于夸大处于不同经济发展阶段的不同国家之间实际收入的差异。表 3-1 展示了 2019 年国民收入在前 10 位的国家的排序。表 3-2 展示了在前 10 位国家或地区人均国民收入的排序。美国在国民总收入一栏位于第 1 位，而购买力为基础的人均国民收入水平最高的是卢森堡。

表 3-1　2019 年国民总收入前 10 位的国家　　　　　　（单位：万亿美元）

国　　家	国民总收入
1. 美国	21.34
2. 中国	14.22
3. 日本	5.18
4. 德国	3.96
5. 印度	2.97
6. 英国	2.83
7. 法国	2.76
8. 意大利	2.03
9. 巴西	1.96
10. 加拿大	1.74

资料来源：https://www.phbang.cn/general/246449.html.

表 3-2　2019 年人均收入前 10 位的国家或地区　　　　　　（单位：美元）

国家（地区）	人均收入
1. 卢森堡	117 160.00
2. 中国澳门	92 492.19
3. 冰岛	89 388.88
4. 瑞士	84 665.28
5. 爱尔兰	77 742.08
6. 挪威	76 817.74
7. 卡塔尔	68 254.58
8. 美国	63 809.64
9. 丹麦	62 616.68
10. 澳大利亚	61 250.70

资料来源：网易新闻，世界银行《2020全球营商环境报告》https://chinese.doingbusiness.org/zh/rankings.

起始于 2020 年前的情景如今仍然可见，财富和收入总是集中在某些地区、国家和民族。对于全球营销者来说，这个现实给人的启示是至关重要的。凡决定从地域上扩张的公司可以通过在数个国家市场上建立生产厂来实现这一目标。

3.1.6 人口分布

各国人口规模发展很不平衡，发展中国家与发达国家之间差距明显。2018 年，发达地区人口仅为 10.61 亿人，而欠发达地区为 65.17 亿人，占世界总人口的 4/5 以上。2019 年世界人口最多的 10 个国家占世界收入的一半以上，都是较具潜力的市场。各国人口规模影响各国市场规模大小，进而影响着企业目标市场的选择方向，见表 3-3。

表 3-3　10 个人口最多的国家（对 2020 年和 2050 年的预测）　　　（单位：百万）

国　　家	2020 年	国　　家	2050 年
1. 中国	1 400.0	1. 印度	1 628
2. 印度	1 354.0	2. 中国	1 437
3. 美国	326.7	3. 美国	420
4. 印度尼西亚	266.7	4. 印度尼西亚	308
5. 巴西	210.8	5. 巴基斯坦	295
6. 巴基斯坦	200.8	6. 巴西	260
7. 尼日利亚	195.8	7. 尼日利亚	258
8. 孟加拉	166.3	8. 孟加拉	231
9. 俄罗斯	143.9	9. 刚果民主共和国	183
10. 墨西哥	130.7	10. 埃塞俄比亚	170

资料来源：根据联合国及各国统计局资料整理，数据截至 2020 年 4 月 17 日.

在为价格较低的产品确定市场潜量时，人口这个变量比收入更重要。尽管人口不如收入那么集中，但从国家规模来看还是相当集中的。10 个人口最多的国家约占当今世界总人口的 58%。

人类在地球上已经生活了 250 多万年，在大多数时期人口并不多。世界人口在 18 世纪和 19 世纪剧增，1850 年达到 10 亿。1850 年到 1925 年，全球人口成倍增加，达到 20 亿。1925—1960 年人口又增至 30 亿。世界人口如今约达 76 亿。按照现在的增长速度，到 21 世纪中叶世界人口将达到 100 亿。

人口问题一直是人类社会热切关注的焦点，它不仅关系到我们的自然生态环境，还与我们的经济生活密切相关。目前，从全世界的角度来看，世界人口正呈现出较快的增长趋势。人口结构方面也发生着巨大的变化，人们受教育水平不断提高，观念不断变化更新，同时老龄化程度也日益加深。

（1）人口数量不断增长

自 20 世纪 60 年代以来，世界人口每年以 1.8% 的速度增长。2018 年达到 76 亿多人口，世界人口增加了一倍。世界人口的增长意味着人类需求的增长。

（2）人口老龄化突出

人口结构中的年龄结构对人类经济活动具有重要影响，直接关系到各类商品的市场需求量，以及企业目标市场和消费人群的选择。目前，世界主要发达国家人口老龄化进程加速，老年人口比重不断上升。中国老龄化人口比重也逐年变大，60岁及以上老年人口持续增长，截至2018年已达到2.49亿。这对中国社会和家庭来说是一个巨大的挑战。

（3）人口分布不平衡

就全世界来说，发达国家城镇化水平高，城市居民比重大。发展中国家农村人口比重大。城镇人口密度大，消费水平高。但随着社会经济与文化的发展，城乡差距将不断缩小，农村市场蕴涵着巨大的发展潜力，许多在城市已饱和的商品市场，在农村尚属空白，企业开拓农村市场将大有可为。城乡之间、地区之间人口在数量和质量上也呈现出强势流动，这必将引发许多新的需求以及新的市场机会。

（4）家庭结构小型化

随着人类社会的进步，人们受教育程度的不断提高，观念的不断更新，使得传统家庭比例下降。过去的数代同堂已被三口之家或四口之家取代。在城市中，很多青年人在结婚前已独自居住。单亲家庭和独身家庭的比重也在上升。同居生活、丁克家庭以及空巢家庭等非传统家庭模式已成为这个时代的显著特征。因此，家庭生活对日常生活用品和服务的需求也在趋于小型化。

（5）教育普及化

随着经济社会的发展，人民生活水平的提高，教育已日益普及化。很多国家实行小学和中学义务教育，各类高校也不断扩招，由此，年轻一代的文化需求和对消费品中的知识含量要求远远超过了老一代消费者。

（6）职业多样化

市场经济日益多元化、市场的不断细分，使得各种职业纷纷涌现，不断出现新的职业名词，如白领、蓝领、金领等。不同的职业群体也引领着不同的消费市场。在市场上，各种商品和服务的职业特征越来越明显。

综上所述，人口环境的这些变化，需要企业的生产销售更加以人为本，突出人的个性需求，改变传统的营销方式，不断改革创造新的营销模式。

3.1.7 全球营商环境的排名

世界各国的企业都必须应对金融危机造成的世界经济环境的影响。国际国内市场对许多产品的需求下降，全球贸易减缓。决策者和各国政府也面临巨大挑战，包括如何稳定金融部门、恢复信心和信任、阻止失业率的上升以及提供必要的安全网。与此同时，财政刺激方案与财政收入减少同时发生，使公共债务急剧增加。

虽然遇到诸多挑战，但2018年和2019年许多国家的政府都进行了监管改革。营销商业环境报告指数排名说明该国的政策规制环境是否有利于企业经营。营商排名指数是一国在10项课题中百分位数排名的平均值，每项课题由若干指标组成，拥有相同权重。

排名来自《2020 全球营商环境报告》，内容涉及的时间段是 2018 年 6 月到 2019 年 5 月。所有经济体按其营商环境的便利程度排名，从 1 到 183，1 为最佳。

报告显示，2019 年全球营商环境排名前十的经济体分别为新西兰、新加坡、中国香港、丹麦、韩国、美国、格鲁吉亚、英国、挪威、瑞典。除中国大陆外，营商改善幅度最大的经济体还包括沙特阿拉伯、约旦、多哥、巴林、塔吉克斯坦、巴基斯坦、科威特、印度和尼日利亚。中国大陆营商环境总体得分 77.9 分，比 2018 年上升 4.3 分；排名跃居全球第 31 位，比 2018 年提升 15 位。

《营商环境报告》通过 10 个商业监管指标对各经济体进行排名。这些指标所测量的领域包括：在企业开办和运营、跨国界贸易、缴税、关闭企业等方面为符合政府规定所需花费的时间和成本。这个排名并不反映以下领域的情况：宏观经济政策、安全、人口的劳动技能、金融制度的健全性、金融市场的监管规则。开办企业再一次成为改革次数最多的领域，有四分之三的经济体提高了开办企业的容易程度。缴税是改革次数第二多的领域。

由于发生金融危机，也促使各国政府在可能比较困难和需要更多时间的领域进行监管改革。2018 年和 2019 年，有 190 个经济体（包括受危机影响严重的东欧和中亚地区经济体）对破产制度进行了改革。在经济衰退时期，使可存活企业继续经营以及保存就业机会具有特别重要的意义。

视频 3.2 《2020 年营商环境报告》中国排名再提升

表 3-4　2018—2019 年全球营商环境排名前 10 的国家或地区

经济体	全球营商环境排名	开办企业	申请建筑许可	获得电力	等记财产	获得信贷	投资者保护	缴纳税款	跨境贸易	合同执行	企业破产
新西兰	1	1	7	48	2	1	3	9	63	23	36
新加坡	2	4	5	19	21	37	3	7	47	1	27
中国香港	3	5	1	3	51	37	7	2	29	31	45
丹麦	4	45	4	21	11	48	28	8	1	14	6
韩国	5	33	12	2	40	67	25	36	2	11	
美国	6	55	24	64	39	4	36	25	39	17	2
格鲁吉亚	7	2	21	42	5	15	7	14	45	12	64
英国	8	18	23	8	41	37	7	27	33	34	14
挪威	9	25	22	44	15	94	21	34	22	3	5
瑞典	10	39	31	10	9	80	28	31	18	39	17

资料来源：2020 全球营商环境报告，Word Bank，2020.

3.1.8　世界贸易组织

要想在国际竞争中占据有利地位，组织或参与区域性、全球性组织已成为世界性趋势。世界贸易组织（World Trade Organization，WTO，简称世贸组织）是全球层次的经济组织。

世贸组织是国际贸易领域最大的政府间国际组织，统辖当今国际贸易中货物、服务、知识产权、投资措施等领域的规则,并对各成员国之间经济贸易关系的权利和义务进行监督和管理。世贸组织是由1947年成立的关税与贸易总协定组织(GATT,简称关贸总协定)演变而成的。世界贸易组织成立于1995年1月1日,1995年与关贸总协定并行了一年,1996年1月1日正式取代关贸总协定。世贸组织总部设在瑞士日内瓦。

世界贸易组织的基本原则主要来自关税与贸易总协定、服务贸易总协定以及历次多边贸易谈判,特别是"乌拉圭回合"谈判达成的一系列协议。它由若干个规则和一些规则的例外组成。世界贸易组织的基本原则包括,无歧视原则,贸易自由化原则,透明度原则,市场准入原则,公正、平等处理贸易争端原则,给予发展中国家和最不发达国家优惠待遇原则。

世界贸易组织的职能是:为该协定和多边贸易协议的执行、管理、运作和进一步目标的实现提供方便并提供框架;为该协议及其附件有关各成员方的多边贸易关系谈判提供场所;为在部长级会议决定下谈判结果的执行提供框架;对该协议"附件2"有关争端处理规则和程序谅解书进行管理;以及对贸易政策评审机构进行管理。此外,为在全球性的经济决策方面形成较大的协调,世界贸易组织还和国际货币基金组织和世界银行及其附属机构进行了适当的合作。

世界贸易组织机构包括部长会议、总理事会、秘书处、分理事会、争端解决机构、专门委员会。分理事会分别履行货物贸易理事会、服务贸易理事会、与贸易有关的知识产权理事会的职责。专门委员会包括贸易与发展委员会、贸易与环境委员会、国际收支调控委员会、财政和行政预算委员会。

世界贸易组织的特点是管辖范围广、体制统一、法律健全、完善了争端解决机制、建立了贸易政策审议机制、加强了全球经济决策的协调。

世界贸易组织的货物和服务贸易的自由化有助于加强各成员之间的经济贸易合作。WTO的官员对服务业给予很大关注,尤其是银行、保险、电信等行业的市场进入壁垒问题。服务业中的跨国企业将从关税减让甚至完全减免中获取竞争优势。世界贸易组织的争端解决机制为世界经济稳定发展提供了保障。世界贸易组织的知识产权保护为技术扩散创造了良好条件。世界贸易组织的各项协议的实施有利于提高各成员国人民的生活水平、增加就业机会。世界贸易组织提供的良好竞争环境有利于成员方提高经济效率、降低经济运行成本、提高国际竞争力。

即测即练 3.1

扫 码 测 练

3.2 区域市场环境

3.2.1 区域经济一体化的形式

某国的经济绩效是受同他国的经济关系的影响。各国经济安排不同,从而管理其经济的模式不同。这些不同的经济安排导致自由贸易区、关税同盟、共同市场、经济同盟等主要区域经济一体化形式的形成。

1. 自由贸易区

自由贸易区（Free Trade Area，FTA）由一组同意取消成员国之间内部贸易所有壁垒的国家组成，属于自由贸易区的国家能够并且确实维持了相对于第三国的独立贸易政策。为了避免贸易转移使低关税成员国获利，自由贸易区通常采用一种原产地认证系统。该系统有助于抑制低关税成员国大量进口货物并转移至本地区的其他高关税国家而从中获利，海关检查人员在各成员国边境进行检查。欧洲经济区（European Economic Area，EEA）是一个由欧盟15国和挪威王国、列支敦士登公国、冰岛共和国等国组成的自由贸易区。

2. 关税同盟

关税同盟（Customs Union）是自由贸易区的一种自然演进。除了消除内部贸易壁垒之外，关税同盟各成员国之间还达成协议，对非成员国实行统一的外部壁垒。1996年1月1日，欧盟和土耳其为了进一步刺激双边贸易而建立了关税同盟，规定取消平均14%的关税。

3. 共同市场

共同市场（Common Market）朝经济一体化又迈进了一步。除了取消内部贸易壁垒和确立共同的外部壁垒之外，它还允许劳动力、资本和信息各生产要素的自由流动，比如中美洲共同市场（Central America Common Market，CACM）、南锥区共同市场（Southern Cone Common Market）和安第斯集团（Andean Group）。

4. 经济同盟

建立经济同盟（Economic Union）的基础是取消内部贸易壁垒，确立共同的外部壁垒。在此基础上，经济联盟寻求在联盟内部协调社会和经济政策，以允许资本和劳动力在各国之间能够自由移动。因此，它不但是货物的一个共同市场，而且是服务和资本的共同市场。例如，如果专业人士想在欧盟的任何国家工作，那么，各国之间就必须在工作许可方面达成一致，以便使在一国具有资格的医生或律师可以在任何其他国家工作。当一个经济联盟发展到高级阶段时，还会出现联合中央银行，使用单一货币，并在农业、社会服务和福利、地区发展、交通、税收、竞争和兼并等方面采取统一政策。高度发展的经济联盟还要求广泛的政治一致性，从而使其看起来像一个国家；各成员国实行政治一体化，建立一个中央政府，将各个独立的政体纳入一个单一的政治框架。欧盟正接近完成各个步骤，以便成为一个完全的经济联盟。

3.2.2 区域经济组织或协定

第二次世界大战以来，世界各国对于经济合作表现出了极大的兴趣。在美国经济的刺激下，欧洲经济共同体（简称欧共体）获得成功，从而进一步激发了这一兴趣。经济合作存在不同程度，从两个或多个国家达成贸易协定到取消贸易壁垒，再到两个或多个国家实行全面的经济一体化。20世纪最著名的优惠协议当属英联邦优惠制（British Commonwealth Preference System），该制度确立了英国、加拿大、澳大利亚、新西兰、印度和非洲、亚洲、中东等国家（地区）一些前英属殖民地国家之间的贸易基础。只是在英国决定加入欧共体后，该制度才宣告终结。这一过程也证明了国际经济合作不断演化的特性。

除了WTO之外，全球各个地区的国家也在寻求降低区域内部的贸易壁垒。下面介绍的是主要的区域经济合作组织或协定。

1. 欧洲联盟

欧洲联盟（European Union，EU）是一个强大的经济和政治实体，在国际贸易中具有日益重大的影响。欧盟市场规模大、消费水平高、消费需求多样、对产品进入市场的限制较多。欧盟对内一体化程度高，其市场内部已实现了商品、服务、劳动力、技术和资本的自由流动。

西欧共同市场建立的最初动机只是建立一个区域性的关税同盟和农业共同市场，但该组织成立以来，经济一体化在广度和深度上不断发展。首先在一体化组织内部取消了工业品进口关税与限额，实现了对外统一关税。同时实施共同农业政策，实行统一的农产品价格管理制度，并进一步实行农产品出口补贴制度和设立欧洲农业指导和保证基金，促进农业的机械化和现代化。

进入20世纪90年代以来，欧共体的影响更为巨大。1991年12月各成员国通过了《马斯特里赫特条约》（简称《马约》），提出了实现真正的全面的欧洲统一的新目标，其中包括：建立欧洲货币体系，并设立欧洲货币单位（European Currency Unit，ECU），成员国之间实行固定汇率，对外实行联合浮动，并建立欧洲货币基金，使得欧共体成为相对稳定的货币区；加强政治一体化的进程，组成统一的政治联盟，例如建立欧洲议会，实行防务合作的军事体制，经常磋商和协调对重大国际问题的立场等。所有这些都大大加强了欧共体作为一个整体的经济实力和政治力量。

继欧洲中央银行成立后，欧洲单一货币——欧元又于1999年1月1日诞生，从而使欧洲经济一体化建设植根于欧盟各成员国的肌体之中。伴随着欧共体共同政策的不断调整变化，欧共体先后进行了5次扩充，由原先只有6国的欧共体扩大到目前拥有27国的欧盟，形成了一个涵盖27个欧洲国家的统一经济区。

2009年10月2日，爱尔兰举行的全民公投通过了《里斯本条约》（俗称《欧盟宪法》的简本），清除欧洲一体化最大障碍。2009年12月1日，《里斯本条约》正式生效。2010年6月17日，欧洲"2020战略"在欧盟峰会上通过，以期引领欧盟经济走出债务危机，增强竞争力。

2. 北美自由贸易协定及其替代协定——美墨加贸易协定

（1）北美自由贸易协定

美、加、墨三国政府首脑于1992年12月17日签署了《北美自由贸易协定》，这成为美洲经济一体化的一个重要里程碑。该协定已于1994年1月1日正式开始生效执行。

该协定涉及三国之间的商品、服务贸易和投资自由化、知识产权保护、贸易争端的解决等内容。后来应美方的要求又加上了有关劳务和环境保护的补充规定；其中心内容是经过15年的过渡期最终建成包括三国在内的"北美自由贸易区"NAFTA（North American Free Trade Area）。2008年建成一个取消三国间商品与劳务贸易障碍的自由贸易区，实现所有生产要素在区域内的完全自由流通。建立北美自由贸易区目的是提高北美市场规模、降低关税壁垒，从而提高其国际市场的竞争力。

（2）美墨加贸易协定

特朗普上台后，美国正在重建以美国为中心的、美国利益优先的贸易新格局，可以将其概括为"三条腿走路"：第一，修改多边贸易规则，以WTO为代表，谈不拢，就"退群"；第二，重建双边（或区域）贸易体系，以美-墨-加协议（USMCA）、美韩协议和正在谈判的美日协议为代表；第三，重新定义与中国的贸易关系。

经过长达14个月的贸易谈判，美国、墨西哥和加拿大三方于2018年9月30日达成《美墨加贸易协定》（The United States-Mexico-Canada Agreement，简称USMCA），并于2019年11月30日正式签署生效，以取代1994年以来生效的《北美自由贸易协议》（North American Free Trade Agreement，简称NAFTA）。USMCA将是美国签署的规模最大的贸易协定，号称覆盖规模为1.2万亿美元的贸易。

USMCA共包含34章内容，协议对国民待遇与市场准入、原产地原则、海关管理与贸易便利化、贸易救济、投资、跨境贸易服务、数字贸易、知识产权、劳工标准、环境标准、监管实践、争端解决等多个领域的标准与实施做出了细致的规定。除了增加了数字贸易等章节外，USMCA还增加了诸多排他性条款，具有浓重的贸易保护主义色彩。

与NAFTA相比，新协议的名称中已删除了"自由"二字，整体内容并没有进一步降低双边贸易壁垒。该协议是建立以美国为主导的国际双边贸易体系的开端，它将中国等西方社会认定的非市场经济体排除在这一体系外。莱特希泽在演讲中称，当初特朗普布置任务时，希望达成的目标是：保护美国工人，为我们的农民和牧场主而战，维护美国的竞争创新优势，确保我们的企业获得更大的准入，最重要的是，为美国带回就业机会。这些目标在协议中都有体现。

美国是新协议的最大受益方，协议实现了特朗普政府所谓的"公平、对等""让美国获益"的贸易准则。USMCA是特朗普政府利用墨、加经济依赖美国市场的软肋，以威胁退出NAFTA重启谈判为开端，以加征钢铝、汽车关税为手段不断施压和墨、加方做出妥协的产物。新协议使得加拿大对美国进一步开放乳制品和酒类市场（加拿大已同意对美国开放约3.5%），缓解了美国农产品出口的困境，为特朗普赢得了农业为重的各州的选票。作为交换，加拿大和墨西哥换来了美国汽车关税的豁免、延长至16年的日落条款，以及与加拿大保留的争端解决机制等条款。新协议通过实施汽车产业苛刻的原产规定以及高工资劳动含量要求，力图培育产业链相关技术人员，提振美国汽车业的同时保证相当部分的制造业生产回流至美国、增加美国本土就业机会。此外，新协议在延长生物制药数据保护期、版权等方面提高原来加拿大主张的标准，有利

扩展阅读3.5
美墨加"握手"
新北美贸易协议
姗姗来迟

扫码阅读

于美国医药行业和知识产权。

3. 亚太经济合作组织

1989年11月5日至7日，澳大利亚、美国、加拿大、日本、韩国、新西兰和东盟六国在澳大利亚首都堪培拉举行了亚太经济合作组织首届部长级会议，亚太经济合作组织（Asia and Pacific Economic Cooperation，APEC）正式成立，从此拉开了亚太地区经济合作的序幕。1993年1月1日，亚太经济合作组织秘书处在新加坡正式建立。截至2019年9月4日，亚太经合组织有21个成员国，3个观察员。1993年11月，亚太经合组织第一次领导人非正式会议在美国西雅图举行。高官—部长级—首脑会议三个层次的决策机制得以形成，这次会议成了亚太经合组织发展进程中的一个里程碑。1994年11月在印度尼西亚茂物举行了第六届部长级会议和第二次国家首脑非正式会议，发表了《茂物宣言》，确定了发达国家在2010年前，发展中国家在2020年前实现区域内贸易和投资自由化的构想。各国一致同意在人力资源、基础设施建设、科学与技术、环境保护、中小企业发展和公共部门的参与等方面加强合作。1995年11月的大阪会议，亚太经合组织成员国通过了《大阪宣言》和《行动议程》，提出了九大原则作为实现贸易与投资自由化的基础，以便实现长远目标。亚太经合组织的当时18个成员国（或地区）都作出了加快合作进程的承诺。大阪《行动议程》的通过和实施，标志着亚太经合组织由摇摆的阶段进入务实行动的阶段。

2013年印度尼西亚巴厘岛会议重点讨论了茂物目标、互联互通、可持续和公平增长等议题，发表了《活力亚太，全球引擎——APEC第二十一次领导人非正式会议宣言》和《支持多边贸易体制和世界贸易组织第九届部长级会议声明》。

2014年11月10日至11日，APEC第二十二次领导人非正式会议在北京举行，会议主题为"共建面向未来的亚太伙伴关系"，讨论了推动区域经济一体化，促进经济创新发展、改革与增长，加强全方位基础设施与互联互通建设三项重点议题。会议取得多项重要成果，发表了《北京纲领：构建融合、创新、互联的亚太——APEC领导人宣言》和《共建面向未来的亚太伙伴关系——APEC成立25周年声明》。

2015年菲律宾马尼拉会议重点讨论了区域经济一体化、中小企业、人力资源开发、可持续增长等议题，发表了《领导人宣言——打造包容性经济，建设更美好世界：亚太大家庭愿景》并通过《APEC加强高质量增长战略》和《APEC服务业合作框架》。

2016年11月秘鲁首都利马峰会围绕全球经济和贸易状况、创新和可持续经济发展、促进人类发展等议题展开讨论。

2016年11月20日，亚太经合组织第二十四次领导人非正式会议在秘鲁利马举行。国家主席习近平出席并发表题为《面向未来开拓进取　促进亚太发展繁荣》的重要讲话。

2017年越南岘港会议重点讨论了区域经济一体化、包容性增长、中小微企业、粮食安全等议题，发表了《领导人宣言》，并通过《APEC促进经济、金融和社会包容行动议程》。

2018年巴布亚新几内亚莫尔斯比港会议重点讨论了数字经济、互联互通、包容增长等议题，发表了《领导人非正式会议主席声明》《部长级会议主席声明》。

3.2.3 区域市场特征

有很多方法可以将全世界的国家划归到不同的区域性市场。实际上,界定区域性市场是将国家归类的一种做法,这样做能使同类国家内部的共性和不同类国家之间的差异最大化。一种简单的归类方法是采用重要性和相关性标准进行判断。在这里,国家市场就是根据地理的邻近性来判断并归类的。

1. 西欧

西欧的面积比澳大利亚还要小。该地区有 23 个国家,总人口接近 4 亿。其中冰岛的人口最少,只有 35 万;德国的人口最多,有 8 290 万。

西欧国家位居全世界最富裕国家之列,但各国的收入分布很不平衡。虽然收入存在差距、语言文化也有显著不同,但西欧国家正在变得惊人的相似;家庭和工作模式虽有不同,但发展趋势却是一致的。例如,在过去的三四十年中,就业人口中 25 岁到 34 岁的妇女所占的比例增加了一倍。

西欧各成员国希望协调各国的法律和法规,以促使商品、服务、人员和资金自由地通过各国边境。1992 年 12 月 31 日,单一市场的正式启动标志着一个欧洲新经济时代的到来。欧盟试图模仿美国的《反托拉斯法》制定有关竞争的法规以震慑欧洲商界的卡特尔风气。欧盟正在鼓励发展一个泛共同体的劳动力储备库。同时,公路、铁路网的加速改建也在协调有序地进行。

2. 东欧和中欧

东欧和中欧包括巴尔干国家(阿尔巴尼亚、波斯尼亚—黑塞哥维那、保加利亚、克罗地亚、马其顿、黑山社会主义共和国、罗马尼亚、斯洛文尼亚社会主义共和国和南斯拉夫)、波罗的海国家(爱沙尼亚、拉脱维亚和立陶宛)、独联体国家(原苏联地区)、捷克和斯洛伐克共和国、匈牙利和波兰。20 世纪 90 年代初,这一地区经历了异常激烈的政治和经济改革,改革使这个拥有 4.3 亿人口的新市场成为引人注目的焦点。由于这些国家的工资水平远远低于西班牙、葡萄牙和希腊,因而,东欧和中欧不仅是重要的市场,对低成本制造业还富有吸引力。美国是迄今为止在捷克共和国、匈牙利和波兰的最大投资国。

对于中欧和东欧国家来说,营销无疑是促进经济发展的关键。但是,它们也许需要几十年的努力才能达到与西欧国家相近的营销水平。该地区的国家需要发展基础设施,改变反复无常的法律和契约构架。此外,它们还应当发展商业文化和需求预测机制。

消费品在东欧市场上销售时只需做很小的修改。许多东欧国家的消费者对西方的品牌都很熟悉,认为它们的质量优于本国产品。不幸的是,东欧国家分销渠道方面的基础设施比较薄弱,批发业不够发达,零售网点不足且缺乏吸引力,没有自助服务,三线(选择、付费、取货)体制使得购物活动很不方便。

3. 北美

(1) 消费力强,市场潜力巨大

北美市场是一个与众不同的区域市场。美国是一个在特定的经济和政治环境下财富与收入集中的典型代表，面积936.3万平方千米。这个市场也呈现出独特的营销特征。美国市场具有人均收入水平高、人口众多、地域辽阔、自然资源丰富等特点。美国消费者的产品占有量程度高，这一点与收入高有关；同时，也与消费品和工业品创新的接受程度较高有关。与世界其他国家相比，美国堪称全球性产业领先者的摇篮。例如，美国公司在计算机、软件、航空、娱乐、医疗器械和喷气式发动机等行业均处于世界主导地位。

这个广大的市场吸引了许多外国公司。它的市场容量相当于整个西欧的市场容量，是日本市场的两倍。该市场的另一个显著特征是政府与企业之间保持着一定距离，这使得公司在美国比在世界大多数其他国家有更多的市场进入机会。在其他地方，政府和企业界的密切关系往往会妨碍外国供应商的营销活动。

加拿大面积197.25万平方千米。当前，加拿大政府正在积极与私人部门合作以拟定国家产业政策。加拿大的传统工业已开始重组，这种重组对于美国公司而言已经历了10多年。加拿大的出口占国民生产总值（GNP）的25%以上，高于除德国以外的其他任何工业化国家。加拿大主要出口未经加工的自然资源，因而很容易受到来自低成本的拉丁美洲国家的竞争打击。目前，加拿大正在努力发展以创新为基础的竞争优势。包括GE、IBM在内的许多美国公司都把它们的加拿大工厂作为某些产品线的全球供应基地。加拿大汽车市场使美国的汽车制造商在北美地区获得了较大的规模效益。

（2）市场比较成熟

北美的市场经济发展已经到了十分成熟的水平。在政府方面，从决定中央银行的利率到保护知识产权的法律，联邦政府都通过制定有关详细的经济法规政策对整个社会的经济活动进行宏观规范管理调控。在企业一层，同业间的普遍信息沟通交流也使得企业的经营管理活动更规范、更透明。对最终消费者而言，选择的多样化以及公开发达的媒体信息有助于做出比较客观的消费抉择。这样从消费者到营销商，到制造商以及相关的政府管理部门，都对自己在市场活动中的角色、权利、义务、责任以及彼此的关系有比较明确的认识。

（3）竞争激烈

在全球消费市场上，以购买力来说，北美和欧洲是两个最重要的市场。对于一个产品制造商来说，如果能在这两个市场占有一席之地，就意味这个企业具备了一定的世界市场竞技的实力。因此，北美的市场竞争也是十分激烈，产品供应基本处于饱和状态。在许多领域，来自欧美及日本的老牌跨国公司的产品还是主导了市场。开发这一市场的过程其实也就是从别人手上攻城略地的过程。

（4）商业信用程度比较高

高度发达的商业信用构成了北美经济活动的一个重要基础。作为商品经济发展的更高一种形式，实物现金的交易方式基本被商业信用的交易方式所取代。就个人而言，信用卡是主要的消费支付方式，而从事生产经营的企业间有关商品服务的支付方式则多以赊销完成。

（5）客户及售后服务要求高

较高的社会文明发展水平要求更人性化的产品和服务，激烈的市场竞争则使得企业必须不断提高产品和服务的质量和水平。完善高效的客户及售后服务已成为当今北美市场营销中的一个重要组成部分。

（6）地域广阔

北美市场的地理概念是从美国北边的阿拉斯加、加拿大的北极到美国南边的佛罗里达以及夏威夷美属波多黎各关岛这样几千万平方千米的空间。气候上，从寒带，温带到热带。时间上，北美大陆更横跨四个时区。

（7）单一语言文化

除了加拿大的魁北克使用法语以外，英语是北美的通行工作和交流语言。英语文化是美国和加拿大的主导文化。这种单一语言文化的特点应有助于减少市场营销的成本和障碍。

4. 亚太地区

23个国家和地区组成的环太平洋地区拥有全世界人口的30.65%，是一个庞大的市场。该地区收入的3/4集中于日本，而日本的人口只占该地区总人口的3.7%。韩国、中国台湾、新加坡和中国香港被称为"亚洲四小龙"。由于外资和出口导向型产业发展的推动，这些国家和地区取得了令人瞩目的经济增长。泰国、马来西亚、印度尼西亚和中国正在接近工业起飞阶段；尤其是"亚洲四小龙"，其GNP增长率不得不令人关注。

5. 大洋洲

澳大利亚和新西兰是最初由欧洲人建立起来的两个岛国，这两个国家有特殊的关系。许多年来，两国密切合作，可是，在世界观、文化和国民性格方面二者还是有很多差异。两国公民都可以自由出入另一个国家，两国贸易也不存在任何壁垒或限制。两国人口占全球人口的0.39%。两国的收入水平都相对较高。

澳大利亚人口2 498万，经济规模属于中等，其经济发展在很大程度上依赖于其主要的出口产品（低附加值的农产品和矿产品）的全球市场贸易条件。亚洲是澳大利亚最大的市场，大约25%的出口商品销往日本，14%销往ASEAN国家。

澳大利亚国内的企业都纷纷以自己的产品及营销组合策略参与竞争。主要的挑战是澳大利亚的八个主要市场分散在广阔的澳洲大陆，因此，进行全国营销时分销和沟通的成本会提高。

新西兰是一个较小的发达国家，人口484.1万，土地面积约等于日本或英国。仅在50年以前，该国的生活水平还排在世界的第三位（按人均GNP来计算），而过去20年来，中国香港、新加坡、西班牙等地的迅速发展使得新西兰的生活水平排序下降。新西兰相对财富下降的主要原因是该国未能及时对农产品降价作出反应，而农产品出口占其出口总额的62%。

6. 拉丁美洲

拉丁美洲是一个发展中地区，占全球财富的5.6%和全球人口的8.4%。该地区包括加勒比地区、中南美洲国家和墨西哥。该地区总人口为6亿，超过整个西欧或整个中欧、东欧的总人口。拉丁美洲市场的吸引力就在于其众多的人口和丰富的资源。

在经历了经济停滞、通货膨胀、外债增长、保护主义和机构臃肿的10年之后，拉丁美洲国家开始发生巨变。预算平衡被放在优先地位，私有化正在实行。自由市场、开放经济和放松管制取代了从前的政策。智利和墨西哥也在近年来获得快速发展。巴西、阿根廷、哥伦比亚、玻利维亚和厄瓜多尔也在进步。乌拉圭和委内瑞拉的发展略为缓慢。

拉丁美洲正在迅速消除贸易和投资方面的壁垒。在过去，许多国家的关税高达100%，现在则降至10%到20%。拉丁美洲国家也集中于发展亚太地区的共同市场，这些措施被看作进一步实施与美国和世界其他地区自由贸易的前奏。许多观察家都在展望建立一个覆盖整个半球的自由贸易区。

智利出口导向策略的成功使它成为拉丁美洲地区甚至中欧和东欧的榜样。它生产的世界级葡萄酒深得全世界那些对价格敏感的消费者的喜爱。产于智利海的 Bass 海鱼在欧洲、亚洲和北美的鱼市上都可见到。智利的通货膨胀率保持在一位数，失业率也稳定在5%左右，预算略有盈余。智利的发展为其他国家转变经济思路提供了借鉴。此外，它在经济私有化方面的成就也令人瞩目，还率先采用了一种债务换权益的方法以减少外债。

拉丁美洲的改革在很大程度上摆脱了保护主义的束缚，认识到了市场作用所带来的利益和全面参与全球经济的好处。全球公司密切关注拉丁美洲国家的发展，它们因那里的进口自由化、在亚地区贸易集团内部降低关税和确立高效的区域生产能力而受到激励。

7. 中东

中东地区包括17个国家，它们是阿富汗、塞浦路斯、巴林、埃及、伊朗、伊拉克、以色列、约旦、科威特、黎巴嫩、阿曼、卡塔尔、沙特阿拉伯、叙利亚、阿拉伯联合酋长国和也门的两个共和国。

石油产业推动着中东的发展。巴林、伊拉克、伊朗、科威特、阿曼、卡塔尔、沙特阿拉伯这七个国家的石油收入很高，掌握着西方国家超过75%的石油储备。石油收入也拉大了中东富国和穷国的差距，引发了该地区的政治和社会动荡。沙特阿拉伯一直是该地区最重要的市场，这个君主国有3 369万人口，拥有全世界探明石油储量的1/4。

中东并不存在一种具有典型信仰、行为和传统的单一社会类型。中东国家的每个首都、每个大城市都有因宗教、社会阶层、受教育或富裕程度而不同的各种社会团体。总体来说，中东人热情、友好、具有群体意识，以部落为自豪和对客人热忱是他们的基本信仰。决策需要全体通过，资历比学历更有分量。在中东，家庭是个人生活的核心。威望随年龄而增长，权力取决于家庭的大小和年龄的长幼。在商务关系方面，中东人喜欢通过可信赖的第三方来搭桥。

讨价还价是中东人的一门艺术，来访的商人必须准备好进行老式的讨价还价。个人关系、相互信赖和尊重是建立良好商业关系的最重要因素；阿拉伯商人是与个人而不是与公司做生意。许多社会习俗都基于阿拉伯是一个男性占统治地位的社会，对传统的阿拉伯人来说，妇女通常不涉足商业或娱乐活动。

8. 非洲

非洲大陆地域辽阔，可以容纳三个半美国。一般来说，无法将非洲作为一个单一的经济单位来对待。整个非洲大陆可分为3个不同的地区：南非共和国、北非和处于撒哈拉大沙漠以南、赞比西河以北的黑非洲。南非共和国也遭遇到与大陆其他地区类似的问题：增长缓慢、家庭庞大和投资不足。占南非出口额一半的金矿的储量正在减少，失业率接近50%。正式和非正式的经济制裁多年来限制了南非经济的发展。

北非的阿拉伯人在政治和经济方面都存在差异。许多国家都受益于丰富的石油资源，因而那里的人们更富裕、社会更发达。北非阿拉伯国家独立的时间也早于黑非洲国家。

尼日利亚是非洲最大的国家，人口为1.95亿。尼日利亚是美国第二大原油供应国，销售额仅次于沙特阿拉伯。尼日利亚总体经济发展的稳定性在很大程度上依赖国际石油市场。

在非洲的低收入市场，营销的挑战不是刺激产品需求，而是识别最重要的社会需要，并开发满足这些需要的产品。在开发独特产品以满足发展中国家人们需要方面，非洲还存在很多创新的机会。

本 章 小 结

世界经济环境是全球市场潜量和市场机会的一个主要决定因素，因此也是国际营销战略和策略的制定和实施的重要影响因素。

世界各国的经济体制可分为市场配置、中央计划配置和混合配置三种类型。近几年，一个重要的发展趋势是许多以往由计划控制的国家转向市场经济体制。

国家可按经济发展阶段划分为低收入、中低收入、中高收入、高收入和经济瘫痪等类型。

对一个产品市场潜量的评估可通过根据收入水平确定的产品饱和度来进行。一般来说，对收入水平相近的各国进行饱和度或消费者子市场的比较是适当的。

为使世界经济能够健康有序地发展进步，有必要建立一些组织制定相关的制度，使企业的经营活动规范化。全球化的企业要精通一体化及全球化组织，即世界贸易组织所制定的各项制度。

世界市场也可以从地理区域的角度来分析。每个国家都是主权独立、特征各异的。但是，同一区域的国家之间存在共性，从而使得按照区域制定营销计划成为一种很好的方法。营销者有必要广泛了解世界各个区域的特性，从而使他们在制定营销计划时不出现严重的疏漏。

关 键 术 语

经济环境（economic environment）
产品贸易周期模型（product trade cycle model）

人口环境（demographic environment）
欧盟（European Union，EU）
世界贸易组织（World Trade Organization，WTO）
英联邦优惠制（British Commonwealth Preference System）
自由贸易区（free trade area，FTA）
共同市场（common market）
关税同盟（customs union）
《美墨加贸易协定》（The United States-Mexico-Canada Agreement，USMCA）
经济同盟（economic union）
亚太经合组织（Asia and Pacific Economic Cooperation，APEC）

课后习题

1. 当今世界经济格局正经历哪些深刻的变化？
2. 国际营销经济环境的内涵。
3. 解释市场配置体制和指令配置体制的差别。
4. 国际市场发展有哪些阶段？这些阶段有哪些主要特点？
5. 试说明自由贸易区、关税同盟、共同市场和经济联盟之间的异同。

本章讨论案例

海尔进入印度尼西亚市场

2018年中国空调品牌占据印度尼西亚空调市场15%的市场份额，海尔占据最大份额。经过多年发展，海尔在印度尼西亚拥有了定频空调、变频空调、中央空调、冷水机等多个产品系列，基本满足消费者在空调品类上的需求。在服务方面，海尔推出24小时全天服务方式，能快速解决空调出现的问题，这一服务覆盖范围已扩展到印尼绝大部分地区。

一、选择印尼作为目标市场的理由

市场大小可以从人口、购买力水平、购买动机3个要素来分析，其中人口因素决定潜在消费需求，购买力水平决定空调市场容量大小，购买动机决定将购买力转化为购买行为。目前印尼人口规模超过2.66亿，人口增速较快，存在巨大的消费需求；印尼是东盟最大经济体，国家对外开放比较早，市场化水平较高，属于中等收入国家水平，居民人均可支配收入大幅提高，致使购买力水平明显提高。印尼地处热带地区，气候炎热，为了生活质量的提高，印尼居民对空调的购买动机强烈。综合对人口、购买力水平、购买动机 3 个要素的分析，印尼空调市场巨大，增长潜力十分可观。

印尼历史上长期被荷兰殖民者占领，一直被作为荷兰的原材料供应地，工业化起步晚，由于工业基础较为薄弱，没有形成比较全面的工业体系；印尼空调产品基本靠进口组装或国外企业在印尼投资设厂生产销售，在高端生产制造技术方面远远不足，家电行业不发达，其空调市场主要靠外来家电；印尼空调市场潜力巨大，关键看企业如何把握住机会占据市场，我国是工业化体系十分完整的大国，在空调产业链上的优势明显。

海尔进入印尼空调市场后，需要扩大在印尼空调市场上的占有率，因此在全部产品的定价上，采取略低于竞争者产品价格定价的方式，希望在短期内渗透或夺取其他空调企业的市场。

近年来印尼空调市场发展很快，已经形成低、中、高三大市场，海尔在中低端空调市场销售空调产品，其中，低端空调市场占印尼空调市场的大部分。海尔在低端空调市场面临印尼本土空调企业和韩国低档空调的竞争，由于低端市场进入门槛低，空调企业众多，竞争也最为激烈；海尔在低端市场以略低于市场的价格吸引低收入人群，提高市场占有率。在中端空调市场面临韩国空调巨头 LG 和三星的竞争，海尔采取略低于竞争对手的价格，以价格优势促进销售，扩大市场占有率。

二、目前面临的问题

值得注意的是，虽然海尔是空调市场份额最大的中国企业，但相比日韩空调企业，海尔空调市场占有率仍然很低。

在销售渠道上，日韩企业控制了印尼主要的经销商、商场、连锁店等，对海尔的进入形成屏障；在产品层次上，日本空调企业占据高端市场，韩国空调企业占据中端空调市场，包括海尔在内的其他空调企业大都处于低端空调市场，本土企业中有很大一部分企业从中国进口空调零部件进行组装，其空调质量与海尔无明显差异，且由于更熟悉本地市场，相比海尔更具优势。产品利润上，海尔因为在印尼知名度不足、产品档次不够，处于产品层次的中下游，溢价能力不足，利润率较低。

在印尼空调市场，日韩企业对市场的控制很强，已经形成了品牌优势，实力最强，下游商家讨价还价能力较弱。中国空调企业对市场控制力比较弱，在印尼市场的发展明显不足，虽然中低端空调产品质量能达到日韩企业同等水平，但是品牌知名度低，卖方讨价还价能力比较弱。印尼是市场经济国家，正在快速发展过程中，空调市场充分竞争的情况下，买方在选择品牌与价格上有很大的选择权，因此买方的议价能力比较强；相比海尔空调，在印尼的实力较弱，与买方讨价还价的能力不足。

在复杂的空调市场环境中，海尔空调若要实现突破，需要在产品质量、技术、品牌、市场定位等多方面进行提升。

资料来源：葛江华.海尔空调在印度尼西亚市场的营销策略研究[D].北京服装学院，2018.

讨 论 题

1. 海尔为什么选择印尼市场?
2. 面临复杂的印尼空调市场环境海尔如何提高市场竞争力?

（考核点：①考核经济环境对企业国际营销目标市场选择的影响。②考核企业在特定东道国市场如何适应竞争环境。）

第4章
国际社会文化环境

学完本章，你应该能够：

1. 掌握文化的概念和重要性；
2. 掌握社会文化环境的基本要素；
3. 理解社会文化环境的综合评价方法；
4. 了解社会文化环境对营销工业品的影响；
5. 了解社会文化环境对营销消费品的影响。

肯德基公司"家乡鸡"香港市场沉浮

商海沉浮，世事难料。1973年9月，香港市场的肯德基公司突然宣布多间家乡鸡快餐店停业，只剩4间还在勉强支持。到1975年2月，首批进入香港的美国肯德基连锁店集团全军覆没。这一失败给肯德基严厉地上了一课。

1973年以前，香港还没有一家美国快餐连锁店，因此市场容量肯定十分惊人。肯德基正是看中了这一点，准备进军香港。1973年的一次记者招待会上，肯德基公司的主席宣布他们计划在香港开设50~60间分店。

按照正常情况，肯德基在香港的成功是没问题的，况且，鸡是中国人历来的传统食品。虽然肯德基公司的最高层人物宣称是由于租金上的困难而停业的，但其主要原因是营销策略不对头，因而没有吸引住顾客。

20世纪70年代，世界经济的飞速发展使得香港人的生活方式也发生了巨大的变化，人们的生活节奏越来越快，外出用餐机会越来越多，而香港的快餐业还是一般的小吃，主要是大排档和粥面店，显然不适应形势发展。

1973年6月，第一间家乡鸡快餐店在香港美孚新屯开业，紧随其后，几乎以平均每月一间的速度发展。这次国际拓展业务活动是晓百立公司和一家香港大公司的附属公司联合进行的。

为了取得肯德基家乡鸡首次在香港推出的成功，肯德基公司配合了声势浩大的宣传攻势，在新闻媒体上大做广告，采用该公司的世界性宣传口号"好味到舔手指"。凭着广告攻势和新鲜劲儿，肯德基家乡鸡还是火红了一阵子，很多人都乐于一试，一时之间也门庭若市。可惜好景不长，3个月后，就"门前冷落鞍马稀"了。

在进军香港之前，肯德基在世界各地的连锁店就有数千家了，为什么唯独在香港遭受了如此厄运呢？经过认真总结经验教训，他们发现，是中国人固有的文化观念决定了肯德基的惨败。

首先，在世界其他地方行得通的广告词"好味到舔手指"在中国人的观念里不容易被接受。舔手指是被视为肮脏的行为，味道再好也不会去舔手指。人们甚至对这种广告起了反感。

其次，家乡鸡的味道和价格不容易被接受。家乡鸡为了迎合香港人的口味，采用的是当地的鸡种，但其喂养方式仍是美国式的。用鱼肉喂养出来的鸡破坏了中国鸡的特有口味。另外，家乡鸡的价格对于一般市民来说还有点承受不了，因而抑制了需求量。

此外，美国式服务也难以吸引回头客。在美国，顾客一般是驾车到快餐店，买了食物回家吃。因此，店内是通常不设座的。而中国人通常喜欢一群人或三三两两在店内边吃边聊，不设座位的服务方式难寻回头客。

10年过去了，肯德基家乡鸡在马来西亚、新加坡、泰国和菲律宾都先后取得了成功，积累了一些经验，因此准备卷土重来，再度进军中国香港。

经历了一次惨痛的失败，这次进军已是有备而来。太古集团的一间附属机构取得香港特许经营权，于1986年9月在香港开设第一家新连锁店。这次进军不再像前一次那样盲目冒进，大约每半年才开设一家新的分店。

在文化上的分析使得肯德基明白了许多道理。所以在广告上，带上了明显的港味，把"好味到舔手指"改为"甘香鲜美之口味"，易被香港人所接受。在新店开业时，也不像过去那样搞得惊天动地，如佐敦道分店开张时颇为低调，只在店外拉了横幅和放置了一块广告牌。经营者扩大各个分店的营业面积，适应香港人的消费习惯，经营者还严格要求炸鸡的质量，要求所有的鸡都以美国配方烹制，炸鸡在45分钟后仍未售出便不再出售。针对香港市民的价格承受能力，将家乡鸡以较高溢价出售，而薯条、粟米等则以较低的竞争性价格出售，这样就分开档次，形成特色。同时，肯德基在香港的美国式服务也慢慢转向中式服务，在店内设置了大量的座位，很好满足了大部分人的需求。

10年的时间里，香港快餐业发展迅速，麦当劳进军香港市场，已成了快餐业的龙头老大，独占了两成以上的市场份额，香港本地食品则占了近七成，肯德基要想立足，真是十分的不容易。

除做了上述营销策略的改变之外，肯德基家乡鸡还进行了市场定位。麦当劳的主要顾客是儿童及其家庭，肯德基则定位于16～39岁之间的人，主要是公司员工和中青年行政人员。这样就避免了不利于自己的竞争局面，发展起来较为顺利。

营销策略大幅调整之后，效果真是立竿见影。1986年，肯德基家乡鸡新老分店的总数在香港为716家，占世界各地分店总数的十分之一强，成为香港快餐业中，与麦当劳、汉堡包皇、必胜客薄饼并称的四大快餐连锁店。

家乡鸡在香港市场上的浮沉正体现了一个市场规律：只有了解目标市场的文化才能适应和利用市场。

资料来源：尹武泉.商业案例：肯德基进军香港几度沉浮[EB/OL].（2020-3-26）[2020-9-3]. https://xw.qq.com/cmsid/20200326A0TLX900.

4.1 文化的概念及其文化环境的重要性

4.1.1 文化的定义

英国的 Edward B. Taylor 曾在 1891 年把文化定义为：个人从其所属的组织成员中获得的知识、信念、技术、道德、法律、风俗以及其他方面蕴涵着的已有内容及形成。这种对文化的科学概念出台以后，许多人类文化学者都相继对文化的定义投入很多时间的努力。例如，Kroeber 和 Kluckhohn 于 1952 年曾介绍过 164 种文化的定义，尽管这些学者们对什么是文化这一问题做出了精辟的论述，但到目前为止还有不少人对文化的认识不清，并且这一问题已成为人类文化中争论持久的现实性问题。Robock Simmonds 于 1989 年提出的文化定义是指一个社会规定人的行动的社会规范及式样的总的体系（the whole set of social norms and responses that condition a populations behavior）。如此多样化的文化定义，我们在此只能介绍通过综合而一般化的文化定义。

所谓文化是指给定社会中由人们可识别的行为方式特征整合而成的体系。它包括给定社会群体想、说、做、行的行为方式。我们说一种社会与另一种社会的差异，以及社会所固有的特性，其根源就在于文化，也不会言过其实。

一般而言，文化有广义和狭义两种理解。广义的文化是指人类在社会历史实践过程中创造的物质财富和精神财富的总和。狭义的文化是指社会的意识形态以及与之相适应的礼仪制度、组织机构、行为方式等物化的精神。文化具有民族性、多样性、相对性、沉淀性、延续性和整体性的特点。文化还具有如下的作用：

（1）文化是人们行动的基准和规范；

（2）文化是一个人通过学习而获得的一系列规则及行动模式，绝不是一个人天生就能完全获得的知识；

（3）文化促使社会绝大多数成员通过某种过程共同享有它。

4.1.2 文化的基本特征

文化是整个社会的重要组成部分，它具有社会和民族的共同属性，也具有自己的不同特点。文化的基本特征包括以下 4 个方面：

1. 文化的核心是价值观

任何一个人或组织总是要把自己认为是最有价值的对象作为其追求的最高目标、最高理想或最高宗旨，一旦这种最高目标和基本信念成为统一个人或组织成员行为的共同价值观，就会构成个人或组织内部强烈的凝聚力和整合力，成为统领个人或组织成员共同遵守的行为指南。因此，价值观制约和支配着个人或组织的宗旨、信念、行为规范和追求目的。在这种意义上来说，价值观是文化的核心。

2. 文化的中心是以人为主体的人本文化

人是整个社会和组织中最宝贵的资源和财富，也是社会和组织活动的中心和主旋律。因此，社会和组织只有充分重视人的价值，最大限度地尊重人、关心人、依靠人、理解人、凝聚人、培养人和造就人，充分调动人的积极性，发挥人的主观能动性，努力提高社会和组织全体成员的社会责任感和使命感，使社会组织和其组成人员成为真正的命运共同体和利益共同体，才能不断增强社会和组织的内在活力并实现社会和组织的既定目的。

3. 文化的管理方式是以软性管理为主

社会和组织文化是以一种文化的形式出现的现代管理方式。也就是说，它通过柔性的而非刚性的文化引导，建立起社会和组织内部合作、友爱、奋进的文化心理环境，以及协调和谐的人群氛围，自动地调节社会和组织成员的心态和行动；并通过对这种文化氛围的心理认同，逐渐地内化为社会和组织成员的主体文化，使社会和组织的共同目标转化为成员的自觉行动，使社会各种群体产生最大的协同力。事实证明，这种由软性管理新产生的协同力比社会和组织的刚性管理制度有着更为强烈的控制力和持久力。

4. 文化的重要任务是增强群体凝聚力

社会和组织的成员来自于五湖四海，不同的风俗习惯、文化传统、工作态度、行为方式、目的愿望等都会导致社会和组织成员之间的摩擦、排斥、对立、冲突乃至对抗，这就往往不利于社会和组织目标的顺利实现。而社会和组织文化通过建立共同的价值观和寻找观念共同点，不断强化社会和组织成员之间的合作、信任和团结，使之产生亲近感、信任感和归属感，实现文化的认同和融合，在达成共识的基础上，使社会和组织具有一种巨大的向心力和凝聚力，这样才有利于社会和组织共同行动的齐心协力和整齐划一。

4.1.3 文化环境的重要性

在国际营销中，文化之所以重要是因为各个国家不同的文化背景，影响着海外市场消费者的行为，即不同国家的文化差异可以导致消费者行为的不同特性。文化与消费者行为的关系如图4-1所示。

社会文化环境影响消费者的决策过程，使具有相似性特性的消费者在不同的社会文化环境下对营销刺激的反应不同，即消费者行为具有很大的差异。

国际市场营销者正因为不了解不同社会文化环境所导致的消费者行为的差异，往往在海外市场上遭到失败。

国际市场营销管理者为顺利地开展国际市场营销活动，要发现海外市场社会文化环境的共同点及其差异，并且分析这些社会文化特点对当地消费者行为的影响，开发出适当的营销组合。在这一过程中切忌以自己所熟悉的文化环境来评价其他文化圈子中的消费者行为，即不能采用自我参照标准（Self-reference criteria）。

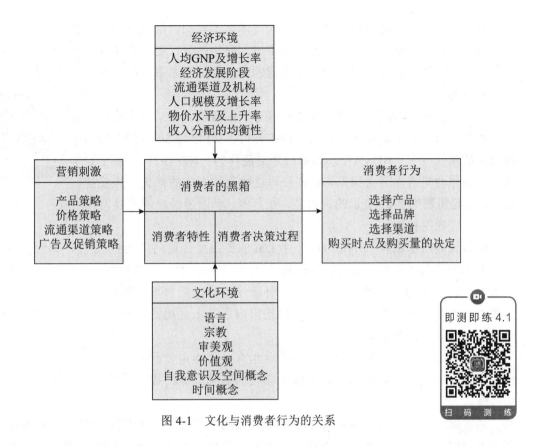

图 4-1 文化与消费者行为的关系

4.2 文化的基本要素

文化是一个有着丰富内涵的结构体系,其中包括许多相互联系相互制约的基本要素:

从组织的角度来看,美国学者彼得斯和沃特曼认为有7种基本要素:战略(Strategy)、结构(Structure)、体制(System)、人员(Staff)、技能(Skill)、行为方式(Style)和共同价值观(Shared value)。其中,前三个要素是文化的硬件要素,而后四个要素是文化的软件要素。

从结构层次可以把文化分为表层文化、中层文化及深层文化。而从表现形态可以把文化分为物化文化、管理文化、制度文化、生活文化、观念文化。这些多种多样的文化,以下8个要素构成:精神、观念、价值观、道德或伦理、素质、行为、制度和形象。

对社会文化的定义及其构成要素,学者们的意见各不相同。目前认为社会文化环境主要通过语言、宗教、价值观、生活方式、对物质财富和权势的态度、社会阶层等基本要素来分析。这些社会文化环境的构成要素对整个国际市场营销活动起着很重要的作用。

1. 语言

语言是反映社会文化的一面镜子,也就是说由不同的语言可以形成不同的社会文化圈子。人们为理解其他群体的社会文化,往往先从学习这一群体的语言开始的。与此同时,对一种语言的理解,仅仅依靠学习语言的技术是不够的,学习一种语言要真正融入这种语言所属群体的文化环境中去。换句话说,要真正学好一种语言,必须熟悉其文化背景。作为市场营销管理者,学习东道国的语言是基本必备的条件之一。

视频 4.1
注意对黑人的语言禁忌

对语言措辞上的疏忽,直接体现在翻译上的缺陷,其结果将给国际市场营销活动带来负面的影响。例如,GM 公司于 20 世纪 50 年代中期向市场出示的新款汽车"NOVA",其西班牙语翻译为"NO GO"。由于这个缘故,在墨西哥等中南美国家,GM 公司这种品牌汽车的销售严重受挫。还有,凡是用数字"4"表示的营销品,在日本、韩国等国家就难以销售。因为,数字"4"的谐音与"死"相似。

韩国现代汽车品牌"Hyun Dai"中 Dai 的英国发音是同"Die"一样,为此,现代汽车为美国的消费者制作了把"Hyun Dai"改为"Hyun Day"的教育广告项目,由此避免了语言发音带来的不必要的麻烦。在海外市场进行国际市场营销的企业有必要制定全球消费者能够接受的品牌名。切忌简单地把国内市场上通用的品牌名直译成英文,以致造成对国际市场营销的负面影响。

中国在海外进行国际市场营销的企业也有必要指定使海外任何市场都可以接受并且容易记忆和长久记忆的商标名,采取全球化的品牌战略,提高中国产品在全球市场上的知名度。

语言除了口头表达方式之外,还有非语言的表达方式,如体态姿势、面部表情等。根据不同的文化环境,非语言表达出来的意思及内容会有差异,例如,在一般情况下,点头表示肯定的意思,而摇头表示否定的意思,但在北欧左右摆头则表示肯定的意思。还有触摸鼻子的手势在英国表示"小心"的意思,而在意大利则表示"正在受骗"的意思。通常"OK"的手势,在法国就表示"正在做徒劳的事情"的意思,而在希腊则表示与性行为有关的意思。因此,国际市场营销者不但要了解东道国的语言表达的真正含义,而且还要了解非语言沟通手段,即手势和面部表情所代表的真正含义。尤其是对那些营销工业品的企业,首要的课题就是与东道国当地的购买者或者当地政府官员进行协商谈判时,只有熟悉东道国的文化背景,了解当地的语言表达方式及非语言表达方式,才能圆满地进行相互交流,达到预期目的。

2. 宗教

宗教对国际市场营销活动的效果,起着很重要的影响。比如,伊斯兰教禁止吃猪肉和饮酒。在一些特定的纪念活动期间,因要求绝食和禁食,所以购物的需求急剧下降。还比如,信奉基督教的国家,由于在圣诞节季节有互相交换礼物的风俗习惯,所以一般情况下流通商的年销售额中大约 1/3 是在这一期间实现的。

视频 4.2
M&S 圣诞节宣传片

宗教对国际市场营销活动效果的影响,通过广告的效果也可以得到证实。

由此可见,宗教对国际市场营销起着很大的影响。国际市场营销管理者必须事先考虑到宗教活动及礼仪,开发出针对海外市场的营销计划。

3. 价值观

文化价值观是支配一个社会的价值观,即人们以对他人的关系为中心形成的价值体系。文化不但形成日常行为准则,而且构成态度和动机的一般模式。价值观可划分为集体主义价值观和个人主义价值观。日本由于国土面积小,自然资源匮乏,所以,一致性、服从组织作为衡量一个人和公司成功的准则。在美国这种个人主义盛行的国家里,个人财富和公司利润是衡量成功与否的准则。集体主义与个人主义文化的差异是由个人进行决策时,考虑自己所属的集体要求的程度而决定。美国的文化圈子由于个人主义价值观起着主导作用,所以,个人的利害关系往往优先于集体利益目标。中国、韩国、日本等国家的文化圈子由于集体主义价值观起着主导作用,所以,集体利益目标优先于个人的利害关系。

扩展阅读 4.2
中西方文化价值观的比较
扫码阅读

集体主义价值观主导的文化,促使人们为自己所属的集体及家族利益,不惜牺牲自身利益。个人在进行决策时,往往要考虑自己所属集团的成员。因此,在集体主义文化圈子中个人的意见要服从集体内的规范要求。文化价值观的这种差异,通过影响消费者购买行为,最终反映国与国之间消费者之间购买行为的差异,正表现出文化价值观中个人主义文化与集体主义文化之间的差异。韩国的消费者对任何产品进行购买决策时,大部分都顾及其周围的家庭、邻居、同事以及亲朋好友,并且这种倾向比较强烈。韩国的消费者在自我形象的管理中,更注重依他性形象。其结果,购买产品时较注重自身的社会地位,选择与之相互匹配的品牌。

国际营销案例 4-1
可口可乐公司的国际营销
扫码阅读

如购买衣服、手表、馈赠礼品等产品时,不仅重视品牌的知名度,并且还重视陈列产品场所的享誉度。美国的消费者则在购买产品时,更多强调自我意识和自我评价判断能力。美国的消费者在自我形象管理中,更注重实际的自我形象,也就是说,他们在购买产品时,不易被周围参照群体影响,往往以自我判断力为主进行购买决策。因此,国际市场营销管理者在海外市场制定营销战略时,必须考虑到由文化价值观引起的不同群体消费者的购买行为差异。

4. 生活方式

生活方式(Lifestyle)顾名思义就是一个人生活在这个世界上的样式。人们的生活方式具体表现为活动(Activities)、关心事宜(Interests)、思想见解(Opinion),即AIO。在同一个文化圈、同一个社会阶层、同一个职业的人们,他们所具有的生活方式也有差异。为了测定人们的生活方式,一般采用 AIO 设问项目。我们利用 AIO 设问项目主要通过问卷形式调查人们从事什么样的活动;人们主要关心的事宜是什么;人们对家庭、地域社会、国家等全盘性问题所持有的见解是什么等。

以消费者的心理状态为基准的市场细分化的方法主要 VALS Ⅰ 和 VALS Ⅱ。VALS 指的是消费者的价值观和生活方式(Value and lifestyle)。VALS Ⅰ 和 VALS Ⅱ 分别如图 4-2 和图 4-3 所示。

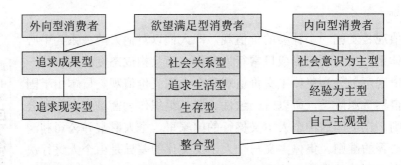

图 4-2　消费者的价值观和生活方式Ⅰ（Value and lifestyle，VALSⅠ）

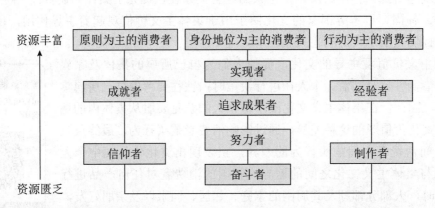

图 4-3　消费者的价值观和生活方式Ⅱ（Value and lifestyle，VALSⅡ）

VALSⅠ把消费者划分为外向型消费者、内向型消费者、整合型消费者3个细分市场。所谓外向型消费者指的是那些顺应现有的价值观或规范的消费者。所谓的内向型消费者指的是为了满足自己的欲望和自我表现意识而努力的消费者。所谓的整合型消费者指的是为了满足生活的基本需要而努力的消费者。VALSⅠ的不足之处是在进行市场细分时，外向型消费者所占的比重太大，好像VALSⅠ是专门为外向型消费者这一特定的细分市场而开发的。VALSⅡ是为了弥补VALSⅠ的不足之处而开发的。VALSⅡ从两个角度，即纵轴为消费者所具有的资源特征如收入、教育水平、自信感、健康、购买欲望等；横轴为消费者看待世界的见解如原则为主的消费者、身份地位为主的消费者、行动为主的消费者等，对整个市场进行细化，分成8个细分市场。

（1）成就者（Fulfilleds）的特点是：资源丰富，并以原则为主。对每一件事情都很慎重，有责任心，有教养。业余活动主要是在家里进行，但对外面的世界动态非常清楚。对新构思的接受力强，对社会变化反应敏感。成就者一般是具有专业职业、高收入以及追求现实的消费者群体。

（2）信仰者（Believers）的特点是：资源匮乏，并以原则为主。比较保守，愿意购买本国的产品，愿意选择人人熟知的品牌。这些消费者群体往往以家庭、教会、共同体、国家为中心，收入一般在中等水平。

（3）实现者（Actualizers）的特点是：资源非常丰富，并以身份地位为主。收入高，自尊心强，具有实现自我满足的充分的资源。这些消费者群体在表现其嗜好、自立心以

及性格时，重视形象管理。实现者一般是追求高品位的生活享受的消费者群体

（4）追求成果者（Achievers）的特点是：资源丰富，并以身份地位为主。围绕着成功，通过工作和家庭追求自身满足的消费者群体。政治上保守，表现为权威主义，满足于现状。这些消费者群体愿意选择能够显示他们的成功的较熟知的产品或服务品牌。

（5）努力者（Strivers）的特点是：资源匮乏，并以身份地位为主。具有与追求成果者非常类似的价值观，但在经济、社会、心理等方面的资源不如追求成果者那样丰富。这些消费者群体对他们所羡慕的群体怀有竞争心，希望能成为类似于所羡慕的群体。因此，这些消费者群体很注重方式及样式。

（6）奋斗者（Strugglers）的特点是：资源非常匮乏，并以身份地位为主。收入很低，对品牌的忠诚度高。这些消费群体一般是60岁以上的老年群体。

（7）经验者（Experiencers）的特点是：资源丰富，并以行动为主。这些消费者群体由于具备充足的能量，而喜欢运动和社会活动。他们的欲望非常强烈，在服装、快餐、音乐等年轻人所好的各种事情上的支出很多，尤其是对新产品或服务上的消费很大。这些消费者群体一般是25岁左右的青年群体。

（8）制作者（Makers）的特点是：资源匮乏，并以行动为主。这些消费者群体具有自给自足的价值观，追求现实的和实体的东西。他们习惯于以家庭、工作、娱乐消遣为中心的生活，对世上的其他事情几乎不闻不问。这些消费者群体愿意购买既实用又性能良好的产品。

5. 对物质文明和权势的态度

物质文明是技术进步的结果，并且与一个社会经济活动的组织开展好坏有着密切联系。随着产业化发展，物质文明程度可成为市场细分化的基准，而工业品营销管理的出发点，对物质文明的态度，在很大程度上影响国际市场营销细分的决定。比如，美国的消费者因对产品的包装清洁度非常敏感，所以出口到美国的罐装产品必须要保持极度的清洁发亮、一尘不染。还有，各个海外市场消费者的电视机和收音机的普及率将对以海外市场消费者作为目标顾客的促销活动，起着很重要的影响。

对于一个社会权势的态度，根据从专制社会到民主社会的发展阶段，表现出多样化的变化。在专制社会中，企业的大部分决策都是由集权组织的上层机关做出的，几乎不存在权力下放的问题，但是，在民主民族社会中，企业的经营管理者往往把权限放宽，把权力下放给下层和职工，使他们共同参与企业的管理决策，真正成为企业的主人。由此看来，对于权势的态度与国际市场营销有着密切的关联，尤其是工业品的营销，事先需要了解营销对象企业的决策权力是下放给下层，还是集中在上级领导层，即权力的集中程度和下放程度是非常重要的。国际市场营销的企业，经常与东道国政府进行交涉，这时，如果国际市场营销企业不十分了解东道国政府权力结构，以及集权和分权程度，就会在与政府的协商过程中，处处碰壁，寸步难行。

扩展阅读 4.3
当前我国三大社会阶层的基本状况

6. 社会阶层

社会阶层指的是社会中根据某种等级排列的具有相对同质性和持久性的群体。由于

社会阶层的不同，人们具有多种多样的经济地位、姿态以及价值观，这种经济地位、姿态以及价值观则对他们的购买行为起着重要的影响。一般处于同一社会阶层的人们具有相似的经济地位、姿态以及价值观，因此，对产品或服务、品牌以及公众宣传媒体有着较类似的想法和看法。对于市场营销管理者来说，社会阶层无疑是一种进行市场细分化的很好的依据和提供消费者购买行为式样的有效工具。不同的社会发展阶段，划分社会阶层的依据是不同的。在过去，社会阶层是根据人们所拥有的财富、财产状况以及社会威望来划分社会阶层的。处于不同社会阶层的人们的经济状况、兴趣和态度、价值观等各不相同。这种经济状况、态度和兴趣、价值观决定了人们的购买行为的多样性。市场营销管理者应该识别不同社会阶层的消费者，以便更好地满足他们的需要。

4.3 社会文化环境的综合评价

评价社会文化环境大体上分两种：一种是部分评价，另一种是综合评价。部分评价主要是通过分析文化环境的语言、宗教、价值观、生活方式、对物质文明和权势的态度，以及社会阶层基本要素来达到其目的的。部分评价重点分析评价各种社会文化构成要素中对营销者的决策起举足轻重作用的特定要素。这是一种从微观角度评价社会文化环境。部分评价通过对社会文化环境的整体分析，把社会文化环境划分为几个范畴。虽然部分评价不如综合评价那么强有力，但对社会文化圈子之间存在的许多差异采用综合评价方法进行分类比较困难，并且不够现实。综合评价的优点是能够提供系统分类社会文化环境的框架，对宏观社会文化环境之间存在的差异，进行系统有效的分析。此外，利用综合评价以社会文化的相似性作为基准，细分海外市场，制定国际市场营销战略，可称得上是有效方法之一。

社会文化的构成要素具有相互关联性。因此，从社会文化的构成要素中找出共同存在的因素进行说明分析是比较合理的。社会文化环境的综合评价主要通过四种文化差异指数、高背景文化和低背景文化等来评价社会文化环境。

4.3.1 四种文化差异指数

各国文化呈现多样性的根本原因就在于文化价值观的差异。霍夫施泰德（G. Hofstede）关于文化价值观的创新研究，对于了解文化价值观对各种商务活动及市场行为的影响是非常有用的。通过对66个国家约9万余人的调查，霍夫施泰德发现这些国家的文化呈现四方面的差异。企业及消费者行为模式的多样性与这四方面的差异密切相关。霍夫施泰德分类法已被广泛且有效地应用于国际营销领域，而其他人的研究也证实了这一点。研究表明：霍夫施泰德分类法也可用于对国家进行归类，归入一类的国家在经营和活动中会做出类似的反应。霍夫施泰德分类包括：①强调自我倾向性的个人主义/

集体主义指数（IDV）；②强调权力倾向的权力距离指数（PDI）；③强调风险倾向的不确定性回避指数或风险回避指数（UAI）；④强调成就倾向性的男性化/女性化指数（MAS）。

1. 个人主义/集体主义指数（IDV）

个人主义/集体主义（Individualism vs.collectivism）指数反映了人们为促进自我利益的行为取向。强调个人主义的文化（较高的IDV指数）反映了一种以"自我"为中心的思维，强调自我或个人成就；而集体主义文化（较低的IDV指数）则反映的是一种以"集体"为中心的思维，一般强调个人服从集体。较高的IDV指数，意味着人们接受并尊重个人的成就。个人主义文化下个人与集体、社会间的关系比较松散，人们注重自我及小家庭。集体主义文化下人们生来就与社会结成一种强烈的、紧密联系的组织关系，这种组织关系保证人们一生获得一种安全感并相互忠诚。

2. 权力集中指数（PDI）

权力集中（Power distance）指数衡量人们对社会不平等的容忍度，即在一种体制中上下级间的权力不平等状况的容忍度。在权力距离指数较高的国家，人们往往倾向于接受等级制，其会员视势力、操纵力及世袭权为权力来源；另外，在权力距离指数较低的国家，人们珍视平等，并视知识和尊重为权力来源。在具有较高权力距离指数的文化中，权力被看作是赋予个人的，是借助于强制手段而非法律手段所获得的，因此更易于形成对他人的不信任。较高的权力指数反映了人们对上下级差距的认同，也表明对权力拥有者享有权力的认可，较低的权力距离指数则反映的恰恰是一种相反的观点。

3. 不确定性回避指数（UAI）

不确定性回避（Uncertainty avoidance）指数反映了社会成员对模棱两可或不确定性的容忍程度。不确定性回避指数较高的文化往往难以忍受不确定性，因而对新思想或新行为持怀疑态度。其社会成员往往显得较为忧虑、紧张，并且较为关注安全感和行为的规范性以求减少不确定性。因此这种文化下人们会教条式地拘泥于过去的行为规范，这些行为规范最终转变成不可违反的行为准则。不确定性回避指数较高的社会往往崇拜高层次的权威，并以此来回避风险。相反不确定性回避指数较低的文化则与较弱的忧虑、紧张联系，易于接受反常规的思想和不同的观点，并且乐于冒险。因此具有较低不确定性回避指数的社会倾向于用实证的方式去理解事物、获得知识，而具有较高不确定性回避指数的社会则以"绝对真理"去理解事物、获得知识。

4. 男性化/女性化指数（MAS）

男性化/女性化（Masculinity vs.feminity）指数反映了人们对成就或创业的一种倾向。现行社会在一定程度上流行的是男性占支配地位的文化价值观。具有较高男性化/女性化指数的国家往往呈现出这样的文化特征：充满自信、喜欢自我表现、追逐金钱和社会地位等。而男性化/女性化指数较低的文化则与多变的性别角色及性别间平等相联系，强调相互服务和相互依赖。有些文化中男女均可担当多种多样的角色，而在另一些文化里则存在明显的男女分工。在男女分工明确的社会里，男性往往起着支配作用、显得富有和自信，而女性则起着配角的作用。一项研究非常有趣地表明，在强调人际交往的女性化社会里，支付小费似乎不太流行，而在强调成就和经济关系的男性化社会里支付小费则要流行得多。

对78个国家和地区的文化差异指数分析的结果如表4-1所示。根据表4-1所计算的各个国家文化差异指数结果我们可以得出，对各国文化环境的异同点进行综合分析的结果将有助于国际营销管理者在海外做出国际营销战略决策。

表4-1 78个国家和地区的文化差异指数

国家/地区	权力集中指数	个人主义/集体主义指数	男性化/女性化指数	不确定性回避指数
非洲东部	64	27	41	52
非洲西部	77	20	46	54
阿拉伯国家	80	38	53	68
阿根廷	49	46	56	86
澳大利亚	38	90	61	51
奥地利	11	55	79	70
孟加拉国	80	20	55	60
比利时	65	75	54	94
比利时（法语区）	67	72	60	93
比利时 内瑟尔	61	78	43	97
巴西	69	38	49	76
保加利亚	70	30	40	85
加拿大	39	80	52	48
加拿大（法语区）	54	73	45	60
智利	63	23	28	86
中国	80	20	66	30
哥伦比亚	67	13	64	80
哥斯达黎加	35	15	21	86
克罗地亚	73	33	40	80
捷克	57	58	57	74
丹麦	18	74	16	23
厄瓜多尔	78	8	63	67
萨尔瓦多	66	19	40	94
爱沙尼亚	40	60	30	60
芬兰	33	63	26	59
法国	68	71	43	86
德国	35	67	66	65
英国	35	89	66	35
希腊	60	35	57	112

续表

国家/地区	权力集中指数	个人主义/集体主义指数	男性化/女性化指数	不确定性回避指数
危地马拉	95	6	37	101
中国香港	68	25	57	29
匈牙利	46	80	88	82
印度	77	48	56	40
印度尼西亚	78	14	46	48
伊朗	58	41	43	59
爱尔兰	28	70	68	35
以色列	13	54	47	81
意大利	50	76	70	75
牙买加	45	39	68	13
日本	54	46	95	92
韩国	60	18	39	85
拉托维亚	44	70	9	63
立陶宛	42	60	19	65
卢森堡	40	60	50	70
马来西亚	104	26	50	36
马耳他	56	59	47	96
墨西哥	81	30	69	82
摩洛哥	70	46	53	68
荷兰	38	80	14	53
新西兰	22	79	58	49
挪威	31	69	8	50
巴基斯坦	55	14	50	70
巴拿马	95	11	44	86
秘鲁	64	16	42	87
菲律宾	94	32	64	44
波兰	68	60	64	93
葡萄牙	63	27	31	104
罗马尼亚	90	30	42	90
俄罗斯	93	39	36	95
塞尔维亚	86	25	43	92
新加坡	74	20	48	8
斯洛伐克	104	52	110	51
斯洛文尼亚	71	27	19	88

续表

国家/地区	权力集中指数	个人主义/集体主义指数	男性化/女性化指数	不确定性回避指数
南非	49	65	63	49
西班牙	57	51	42	86
苏里南	85	47	37	92
瑞典	31	71	5	29
瑞士	34	68	70	58
瑞士（法语区）	70	64	58	70
瑞士（德语区）	26	69	72	56
中国台湾	58	17	45	69
泰国	64	20	34	64
特立尼达和多巴哥	47	16	58	55
土耳其	66	37	45	85
美国	40	91	62	46
乌拉圭	61	36	38	100
委内瑞拉	81	12	73	76
越南	70	20	40	30

资料来源：根据https://geerthofstede.com/research-and-vsm/dimension-data-matrix/的资料翻译而成.

4.3.2 高背景文化和低背景文化

爱德华·豪尔（Edward T. Hall）提出高背景文化的概念作为理解不同文化的取向的一种方式。在低背景文化（low-context culture）中，信息的表达比较直接明确，语言是沟通中大部分信息的载体。高背景文化（high-context culture）中，一条信息的语言部分所包含的信息比前一种文化要少，而大部分的信息隐含在沟通接触的过程中，涉及参与沟通人员的背景、所属社团及其基本价值观。你是谁——即你在社会中的价值及位置——在如日本和阿拉伯国家这样的高背景文化中至关重要。在这些国家，银行贷出一笔款项的依据与其说是那些形式上的财务报表，不如说是看借款人是谁。在一个低背景文化国家中，交易的达成对参与者的性格、背景以及价值等信息考虑得很少，相反更多地依赖于贷款申请中的陈述和数字。低背景文化的例子有美国以及更为明显的瑞士和德国。

扩展阅读 4.4
高低语境文化对跨文化交际的影响
扫码阅读

总体而言，高背景文化与法律文件打交道的机会要少得多，不像美国这样的低背景文化将其视作根本。高背景文化中，一个人说的话就是其信誉保证。在这样一种将承诺和信任看得极重要的文化中也没有太多必要去预测意外事件的发生和提供外部法律制裁。共同的责任感和荣誉感在这些文化中代替了不受个人感情影响的法律制裁，以及似乎永远不得要领的冗长、拖沓的谈判的重要性。对于一个来自高背景文化的人来说，进行谈判的目的有一部分是为了结识潜在的合作者。

例如，坚持进行公开招标可能会使低背景文化中的情况反而相对变得复杂。如果是在高背景文化中，工程会直接交给某个干得最好且能够信任和控制的人去做。而在低背景文化中，人们把每一项要求都弄得如此精细以至于建筑承包商是在法律制裁威胁的驱使下去做好工程。霍尔认为，日本的建筑商会这样说："那一张纸有什么用？如果我们之间的信任达不到没有它也能继续工作的程度，那又何必开始呢？"

尽管从国家的总体倾向来看可以将其划分为高背景或低背景的，但其中必然也会有一些例外。这些例外往往出现在亚文化群体中。比如美国，就是一个有着高背景模式运作的亚文化群体的低背景文化。

查尔斯·库姆斯（Charles A. Coombs），纽约联邦储备银行主管联邦外汇运作的高级副总裁，就曾在其著作《国际金融的竞技场》中提供了这样一个例子。中央银行家的世界，据他的描述，是一个绅士的世界，即其环境文化是高背景的。即使在外汇市场最紧张忙碌的日子里，一名中央银行家也能单凭其所说的话借来数百万美元。1968年法国政治暴动突变期间，中央银行家之间的相互信任得到了充分的展示。其间，除了电话之外，法国与美国的所有通信都已中断。于是，纽约联邦储备银行同意接受法国银行（Bank of France，法国的央行）的电话指令，代表其进行干涉以支持法郎。8天之内纽约纽约联邦储备银行在未获一纸购买确认凭证的情况下，就购进了超过5 000万美元的法郎。

联邦储备银行为此承受了极大的风险。几个星期后，法行总长的女儿因私人业务到美国并随身带去了确认购买的书面凭证。"我们的法律部门这才松了一口气"，库姆斯回忆且进行书面确认——你不能相信任何人，而中央银行家们，对事的态度很明显要轻松得多，是在一种高背景文化中运作（语言就是其信誉保证）。另一个高背景的美国亚文化群体是黑手党，这种进口自意大利西西里的高背景文化依赖语言、仪式、与周围环境的隔离和强烈的与众不同的身份感而得以维持。表4-2总结了一些高低背景文化方式的不同之处。

表4-2　高背景与低背景文化

因素/度量尺度	高背景	低背景
律师	不太重要	非常重要
一个人的口头承诺	就是其信誉保证	不足以依赖；应用文字来表述
个人对组织所犯错误的责任	取其最高水平	尽量降到最低水平
空间	人们之间保持很近的距离	人们希望始终保持有私人的空间并且厌恶受到侵犯
时间	多元时间观念——生命中的所有事物都有自己的时间规律	单一时间观念——时间就是金钱；线性的观念——一个时间段只做一件事
谈判	主要目的是让各方互相了解	谈判进行速度很快
公开招标	不常见	常见
代表性的国家/地区	日本，中东	美国，北欧

4.4 社会文化环境对国际营销产品的影响

4.4.1 社会文化环境对国际营销工业品的影响

文化因素对于工业品的国际营销有重要的影响，在制订国际营销计划时必须引起注意。关于规格说明的不同习俗就是一项很重要的国际间变量。例如，美国的规格说明通常包含一定的边际误差，其比例在不同行业之间有所不同。如果你在美国需要买一根承载能力为 20 000 磅的金属棒，其安全系数程度就足以应付超载情况。在欧洲规格说明则分毫不差：通常，如果在欧洲买了一根标明承载能力为 20 000 磅的金属棒，这就是它的最大承载量。若有更高的安全要求，就必须购买规格恰好达到这一要求的产品。

要想在国际间取得工业品营销的成功，一项主要的要求是持久性。摩托罗拉（Motorola, Inc.），决定要打入日本市场时，它开始是脚踏实地一步步实施这个目标的。首先，公司雇用了一位前美国政府的助理贸易代表，他具备指导此次行动的经验和能力。公司确定其行动重点是公用电信的垄断寡头——日本电话电报公司（Nippon Telephone and Telegraph）。公司在传呼器领域有很强的竞争地位，为了获得日本电话电报公司的业务，依其规格要求建立了一条专门的传呼器生产线。摩托罗拉所做的下一件事是争取移动电话设备的供货许可证。获取许可证是一个既费时间又费钱的过程，对一家公司来说最重要的是了解需要做什么以及为什么这么做，以进一步获得对其努力的承诺。很多公司可能就因困难而止步，放弃回国了。摩托罗拉却成功获得了这项许可，也即是获得了能在此业务中占一席之地的实质保证。

一个拉美共和国决定以几百万美元的代价使其某个通信网达到现代化水平。根据各个公司的质量信誉，拉美共和国政府选中了美国的一家公司。美国的这家公司经过非正式的探听获悉这个消息，考虑到这笔订单的巨大数额，决定越过其常驻拉美共和国的代表，直接派出其销售主管经理。结果由于双方的文化差异导致的文化冲突，这一份订单却意外地转向了一家瑞典的公司。

4.4.2 社会文化环境对国际营销消费品的影响

消费品可能比工业品对文化差异更敏感。观察与研究一致得出结论，认为排除社会地位和收入的营销后，文化是影响消费行为、媒体使用以及耐用品购买的一项重要因素。在消费品中，最敏感的可能要数食品。在西德，坎贝尔公司（Campbell's）试图改变德国消费者用汤的习惯，以罐装浓缩汤汁代替脱水汤料，结果造成了逾千万美金的账面损失。在美国也发生了同样的情况，只不过颠倒了一下，CPC 国际公司欲以可诺脱水汤料打入罐装产品 90% 的美国汤料市场而失败。可诺（Knorr）是 CPC 购买的一家瑞士公司，其在稀薄肉汤和脱水汤料占汤类总销售额 80% 的欧洲方便汤料市场上占有很大的份额。

食品营销中的一项主要文化因素是人们对于做饭的不同态度和处理方式。康普贝尔汤料公司在一项对意大利的研究中发现，意大利家庭每天用于做饭的时间竟达约 4.5 小时，而美国人只用不到 60 分。这种做饭时间上的差异不仅反映了一种文化模式，也反映了两国间收入水平的差异。

坎贝尔的这项关于意大利人对方便食品有强烈抵制情绪的发现是通过随机抽问意大利家庭得出的。其问题是："你希望你的儿子娶一名常使用罐头汤汁的妻子吗？"人们对这个问题的反应非常镇定。99.6% 的被询问者都回答："不！"随着收入的增加，也许意大利人对时间和便利的态度会有所变化，而对方便食品市场产生重要影响。不过在目前，人们的习惯和传统仍会不受收入水平的影响而继续作用于食品市场。

渴是一种普遍的生理需求。人们喝什么则与文化非常有关系。咖啡市场就有趣地说明了文化对饮食习惯的影响作用。即冲即饮的速溶咖啡在英国市场占到 90% 的份额，在瑞典却只有 15%。这是两个极端，其他环大西洋国家的倾向性均没有如此明显。速溶咖啡之所以能占据英国市场，可以归因于英国的热饮消费习惯。英国是一个热茶的国度，只是在近期才被说服开始喝咖啡。与普通咖啡相比，速溶咖啡在冲饮方法上最接近于茶，所以一旦英国人开始喝咖啡，他们选用速溶咖啡而不是普通咖啡是很自然的。速溶咖啡受欢迎的另一个原因是，英国人在喝咖啡时往往加入大量的牛奶，这样咖啡本来的口味就被掩盖了。既然咖啡味道的差别显不出来，那么是不是一杯"好"咖啡也就并不真的重要。瑞典，正好相反，是一个喝咖啡的国家，咖啡是最主要的热饮。人们喝咖啡时不加大量牛奶，因而咖啡的口味也就不会被掩盖。

一项关于西欧和美国软饮料消费模式的研究表明，这两个市场的需求有显著差别。虽然美国人口比法、德、意三国人口加起来只多出 20%，其软饮料销售额却是这三国总和的 4 倍还要多。每个美国人消耗的软饮料平均数是法国人的 5 倍、意大利人的 3 倍、德国人的 2.5 倍。

美国人口对软饮料的喜爱是从 19 世纪中叶以后逐渐发展起来的。例如，1894 年，美国人均软饮料消费量是 12 盎司（约 30ml）的容器（下同）1.1 瓶。100 年后，1949 年，增长了 9 800% 至每人 108 瓶。又过了 30 年，1979 年的人均消费量是 400 瓶，又增长了 370%。到 20 世纪末，人均消费量达到 1 500 瓶。

软饮料消费量的差别与欧洲其他软饮料较高的人均消费量是有关的。比如在法国和意大利，以人均水平计，其消耗的酒是美国的 30~40 倍。与软饮料相比，法国人更喜欢矿泉水，而极少有美国人尝试矿泉水。德国人均啤酒的消费量远超过美国。那么为什么软饮料在西欧和美国受欢迎程度会有所差别呢？差异的造成有以下因素的作用：

$$c=f(A, B, C, D, E, F, G)$$

其中：

c：软饮料消费量

f：函数关系

A：其他饮料的相关价格、质量和口味的影响

扩展阅读 4.5
培养跨文化交际能力有效实现跨文化营销探赜

扫码阅读

B：广告费用及影响力，包括所有饮料范围
C：产品在分销渠道中获取的便利性
D：文化因素，传统、风俗、习惯
E：原材料（尤其是水）获取的便利性
F：气候条件，温度以及相对温度
G：收入水平

文化是决定软饮料需求的一项重要组成元素。但是应当意识到它只是7项因素中的一个，因而只是影响因素而非决定因素。如果以进取性的营销方案（包括降低价格、更深度的分销，以及广告轰炸）支持软饮料，这项产品消费量的上升会比其他产品更快。但是，很明显，任何想在西欧增加软饮料消费的努力，都会引起文化传统和习俗的对抗以及来自各种各样饮料的竞争，文化在此是一道约束力。但由于文化的变化非常迅速，仍有很多机会向着有利于公司产品方向变化的加速。

本 章 小 结

每个社会所固有的特性其根源就是社会文化。社会文化对国际市场营销活动起着很重要的影响。社会文化的核心就是社会价值观。

文化是一个社会规定人们行动的社会规范及式样的总体系。它由语言、宗教、价值观、生活方式、对物质财富和权势的态度、社会阶层基本要素组成。

为了更好地掌握社会文化环境对国际市场营销活动的影响程度，我们可以利用社会文化环境的综合评价方法来对社会文化环境进行评价。

社会文化环境的部分评价主要是通过分析语言、宗教、价值观、生活方式、对物质文明和权势的态度以及社会阶层来达到其目的的。

社会文化环境的综合评价方法主要是介绍了霍夫施泰德（Hofstede）的4种文化差异指数和爱德华·豪尔（Edward T. Hall）的高背景和低背景文化。

对于社会文化环境对国际营销产品的影响主要表现在社会文化环境对国际营销工业产品和消费产品的影响。

关 键 术 语

社会文化（social culture）　　　　　文化价值观（cultural values）
生活方式（lifestyle）　　　　　　　　社会阶层（social class）
高背景文化（high-context culture）　　低背景文化（low-context culture）

工业品（industrial products）　　　　　消费品（consumer products）

课后习题

1. 什么是文化？文化的基本特征和基本要素是什么？
2. 以价值观和生活方式为依据如何把消费者划分为若干个群体？
3. Hall 的高背景文化和低背景文化是什么？分别举出高背景文化和低背景文化的地区或国家的例子来加以说明两者的不同之处。
4. Hofstede 的 4 种文化差异指数是什么？分别举出各自典型的例子加以说明。
5. 讨论社会文化环境对营销工业品的影响。
6. 讨论社会文化环境对营销消费品的影响。

本章讨论案例

芭比娃娃的失败营销

芭比娃娃在中国也遭遇过失败。在世界各国，美泰玩具公司著名的"金发娃娃"体现了理想年轻女子的样子：美丽、富有，而且有一个聪明、善良、富有的求爱者。在大多数新兴国家，尽管娃娃的价格令人望而却步，父母还是会给女儿买一个芭比娃娃。但是，中国的小姑娘们似乎总是很抵触这个老气的美国形象。中国是生产玩具娃娃的主要国家，但玩具市场却不算大。的确，中国的玩具市场曾经非常狭窄：依照传统思想，父母不喜欢自己唯一的孩子浪费时间，他们首先想到的是如何在学业上取得成功。

但是，玩具市场在中国发展得非常快：从 2008 年的 90 亿欧元增加到 2012 年的 150 亿欧元。在 2009 年 3 月，美泰决定在上海这座最能体现中国现代性的城市开设芭比娃娃专卖店。这座全力展现"芭比世界"的旗舰店将成为该品牌在中国展示自我的平台。美国团队没有丝毫吝啬：他们建造了一座六层的粉红色建筑，3.6 万平方米的空间全部用于再现芭比娃娃的世界。美泰的目标顾客既有小女孩，也有成年人。专卖店共发售 1 600 个产品，其中包括 1 万美元的服装和婚纱、水疗中心、美发沙龙、餐厅、鸡尾酒吧、卡拉OK厅和专业的DJ——"芭比们"想和"肯们"约会，当然需要空间。这一产品的投资额高达 2 000 万美元！这是一个很大的赌注。不幸的是，投资很快就失败了：两年后，美泰玩具公司默默关闭了旗舰店，店面成了一座幽灵城。究竟发生了什么？

此前一年，中国市场研究团队的雷小山早已预言了芭比娃娃在中国不可避免的失败，芭比娃娃对当地消费者的品味关注得太少。中国女士更倾向于娇媚、少女般的粉红色衣服（就像 Hello Kitty），而不是 Fields 所设计的性感、暴露的形象，如芭比娃娃"欲望都市"系列。听上去也许有点奇怪，但史努比的服装和卡通标识深受白领阶层女士的欢迎。

不过，美泰玩具公司曾为中国女孩们专门设计了适合她们的芭比娃娃——一个黑头发的芭比娃娃。然而，据《福布斯》杂志报道，中国小女孩更喜欢金发娃娃。这是电影、杂志和电视传达的西方审美全球化的结果吗？不管怎样，品牌必须把产品的适应性考虑在内。我们必须分析对中国人来说"玩乐"有什么意义、"玩偶"有什么意义，换句话说，我们要进入文化表征的复杂性。

美泰玩具公司不理解中国女孩和年轻女性的期望。在世界其他地方，芭比娃娃充当着欲望与审美标准的强大传播者的角色。这也是在支持孩子们的创造力（当然是被规范了的创造力），鼓励她们创造自己的时装，打扮自己的芭比，并让她们走上舞台。但是，中国人眼中的"女性"概念与美国乃至整个西方的概念都有所不同。在中国，相对于创造力和强大、光鲜亮丽和时髦，"女性"一词更经常与温和、优雅、善良、可爱等概念联系在一起。当然，中国和中国人已经在改变，但一个6岁的孩子公开进行自己的时装表演，还不太常见。

很多人都分析了芭比娃娃犯错的原因。其中，本杰明·佩尔蒂埃在他的博客网站"跨文化风险管理"（Gestion Des Risques Interculturels）上讲，芭比娃娃缺乏的正是女孩们和她们的父母共享文化映像的属性。芭比娃娃没有向她们讲述故事，她的价值观无法与孩子的经历产生共鸣。美泰玩具公司习惯了芭比娃娃的"文化霸权"，试图在全世界强制推行其价值，但这个奇怪的世界并不是小女孩梦想中的世界。至于父母，他们首先被玩偶的价格吓坏了，特别是在中国，人们完全可以找到便宜得多的类似的娃娃。其次，芭比娃娃太性感了，成人化的衣服充满了挑衅，而且，当地风情的芭比娃娃甚至不如百分之百的美国芭比娃娃有吸引力，因为至少美国娃娃还具有异域风情。

最后，根本的因素就是中国的经济活力、劳动力市场的高度竞争以及从前的独生子女政策，这些都让父母十分关注孩子的教育。中产阶级家庭孩子的时间表像一个满满当当的箱子，游戏有时被视为浪费时间，会使孩子在学习时分心。而孩子们的娱乐时间恰恰是美泰玩具公司瞄准的东西。

后来，美泰玩具公司又回到了中国市场，试图纠正自己的跨文化错误——这是一件很重要但容易被忽视的事情。现在，公司大力开展了商品宣传和有影响力的游说活动。例如，美泰派遣了教育专家到中国，向教育和文化机构展示让儿童玩玩具的好处。公司甚至大胆提议在学校增加休息时间……这是一项长期的任务，乐高率先通过益智类游戏取得巨大的成功。可当年，美泰在中国却处处碰壁。

资料来源：克里斯蒂娜·凯德朗. 他们以为自己很厉害：12个企业管理陷阱 [M]. 王倩, 译. 北京：人民邮电出版社，2018.

讨 论 题

1. 美泰玩具公司为中国开发的玩具娃娃为什么失败？
2. 你对此案例中芭比娃娃在中国的推行有什么建议？

（考核点：文化环境对企业国际营销的影响）

第5章
国际政治法律环境

学完本章，你应该能够：

1. 掌握国际政治风险的性质；
2. 理解国际政治风险的预测评价方法；
3. 理解国际法的内容、国家与主权的含义以及诉讼与仲裁的形式；
4. 了解与国际法律环境相关的国际营销问题。

全球治理困境凸显

2020年"百年未有之大变局"加速演进，地缘重心东升西降、国际格局南升北降大势不改，大国竞争复杂激烈，地区热点乱变交织，世界迎来充满变数、机遇挑战并存的21世纪20年代。

美国单边主义及其"退群、毁约"有增无减，2020年气候变化等全球性挑战更显紧迫，全球治理赤字增大，联合国等多边机制备受掣肘。

一是全球应对气候变化进程滞后。马德里气候大会成果有限，在核心议题即《巴黎协定》第六条市场机制问题上未有进展，在融资等敏感议题上也未达成共识。与此同时，各方博弈仍将继续：欧盟争夺气候变化议程领导权，提出2050年前成为全球首个"碳中和"大洲的雄心计划。发达国家和发展中国家围绕碳交易和"气候支持基金"问题讨价还价激烈。多家科学机构预测，2020年全球将变得"更热"，极端天气和自然灾害仍将多发。

二是非传统安全挑战有增无减。国际反恐斗争更趋复杂，恐怖主义流毒远未肃清。一方面，美聚焦大国战略竞争，缩减反恐资源投入，连续抛弃反恐盟友，冲击国际反恐合作大局；另一方面，地区冲突和民族宗教矛盾互相作用，致使中亚、南亚和东南亚反恐形势严峻。此外，网络空间安全风险堪忧，基因编辑技术滥用与失控危险增大，数字货币将挑战各国主权货币。

三是联合国前路多崎岖。2020年是联合国成立75周年，值此之际多方围绕安理会改革等再度角力，日、德、印、巴"争常四国"，力争实现安理会"扩容"。同时，以联合国为代表的多边主义遭遇美国单边主义逆流，全球治理供求缺口增大，联合国深陷财政危机，美国作为最大出资国持续以削减和拖欠会费手段对其施压促变，联合国面临被边缘化、政治化和工具化等多重挑战。

资料来源：陈向阳，王磊. 2020年国际形势展望 [EB/OL]. （2020-1-20）[2020-9-3]. http://www.banyuetan.org/ssjt/detail/20200120/1000200033135841579498474058567910-1.html，2020.

全球营销的制度环境由各种政府和非政府代理机构组成。这些机构执行法律或制定商务行为指南。处理各种相关的营销问题，包括价格控制、进口和出口产品的估价、贸易法、标签、食品和医药法规、雇用条件、共同砍价、广告内容以及竞争手法等。如今政治联盟乃至国界的意义都在减弱。这种变化使得世界政治秩序的历史基础——主权国家的概念正在剧烈地动摇。

当许多国家的政府还只是在研究环境，尤其是废物再生问题的时候，德国已经颁布了一项关于包装问题的法令。该法令将废物处理的费用负担转移到业者身上。德国政府希望这项被称为《包装条例》的法律会创建一种"循环经济"。其目标是迫使制造商摒弃可以非必须使用的，且不能再生的材料，而采用其他全新的方式生产和包装产品。尽管遵从这项法律会产生一些成本，但业者们看来还是朝着环闭经济迈出了坚实的步伐。德国的包装法律只是政治、法律制度环境影响营销活动的一个实例。每个国家的政府都对本国企业与其他国家开展的商贸活动实行管制，并试图控制外国企业获取本国资源的途径。每一个国家都有其独特的法律制度体系，这些体系影响着全球性企业的经营活动，包括全球营销企业捕捉市场机会的能力。法律制度限制着跨国界的产品、服务、人员以及资金和诀窍的流动。全球营销企业必须努力遵从东道国的每一条法规。这样做并不是一帆风顺的，因为各国的法律制度事实上经常是模糊不清和不断变化的。

5.1 国际政治环境

5.1.1 国际政治风险的概念、源泉及类型

1. 国际政治风险的概念

对政治风险的概念至今还存在着意见分歧。美国的 Stephen Kobrin 教授把政治风险定义为：由政治事件及其过程引起的潜在而重大的偶然性经营危机。（Potentially significant managerial contingencies generated by political events and processes）。根据这一定义政治风险应具备如下3个条件：

（1）政治风险是由政治原因引起的经营危机，也就是说政治风险不但包括政治事件，而且包括由政治动机引发的环境变化所带来的企业经营危机。政治风险包括军事政变和革命、由选举形成的政权交替、为维护国家主权而对外国企业活动所制定的限制措施以及对外贸易政策等。因此，政治风险不仅包括对所有外

国企业无差别适用的宏观风险,还包括分产业或企业所适用的微观风险。

(2)政治风险不同于政治不安定,即东道国内的政治不安定不直接影响外国企业的经营。然而,当这种政治不安定因素影响东道国政府的政策以及引发东道国公民对外国企业态度的变化时,将影响外国企业的经营活动。此时,政治不安定因素就可称得上是一种政治风险。政治环境变化所引起的政治不安定与影响外国企业的政治风险不一定相一致。虽然政治不安定,但对外国企业经营、活动不造成负面影响的情形是存在的。

(3)政治风险必然结合外国企业导致潜在的经营危机。也就是说政治风险不仅影响企业的资产,还影响企业的盈利。政治风险不仅包括没收、国有化、持股限制等有关企业资产方面的资产危机,还包括销售限制、义务出口、雇佣国内员工比例等有关企业正常经营活动方面的运营危机。近年来,国有化与没收等资产危机的次数明显减少,相反,对外国人经营的企业采取的各种规定所引起的运营风险所占的比例越来越大。

> 扩展阅读 5.2
> 美国制裁"实体清单"新增四家中国企业

2. 国际政治风险的源泉

政治风险的源泉主要有两个:一个是政治主权,另一个是政治冲突。政治冲突具体有暴动、内战和政治阴谋。政治冲突具有 2 种效果:一种是直接效果;另一种是间接效果。直接效果表现为暴力、掠夺和罢工等形式。间接效果表现为解决问题的纯动机和以其他问题转移民众注意力的动机,如图 5-1 所示。

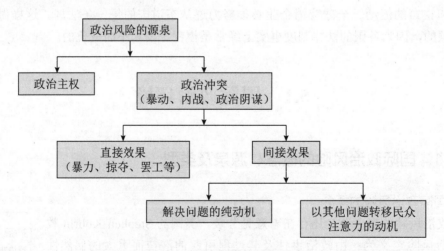

图 5-1 国际政治风险的源泉

政治主权是指一个国家通过对外国企业采取多种多样的制裁措施以满足树立自身权威欲望的一种手段。这样的制裁措施一般具有一定的规则,并且呈现渐进发展趋势,因此可预测。例如,对外国企业提高所征收的税率。很多欠发达国家为了维护其政治独立往往对外国企业提出种种限制性规定。这些国家宁愿迟缓发展经济,也要保护其政治独立性。因为外国先进国家的经济上的援助往往伴随着政治主权的削弱。

发达国家因长期维护了其政治主权,往往实行较为开放的对外政策。与欠发达国家相比，发达国家更为注重失业率的降低、抑制通货膨胀、改善与社会保障相关的各项服务、解决环境保护和发展落后地区等问题。这些国家为解决此类问题竭力引进外国的先进技术和资本的同时也要把自己的技术和产品销往海外市场。

政治冲突的形式多种多样，并且是不规则非连续性的。例如，暴动、内战和政治阴谋等。所谓暴动就是指反对现任政府政权的大规模抗议行为。如韩国的光州事件就是一个典型的抗议政府的暴动事件。所谓内战就是指对现任政府当局所采取的如同游击战形式的大规模组织暴力行为。政治阴谋是指有预谋的对执政当局的暴力行为。

3. 国际政治风险的类型

美国的 Leontiades 教授于 1985 年把政治风险划分为以下 4 种类型。

（1）对外国企业经营方面的限制规定。它包括对外国企业生产的产品利益以及资产等所征收的差别税；政府购买中显现出来的本国企业和外国企业的差别；对外国企业产品的价格控制；对市场营销等企业经营活动所采取的官僚主义行政性限制规定等。

（2）经营管理的本国化。它包括对外国职员人数的限制；董事会任命的人员当中规定必须超过一定比例以上人员是本国人。

（3）资本的本国化。它包括合作投资的要求、逐步本国化、阶段性的所有权缩小等政策。

（4）资产损失危险。它包括禁止或限制资金转移的政策，以适当补偿为条件的国有化，财产没收、占用、惩罚、强行出售、强行再协商及单方面破坏契约等。

美国的 Root 教授于 1982 年把政治风险划分为以下 4 种类型。

（1）一般性不安定危险。它包括革命、军事政变、内乱及战争爆发的可能性。

（2）所有权及控制危险。它包括国有化、没收财产及占用等各种资产损失危险。

（3）运营危险。它包括收入限制、零部件的当地化规定、征税差别、价格控制、经营者中外国人数的限制、雇佣当地人的比例规定、出口规定及各种对外国企业的差别规定。

（4）转移性危险。它包括在当地子公司的利益和资本全转移到本国时，当地政府对其所采取的限制措施。

5.1.2 国际政治风险的预测评价方法

预测方法主要有两种：一种是定性预测方法，另一种是定量预测方法。定性预测方法一般是以人们的判断和意见为根据，而定量预测方法则以对历史资料的统计处理结果为依据。企业的市场营销管理者在对未来的市场需求进行预测时，往往把定性预测方法和定量预测方法相结合来进行预测。

1. 定性预测方法

预测的最简单方法是专家对市场需求进行预测的方法。企业可以综合最高经营管理者的意见来预测市场需求。这种方法可以集中反映企业各个职能部门（如市场营销、财务管理及生产管理等）不同领域的专家们的洞察力。企业的市场营销管理者通过平均最高经营管理层的多种多样的预测值可以得到一个企业所需要的最终预测值。企业在销售员能够提供无偏见的意见的前提下，还可以通过综合销售员的不同的意见得到企业所需要的预测值。在这里我们应该强调一点：企业所获得的信息是企业进行市场预测的依据。然而，企业内部的信息根据企业的不同阶层其性质有所不同。一般来说，企业的最高经营管理层所掌握的信息主要是非结构化的信息，企业的中间管理层所掌握的信息主要是半结构化的信息，企业的生产第一线管理人员所掌握的信息主要是结构化的信息。因此，企业在利用企业内部信息资源进行市场需求的预测时，一定要根据信息的来源进行酌情处理。

企业的市场营销管理者也可以通过借助企业外部的力量来进行市场需求的预测。企业可以通过对目标市场消费者的购买意图进行调查而预测市场需求。但这种方法由于应答者所应答的购买类型和实际购买类型往往有很大差距，所以会出现预测结果不真实的现象。企业不仅可以通过专家来获得一些有关预测的相关信息，还可以通过同行业协会或经济类刊物获得一些有关预测的相关信息。

企业除了采用上述的预测方法之外，有时还利用较复杂的预测方法，如德尔菲预测方法。所谓德尔菲预测方法是指企业通过企业内外的专家得到他们关于企业预测项目的应答，并把这些应答结果进行平均之后，再让这些专家对其结果进行讨论，同时还追加一些其他关于预测的调查项目要求他们应答。这种过程一直进行到所有专家们对该企业所要预测的最终数值达成共识为止。

2. 定量预测方法

企业为了客观地预测市场需求，可以采用一些定量预测方法，如时间序列分析方法、指数分析方法和市场实验法等。时间序列分析方法是一种利用过去的资料进行推测未来发展结果的预测方法。这种方法强调的是假定市场需求随着时间的推移呈现某种趋势，那么这种趋势可连续延伸到未来的发展趋势。为了有效地使用时间序列分析方法，需要借助计算机统计程序来进行回归分析，推导出市场需求的发展变化趋势。这种趋势分析的缺点是对过去的资料和最近的资料不加以区别，一律同等对待。为了弥补趋势分析的这种缺点，统计学界又出台了一种指数分析方法。指数分析方法通过给过去的资料和最近的资料制定不同的权数，把它们加以区别开来。不管是趋势分析方法还是指数分析方法，都不适合于企业用来预测市场对该企业新产品的未来需求。企业预测未来市场对自己新产品的需求状况的最好的方法是市场实验方法。市场实验方法是企业通过在实验市场上展示自己的产品来预测市场需求。这种方法虽然需要投入很多费用，但可以通过测定顾客的实际行动来预测未来的市场需求。

企业的市场营销管理者在利用上述的定量预测方法时，必须事先作好对各种数值的判断工作。如在使用指数分析方法时确定各个时间段资料的权数，在使用市场实验方法时确定能够代表企业的整个目标市场的实验市场等。

5.1.3 国际政治风险与协商力

产业特性及企业特性直接影响国际政治风险的高低。下面介绍国际风险与产业特性、企业特性的关系。

1. 产业特性与国际政治风险

（1）资源采伐产业和电器、通信、银行等行业，遇到国际政治风险可能性较大。

（2）研究与开发（Research and development，R&D）水准低并使用标准化技术的成熟期产业，遇到国际政治风险可能性较大。如食品、饮料、水泥等行业。

（3）企业活动垂直整合程度高的产业，遇到国际政治风险可能性较小。如化学及炼油产业。

（4）企业技术及专有技术成为竞争优势的主要因素的尖端技术产业，遇到国际政治风险较小。

2. 企业特性与国际政治风险

（1）合作投资的企业比独资企业遇到的国际政治风险的可能性小。

（2）对东道国的国际收支的贡献度越低，遇到的国际政治风险的可能性就越大。

（3）越是技术密集型企业，具有较高的协商力，遇到的国际政治风险的可能性越小。如 IBM 企业。

（4）产品差别化程度越高的企业，遇到的国际政治风险的可能性越小。

（5）外国企业在东道国市场占有率显著提高时，遇到的国际政治风险的可能性就变大。

5.2　国际法律环境

5.2.1　国际法

国际营销法律环境是指主权国颁布的各种经济法规法令，如商标法、广告法、投资法、专利法、竞争法、商检法、环保法、海关税法及保护消费者的种种法令。当然也包括各国之间缔结的贸易条约、协定和国际贸易法规等。它们对国际营销都有不可低估的作用。

到目前为止，国际间还没有相当于各国立法机构的国际法制机构，同样也没有国际性执行机构以实施国际法，虽然在海牙设立了国际法庭，但其功能仍然有限。国家之间的争议主要通过谈判、协商、调停的方式来解决。国家通过签订或参加国际条约、声明，承认某种国际法准则，以及按照国际法和国际惯例进行交往和活动，这就形成了国际法。国际法是各国间具有法律效力的条约、公约和协定。而这些条约和公约可能是限于两国间的双边关系，也可能是许多国家之间的多边关系。无论是多边的或双边国际条约，只有某一国家依据法定程序参加并接受的，才对该国有法律上的约束。在国际市场营销者从事决策过程中，必须考虑许多国际性的条约和公约。国际营销决策过程中必须考虑的公约有：调整国际货物买卖关系的公约，调整国际海上货物运输关系的公约，调整国际航空运输关系的公约，调整国际铁路运输公约，调整国际货物多式联合运输的公约，调整国际货币信贷关系的公约，调整国际票据关系的公约，知识产权的公约，国际商事仲裁的公约等。

国际贸易惯例也是形成统一的国际商法的一个重要渊源。国际贸易惯例是指有确定的内容，在国际上反复使用的贸易惯例。成文的国际贸易统一惯例是由某些国际组织或某些国家的商业团体根据长期形成的商业习惯制定的。这种统一惯例虽然不是法律，不具有普遍的约束力，但在国际商业活动中，各国法律一般都允许双方当事人有选择使用国际惯例的自由。一旦当事人在合同中采用了某项惯例，该惯例对双方当事人就具有约束力。

目前，在国际商业活动中通行的或者有较大影响的国际贸易惯例有：在国际货物买卖中，如国际法协会 1932 年制定的《华沙—牛津通则》和国际商会 1936 年制定、1953 年修订的《国际贸易术语解释通则》（后经 2010 年更新），统一解释了国际货物买卖惯例，在国际上被广泛采用；在国际货物买卖的支付中，如国际商会 1958 年草拟，1967 年公布的《商业单据托收统一规则》（1978 年修订，改名为《托收统一规则》，1995 年再次修订）和 1930 年拟订、1933 年公布并于 1951 年修订的《商业跟单信用证统一惯例》（改名为《跟单信用证统一惯例》，2007 年再次修订），对国际托收及跟单信用证等付款方式中有关各方的权利和义务作了确定性的统一规定。它们在有关的银行承认后，对当事人各方有约束作用。

格式合同和标准条款是国际组织和专业公司规定的、当事人签订合同时使用的合同或条款。其中载明双方当事人权利和义务的内容，一般都是参照国际上通行的办法制定的；格式合同和标准条款则是在长期交易过程中形成的，并在国际货物买卖、运输及保险中广泛使用。还有许多国际性组织对国际市场营销有准法律性的影响，如国际标准化组织（International Standardization Organization，ISO），大部分工业化国家均加入该组织，ISO 拥有 144 位专门技术委员以发展一套国际标准制度。由于每个国家有其不同的标准和规格，这成为国际贸易和国际专业化的主要阻碍。

5.2.2 国家与主权

主权意味着民族国家对其领土内的经济活动施以控制。虽说这是一种普遍现象，但仍然与一定的背景条件有关，为此有两条重要的判断标准：一是国家的发展阶段（如高度工业化、新近开始的工业化或新兴工业国，发展中国家等）；二是该国的政治和经济体系（如社会主义或共产主义体系中的命令或高度集中的计划经济，资本主义面向市场的民主政治或混合的政治经济体系）。这样，国家可在他们的工业或经济发展中实行控制，包括设立保护主义措施或壁垒（政治、法律、条例等）来促进先驱工业或

视频 5.1
中国主权不容退让

扫码阅读

保护国民经济中无竞争力的部受便宜的进口品的打击。相反地，当市场驱动的国家演化到经济发展的高级阶段时，会建立提倡公平竞争的法律（反托拉斯的法律和条例）并且声称所有限制（自由）贸易的契约、联合或秘密协定都是不合法的。有时，政策中也许会规定滥用市场中的统治地位和差别定价也是不合法的。新的法律不断推出以规定和维护国家的社会秩序并扩展到政治、文化甚至科学活动和社会行为等领域。幸而有抵消或平衡限制的存在，否则就会出现如集权社会中可能发生的过度管制。后一种保护的例子包括限制或保护个人权利不受侵犯的法律，这样的法律也许会影响信用调查、同一公司不同部门间的数据流动和电子营销活动。

1. 法律的冲突

通常一国境内的所有经济活动都受该国法律管辖。但是在跨国交易中应运用哪国法律呢？一个简单的出口贸易，如果在其可适用的法律中，Q国的法律不同于P国，这项出口交易应采用哪个国家的法律呢？为该交易融资而开发的信用证又该适用哪国法律呢？答案是参与人必须在双方都同意的基础上在合同中注明该合同适用的法律。这样，如果发生争议（对于这种合同通常是由无利害关系的组织，如法庭或仲裁庭听取并作出审议），参与人指明的法律将对交易中任何与其有关的关系负责。所以，所指定的法律应该是经济活动一方当事人永久或主要业务场所所在地、合同签订地或合同执行地。如果参与人未能指出适用法律，法庭或仲裁庭将大致参照前述的标准（即双方当事人的永久居住地，合同执行地或完成地），运用起一套相当复杂的解决"法律的冲突"的管理规则。有的时候也通过比较相关标准的权重（用各方的标准描述出各自认为公平的范围）来找出与合同的大部分条款最有关联的地点，并以此地的法律作为适用法律。由于这类结果通常不能预计，为谨慎起见，还是应该在谈判期间对适用法律达成一致，并在合同中清楚地表述。当然，这有一个前提条件，即假设做生意所在的国家中普遍存在契约自由。

2. 治外法权

治外法权发生在一个国家对其公民和公司在他国的经济活动加以控制的情况下。特别指出的是，一个国际公司在一个国家从事商业活动时必须遵守该国法律。但是，这些法律也许与母国的法律并不一致，当它们影响到母国内的活动时，母国将会对这些与本国法律不相符合的活动进行控制。这种情况会导致国家间冲突，特别是在反托拉斯法、证券管理、产品质量责任、征税和出口控制这些领域中。

3. 自由并非理所当然

契约自由原则往往被来自高收入国家的经理们认为是理所当然的。在高收入国家中，有约束力和强制力的合同，必须要有要约和承诺、约因、明确的表达和合法的内容。在低收入的发展中国家里，政府经常会干预商业合同。两者之间的差异是由于包括国家地位和私有企业地位在内的政治原则的不同而造成的。在许多发展中国家和社会主义国家里，东道国政府经常成为合同谈判中的第三方。实际上，合同再协商的概念在许多发展中和社会主义国家中被普遍滥用或自动启用，这在高收入国家则闻所未闻。

5.2.3 诉讼与仲裁

由于国际市场营销的情况复杂多变，商业争端在所难免。一旦发生纠纷，该如何解决呢？国际上有3种主要方式：友好协商、仲裁和诉讼。可依据法律的方法也有3种：以合同内规定的裁判方法为准；以订立合同所在地的法律为准；以合同履行所在地的法律为准。由于通过法律诉讼方式解决争端，一是不利于双方今后贸易的开展，二是诉讼时间长、所耗费用高，因此，一般在合同中都签订仲裁条款，以排除法院的管辖权。也就是说，一旦发生诉讼，双方不能诉诸法律，只有通过友好协商或仲裁方式解决。

国际上较有名望的仲裁机构有美联商业仲裁委员会、美加商业仲裁委员会、伦敦仲裁法庭、美国仲裁协会、国际商会的仲裁法庭、德国仲裁协会、荷兰仲裁协会、中国国际经济贸易仲裁委员会和意大利仲裁协会。

在仲裁程序方面，各个仲裁机构大致相同：首先劝导争议双方和解，协商不成便采取仲裁方式。

解决国际商事争端往往依据一些较有影响的国际贸易条款，如《1958年承认和执行外国仲裁裁决的公约》（纽约公约）、《1883年保护工业产权的巴黎公约》《1892年关于商标国际注册的马德里的协定》《联合国销售合同公司》等。一个好的营销人员必须了解这些国际公约，方能在国际市场上做到游刃有余。

5.2.4 网络法

随着全球经济一体化进程的加快，科学技术发展特别是网络技术的广泛应用加速了国际营销的发展。为国际网络营销的健康发展，跨国公司应适应各国网络法规。关于网络法规必须注意以下问题。

1. 域名的保护问题

上网交易的各国企业，要使域名受到所有国家承认及保护，要保持其网址的国别特色，必须保证网址在相关国家注册，否则这些公司将要付出高昂代价重新获取网址的使用权。柯达公司由于未及时在网上注册域名而被Specter Service数码摄影公司抢先注册了名为www.Kodak.ru域名，柯达公司向俄罗斯法院两次提出诉讼，但均遭败诉。

2. 商品、品牌名称的保护问题

网上交易的产品名称、品牌名称亦要进行注册，以防止他人非法使用其产品及品牌名称。通过国际性商标注册程序，可以保护商品名和域名注册相联系。

3. 税收问题

网上交易必须解决征税问题。由于互联网使个人在不同国家进行营销活动，而且，网络营销往往难以精确测定其发生的时间和地点，因而很难确定在何地、由谁来征收税款。目前受税收当局青睐的一种观点是将服务器视作"虚拟的永久居所"，并向该地纳税。

5.2.5 与国际营销相关的国际法律环境问题

各个国家运用法律来控制活动于本国经济中的外国企业。有些法律对外国物品和企业带有歧视性，有时制定的法律是为了本国与其他国家之间的互惠交换，有些国家为了吸引外国投资，如中国改革开放的初期，也会制定对外资企业进入本国投资极为有利的法律。法律本身就是一个国家政治目的和经济目的的集中体现，在国际市场营销企业进入外国市场时，除要遵守东道国一般宪法、民法、刑法等法律外，重点还要遵守与贸易和营销有关的法律法规，其中，对该国的关税、反倾销法、进出口许可证、投资管理、法定刺激措施和限制贸易法更不可忽视。

1. 关税问题

关税是一国政府通过海关对进出口产品征收的一种赋税。对出口产品征收的关税称为出口税，对进口产品征收的关税称为进口税。对出口产品征收关税是为了促进产品的海外销售以保证国内有充分的供给。

2. 反倾销法问题

倾销是指垄断组织在控制国内市场的条件下，以低于国际市场平均销售的价格，甚至低于商品生产成本的价格在国外市场抛售商品的行为。倾销是为了占领某一外国市场或摧毁当地竞争企业。例如，日本电视机制造商和钢铁公司在外国市场上一直都这样做。东道国政府为了保护本国产业，通常会通过反倾销法律。

3. 进出口许可证问题

许多国家都有明文法律条款，要求进口和出口商在进行跨国贸易前先取得许可证。出口许可证的目的只是为了追踪统计出口活动。发放出口许可证也可以有利于确保某类物品不出口，或者至少不向某些国家出口。加强进口许可证发放是为控制不必要的物品进口。这种限制，把节约下来的外汇用于其他重要物品的进口，如药品、化学品和机器的进口。例如，印度发放的对进口汽车和其他耐用消费品的许可证要求很严。

4. 外国投资管制问题

有关外国投资的法律和管制条例的一个主要作用是限制多国公司的势力，实现对本国经济目标做出最大贡献的外国投资格局。涉及外国投资管制的法律有几个广泛的领域，包括：外国投资的选择决策过程，涉及对接受的控制、对某些部门外国投资的禁止或限制、对刺激措施的增补；通过当地在所有权和管理上的参与对所有权进行管制，即对管理就业进行控制，对外籍雇员和本国雇员的配额进行限制；通过确定当地可税收入以阻止逃避双重征税的财务方面的税收和管制，对资本和利润汇回的控制，利润再投资的刺激措施，当地和外国资金筹措的管制。

5. 法律刺激措施问题

吸引外国投资的法律刺激措施是大多数发展中国家政府政策的一个重要部分。虽然外国企业很少能独享这些优惠，但是在某些国家，外国私人投资事实上是这些刺激的唯一的或主要的受益者。因为，一方面当地资本和企业没能力进行刺激措施所鼓励的那类

扩展阅读 5.5
中国瓷砖面临反倾销

投资;另一方面,也有这样的情况,刺激性措施的对象只限于当地企业、合资企业或只有少数外资的企业。

按照对投资管制的一般分析,优惠待遇是机械地给予所有能够满足有关法律条件的企业,或者给予对东道国经济有特殊贡献或特殊绩效的企业,如出口产品扩大和多样化、对落后地区的开发、现代技术的转换、促进东道国的应用研究等,也经常按照特殊准则给予优惠待遇。

对已建成企业的主要优惠一般是若干年的所得税豁免期,某些国家在遇到重要税收收入不足时,不得不缩短免税期的期限。在发展中国家可获得的其他财政刺激包括:豁免进口生产所需的基本设备和材料的进口税,当地省政府提供的小额税收优惠。

6. 限制性贸易法问题

除了税收刺激方面的法律,许多国家政府还采用各种措施来限制进口或刺激出口。通常,这方面的法律被归之为国际贸易中的非关税壁垒。有几种主要类型的非关税壁垒:①政府参与贸易,即补贴、抵消关税、政府采购和国家贸易;②海关和登记手续,有评估、分类、证单、健康和安全条理条例;③标准,有产品标准、包装要求、标签和标记要求;④特别限制,有配额、汇兑控制、进口限制、许可证;⑤进口收费,预先进口存款、进口信贷限制、特种关税、可变税率;⑥其他措施,包括自愿出口限制和有序市场协定。自愿出口限制是两个贸易国之间的一种默契,是为了把某一特定产品出口限制在一个特定水平,例如,日美之间一致同意限制日本汽车向美国出口。有序市场协定是贸易伙伴国之间的特种协定,它是通过相互磋商来限制贸易。

7. 税务条约问题

税务条约是各国之间为了防止对公司和个人收入双重纳税而作出的安排。税务条约给友好国家的个人和公司提供了一个公平的待遇,这会促进互利的经济活动。例如,假定一位巴基斯坦出口商在美国有一家企业,因为美国和巴基斯坦之间签订了税务条约,所以,这位巴基斯坦商人的收入按照美国内部纳税条例,仅是他在美国经营所得部分是可税收入,在美国完税后,他在巴基斯坦只需再缴纳极少一部分税款。

即测即练5.2

扫码测练

本 章 小 结

随着区域经济一体化和全球化进程的加快,国与国之间的经济、文化的相互渗透现象已变得习以为常了。但是由于存在国家与主权的尊严,各个国家的政治、法律以及制度环境不尽相同。

为了避免或减轻国际政治风险所带来的损失,企业有必要采取适当的方法对国际政治风险进行预测分析。

全球化的企业必须熟知国际法的具体内容以及它们在各自的领域所起的作用,不但自己要遵守国际法,而且在遇到矛盾和冲突时,善于利用法律手段来解决这种冲突和矛盾。

全球化的企业不仅要学会用法律手段来解决矛盾和冲突,还要灵活掌握利用非法律手段的方法,也就是说凡事不一定一味地诉诸法律,还可以采用非法律的手段,即通过仲裁机构解决问题。

全球化的企业要明确与国际法律环境相关的一系列营销问题。如关税、反倾销法、进出口许可证、外国投资管制、法律刺激措施、限制性贸易法、税务条约等问题。

关 键 术 语

政治风险（political risk） 定性预测方法（qualitative analysis）
定量预测方法（quantitative analysis） 国际法（international law）
主权（sovereignty） 诉讼（litigation）
仲裁（arbitration） 网络法（network law）

课 后 习 题

1. 请举例说明国际政治风险的源泉和类型。
2. 国际政治风险的预测评价方法有定性预测方法和定量预测方法,如果让你对国际政治风险进行预测评价,你喜欢用哪一种定性预测方法和定量预测方法?请具体解释这两种方法的含义。
3. 国际法、国家及主权在国际市场营销者从事决策过程中必须考虑的国际性条约和公约有哪些?
4. 举例说明产业和企业特性与国际政治风险的关系。

本章讨论案例

新冠疫情蔓延全球,国际油价"三国杀"陷负和博弈?

2020年4月12日,"欧佩克+"围绕减产协议的第二次紧急谈判以其他产油国向减产"钉子户"墨西哥让步而结束。这也意味着因俄罗斯和沙特阿拉伯互不让步而始于3月8日的石油价格大战以和平与妥协终局,国际能源市场的买方和卖方终于可以暂且放下忐忑不安的心了。

一个多月来,这场复杂博弈深深嵌入正在全球蔓延并注定要给国际经济带来庞大负资产的新冠疫情之中,经历了过山车般的反复折腾,给国际金融市场带来了巨大的恐慌和冲击。除了正面冲杀的沙特和俄罗斯之外,此次博弈背后的"关键先生"正是美国。作为全球能源生产和出口的前三位,俄罗斯、美国和沙特共同塑造了这一轮石油价格战的主要议程和最终结局。

一、"战略三角"的博弈

21世纪头十年，持续增长的能源需求催生了高油价。但近年来，国际能源市场的行情截然不同，呈现出明显的供大于求的结构性变化。最关键的是，"页岩油气革命"推高美国本土产量并使之具备了挑战沙特和俄罗斯两个传统能源出口大国的能力。俄罗斯、沙特和美国构成能源战略三角，在俄罗斯借助叙利亚危机不断扩大在中东地区影响力的情况下，三者之间的互动变得十分微妙。另外，沙特是美国在中东最大的也是最坚定的盟友，俄罗斯与沙特的关系明显改善，让三方彼此的竞合关系较之前更加复杂。

三年前，俄罗斯和沙特在"欧佩克+"框架内进行了有效的合作，协同其他欧佩克国家共同实施减产保价方略，试图借此维持收支平衡。对于两国来说，前者的关切在于以此抵消以美国为首的西方在乌克兰危机后的制裁冲击，后者则希望尽快实现经济结构转型，告别单一的能源出口模式。

戏剧性的是，从这一减产协议中"坐收渔翁之利"的反而成了美国。在石油涨价的同时，相对开采成本更高的美国得以借助较高油价扩大产能和市场，并在产量和市场份额上一举将曾常年位居第一的沙特和"千年老二"俄罗斯挤在身后。这样一来，美国这一非典型的石油出口国拥有了对国际能源市场施加广泛影响的有效杠杆。在全球经济进入下行通道时，对于高度依赖能源等大宗商品的俄罗斯和沙特而言，维持市场份额和增加出口收入都具有战略意义。

受制于全球经济增长的放缓，尤其是中美贸易摩擦给国际经济体系带来的系统性影响，国际能源产业早就进入了买方市场时代，高油价的好日子已经一去不复返。而新冠疫情在2020年初的暴发和蔓延，则让盈利空间本就不断降低的欧佩克和俄罗斯等非欧佩克产油国的财政收支能力雪上加霜，同时谋求稳固市场份额和增加出口创汇的战略目标几乎很难达成。在此情况下，俄罗斯和沙特产生了严重的战略分歧，也最终点燃了石油价格大战的导火索。

对于沙特而言，以减产保油价是个理性选择。按照以往的历史经验，当供给侧一端明显收敛时，供需结构的不平衡就会得到纠偏。按照完全市场经济条件下的基本规律，国际油价此时一定会上升。这也是欧佩克组织成立以来多次跟西方发达石油消费国打交道的常规做法，虽然不一定可以增收，但至少可以做到止损。而对于俄罗斯而言，三年前和沙特配合减产的历史记忆并不美妙。因此，以俄罗斯石油公司总裁谢钦为代表的俄罗斯能源巨头竭力游说普京当局放弃这一模式。

在俄罗斯高层看来，出于对美国和俄罗斯及沙特不同的产业结构和综合实力的冷静分析，俄罗斯拒绝沙特的石油减产提议更为明智。俄罗斯方面似乎倾向于认为，沙特的做法明显低估了美国介入和处置石油危机的决心和能力，很可能会得不偿失。

一方面，俄美石油产量存在巨大差距，俄罗斯即便加入也并不具备打击美国能源产业的有利条件；另一方面，即使美国页岩油生产商陷入低利润危机，仍可利用成熟的金融杠杆获得包括美国政府在内的各方面支持。基于此，谢钦等俄罗斯能源巨头判断,减少"欧佩克+"国家的石油市场份额只会对美国页岩油生产商产生积极影响。据俄罗斯媒体报道,俄罗斯经济显然难以承受和美国开打"石油战"的高昂代价,因此不愿加入这场"不可能完成的任务"。

由于俄罗斯和沙特互不让步,3月初的"欧佩克+"机制未能如期达成减产共识。在此情况下,沙特威胁同样释放过剩产能,一场石油价格大战由此拉开了帷幕。

二、最大"黑天鹅"的冲击

让俄罗斯和沙特双方意想不到的是,国际市场的信心在受到作为本年度最大"黑天鹅"的新冠疫情的冲击后,已然经受不起一场很可能原本只会停留在双方心理战层面的石油价格博弈。短时间内,国际原油期货价格下跌了三分之二,用国际能源学界巨擘耶金的话说,"世界石油市场从未像现在这样迅速崩溃"。与过去低油价导致需求和购买增加的情况不同,俄罗斯和沙特的共同任性行为迅速传导到其他领域,并产生了灾难性次生危机,国际金融市场开始因恐慌而动荡,跟产油国相关的地缘政治问题更加复杂。

俄罗斯和沙特发起的石油价格战也对美国造成了巨大冲击。和沙特、俄罗斯不同,美国页岩油的成本价相对更高,只有当国际油价高于45美元每桶的情况下才能维持基本盈利。突如其来的能源价格风波迫使美国油企出于节流的考虑甚至开始裁员,减薪成为通行做法。

始作俑者的沙特和俄罗斯同样各有各的难处。对于沙特而言,被迫增产迎战,很快产生了极大的负面影响。常年处于赤字状态的沙特,实现预算收支平衡的前提条件是石油价格需不低于每桶84美元。在价格战的冲击下,俄罗斯乌拉尔原油一度跌破每桶10美元,创下20多年来的新低。而在俄罗斯2020年的预算中,基准石油价格已经从42.4美元每桶上调至57美元每桶。更关键的是,俄罗斯的卢布汇率也因此开始大幅跳水。对于新冠疫情日益加重的俄罗斯而言,此时的精英和民众对出口收入的骤减更为敏感。

三、一时的妥协

从俄罗斯和西方的讨论看,石油价格大战对于目前国际能源市场上的三巨头俄罗斯、沙特和美国而言结果只能是三方俱损,因而是一种比零和博弈更糟糕的负和博弈。与此伴生的一种典型观点认为,低油价对全球最大的消费国中国有利。其主要依据在于中国正逐步摆脱新冠病毒疫情影响,工业生产渐渐恢复。

经过反复评估,俄罗斯、沙特和美国最终形成了基本共识,即在疫情全球蔓延和经济全球衰退的背景下,能源出口国增产减收的行为是不理性的。俄罗斯经济部前副部长、著名能源问题专家列昂尼德·格里戈里耶夫明确指出,2017以来的三年间,全球经济增长很大程度上得益于石油价格的稳定以及市场主要参与者行为的可预测性。显然,在新冠疫情的冲击下,全球经济进入衰减期的可能性极大。

关键时刻,特朗普政府同时向沙特和俄罗斯发动了电话外交攻势,频频施加压力。有报道指出,特朗普3月份以来和俄罗斯总统普京的通话次数已经超过了以往的总和。而美国参众两院议员更是直接致函沙特王储,威胁将石油减产和美国对沙特的军事政治支持挂钩。

4月12日，普京、特朗普和沙特国王萨勒曼就"欧佩克+"的石油减产协议问题通电话，同意将继续就稳定全球石油市场问题保持接触，能源战略三角的机制化似乎初现端倪。有意思的是，普京与特朗普当天还另外进行通话，就全球石油市场形势交换意见。这大概是俄罗斯在石油价格大战初期所没有想到的俄美关系副产品。

目前，"欧佩克+"宣布自5月起正式减产970桶日，随后逐步下调减产量，减产期限截至2022年4月30日。而且，沙特等国还有可能额外减产。在某种程度上，俄罗斯可能是对的，即当下主要问题出在了主要经济体对能源的需求在急剧下降，这样一来，减产的战略意义可能会严重缩水。

从国际能源消费情况看，中国的复工复产所带来的市场期望可能尚无法抵消美国、印度等其他经济体史无前例的需求萎缩。从美国的官方数据看，目前其石油需求已降至每天1 440万桶，较危机前水平下降逾30%，处于自1990年以来的最低水平。而作为世界第三大石油消费国的印度，3月25日才进入"全国封锁期"，当月的石油需求已经暴跌了近18%。

整体来看，相对于新冠疫情冲击和全球经济危机下行叠加造成的需求下降，"欧佩克+"的原油产能削减规模依然太小，以至于只能发挥短暂提振石油价格的效应。

换言之，国际市场的价格反弹可能会很短暂，无论是产油国还是消费国，可能都不得不尽快适应全球经济下行的压力，调整内外政策。新冠疫情远未结束，一时的妥协在此情况下很可能只起到安慰剂的作用。

因此，对于俄罗斯、沙特等高度依赖能源出口的国家而言，决定其今后发展状况的关键因素在于，政府在面临严重宏观经济风险环境时采取反周期措施的财力支撑规模，以及自身经济的韧性与恢复能力。此时，无论是俄罗斯、沙特还是美国，谁笑到最后已经不重要了，协同努力、共渡难关才是最优选择。

（资料来源：杨成.新冠疫情蔓延全球，国际油价"三国杀"陷负和博弈？[J].中国新闻周刊，2020，944.

讨 论 题

1. 国际市场石油价格近几年下跌和疲软态势是什么原因造成的？
2. 2020年新冠疫情背景下石油大国为何要就石油减产保价进行谈判协商？
（考核点：国际政治环境对国际重要矿产资源的影响。）

国际营销信息系统和营销调查

学完本章，你应该能够：

1. 掌握国际营销信息系统的定义及其内容；
2. 理解国际营销信息的来源；
3. 了解国际营销信息系统管理的组织机构；
4. 了解国际营销调查的对象；
5. 理解国际营销调查的资料；
6. 掌握国际营销调研的方法及过程；
7. 了解网上国际营销调研作用。

麦当劳这么懂客户　全因大数据

"知道吗？不管是高达数十亿美元的广告拓展业务该如何开展，还是消费者对不同菜单的反应该如何评估，麦当劳都在用大数据进行决策！麦当劳在全球范围内拥有超过34 000家门店，旗下75万名员工每天在118个国家接待超过6 900万的顾客，平均每秒钟售出75个汉堡。麦当劳年收入270亿美元。这些就是麦当劳大数据决策的基础。

麦当劳收集数据的目的是更好地预测变化，以及什么样的因素会改变客户的期待、行为和趋势。麦当劳将餐厅看成一个整体系统，从34 000多家分店整合数据建立起全球化的数据仓库。麦当劳还开发了App，便于前来用餐的客人选择最近的店，还能在到店之前就在移动设备上点餐，不仅节约了时间，还帮助麦当劳沉淀了大量用户数据。

1. 分析各门店的差异

对于连锁品牌而言，可以用多店汇总得来的平均数据做管理决策，但并没有办法反映每个单店的真实情况。因此连锁品牌就需要对分店进行"个性化"管理。比如位于芝加哥的一个分店需要配置一个冷饮机，但位于休斯顿机场的分店因为候机客流量很大可能需要六个这样的机器。麦当劳将数据整合，通过可视化更好地帮助分店经理或公司管理人员了解造成门店之间差异的原因。分析人员会提供给单店经理和管理者一个可视化描述平台，经理通过iPad操作，迅速而准确地随时了解他们的运营情况。比如：今日员工上班安排，有谁因病假事假倒休，早餐时间卖出多少套餐，进货多少磅/袋的肉饼、香肠、薯饼，制作了多少磅的薯条，每份上餐平均速度用时几分钟等等。

麦当劳位于维吉尼亚州的 PentagonCity 分店：业绩可视化界面，左侧为社交媒体指数排行、近三个月以来的粉丝增量。主干部分包括本月总销售额/增长趋势、食品新鲜程度以及销售预算比例、与目标之间的差距。此外还有区域单店汇总数据：年内总销售额、客户满意度、员工参与度。

2. 用模型模拟未来经营状况

管理者还可简单操作交互式的可预测模型，将不同参数输入这个模型，然后进行数据化模拟分析。比如，如果增加几名员工会带来怎样的结果，成本会提升多少，盈利会变动多少等。系统自动每15分钟更新分店的经营数据，经理可以随时快速决定应改进的事项。

麦当劳位于维吉尼亚州的 Pentagon City 店：预测模型的交互界面，右侧为反映业绩的主要变量。当员工数量增加至5人，收银窗口使用4个，推出2个新品1号、1个新产2号、5个新产3号时，总满意度达到2.5%（上涨1.7个百分点），回头客增加2个百分点，成本下降5%，以及盈利上升4%。此外，由于调整了员工数量，会增加事件处理的效率。相应的总利润和点餐效率的变化也可以一目了然。

可见，预测性分析不仅可以直观展现每家店的营业状况、客户和员工管理情况，还可以做未来的规划，不需要交"学费"就可以直观地看到更改后的结果。比如，根据某一商超店周边环境和客流量预测最佳进货时间和员工分配，当周边新开一家公司或新建一栋写字楼，本店应多增加几名员工，进货时间是否需要提前，如果附近公司年轻员工较多，是否需要增加咖啡机、冷饮机等。

作为模拟模型的一部分，麦当劳还使用眼球跟踪技术学习客户如何观察一家餐厅。他们捕捉的信息包括：他们进入门店的路线是什么？与点餐人员有哪些互动？是否会看内部厨房还有点餐板？点餐之后都做些什么？

此外，视频分析可以用来跟踪顾客在店内就餐或不停车点餐中花费的时间。

3. 合理设计不停车点餐路线和服务

另一个麦当劳使用大数据的成功案例是优化汽车餐厅（"得来速"）的体验。

他们分析三个重要因素：驾车行驶车道的设计、客人驾车通过时提供给他们的信息、客人排队等候时间。举例而言，一位顾客只想点份奶昔，不巧排在一个全家人点餐的中型轿车后面，奶昔顾客就会很不开心。因此麦当劳需要对需求模式进行分析。使用店外摄像头捕捉周围交通状况，将室内外数据结合，利用视频分析和餐厅外车辆行驶模式的3D模拟来判断客流量和点餐等候效率，从而优化驾车行驶车道和售卖窗口的设计，提升不入店客户的就餐体验。

麦当劳将此工具优化后制作成分析平台，运营商就可以在平板电脑中进行可视化互动，用3D模拟把车辆驶入车道加入模型中，学习不同特点（如年龄段、种族、车辆分类）人们的驾驶习惯和行为。比如，开跑车的年轻驾驶员会以较快速度驶入车道，在点餐窗口急刹车，这样他们可能看不到摆放在车道入口给排队客人看的新品推销牌。开大中型车辆的司机可能停车会离售卖窗口远一点，他们伸手够不到窗口的刷卡机可能会打开车门甚至下车，这样就会花费更多的时间。大家庭点餐的孩子可能需要更多的时间确定自己想吃什么，有些父母会耐心等候孩子们确认后再点餐。

在不久的将来，多智时代一定会彻底走入我们的生活，有兴趣入行未来前沿产业的朋友，可以收藏多智时代，及时获取人工智能、大数据、云计算和物联网的前沿资讯和基础知识，让我们一起携手，引领人工智能的未来！

资料来源：http://www.duozhishidai.com/article-5752-1.html? from=singlemessage

6.1 国际营销信息系统

6.1.1 国际营销信息系统的定义

国际营销信息系统（Marketing information system，MIS 或 MKIS）指的是企业为执行可持续收集、分类、分析、评价、储藏以及传递市场营销决策者需要的适时而准确的信息（知识）的职能，对企业的人力、设备以及运行程序进行公式化的整体概念。

国际营销信息系统包括市场营销调研系统（Marketing research system）、内部记录系统（Internal records system）、市场营销情报系统（Marketing intelligence system）以及市场营销决策支持系统（Marketing decision support system，MDSS），如图 6-1 所示。

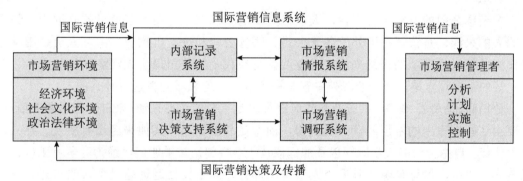

图 6-1　国际营销信息系统

1. 内部记录系统

内部记录系统指的是企业内部最基本的报告体系。它包括关于订货数量、价格、库存以及各种票据资料的报告书。这些信息是关于企业过去和现在的资料，为企业进行营销决策提供参考。营销管理人员必须以产品、国家和地区为基础进行分类，并深入分析有关目前与过去销售及成本的信息。

2. 营销情报系统

营销情报系统指的是与企业外部环境变化有关的日常情报的提供体系。它包括市场营销管理者可以灵活使用情报的程序和情报源泉。该系统是整个信息系统的核心，其信息主要包括国际市场营销环境、国际市场产品、价格、分销、促销和竞争信息等。

国际营销情报的质量和数量决定着企业营销决策的灵活性和科学性，进而影响企业的竞争力。

3. 营销调研系统

营销调研系统指的是市场营销管理者对某些特定的市场营销问题和市场营销机会进行专题调查研究的调研体系。它包括营销额大幅度下降原因的说明和开发新产品之前的目标市场预测及潜在购买顾客的预测。

4. 营销决策支持系统

营销决策支持系统指的是市场营销管理者能够灵活使用的硬件和软件体系。它包括计算机硬件系统、统计处理软件以及决策模型。它主要根据研究内容建立各种数据库和市场营销分析模型。完善的国际营销决策系统，通常由资料库、统计库和模型库三部分组成。

> 扩展阅读 6.2
> 国际市场营销的决策支持系统（MDSS）中使用的统计工具
> 扫码阅读

内部记录系统、营销情报系统、营销调研系统、营销决策系统四个子系统相互依赖、相互联系，国际市场营销信息系统的建立要坚持系统化原则，系统的建立必须要同企业国际市场营销结构和营销管理体系相互配套，系统应具有较强的适应性和可靠性，以便能更好地适应企业内部条件和国际市场环境。

6.1.2 国际营销信息的来源

1. 人

对全球公司的总部主管来说，人是最重要的信息来源。在外部信息的获取中，最重要的人的来源，是公司在国外的各子公司、联营公司和分支机构中的主管人员。国外主管作为关于世界环境的信息来源，其重要性是现代全球公司最引人注意的特性之一。总部主管的普遍观点是，公司的海外主管是最了解他们的领域正在进行什么的人。

分销商、消费者、顾客、供应商和政府官员也是重要的信息来源。来自这些来源的信息，主要由这些国家中的基层经营人员获得，而不是总部职员。其他来源还有朋友、熟人、职业伙伴、自由身份的大学顾问以及雇佣候选人，特别是如果他们已经为竞争者工作过。如表 6-2 所示，信息来源中属于个人亲身的部分，其重要性远远超过个人的来源。在调查对象使用的人的来源中，个人源占 86%，有趣的是，当比较公司内部和外部的人的来源时，公司内部 97% 的来源是亲身的。这个比较暗示着，缺乏交际圈是信息在组织内流动的障碍，因而更显示出旅行和接触的重要性。

2. 文件来源

在近年来影响信息可获性的所有变化中，或许没有一个比文件信息的大量涌出更为明显。这种现象已经产生了一个重要问题，即所谓的信息爆炸。对必须得知数量众多的各国家市场的信息的国际营销商来说，这个问题尤其尖锐。

虽然主管被文件信息所淹没，但只要少数公司建立起了正式的系统对文件信息进行控制。正式监控系统的缺乏导致了大量的重复劳动。一种典型的重复形式是：即使某个主题领域有好几种优秀出版物，整个管理团体的习惯做法仍然是都只阅读该领域中的某一种主题出版物。

辨别不必要的重复的最好的办法，是对阅读活动进行稽核，即要求每一个相关人员列出其定期阅读的出版物，对这些清单进行合并，可以揭示出整个团体阅读的关注重点所在。令人惊奇的是，大量情况下，团体的阅读注意力往往局限于少量出版物，而将具有相对多优点的其他出版物排除在外。在整个过程中，还可以加入一道环节，即向公司外部的专家咨询相关领域印刷物的可获性和质量问题。

外部文件来源，对每个公司国际信息要求的某些部分来说，是有价值的信息来源。它们同时也是学生特别有价值的信息来源，因为学生一般不具有长时间在此领域中从事专业工作的人所拥有的人和文字来源。

3. 感觉来源

若以消息量来衡量，直接感觉作为一种来源，所提供的信息在主管所需获取的信息中占的比例非常有限。不过，它为来自人和文件来源的信息提供了必不可少的背景。直接感觉有三种类型。一种是可以很容易地从其他来源中获得的信息，但它要求对实际现象有感官感觉，以将信息记录在感应者的脑海中。以某个主管的经历为例，该主管在历时3小时的飞行中，认识到了澳大利亚和新西兰之间的距离。

另一种直接感觉，是无法现成地从其他来源中获得的信息。举一个例子，有这样一条信息：一个公司正在某国组建能够生产竞争性产品的工厂。该国内的当地主席，每天在驱车去他们办公室的路上，都经过新工厂，但没有意识到正在建造的工厂生产产品 X 的潜力。建立工厂的公司向外宣布其要生产产品 Y，当地主管接受了这个说法。当总部主管被载送经过工厂时，他立刻认识到这个工厂可能能够生产产品 X。他拥有技术知识，这使他能够从一个实物（工厂）中察觉信息，其当地主管却不能察觉这种信息。

这两种直接感觉说明了能从直接感觉来源获得的消息。不过，第三种直接感觉可能最为重要，它指的是人们从形式观察中获得的背景信息。一方面，要接收报告或倾听其描述，假设是关于一种新的零售渠道，如欧洲巨型市场。另一方面，需要实地考察一下这样的渠道。当然，在多国营销中，要采用直接感觉来源获取信息，旅行是必不可少的。因此，旅行是该来源使用中的变量。旅行不应该仅仅被看作对现有业务进行管理控制的工具，它还应该被看作是在信息搜索中不可缺少的工具。

4. 信息感觉和媒介

媒介是信息传递的渠道。任何营销信息系统都是建立在三种基本媒介的基础上：用来传递言语和数字的人的声音，印刷的文字和数字，以及通过视觉、听觉、嗅觉、味觉和触觉获得的直接感觉。近年来，由于电子和旅行方面重要的技术创新，这些基本的信息系统媒介均有所扩展。对营销信息系统尤为重要的是，在电话、电报、传送声音和数据的人造卫星通信网络以及喷气式飞机运输等方面，有了令人印象深刻的发展。

电话、电报和传真，是信息在国际上传递的重要媒介。在一次研究中，国际主管获得的所有重要信息中有67%来自电话、电报和传真，而这其中又有81%由声音传递。不仅如此，在由声音传递的来源于人的信息中，94%是在面对面的谈话中传达的。这一发现更显示出喷气式飞机作为一种通信设备的重要性，因为国际营销中大部分重要信息的传递是通过面对面情形中的人来完成的，而这些人能走到一起无疑应归功于喷气式飞机的高速旅行。同时，它也强调了全球公司在世界范围的场所间，寻求更具效率和成本效益的信息传递方法的增长趋势。

6.2 国际营销调查

6.2.1 国际营销调查的意义

所谓的国际营销调查是指生产企业运用科学方法，以出口市场开拓及增进海外销售为目的，有计划有系统地搜集、整理、分析国外市场环境和市场信息，以便从中了解国外市场商品供求发展变化的历史和现状，找出其发展变化规律，寻找和发现进入国际市场的各种机会。

在国外市场激烈竞争的条件下，一个企业若要确保现有的地位，又要图谋将来的发展，则必须设法拿出比竞争对手更优秀的产品，这是企业活动的主要内容。市场调查就是前提和基础。它是人们借以了解市场客观情况，找出市场发展变化的规律性，作为企业部门生产和营销决策的向导。

具体地说，国外市场调查的任务包括：①为预测国外市场未来的变化提供科学依据；②为确定国外市场营销目标、工作计划和经营决策提供科学依据；③为解决国外市场营销活动中的供需矛盾提供科学依据；④为检查落实营销方针、政策、计划的执行情况和国外惊人效果提供科学依据；⑤为占有国外市场、战胜竞争对手提供科学依据。

调研技术的日益进步，为国际营销调研活动的开展创造了有利条件。在这些研究技术中，凝聚着诸如经济学、统计学、社会心理学、计算机科学等学科的研究成果，国际营销调研人员要善于学习和引进这些研究技术，并努力将之创造性地应用到国际营销调研实践中去。

6.2.2 国际营销调查的对象

1. 国际市场营销环境信息

国际市场营销环境信息指的是影响国际市场营销的经济、自然、人口、技术、政治、法律、社会、文化方面的信息。这类信息常以地区、国别进行分类，但也需要进行比较对照。

（1）自然环境信息

自然环境信息内容包括：地理位置、土地面积、地形和地貌、自然资源、气候温度、空气湿度、日光照度、气候变化等。

（2）人口信息

人口信息内容包括：人口规模，如人口增长、人口分布、人的年龄、居住地区、人的性别等；人口分布，如家庭结构；人口流动等。

（3）经济状况信息

经济状况信息内容包括：国民收入、人均收入、产业结构、产业增长等。

（4）进出口贸易信息

进出口贸易信息内容包括：消费结构，如消费者收入、消费者支出模式、实际购买能力等；国际收支，如经常项目、资本项目等。

（5）金融信息

金融信息内容包括：通货，如货币国别、货币单位等；物价，如主要商品物价、指数、价格控制等；外汇，如外汇制度、汇率等；银行，如信贷制度等。

（6）基础设施信息

基础设施信息内容包括：交通，如铁路、公路、海运、空运的路线、口岸设施、费用等；现代通讯，如电脑普及率、电话、电讯、电传等。

（7）政治信息

政治信息内容包括：政治体制，如政党；政府政策，如外交关系、最惠国待遇；政治风险，如政变、罢工、动乱、战争等。

（8）工商法令信息

工商法令信息内容包括：关税制度，如税率、海关手续；贸易外汇管理法规；进出口数额限制；外国人投资法则等。

（9）人文信息

人文信息内容包括：语言，如官方语言、商业用语等；教育，如平均教育程度、各类教育人口分布等；风尚，如宗教信仰、伦理道德、特殊的禁忌、风俗习惯等。

2．产品是国际市场销售的对象

国际市场商品种类繁杂多样、包罗万象，商品市场生命周期不断缩短，商品行情错综复杂，既动荡又混乱，企业只有重视国际市场商品调研，掌握大量的国际市场商品信息，才能在国际市场营销中站稳脚跟，取得成功。

3．国际市场营销组合信息

国际市场营销组合信息指的是国际市场上有关产品销售、价格制定、分销渠道的选择、促销措施的运用及营销效果的情报和资料，是国际市场有关商品销售活动情况的反映。

视 频 6.1
市场销售网点的分布
扫 码 阅 读

（1）国际市场分销渠道信息

企业进行国际市场营销，不仅要考虑销售什么产品，还要考虑如何销售，如何以最少的费用、最短的时间、最高的效率将产品最快的销售到消费者手中。分销渠道的选择，对降低销售成本关系极大。国际分销渠道纵横，中间环节复杂，详细的调研、信息的了解和收集必不可少。

国际市场分销渠道信息主要有：国际市场一般中间商的选择和评价，如批发商、代理商、零售商的营销性质、特点及各类中间商的具体形式。国际市场特定中间商的选择和评价，如中间商的资信、营销现状及发展趋势、产品结构、可提供的服务、仓储条件、地理位置及合作的态度等。国际市场零售网点的情况，如零售网点的类型、规模、数目、密度、分布情况等。国际市场储运情况，如运输工具、运输方法、仓库数量、仓库所在地及商品储放技术条件等。

（2）国际市场促销信息

由于各国各地风俗习惯不同，经济条件不同，文化差异大，因此，通过独具特色、卓有成效的促销措施，提高产品在国际市场上的知名度，扩大产品的声誉，是我们进行国际市场营销应当引起高度重视的问题。要制定科学的促销决策，必须依靠对国际市场促销信息的收集和运用。

视频 6.2
市场常用促销方法
扫码阅读

国际市场促销信息主要有：①国际市场常用的促销方法，如人员推销、广告、公共关系、营业推广等。②国际市场消费者对各种促销方式的敏感程度，如对降价拍卖、有奖销售、配套销售、赠送、广告等各种方式的反应。③国际市场广告媒体，如媒体的种类、媒体各自的影响力等。④国际市场消费者的习惯，如各种类型的消费者接触何种媒体形式，何时去何种媒体上做广告最好等。

（3）国际市场营销效果信息

这是对企业在国际市场上营销活动的反馈，是企业评价营销行为、调控营销活动全过程的客观依据。

国际市场营销效果信息主要有：产品销售效果，如消费者对产品的接受程度，对产品的满意程度、产品的市场占有率等。定价策略效果，如消费者对价格的接受程度，竞争对手的反映等。分销渠道效果，如国际市场销售网情况，委托代理情况，同中间商合作的情况等。促销效果，如人员推销的成果、广告宣传的效果、公共关系的情况、企业声誉提高的程度、企业知名度提高的程度等。

4. 国际市场竞争对手的信息

国际市场竞争对手的信息是指企业在国际上开展营销活动中面临的主要竞争对手的各种情报资料，是企业制定竞争决策的主要依据。

国际市场竞争对手的信息主要有：①国际市场主要竞争对手是谁，如竞争对手位于哪个国家、地区、是什么性质等；②竞争对手的实力，如竞争对手的人力、物力、财务和技术力量、生产能力、管理水平、信誉、经营历史等；③竞争对手的产品，如竞争对手的产品线、产品结构、产品的性能、包装、商标、品牌、产品生命周期、消费者的接受程度、市场营销情况；④竞争对手的价格，如竞争对手的生产成本、价格决策、价格策略、产品的销售价格及对企业利润的影响等；⑤竞争对手的分销渠道，如竞争对手选择什么中间商、是否利用中间商、对中间商的政策、同中间商的合作关系及中间商的情况等；⑥竞争对手的促销，如竞争对手采取什么促销措施、促销措施的效果、促销的费用等；⑦竞争对手的营销服务，如竞争对手的服务项目、服务方针等。

6.2.3 国际营销调研方法

国际市场营销活动调研的方法大致有以下 5 类:

1. 定性研究方法

定性研究方法是对研究对象质的规定性进行科学抽象和理论分析的方法,这种方法一般选定较小的样本对象进行深度的、非正规性的访谈,以进一步弄清问题,发觉内涵,为随后的正规调查作准备。但也正是这一点,定性研究受到的批评最多。因为从本质上讲,许多调查者都不愿意根据小样本调研结果进行重大的战略决策,因为它在很大程度上仅仅依赖于调研者的主观认识和个人解释。统计性较强的大样本分析是市场调研中调查者感觉比较放心的部分,因为这些数据是通过精确而科学的方法搜集到的。但即便是这样,定性研究不断普及的势头并未减缓。究其原因,除了其调研成本低外,没有更好的方法能了解消费者内心深处的动机和感觉,而这恰恰又是市场调研非常看重的部分。

在实践中,无论运用哪种方法都要尽量将定性研究与定量研究结合起来。定性研究和定量研究相结合,可以更加透彻地了解消费者的需求和市场情况,从而获得更加客观、详尽的结论。

扩展阅读 6.4
国内与国际营销调研的异同
扫码阅读

超级链接 6-1

定性研究助力中国企业开拓美国市场

美国一直是中国的主要贸易伙伴之一,然而其市场的巨大规模和其他特征,使得希望进入美国市场的中国出口商们面临着巨大的挑战。实施定性研究的目的是明确中国企业在扩大美国市场时将面临怎样的挑战。该项研究所需要的重要信息可以通过深入访问市场调研经理和外贸公司经理获得。该访问采用了非结构性的问卷,问卷收集了有关市场竞争、成本、利润、市场信息、产品包装分销网络、文化和宗教因素、贸易限制、中国的政治经济环境等方面的信息。调研结果初步显示:美国的市场竞争比中国市场更为激烈。80% 多的被访经理认为,中国公司受到了激烈竞争的不利影响;60% 左右的经理认为,竞争使得市场的未来发展变得十分困难。定性研究使我们初步认识到了我国的出口商在美国市场所面临的困难和阻碍。

(1) 焦点小组座谈法

焦点小组座谈法源于精神病医生所用的群体疗法。目前的焦点小组一般由 8～12 人组成,在一名主持人的引导下对某一主题或观念进行深入讨论。焦点小组调研的目的在于了解和理解人们心中的想法及其原因。调研的关键是,使参与者对主题进行充分和详尽的讨论。调研的意义在于了解他们对一种产品、观念、想法或组织的看法,了解所调研的事物与他们的生活的契合程度,以及在感情上的融合程度。

焦点小组座谈法不是一问一答式的面谈。它们之间的区别也就是"群体动力"和"群体访谈"之间的区别。群体动力所提供的互动作用是焦点小组座谈法成功的关键；正是因为互动作用才组织一个小组而不是进行个人面谈。使用群众会议的一个关键假设是，一个人的反应会成为对其他人的刺激，从而可以观察到受试者的相互作用，这种相互作用会产生比同样数量的人作单独陈述时所能提供的更多的信息。

（2）个人深度访谈

个人深度访谈是一种无结构的、直接的、一对一的访谈。在访谈过程中，掌握高级访谈技巧的调查员对被访谈者深度访谈，以揭示被访者对某一问题的潜在动机、信念、态度和感情。

个人深度访谈使得研究者有机会认识、了解当事人的经验、观察和体会，也有机会听到当事人对自己经验的解释，了解当事人的世界观，对周边的人、事、物的看法以及与周边人、事、物的关系。

个人深度访谈法用于获取对问题的理解和深层了解的探索性研究，试用于个案分析，尤其是对一些政府部门相关人员访谈、竞争对手研究、专业人士访谈等。个人深度访谈可以详细地了解被访者的想法；探讨一些保密性、敏感性的或者可能会引起尴尬的话题等。

（3）投影法

投影法的关键特点是先展示给应答者某种模糊的、非结构性的物体、情形、语句或人，并请他作解释。这种方法的基本依据是人们在谈论他人、从他人角度看问题或处理某些事情时会间接表达他们自己。这样就可以突破人们的心理防御机制，揭示应答者内心深处真实的情感与意见。

投影法使用的场合是应答者没有能力直接给予有意义回答的问题或情形，比如：不了解某种行为的原因；不清楚购买、拥有或使用一个产品对他们意味着什么；不清楚他们自己的情感，或不愿意承认对他们自我形象有损害的方面时，或出于礼貌以至于不愿批评他人。投影法的常用类型有词语联系、填空试验、角色扮演和第三者角度等。

2. 访问法

访问法又称调查法，即直接向被调查人提出问题，并以所得到的回答作为调查结果。通常需要预先准备调查内容，最好能设计一套精确的调查表格。这是最常见和最广泛采用的方法。它包括：

（1）面谈访问

以访问的方式派调查员直接向被调查者提出问题。无论是工业品市场还是消费品市场，面谈获得的信息是最可靠的方法。在有深度要求和准确度要求的调研活动中，面谈访问是必不可少的。但这种访问一般费用大、时间长，容易受到调查员情绪和看法的影响，使资料带有偏见。它适用于调查对象范围小、问题相对集中的情形，或者调查的问题较复杂、需做深入探讨的情况，还有临时性调查任务，没有事先拟订问卷等情况。

（2）电话调查

由调查人员根据事先确定的原则抽取样本，用电话向被调查者询问。这种方法费用较低、完成快，并可听取用户询问或提出调查提纲以外的问题，取得额外的信息。由于国外电话普及率高，有完整的电话簿可查阅利用，对调查非常有利。其不足之处是：电话调查只限于简单问题，照片图表无法利用。

（3）邮寄调查

这种方法是将拟好的调查表格邮寄给用户，由他们填写寄回。此方法较面谈费用低、时间快，但主要缺点是回收率低，时间长，调查问题仅限于简单明了的。

（4）计算机访问

国外有些调研公司在购物中心建立交互式计算机终端。愿意被采访的人阅读显示屏上的问题，输入他的回答。这种访问信息收集的随意性较大。

（5）投影法

这是一种间接探测调查人态度的方法。有许多人不愿在被访问时袒露自己真正的态度和动机，投影法的目的在于使被调查人非自觉地表露其个性和思想。例如，用一些语句、漫画等启发调查人，让他们自由发挥，在不知不觉中流露真正动机。投影法是一种心理测试法，它需要具备一定的心理知识，且成本较高。

3. 观察法

观察法指调研者通过直接观察和记录被调查者的言行来搜集资料的方法，即调查人直接到调查现场，耳闻目睹顾客对市场的反应或公开言行，或者利用照相机、录音机、监视器等现代化手段间接地进行观察以搜集资料。观察法可根据不同的调查目的，采取多种形式。

（1）现场观察形式

调查者参加各种展销会、展览会、订货会，观察记录商品销售情况，同类产品的发展情况，各种商品的性能、式样、价格、包装等。中国许多企业都是利用这种方法在"广交会"上进行调查的。

（2）顾客动作观察形式

在设计新商品时，应当研究如何陈列能吸引顾客。调查人员可以观察类似的商品，或用录像摄下顾客在类似商品中的活动，作为设计新店的参考。

（3）店铺观察形式

调查人员亲自到零售店或参加展销会、陈列会等，观察并记录商品的销售情况。如调查人员调查消费者的实际购买或询问商品的品种、商标、包装等，了解消费者需求，也可统计购买人次，观察客流量和客流规律。这种方法更适合于有条件自办店铺的企业。观察法是通过实际观察，直接了解顾客反映，调查结果更接近实际。这种方法须长期坚持，结合统计资料进行。缺点是只看表面现象，观察不到内在因素，不易分析原因。因此，这种方法需要调研人员具有较高的技术业务水平。例如，具有理解不同国家文化差异，并能排除受本国参照标准影响的能力。为了弥补观察法的不足，可在观察的同时，结合运用访问法。

4. 实验法

实验法是从影响调查对象的若干因素中，选出一个或几个作为实验因素，在其他因素不发生变化的条件下，了解实验因素变化对调研对象的影响。该实验限于小规模活动。实验法在市场调研中的主要形式有：

（1）新产品销售实验

在试销中听取反映，改进设计，提高质量，定型生产经营。

（2）产品展销会实验

调查人员可通过分析展出产品的销售情况并实地观察顾客的反映意见，来预测新产品的发展情况，预测产品的销售量。

实验法所得资料来源于实践。这种方法科学，收集的原始资料可靠，但不易选择社会经济因素类似的实验市场，且实验时间较长，成本较高。

6.2.4 国际营销的调研数据分析

1. 数据整理

数据收集之后，营销调研研究的重点应该转向数据的整理与分析。数据的整理过程包括编辑、编码和列表。

（1）编辑

编辑是对数据进行筛选，即发现挤出收集的营销研究数据中的"水分"，选用真正有用的数据。编辑通常分为实地编辑和办公室编辑。实地编辑是初步编辑，其主要任务是发现数据中非常明显的遗漏和错误，帮助控制和管理实施调查队伍，及时调整研究方向、程序、帮助消除误解及有关特殊问题的处理。办公室编辑要对不完整答卷、错误答卷和无兴趣答卷予以处理，并对次级数据进行审核。

（2）编码

编码是给问题的答案配上数字或符号的过程。编码出来后，还要编制编码明细单以便计算机输入和分析。

（3）列表

列表是把相似的数据放在一起，以表格形式加以展示的过程，它可以帮助进行数据的初步分析。

2. 数据分析

数据分析是利用企业内外的整理数据资料，利用统计原理，分析市场及销售变化情况，以使销售效果分派到最有利的途径上去。该方法所采用的主要形式有：

（1）趋势分析

将过去的资料累积起来，进行分析对比，加以合理延伸，以推测未来的发展方向。如某企业几年内的销售量都是递增5%左右，就可以推测出近两年的增加额和增长速度。这种方法只能分析一个变量，如销售量与时间的关系。

（2）相关因素分析

分析统计资料中各变量彼此是否有关，以及相关程度的大小。也就是以一个变量分析另一个变量的发展情况。如人口的增长率与销售变量的关系，价格与供求的关系等。

（3）市场占有率分析

统计分析法简便易行，可以经常运用，以弥补其他调研法的不足。但这种方法依据史料，现实发生变化的因素没有包括在内，调研中应给予注意。

3. 数据解释

数据分析是把每组数据以某种形式重新组合起来以便从中发现有用的信息。数据解释是在数据分析的基础上进行的，即把已经分析过的数据与其他的一些现存的数据放在一起，通过比较，得到与研究目的有关的信息。如从各种分散数据中归纳出结论，然后根据结论提出各种备选的国际营销策划方案。

研究者进行研究时的客观态度对数据的收集是非常重要的，这种对客观性的要求在对数据的解释中更重要。由于研究者控制着要解释的数据，他们可能把那些跟他们预计结果相悖的数据搁在一边。

6.2.5 国际营销的调研过程

由于时间、成本及当前技术手段的限制，市场调研人员进行调研时就不得不有所放弃。调研人员必须在现有限制条件下努力争取最精确可靠的信息。调研取得成功的一个关键是要系统地、有条理地收集、分析资料。不管调研计划是在纽约还是在新德里实施，其过程都应由下述5个步骤组成：

图 6-2 营销调研过程

（1）确定问题和调研目标：明确要进行调研的问题，确立调研目标。问题的定义既不要太宽，也不要太窄。调研目标尽可能要具体。调研有探索性（exploratory）调研，描述性（descriptive）调研；因果性（causal）调研。

（2）制订调研计划：要制订一个收集所需信息的最有效的计划。营销经理在批准计划以前需要估计该调研计划的成本。在设计一个调研计划时，要求作出如下的决定：

①资料来源：决定达到调研目标的信息来源，第一手资料（primary data）和第二手资料（second data）。

②调研方法：访问法、观察法、试验法、统计分析法。

③调研工具：调查表（questionnaires）和仪器（mechanical instruments）。

④抽样计划：抽样单位、样本大小、抽样程序。

⑤接触方法：邮寄调查表（mail questionnaire）、电话访问（telephone interviewing）、人员面谈访问（personal interviewing）包括安排访问（arranged interviews）和拦截访问（intercept interviews）、在线访问（on-line interviewing）。

（3）收集信息：收集有关的第二手或第一手资料。被调查者不在位，被调查者拒绝合作，被调查者的偏见或不诚实的回答，调查者的偏见或不诚实。

（4）分析信息：利用先进的统计技术和决策模型，对结果进行分析、解释与总结。

（5）陈述研究发现：陈述调研人员对相关问题的研究发现。调研人员不应该造成使管理层埋头于大量的数字和复杂的统计技术中去的局面，否则会丧失他们存在的必要性。最后，将结果成功地传递给决策者。

尽管调研过程对所有国家都很相似，但是由于文化与经济发展的不同在实施过程中会出现差异及问题。虽然在英国或加拿大调研的问题可能类似于美国，但是在德国、南非或墨西哥的调研可能具有难以对付的不同特点。这些特点会明显地体现在调研过程的第一步——问题的确定上。

本 章 小 结

国际营销信息系统包括内部记录系统、营销情报系统、营销决策支持系统、营销调研系统。

国际营销信息源的位置有组织内部和组织外部；信息源的类型有人、文件和物理现象；各种信息源的相互关系有亲身关系和非亲身关系。

国际营销信息系统管理的组织机构一般分为资料室、情报服务室、船运咨询室、出版室等；国际营销信息系统的管理体系包括功能和结构。

国际营销调查的对象包括国际营销环境信息、产品信息、国际营销组合信息、国际市场竞争对手信息；国际营销调查的方法包括定性研究法、访问法、观察法、实验法；国际营销调研过程由5个步骤组成。

关 键 术 语

国际营销信息系统（international marketing information system）

营销决策支持系统（marketing decision support system，MDSS）

国际营销信息来源（the source of international marketing information）

国际营销调查（international marketing research）

国际营销调查对象（international marketing research objective）

课 后 习 题

1. 国际营销信息系统包括哪些内容？
2. 国际营销信息的来源有哪些？

3. 国际营销信息系统管理的组织机构有哪些?
4. 国际营销调研的方法都有哪些?
5. 国际营销调研过程的步骤都有哪些?

本章讨论案例

可口可乐的新口味产品的试验

20世纪80年代初,虽然可口可乐在美国软饮料市场上仍处于领先地位,但由于百事可乐公司通过多年的促销攻势,以口味试饮来表明消费者更喜欢较甜口味的百事可乐饮料,并不断侵吞着可口可乐的市场。为此,可口可乐公司以改变可口可乐的口味来对付百事可乐对其市场的侵吞。

对新口味可口可乐饮料的研究开发,可口可乐公司花费了两年多的时间,投入了400多万美元的资金,最终开发出了新可乐的配方。在新可乐配方开发过程中,可口可乐公司进行了近20万人的口味试验,仅最终配方就进行了3万人的试验。在试验中,研究人员在不加任何标识的情况下,对新老口味可乐、新口味可乐和百事可乐进行了比较试验,试验结果是:在新老口味可乐之间,60%的人选择新口味可乐;在新口味可乐和百事可乐之间,52%的人选择新口味可乐。从这个试验研究结果看,新口味可乐应是一个成功的产品。

到1985年5月,可口可乐公司将口味较甘甜的新可乐投放市场,同时放弃了原配方的可乐。在新可乐上市初期,市场销售不错,但不久就销售平平,并且公司开始每天从愤怒的消费者那里接到1500多个电话和很多的信件,一个自称原口味可乐饮用者的组织举行了抗议活动,并威胁除非恢复原口味的可乐或将配方公布于众,否则将提出集体诉讼。迫于原味可乐消费者的压力,在1985年7月中旬,即在新可乐推出的两个月后,可口可乐公司恢复了原口味的可乐,从而在市场上新口味可乐与原口味可乐共存,但原口味可乐的销售量远大于新口味可乐的销售量。

资料来源: http://www.ibodao.com/Task/detail/task_id/195162/classes_id/.

讨 论 题

1. 新口味可乐配方的市场营销调研中存在的主要问题是什么?
2. 新口味可乐配方的市场调研的内容应包括哪些方面?

(考核点:国际营销的调研)

第三篇　国际营销战略

国际营销战略规划及其竞争策略

学完本章,你应该能够:

1. 掌握企业总体层次战略规划的主要内容;
2. 掌握如何制定企业的愿景和使命;
3. 熟悉国际营销战略规划的过程;
4. 了解竞争对手分析的主要内容;
5. 领会常用竞争战略的主要类型和适用条件。

沃尔玛的零售冠军之道

1955年,当美国著名财经杂志《财富》首次推出"全球500强"排行榜时,它尚在孕育之中。历经数十年的风雨历程,却使它在2002年、2003年、2004年连续荣登《财富》"全球500强"之首。它就是铸就"环球商业神话"的美国沃尔玛零售连锁集团。

1940年,沃尔玛公司的创始人山姆·沃顿(Sam Walton)获密苏里大学经济学学士学位;"二战"期间,沃尔顿服役于陆军情报团。1950年山姆·沃顿在美国阿肯色州本顿威尔镇,开办了店名"5—10美分"的廉价商店,只是当地一家名不见经传的小企业。1962年,沃尔玛公司开办了第一家连锁商店,1970年建立起第一家配送中心,从此走上了快速发展之路。1983年,第一家山姆俱乐部建立。1988年,第一家沃尔玛超级购物中心(Supercenter)开设。1991年,沃尔玛年销售额突破400亿美元,成为全球大型零售企业之一。据1994年5月美国《幸福》杂志公布的全美服务行业分类排行榜,沃尔玛1993年销售额高达673.4亿美元,比上一年增长118亿多美元,超过了1992年排名第一位的西尔斯(Sears),雄居全美零售业榜首。沃尔玛的辉煌成就令人很难置信它从无到有,直至独霸一方的发展历程仅有短短数十年。

沃尔玛庞大事业的缔造者山姆·沃尔顿这样说过:"我们的老板只有一个,那就是我们的顾客。是他付给我们每月的薪水,只有他有权解雇上至董事长的每一个人。道理很简单,只要他改变一下购物习惯,换到别家商店买东西就是了。"沃尔玛的营业场所总是醒目地写着其经营信条:"第一条:顾客永远是对的;第二条:如有疑问,请参照第一条。"沃尔玛这种服务顾客的观念并非只停留在标记和口号上,而且深入到经营服务行动。

沃尔玛店铺内的通道、灯光设计都为了令顾客更加舒适；店门口的欢迎者较其他同行更主动热情；收银员一律站立工作以示对顾客的尊敬；当任何一位顾客距营业员3米的时候，营业员都必须面向顾客，面露微笑，主动打招呼，并问"有什么需要我效劳的吗？"沃尔玛力图让顾客在每一家连锁店都感到"这是他们的商店"，都会得到"殷勤、诚恳的接待"，以确保"不打折扣地满足顾客需要"。正是这事事以顾客为先的点点滴滴为沃尔玛赢得了顾客的好感和信赖。

沃尔玛一直特别注重价格竞争，长期奉行薄利多销的经营方针。沃尔顿的名言是："一件商品，成本8毛，如果标价1元，可是销售数量却是1.2元时的3倍，我在一件商品上所赚不多，但卖多了，我就有利可图"。所以，沃尔玛提出了一个响亮的口号："销售的商品总是最低的价格"。在同类商品中，沃尔玛的价格要比最大的竞争对手之一凯马特的价格低5%。然而，维持长期低价并不是一件轻而易举的事，沃尔玛之所以能长期保持价格优势还得益于其有效的成本控制。

1. 争取低廉进价

沃尔玛避开了一切中间环节直接从工厂进货，其雄厚的经济实力使之具有强大的议价能力。更重要的是，沃尔玛并不因自身规模大、实力强而以肆意损害供应商来增加自身利润，而是重视与供应商建立友好融洽的协作关系，保护供应商的利益。沃尔玛给予供应商的优惠远超同行。美国第三大零售商凯马特对供应的商品平均45天付款，而沃尔玛仅为平均29天付款，大大激发了供应商与沃尔玛建立业务的积极性，从而保证了沃玛商品的最优进价。

2. 完善的物流管理系统

沃尔玛被称为零售配送革命的领袖。其独特的配送体系，大大降低了成本，加速了存货周转，成为"天天低价"的最有力的支持。沃尔玛的补充存货的方法被称为"交叉装卸法"。这套"不停留送货"的供货系统共包括三部分：高效率的配送中心。沃尔玛的供应商根据各分店的订单将货品送至沃尔玛的配送中心，配送中心则负责完成对商品的筛选、包装和分检工作。沃尔玛的配送中心具有高度现代化的机械设施，送至此处的商品85%都采用机械处理，这就大大减少了人工处理商品的费用。同时，由于购进商品数量庞大，使自动化机械设备得以充分利用，规模优势充分显示。

3. 迅速的运输系统

沃尔玛的机动运输车队是其供货系统的另一无可比拟的优势。至1996年，沃尔玛已拥有30个配送中心，2 000多辆运货卡车，保证进货从仓库到任何一家商店的时间不超过48小时，相对于其他同业商店平均两周补货一次，沃尔玛可保证分店货架平均一周补两次。快速的送货，使沃尔玛各分店即使只维持极少存货也能保持正常销售，从而大大节省了存贮空间和费用。由于这套快捷运输系统的有效运作，沃尔玛85%的商品通过自己的配送中心运输，而凯马特只有5%，其结果是沃尔玛的销售成本因此低于同行业平均销售成本2%～3%，成为沃尔玛全年低价策略的坚实的基石。

资料来源：https://wenku.baidu.com/view/0c25d60d6429647d27284b73f242336c1eb930e4.html。

每个企业所拥有的资源和能力都是有限的,这就意味着企业不得不统筹规划自己的资源和能力,以便在当今瞬息万变的市场条件下建立起自己的竞争优势,从事国际营销的企业更应如此。因此,企业赢得市场竞争的关键除了让顾客满意之外,还要进行市场导向的营销战略规划,包括国际营销战略规划。营销战略虽然只是一种职能战略,但是与公司层次和业务单位层次的战略密不可分。具体来讲,营销战略必须服从公司层次和业务单位层次的战略,并服务于公司总体目标的实现。考虑到业务层次战略规划的内容和思路与营销战略规划相似,因此,为避免重复,本章主要讨论公司层次的战略规划和营销战略规划所包括的主要程序和内容。

7.1 行业分析及竞争对手分析

企业在分析行业的时候,首先需要分析行业的总体状况。行业的总体状况主要包括:①市场规模;②竞争范围;③行业增长速度及在生命周期中所处的阶段;④竞争者的数量及相对规模;⑤购买者数量和相对大小;⑥行业中企业前向和后向一体化的程度;⑦行业中现有分销渠道;⑧生产流程和新产品引进方面的技术创新速度;⑨各竞争对手提供产品和服务的差别化的程度;⑩是否在采购、制造、运输、营销和广告等方面存在规模经济性;⑪资源获得和进入退出的容易程度;⑫行业利润是否高于社会平均水平。

扩展阅读 7.1
迈克尔·波特的五种力量分析模型的解读
扫码阅读

分析行业总体竞争强度的一个非常有效的工具是迈克尔·波特的五种力量分析模型(Five forces model)。迈克尔·波特认为,特定行业的竞争强度由五种力量决定,见图 7-1:

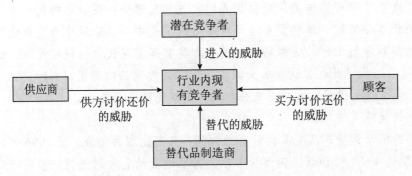

图 7-1 影响行业竞争强度的五种力量

(1)行业内现有竞争者

现有企业之间的竞争往往是五种力量中最重要的一种。企业间的竞争在这几种情况下会加剧:竞争者数量增加、竞争者在规模和能力方面更为势均力敌、各竞争者投入增加、产品需求下降、降价策略被普遍采用、市场退出壁垒高、固定成本高、产品易变质、合并和收购在行业中很流行等。

（2）潜在竞争者

如果新竞争者可以很容易地进入某特定行业，则该行业内的竞争强度将加剧。当然，很多因素可以构成壁垒，包括技术、专利、经验、最小经济规模、顾客对原来产品的忠诚度、品牌偏好、销售渠道、政府的控制、原材料等。

（3）替代品制造商

替代品的存在客观上给企业产品的价格规定了上限，因为，如果超过这个价格，消费者将转向替代品。替代品之间的替代关系越接近，替代品的价格越有吸引力或用户改用替代品能降低成本时，替代品带来的竞争压力将会增强。

（4）供应商

如果供应商的讨价还价能力强，会加剧行业的竞争；反之，则会使行业的竞争强度减弱。容易理解，如果主要原材料都集中在有限的几个供应商手里，那么为了保持生产的稳定性，行业里的企业都会争着去讨好供应商，原材料的价格很可能被抬高。

（5）顾客

如果顾客的讨价还价能力强，这会加剧行业的竞争；反之，则会减弱行业的竞争强度。在以下几种情况下顾客的讨价还价能力强：顾客集中、购买量大；购买本产品的支出在顾客全部支出中所占的比例大；由于顾客的利润低，因此对价格敏感；行业中的产品标准化程度高，相互之间差别不大；存在后向一体化可能性；市场上存在替代品。

在今天的市场上，竞争是商业活动的现实，很少有企业能回避竞争，因此，要想在市场上立足，企业必须懂得如何有效地应付竞争，而应付竞争首先要研究竞争对手。因此，行业竞争强度分析和竞争对手分析往往构成竞争战略设计的起点。一般来说，可以从5个方面来分析竞争对手。

1. 分析竞争对手的战略

首先，企业要分析竞争对手的战略，包括其总体层次战略、各经营单位战略和主要职能战略，因为它们之间具有密切的内在联系。在总体层次，企业要确定竞争对手采用的是一体化战略，多元化战略还是防御式的战略；在经营单位层次，要明确竞争对手采用的是差别化战略，总成本领先战略还是集中战略；在营销战略层次，要了解竞争对手的目标市场、定位和营销组合策略等。此外，企业不能静态地看待问题，而是要关注竞争对手的战略动向，尤其是监视竞争对手的扩张计划。

2. 分析竞争对手的长远目标

战略只是手段，竞争对手想利用战略获得某些目标，因此，企业一旦了解了主要竞争对手及其战略后，必须进一步弄清楚每个主要竞争对手在市场上追求什么，即竞争对手的长远目标是什么。

3. 分析竞争对手的假设

竞争对手之所以有这样那样的目标，除了与其拥有的资源和能力有关之外，还与其经营理念密不可分，因此，为了更深入地了解竞争对手，有必要分析竞争对手的各种假设。首先，要分析竞争对手所信奉的理念。一些企业信奉短期利润，认为只有利润才能支持生存和发展；而日本企业信奉的是市场占有率和规模经济理论，认为只要能占领市场，扩大生产销售规模，单位成本自然就会下降，接着利润就会滚滚而来。其次，要分析竞争对手对自己的假设。每个企业都会对自己有所假设，它可能把自己看成是知名的企业、行业霸主、低成本生产者、产品性能领导者等。这样的假使可能正确，也可能不正确。此外，还要分析竞争对手对行业和行业中其他竞争者的假设。正如竞争对手对其自身持有一定的假设一样，每个企业对整个行业和竞争对手也持有一定的假设。同样，这可能正确，也可能不正确。

企业之所以要分析竞争对手的假设，是因为通过对竞争对手假设的检验，可以发现竞争对手在认识环境方面可能存在的偏见和盲点。竞争对手的盲点可能是根本没有看清楚重大问题之所在，也可能是没有正确地认识自己。找出这些盲点可以使竞争对手对企业制定的战略无力作出反应或不想作出反应，以提高自己战略的成功率。

4. 分析竞争对手的优势和劣势

优劣势分析有多种方法，这里从常用的资源和能力两个方面来分析一个竞争对手相对于企业自身的竞争优势和劣势。

（1）资源

资源指的是企业用来为顾客提供有价值的产品或服务的生产要素。从大的方面来讲，资源可以分为有形资源和无形资源两大类（见表7-1）。有形资源易于识别，也容易评价，因而容易通过外部市场获得。无形资源的识别和评价相对就困难得多，因此也就难以从外部市场获得。如果企业拥有的资源其他企业也很容易拥有，那么企业的持久竞争优势就很难建立起来；反之，如果企业拥有其他企业很难拥有的资源，那么，这些资源就可以成为企业持久竞争优势的重要来源。很显然，有形资源容易获得，而无形资源很难获得，因此，构建企业持久竞争优势的重点应当是放在无形资源而不是有形资源的获取上。区分有形资源和无形资源的现实意义是一些企业对无形资源的认识还相当肤浅，突出表现在：重设备和厂房等硬件投资，轻技术等软件投资；重企业的外表，轻内部管理建设；重组织程序、制度等硬性规定，轻学习和创新氛围。这种状况如果不改变的话，企业的持久竞争优势就很难建立起来。

表 7-1 资源的类别

资源类别	内　　容
有形资源	实物资源、财务资源
无形资源	组织资源、技术资源、人力资源、企业形象、企业文化

（2）能力

我们将能够把企业的资源加以统筹整合以完成预期任务和目标的技能称之为企业的资源转换能力，简称能力。企业的能力主要有3种类型（见表7-2）。竞争优势的基础是企业拥有的资源，但是，单靠资源通常并不能直接形成竞争优势，没有能力，资源很难发挥作用，也很难增值。就像一支拥有众多球星的球队，如果不能对这些"大碗"进行有效的组织，球队还是赢不了比赛。从此意义上说，资源和利用资源的能力一道构成企业竞争优势的基础。

表 7-2 企业能力的 3 种类型

企业能力类型	内　　容
管理能力	计划、组织、领导、控制
职能领域能力	营销、人力资源、研发、制造、管理信息系统、财务
跨职能的综合能力	学习能力、创新能力、战略性整合能力

5. 分析竞争对手的反应模式

一般来说，竞争对手的反应模式有 4 种：①从容型竞争者：这类竞争者对竞争举措反应不迅速或不强烈。原因可能包括：它相信顾客是忠诚于自己的，是不会为竞争对手的行为所动的；反应迟钝；缺乏作出反应的资源。这类竞争者难以捉摸，因此，企业要加倍小心。②选择型竞争者：这类竞争者只对特定类型的竞争举措作出反应。壳牌和埃克森公司就是这类竞争者，它们只对降价作出反应，而对同行的其他促销活动不予理睬。③凶猛型竞争者：这类竞争者对任何竞争举措都会迅速地作出强烈的反应。宝洁公司就是一个典型的例子，它绝不会轻易让竞争对手的任何一种新产品成功上市。④随机型竞争者：这类竞争者的反应模式具有随机性，对同样的一种竞争举措，它可能会也可能不会作出反应。许多小型公司都是这类竞争者，它们的竞争行踪捉摸不定。

即测即练 7.1

扫码测练

7.2　公司层次的战略

公司层次的战略是公司最高层次的战略，这里假定公司有多个战略经营单位。公司层次的战略规划主要包括三项任务：①明确公司愿景和使命；②确定战略业务单位并为各战略业务单位分配资源；③计划新业务和放弃老业务。

7.2.1　明确公司愿景和使命

愿景是指企业愿意看到的景象或希望达到的境界，愿景的书面表达形式叫愿景陈述（Vision statement）。愿景回答这样一个基本问题："我们想成为什么样的企业？"每个企业实际上都有愿景，只不过表达方式不同，有的是正式的，有的是非正式的，有的是书面的，有的是不成文的。与愿景密切相关的概念是使命（mission）。彼得·德鲁克曾说："我们的使命是什么？"就等于问"我们的业务是什么？"。使命陈述（Mission statement）是以书面形式规定企业的业务，它使企业与其他同类企业区别开，同时宣布了企业存在的理由，以便获得员工和社会公众的认同。很多企业既有愿景陈述，又有使命陈述，一般要求先制定愿景陈述，因为一个清晰的愿景陈述为制定详细的使命陈述奠定了基础。

扩展阅读 7.2

公司愿景和使命的区别

扫码阅读

有的管理学家指出，那些有制定正式使命陈述的公司为其股东带来的投资回报率要比那些没有制定正式使命陈述的公司高出一倍；有的指出，在某些财务指标上制定正式使命陈述的公司比没有制定的公司高百分之三十；有的则认为，使命陈述本身与企业绩效没有直接的关系，起作用的是员工参与制定愿景陈述和使命陈述的积极程度，是参与程度这种行为本身提高了企业的绩效。很多管理学家都认同，精心制定的愿景陈述和使命陈述能帮助企业达成以下几项目的：①保证整个企业经营目的的一致性；②为企业资源配置提供基础或标准；③建立统一的企业氛围；④有助于企业将目标转变为任务；⑤使企业的经营目的具体化。

一个有效的使命陈述通常涉及以下几项要素：①公司的顾客是谁？②公司的主要产品或服务是什么？③公司在哪些市场上竞争？④公司的技术是否是最新的？⑤对生存、发展和盈利的关切：公司是否努力实现业务的增长和良好的财务状况？⑥公司的基本信念、价值观和道德倾向是什么？⑦公司最主要的竞争优势是什么？⑧企业的社会形象如何？⑨对雇员的关心：公司是否视雇员为宝贵的资产？当然，并不是所有的企业使命陈述都同时包括这9项。

超级链接 7-1

七家公司的愿景及使命

公司名称	使　命	愿　景
百事	使股东价值的最大化是压倒一切的	在环境、社会、经济等各个方面不断改善周围的世界，创造更加美好的未来
宝洁	我们提供能改善全球消费者生活的优良的和有价值的产品	成为并被公认为提供世界一流消费品和服务的公司
沃尔玛	天天低价；给普通百姓提供机会，使他们能与富人一样买到同样的东西	成为沃尔玛独特的企业文化，使沃尔玛更具竞争力
微软	致力于提供使工作、学习、生活更加方便、丰富的个人电脑软件	计算机进入家庭，放在每一张桌子上，使用微软的软件
苹果电脑	推广公平的资料使用惯例，建立用户对互联网之信任和信心	让每人拥有一台计算机
福特	不断改进产品和服务，从而满足顾客的需求，为股东提供合理的回报	汽车要进入家庭
华为	聚焦客户关注的挑战和压力，提供有竞争力的通信解决方案和服务，持续为客户创造最大价值	丰富人们的沟通和生活

7.2.2　确定战略业务单位并分配资源

大公司往往同时在多个行业经营，即经营多项业务。如果一个业务单位符合以下3个特征则称之为一个战略业务单位（strategic business unit，SBU）或战略经营单位：①它是一项独立业务或相关业务的集合体，在战略制定时能与公司其他业务分开而单独进行；②它有自己的竞争对手；③它有一位管理人员为其战略计划和利润业绩负责，同时他还控制影响利润的大多数因素。

确定战略业务单位可以使这些业务单位更加自主地制定自己的战略，并分配到适量的资源。两个著名的业务组合分析方法为企业的资源分配提供了思路：波士顿矩阵（BCG Matrix：Boston Consulting Group Matrix）和通用公司矩阵（General Electric Model）。这两个工具为高层管理者就如何确定企业的业务组合并有效地为各项业务分配资源提供了很好的思路。

扩展阅读 7.3
宝洁公司波士顿矩阵案例分析
扫码阅读

1. 波士顿矩阵

波士顿矩阵是世界著名的咨询公司——波士顿咨询小组（Boston Consulting Group）开发的一个分析工具，因此得名。在波士顿矩阵中，横轴代表相对市场份额，即本企业的市场份额与行业中市场占有率最高的竞争对手的市场份额之比；纵轴表示市场增长率，见图 7-2。

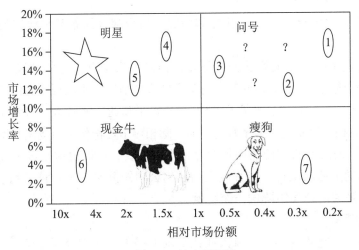

图 7-2 波士顿矩阵

图中每个圆圈代表一项独立的经营业务，即战略业务单位，圆圈的大小表示该项业务的收入占公司总收入的相对大小。波士顿矩阵上的各项业务可以根据其所处的位置进行分类：

（1）明星（Stars）类业务：处在波士顿矩阵的左上角，这类业务市场占有率很高，市场增长率也很高，可能是业务所在的行业处在引入期或成长期。这类业务虽然能给企业带来大量利润，但是由于所处的行业发展速度，企业还需要加大投入以确保其市场地位，因此，不一定能给企业带来大量的正现金流。

（2）现金牛（Cash cows）类业务：处在波士顿矩阵的左下角，这类业务市场占有率高，但是市场增长率低，可能是所在的行业处在成熟期或衰退期。也正因为如此，企业没必要继续加大投入，因此，这类业务往往能给企业带来大量的正现金流，是企业现金流的主要来源。

（3）瘦狗（Dogs）类业务：处在波士顿矩阵的右下角，这类业务市场占有率和市场增长率都低，一方面可能是因为企业所在的行业处于成熟期或衰退期；另一方面是企业自身不具备竞争优势。

（4）问号（Question marks）类业务：处在波士顿矩阵的右上角，这类业务市场占有率低，市场增长率却高，很可能是企业新进入一个处于成长期的行业。

企业可以根据以上四类业务的特征，进行以下的决策：

第一种是发展（Grow and build）：即进一步投资，使其继续发展。这种决策适合明星类业务和部分问号类业务，其目的是为公司的未来发展奠定基础。需要指出的是，并不是所有的问号类业务都适合发展，因为，每个企业的现金流都是有限的，发展太多的问号类业务会导致企业投资的枯竭。

第二种是维持（Hold and maintain）：即只作必要投入使之维持现状。这种策略适合于强现金牛类业务，它们是企业当前现金流的主要来源，目的是保持其市场份额和现有市场地位，为明星类和部分问号类业务的发展提供现金流。

第三种是收获（Harvest）：适合弱的现金牛和部分瘦狗类业务。市场已过了成熟期，进入衰退期，因此，这时的目的是增加短期的现金收入，逐渐退出所经营的行业，把收获的资源投向明星类和部分问号类业务。

第四种是放弃（Divest）：包括出售和清算，适合部分问题类和瘦狗类业务，以便把资源投向其他业务。

波士顿矩阵提供了一个很好的分析思路，但是，它也有明显的缺陷：①位于矩阵中部的业务不易被明确归类；②只反映某一时间点的市场情况，不能反映各经营部门所在行业在未来的增长情况；③市场增长率要与 GDP 增长水平和通货膨胀水平对照才有意义，而波士顿矩阵没考虑这两个因素；④变量数目不够，除相对市场份额和市场增长率以外的一些变量如竞争优势等，对各经营部门的决策制定也十分重要。可以说这是该工具最大的缺陷。

波士顿矩阵的上述缺陷在一定程度上由通用公司矩阵来弥补，或者可以说波士顿矩阵是通用公司矩阵的一个特例。

2. 通用公司矩阵

为了弥补波士顿矩阵的不足，有人在此基础上提出了通用公司矩阵，如图 7-3 所示。通用公司矩阵是 3×3 矩阵，纵轴表示市场吸引力（Market attractiveness），它不再像波士顿矩阵那样是单个指标，而是一个指标体系，包括市场规模、市场增长率、销售利润、竞争强度、技术要求、受通货膨胀危害的程度等指标；横轴表示企业经营能力（Business strength），它也是一个指标体系，包括市场份额、产品质量、品牌信誉、分销渠道、促销效果、生产能力、单位成本、原材料供应、研发能力、管理人员的能力等指标。

与波士顿矩阵一样，处在通用公司矩阵中不同位置的业务（SBU），应该采用不同的策略。处在图中对角线左上角三个格子里的业务既有较高的市场吸引力，又有竞争优势，应该采取措施使其进一步发展；对处在对角线上的三个格子里的业务，企业要有选择性地扶持或收获；处在对角线右下角三个格子里的业务，市场吸引力低，企业也缺乏竞争优势，应当放弃，把这部分资源投向其他业务。

如上所述，通用公司矩阵是波士顿矩阵的改进，但它本身也并非十全十美，其不足之处是不易确定构成市场吸引力和经营能力的各项指标的权重，此外，它倾向于静态地看待问题，只考虑到各 SBU 目前现状，而没有考虑到由产业发展变化所引起的 SBU 的未来状况。

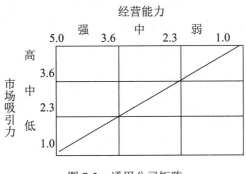

图 7-3　通用公司矩阵

7.2.3　计划新业务和放弃老业务

在企业经营过程中，高层管理者经常会根据企业的目前状况来预测将来的销售和利润，如果将各项业务预测的销售量和利润汇总，便是该企业的总销售额和总利润。然而，在很多时候，预期的销售额和利润会低于管理层所希望达到的水平。如果希望达到的销售水平与预计的销售水平之间存在差距，即存在战略计划缺口，见图 7-4，企业管理层就会想办法去填补这个差距。

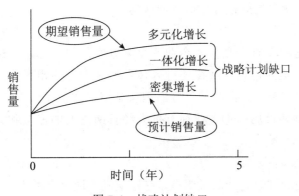

图 7-4　战略计划缺口

图 7-4 表示一家生产盒式磁带的制造商——TTK 公司（公司名称虚构）的战略计划缺口。最下面的一条曲线表示公司以现有经营状况作为出发点，预计在今后 5 年中所达到的销售水平，最上面的一条曲线是公司希望在今后 5 年中所达到的水平。很显然，公司希望能以快于目前预计的速度增长。为了填补这个战略计划缺口，企业有 3 条途径可以选择。第一，在公司现有的业务领域内部寻找发展机会，即采用密集型增长战略。第二，建立或购买与目前业务有关的业务，即采用一体化增长战略。第三，增加与公司目前业务无关的富有吸引力的业务，即采用多元化经营战略。

1. 密集增长战略

战略管理研究大师安索夫（Ansoff）提出了一个思考密集增长战略的方法，称为"产品——市场扩展矩阵"，见图7-5。密集增长战略包括市场渗透战略、产品开发战略和市场开发战略。下面以TTK磁带公司为例来说明这三种战略。

	现有产品	新产品
现有市场	市场渗透战略	产品开发战略
新市场	市场开发战略	（多元化战略）

图7-5 密集增长战略：安索夫的产品—市场扩展矩阵

（1）市场渗透战略

市场渗透战略通过加大营销力度来提高现有产品或服务在现有市场的份额。这一战略被广泛采用，或单独使用，或与其他战略结合使用。市场渗透的方式有3种：以方便面为例，第一种是公司鼓励现有市场上的顾客购买更多的方便面，这在大多数顾客不经常购买，而且多消费方便面对顾客确有益处的时候才有效。第二种是设法吸引竞争对手的顾客，使他们转而购买本公司的产品。第三种是可以尝试说服那些现在只光顾面馆的消费者开始尝试购买方便面。市场渗透的具体做法包括增加销售人员、增加广告开支、采取密集的促销手段和加强公关宣传力度等。适合采用市场渗透战略的情况有：①企业特定产品或服务在当前市场上还没有饱和；②现有用户对产品的使用率还可以显著提高；③规模的扩大可带来明显的规模经济或竞争优势。

（2）市场开发战略

市场开发战略是将现有产品打入企业原来未开发的新市场，实现销售增长。比如公司的方便面原来只在纽约销售，现在还打入休斯敦和旧金山市场。适合采用市场开发战略的情况有：①可得到新的、盈利前景好的销售渠道；②企业在所经营的领域非常成功；③存在未开发或未饱和市场；④企业拥有扩大经营所需要的资金和人力资源；⑤企业存在过剩的生产力。

（3）产品开发战略

产品开发战略是通过改进产品或服务，更好地满足现有市场需求，以实现销售增长。公司除了现有畅销的红烧牛肉面之外，还可以开发出鲜虾面；除了汤面之外，还可以开发拌面。适合采用产品开发战略的情况有：①企业所在的行业发展迅速；②主要竞争对手的产品性价比更高；③企业所在的行业是技术密集型行业；④企业拥有非常强的研发能力；⑤企业拥有成功但处于产品生命周期中成熟阶段的产品，此时可以吸引老用户购买经过改进的新产品，因为他们对企业原有产品已有满意的使用经验。

2. 一体化增长战略

一体化增长战略包括前向一体化、后向一体化和横向一体化。也有人把前面两种战略并称为纵向一体化战略。

(1) 前向一体化战略

前向一体化是指公司进入供应链的下游，即对产品进行深加工，或建立自己的销售组织来销售本公司的产品或服务，或者获得分销商或零售商的所有权，或加强对他们的控制等等。比如，生产服装面料的企业现在不但生产面料，还开始生产服装。

在前向一体化方面，有两种流行的做法特别值得关注：一种是网上直销。越来越多的制造商通过网上直销来实现前向一体化，原因是网上直销本身成本低，加上免税，这对很多企业具有吸引力，尤其是大的制造商。另一种是特许经营（Franchising）。在美国有2 000多家公司以特许经营方式销售其产品或服务。由于成本和机会分散到大量的个人身上，企业可通过特许经营方式迅速扩展业务。美国现在每年以特许经营方式实现的销售额大约是1万亿美元。

当然，不是每个企业都适合采用前向一体化，适合采用前向一体化的情况有：①企业现有的销售商成本高、不可靠，或不能满足企业开拓市场的需要；②市场上可以利用的合格销售商数量很有限，在这种情况下，采用前向一体化的企业将获得竞争优势；③企业所在的行业快速增长或预计将快速增长；④企业具备销售自己产品所需要的资金和人力资源；⑤当稳定的生产对企业十分重要的时候。这是因为，通过前向一体化企业可以更好地预测自己产品的市场需求；⑥企业现有的经销商有较高的利润。这意味着通过前向一体化，企业可以获得双重利润。

(2) 后向一体化战略

后向一体化是指企业进入供应链的上游。比如，企业自己供应生产所需要的原料、零配件和半成品。有效的后向一体化有时会大大减少经营成本，美国一项研究报告表明，如果实行有效的后向一体化，可使美国目前每年花在医疗用品上的1 000多亿美元的开支节省15%。与前向一体化一样，后项一体化也有自己的适用条件：①企业当前的供应商供货成本高或不可靠或不能满足企业对零配件、组装件、原材料的需求；②供应商数量少，而需求方竞争激烈；③企业所在行业发展迅速；④企业具备生产原材料所需要的资金和人力资源；⑤价格的稳定性至关重要。这是因为通过一体化，企业可以稳定其原材料成本，从而稳定其产品价格；⑥上游产业利润高。这意味着通过后向一体化，企业可以获得高额利润；⑦企业需要尽快地获得所需资源，这对那些依靠速度建立竞争优势的企业尤为重要。

需要指出的是，后向一体化曾经一度风行西方国家，但是现在的趋势则是采用相反的战略，即外包（Outsourcing），以便把精力集中于那些自己有优势的环节。其实外包也是有条件的，比如一个服装进出口公司打算把生产这一环节外包出去的时候，首先要能找到生产能力较好的服装厂，而实际情况往往是这样的企业本身经营得不错，不愿意为别人加工。

(3) 横向一体化战略

横向一体化是指获得竞争对手的所有权，或者加强对其控制，包括收购、兼并和接管。很多因素促使世界各地的企业，特别是一些大型企业将横向一体化作为促进企业发展的重要战略。这些因素包括政府管制的放松、技术环境的变化、能力过剩、不能通过提价增加利润、股市的繁荣以及对规模经济效应的追求等。收购（Acquisition）是指一个公司购买另一家公司。兼并（Merger）是指两个规模相当的公司合并为一个。当收购或兼并不是出于双方共同的愿望时，可以称之为接管（Takeover）。

横向一体化在很多行业已经成为最受管理者重视的战略选择之一。比如，在电信业，电子商务的爆炸式发展促使全球电信公司狂热地进行兼并：MCI世界通信公司以1 272.7亿美元收购斯普林特公司，沃达丰（Vodafone）以659亿美元收购天空接触通信公司等等。当然，并不是所有的企业兼并都能够取得成功，普华永道（Pricewaterhouse Coopers）的研究表明，收购公司的平均股价在一年后低于同行业平均水平3.7个百分点。沃伦·巴菲特也指出，过高的收购价格能抵消公司未来十年的良好业绩。因此，即便两家公司的合并可以产生很大的收益，但价格和合并动机必须正确。

适用横向一体化战略的条件包括：①在法律允许范围内，可以在特定领域获得一定程度的垄断；②企业在一个成长的行业中经营；③规模的扩大可以带来明显的竞争优势；④企业具有成功管理更大的组织所需要的资金与人才；⑤兼并对象由于缺乏管理经验或特定资源而停滞不前。也就是说，竞争对手的经营情况不好不是由于行业不景气引起的，而是由其自身的资源和能力不足引起的。当竞争对手是由于整个行业不景气导致经营困难时，不适合采用横向一体化战略对其兼并。

3. 多元化经营战略

多元化经营战略也叫多样化经营战略，是企业在现有业务之外寻求发展机会的战略，包括同心多元化（Concentric diversification）、水平多元化（Horizontal diversification）和混合多元化（Conglomerate diversification）。有的教科书也把前两种并称为相关多元化，后一种叫非相关多元化。

（1）同心多元化战略

同心多元化战略是指增加新的但与原来业务有较强相关性的产品或服务的战略。例如，一家原来只生产收音机的企业利用多年积累的无线电技术，现在进入彩电行业。收音机和彩电是两项不同的业务，但是其核心技术是一样的，都是无线电技术。

适用多元化战略的情况主要有以下几种：①企业参与竞争的行业停止增长或增长缓慢；②增加新的相关产品将会显著促进现有产品的销售；③企业能够以有竞争力的价格提供新的相关产品；④新产品的销售波动周期与现产品的波动周期互补；⑤企业现有产品处于产品生命周期中的衰退期；⑥企业拥有强有力的管理队伍。

（2）水平多元化战略

水平多元化战略（也称为横向多元化战略）是指增加新的、与原有业务在技术上相关性不大但在市场上相关性很强的产品或服务的战略。比如，海尔公司从电冰箱起家，建立起庞大的销售网络并具有较高的品牌知名度之后，接着开展电视机、微波炉等业务，这些产品分属不同行业，产品本身互不相关，但是其顾客相似，主要都面向家庭，因此可以共用销售渠道。

适用水平多元化的情况包括：①通过增加新的不相关产品，企业从现有产品和服务中的盈利显著增加；②企业所在的行业属于高度竞争或停止增长的行业，其标志是盈利和投资回报率低;③企业可利用现有的销售渠道向用户营销新产品;④新产品的销售波动周期与企业现有产品的波动周期互补。

(3) 混合多元化战略

混合多元化战略是指增加新的与原来业务不相关的产品或服务的战略。比如,一个电视机制造厂同时还经营酒店业。这两个行业互不相关,属于典型的混合多元化战略。

适合采用混合多元化的情况包括:①企业的主营业务销售和盈利下降;②企业拥有在新的行业经营所需要的资金和管理人才;③企业有机会收购一个不相关、但有良好投资机会的企业;④收购和被收购的企业存在资金上的融合。需要注意的是,同心多元化和水平多元化与混合多元化的主要区别在于前两者可基于市场、技术和产品等方面的共性,而后者则主要出于盈利方面的考虑,有的混合多元化目的就是为了买卖公司;⑤企业现有产品市场已饱和。

4. 防御性战略

在企业的经营过程中,除了计划新业务以外,有时也需要计划老业务。或者说,除了考虑采用增长战略之外,有时也不得不考虑防御性战略,包括收缩(Retrenchment)、剥离(Divestment or divestiture)和清算(Liquidation)等。

(1) 收缩

收缩是指企业通过减少资产来重组企业,以扭转销售和利润下降的不利局面。收缩的目的是使原来分散的资源和能力能够集中起来,以加强企业所具有的基本的和独特的竞争能力。在实行收缩战略的时候,战略制定者可利用的资源有限,并面临股东、雇员和新闻媒体的压力。

收缩的具体内容包括:出售土地和建筑物以获取现金、压缩产品系列、停止亏损业务、裁员和建立支出控制系统等。在一些场合,破产是一种有效的收缩战略形式,它可以使企业躲避掉大笔的债务,并可以使企业与工会的劳动合同无效。

适合采用收缩战略的几种情况:①企业有明显而独特的竞争力,但在一个相当长的时期内未能实现企业目标;②企业在特定行业的竞争对手较弱;③企业受低效率、低盈利、低雇员士气的困扰,并承受股东要求改进业绩的压力;④企业在长时间内未能做到利用外部机会、减少外部威胁、发挥内部优势以及克服内部弱点。也就是说,企业的战略管理者已经失败;⑤公司已经非常迅速地发展成为大企业,从而需要大规模的改组。

(2) 剥离

剥离是指出售企业的分部、分公司或任何一部分。剥离经常被用来为下一步的战略性收购或投资筹款。剥离可能是全面收缩的一部分,其目的是使企业摆脱那些不盈利、需要太多资金或与企业其他业务不协调的业务。将剥离看作一项重要战略的范例是迪斯尼公司,它剥离了曲棍球队和棒球队。在我国,国有企业一直在剥离,原来是企业办社会,现在逐步剥离,比如剥离运输队,改用第三方物流等等。

适合采用剥离战略的情况包括:①企业已经采取了收缩战略,但经营情况并没有得到明显改善;②企业无法为其主要业务提供保持其竞争力所需要的大量资源;③某项业务或某个分部经营不善，严重影响了企业的整体业绩；④某项业务或某个分部与企业其他部分无法融合；⑤企业急需大笔资金而无法从其他途径获得；⑥政府的反垄断政策对企业构成威胁。

（3）清算

清算是指为实现资产价值将企业全部资产分块售出。清算等于承认失败，因而是一种在感情上最难以接受的战略。然而，停止营业可能是比继续大量亏损更为明智的选择。以下几种情况比较适合采用清算战略：①企业已经采用了收缩和剥离两种战略，但均未成功；②企业除清算外，别无选择；③企业股东可通过出售企业资产将损失降到最小。

7.3 国际营销战略规划过程

市场营销是企业最重要的职能之一，因此，就不难理解营销战略是企业中最重要的职能战略之一。企业的营销部门要制定各种营销计划，如对每一个产品层次（产品线、品牌）必须制订一个营销计划（Marketing plan），以实现它的目标；为了开拓某个国家的市场要制定相应的战略；有时候，为了提高产品和品牌在某个国家或全球的知名度需要开展促销活动，于是也相应地需要制订一个促销计划等。尽管这些营销计划的重要程度、涉及范围和对企业经营的影响程度等都不太一样，甚至连名称也不尽相同，有时叫"商业计划"，有时叫"营销策划"，有时又叫"营销计划"，但是其制定过程和思路大致相同，因此，这里就笼统地介绍营销战略规划过程，它既适用于国内营销，也适用于国际营销。一般来讲，一个典型的营销战略规划过程包括8个步骤，见图7-6。

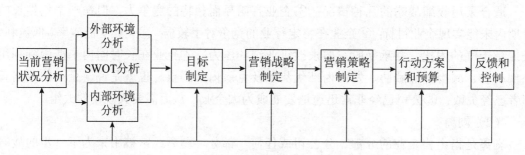

图7-6 营销战略规划过程

（1）当前营销状况分析

企业的营销战略规划往往是从企业意识到其营销方面有某个或某些问题开始的。比如，竞争对手突然发起价格战或推出一种新产品，市场上出现一种替代品，一种新技术的产生可能导致现有产品更新换代等等。这些问题既可能给企业带来机会，也可能给企业带来威胁，企业制定营销战略的基本出发点就是利用这些机会或避开威胁，从而达到赢利或发展的目的。鉴于此，营销战略规划的第一步是分析企业当前营销现状，以确定问题之所在。为此，要提出关于市场、产品、竞争、分销和宏观环境等方面的背景资料，包括企业最近几年的销售、利润、市场占有率、品牌知名度和美誉度情况；企业所在的行业市场在过去和可预见的将来市场增长率的变化趋势；行业总体盈利水平；市场上主要有哪些产品，各种类型的产品分别占有多大的市场份额；行业中主要有哪些竞争对手，它们有哪些竞争优势和劣势；市场上有哪些主要销售渠道，它们的销售量在整个市场占多大的比重，分销商的分销能力是否满足企业发展的需要；宏观环境中发生了哪些影响深远的事件，有哪些发展动向等等。这些背景资料最好能列出详细的表格，以便使营销主管对企业当前的营销状况有比较具体的把握，而不仅仅是朦胧的感觉。

（2）外部环境分析

如前所述，营销战略规划的基本出发点是利用机会和避开威胁，为此，要在第一步的基础上，详细而深入地分析企业面临哪些机会和威胁。为此，经常用到的工具是SWOT分析（Strengths, weaknesses, opportunities and threats analysis）。尽管它并不是什么新的分析工具，但却非常实用，是企业制定战略最常用的工具之一。SWOT分析包括外部环境分析和内部环境分析，是对企业的优势、劣势、机会和威胁的全面评估。

外部环境分析也叫机会与威胁分析，这是因为企业往往是通过外部环境的分析发现机会和威胁的。企业应监测那些影响其经营的主要宏观环境因素（Macro-environmental forces），包括人口环境、经济环境、技术环境、政治法律环境和社会文化环境。同时，它还必须监测重要的微观环境因素（Micro-environmental actors），包括顾客、竞争对手、分销渠道、供应商等，因为他们会直接影响企业的营销绩效。不管是宏观环境因素还是微观环境因素，其变化都会影响企业的经营，既可能给企业带来机会，也可能带来威胁。

为了能迅速地识别外部环境变化带来的机会和威胁，企业要建立营销情报系统以研究这些环境因素的重大变化趋势和规律，然后分析其对企业的影响，从而明确机会和威胁之所在。

（3）内部环境分析

内部环境分析也叫优势与劣势分析，这是因为企业往往是通过对自己内部环境的分析，并把自己与竞争对手进行比较，以明确自己的优势和劣势的。企业之所以要在分析机会和威胁的基础上进一步分析自己的优势和劣势，是因为能否识别环境中有吸引力的机会是一回事，能否有效地加以利用又是另一回事。即便是企业发现一个很好的市场机会，但是如果企业缺乏服务于这个市场的资源和能力，这个市场机会也只能属于其他企业。

企业通过外部和内部分析明确了自己的优势、劣势、机会和威胁之后，可以根据通过这四者之间的匹配，提出以下4种战略：

①优势+机会（SO）战略：是一种发挥企业内部优势以利用外部机会的战略。比如，一方面中国中央电视台具有多方面优势，比如资金、政府扶持、网络等；另一方面，有线电视最近几年发展迅速，因此，中央电视台完全可以进入这个行业。对企业来讲，SO战略可能不止一个，比如中央电视台还可以凭借网络优势进入迅速发展的教育行业——

开展网上教育,因此,要根据具体情况进行筛选。

②弱点+机会(WO)战略:即通过利用外部机会来弥补内部弱点。适用于这一战略的基本情况是:存在一些外部机会,但企业有一些内部弱点妨碍它利用这些机会。比如,市场对一种可以控制汽车引擎注油时间的电子装置有巨大需求(机会),但是一家生产汽车配件的企业缺乏生产这种产品的技术(弱点)。一种可能的选择是通过与这一领域有生产能力的企业组建合资企业而获得这一技术;另一种战略是聘用所需的人才或者培养自己的技术人员,从而使自己具备这方面的技术能力。因此,可以选择的战略也可能不止一个,也涉及筛选问题。

③优势+威胁(ST)战略:即利用企业的优势来回避或者减少外部威胁的影响。比如,伊拉克的一个服装厂,它的设计能力很强(优势),然而战后年轻人少,那么这个企业可以利用自己的设计能力去设计老人服装或者童装;或者凭借自己的营销能力去周边国家开辟市场。又比如,美国得州仪器公司拥有出色的法律顾问部门(优势),当9家日本和韩国公司侵害它的专利权时(威胁),该公司用优秀的律师赢了这场官司,挽回了近7亿美元的损失。

④弱点+威胁(WT)战略:是一种旨在减少内部弱点同时回避外部环境威胁的防御性战略。一个面临大量外部威胁,而自身又有众多弱点的企业面临被并购、收缩或清算的可能,因此不得不为自己的生存而奋斗。比如,雇员士气低落(弱点),而社会上到处是罢工的工人(威胁),企业的当务之急可能是调整薪酬制度。

可以说每个管理者都希望自己的企业处于这样一种状态:凭借自身的竞争优势去利用外部机会,但是,企业在经营中实际面临的往往不是这种理想的状态,而是后三种情况,这时,企业通常首先采用WO、ST或WT战略,然后达到能够采用SO战略的状态:当企业存在重大弱点时,它将努力克服这些弱点,将其变为优势;当企业面临巨大威胁时,它将努力回避这些威胁,以便集中精力利用机会。

(4)目标制定

在SWOT分析的基础上,营销主管就可以为自己的营销计划确定具体的目标,这在营销战略规划过程中被称为目标制定(Goal formulation)。营销主管使用目标来定量和定时地描述营销活动指向的特定方向,量化的目标便于衡量,从而便于实施、执行和控制。通常情况下,营销战略规划追求的往往不是单个目标,而是一个目标体系,包括利润率、销售增长率、市场份额、品牌知名度和美誉度等方面的内容。

营销战略规划的目标必须符合SMART要求(Specific:目标必须具体而有针对性;Measurable:目标应是可以衡量、可以量化的;Achievable:目标应是通过努力可以达成的;Realistic:目标应是合乎实际的;Timely:目标应该有时间限制)。除此之外,还应满足以下几个条件:①目标必须具有层次性:企业的各个层次,包括公司层次、业务单位和职能部门都需要有自己的长期目标,从而形成一个体系。②各项目标之间应该协调一致:有些目标之间往往是相互排斥的,因此,要注意目标之间的协调。比如,销售最大化和利润最大化要同时达到一般是不可能的。另外一些需要认真权衡的关系有:短期利润与长期增长,现有市场渗透与新市场开发,利润目标与非利润目标,高增长与低风险。对各组目标的不同选择将会导致不同的营销战略。

(5) 营销战略制定

如果说目标表明企业想到达何地,那么战略则说明如何到达这个目的地,因此,战略是实现目标的手段。每个企业都必须制定达到目的地的恰当战略,包括资源战略(Sourcing strategy)和技术战略(Technology strategy)等。其中,资源战略尤显重要,因为每个企业的资源都是有限的。具体来讲,营销战略包括如何细分市场、选择目标市场、差别化、定位、竞争战略、品牌战略、新产品开发战略等方面。

(6) 营销策略制定

营销战略还只是方向性的框架,还不够具体,因此,营销主管还要在营销战略的基础上,把战略具体化,以产生营销策略。营销策略主要包括四项策略,即产品策略(Product strategy)、定价策略(Pricing strategy)、分销策略(Place strategy)和促销策略(Promotion strategy),合在一起便是著名的4P营销策略组合(Marketing mix)。

(7) 行动方案和预算

在制定出营销策略之后,营销主管还应进一步把这些策略转化为具体的可以直接用于实施的行动方案,以实现既定的营销目标。对每个营销战略和营销策略都必须具体到能回答下列问题:将要做什么?什么时候做?由谁来做?成本为多少?对这个方案的衡量方法是什么?等等。

在行动方案中,营销主管应该详细说明支持该方案的财务预算,包括收入和支出。在收入一方列出预计的销售数量和销售价格,两者结合在一起就是销售额。在开支一方列出生产成本、分销成本和营销费用,以及更详细的分类项目。收入和开支之差就是预计利润或亏损。预算一旦获得批准之后,它就是制定计划和材料采购、生产调度、人员配置、营销活动安排等的基础。

(8) 反馈和控制

营销战略规划的最后一个环节是反馈和控制,用以监督行动方案的实施过程。在实施营销战略和策略的过程中,企业需要追踪方案的实施结果,并把这些结果反馈给有关人员。此外,企业还要监测内外环境的新变化。有些环境因素可能相当稳定,年复一年变化不大;有些环境因素基本按照预计的方式缓慢变化;同时,也有一些环境因素会发生迅速的、重大的和无法预料的变化。当环境发生变化时,企业既定的营销方案即使得到高效的执行也达不到预定的目标,因此,企业要重新审视和修订其营销方案,甚至营销目标。

一些影响重大的营销规划往往在控制这部分情况中包括一个应急计划(Contingency plan),以便使企业在遇到意外情况时能迅速启用,如遇到价格战或罢工时。

即测即练7.3
扫码测练

在营销战略制定和实施的过程中,营销主管应该与组织的其他部门保持沟通和协调,如与采购、制造、财务和人力资源部门磋商,以保证整个计划能得到足够的支持。

7.4 竞争战略设计及策略设计

▶ **国际营销案例 7-1**

可乐届的两大标榜

从口味到价格，从定位到广告，从营销活动到明星代言，从商业文化到包装变化，世界两大可乐巨头之间的龙争虎斗可谓精彩纷呈，不断上演。百事是年轻一代非常热衷而欢迎的品牌，而可口可乐是既古老又年轻的品牌，凭借深厚的品牌文化背景，并通过收效甚佳的本土化运作，已经在消费者心中建立起独一无二的品牌形象。新生代势力百事可乐与资深饮料品牌可口可乐，相互面对如此强劲冲击，称霸饮料市场的王者地位到底是谁？

百事可乐将一线的销售人员分为WAT（批发协助员）和DSD（直销员），其中DSD为主要力量，从事区域市场的直销工作。WAT和DSD的工作内容主要包括客户拜访、线路管理、瓶箱管理、冰箱管理、货架陈列、POS张贴与管理、销售与进货情况管理、竞品反馈等。

与此同时，百事公司严格执行规范的线路拜访体制，不折不扣的执行"四定时，八步骤"终端开发策略，从市场现实来看，这种精耕细作的渠道模式十分富有成效。尽管模式相近，但相对来讲这几年百事的表现明显优于可口可乐，所以说可口可乐的战略地位动摇也是理所当然的。

对于百事的总体市场战略格局，基本可以阐述为：一类战略市场做直营，精雕细凿；二类市场设立辅销所，作经销商的协销工作；三类市场进行人员常态拜访管理，有潜力的做常驻人员管理。无论哪种模式百事始终没有忘记对渠道的开发和控制，对渠道的掌控和管理是百事各级营销人员的核心内容之一。

未来市场的竞争就是品牌和渠道的竞争，就像军队仅仅有陆军没有空军无法战斗一样。可乐提倡的3A法则（买得起、买得到、乐意买）是真理中的公理，但事实确是很多城市的仓买当你买可口可乐的时候，店主常告诉你没有，当你要走的时候，他却说我再找找，然后就有了。

面对陈列整齐的百事可乐，大概这就是可口可乐的渠道危机，品牌一点问题是没有的，消费者的指牌购买就是最好的注释，是他的促销、人员、渠道力出现了问题综合导致的。没有动力十足的渠道推动力，再好的品牌也和销量没有太多的关系。经常有人去终端检查各类消费品的陈列情况，并和店主谈一下各家的销售人员，倾听一下他们的看法和评价。经常有店主说："虽说都是定期拜访，但百事的业务4天就能来一次，可口的业务往往得七天来巡店一次，同时可口的业代穿得挺利落，说话也受听，就是不动手做事，百事的就不一样了，调整产品陈列，擦拭灰尘，甚至进狭窄的小库看库存，有促销通知的也很及时，所以你就不用问为什么在我的店里百事卖得好了。"在渠道规划和管理的缺欠之余，似乎企业的人力资源的素质提升和培训也同样的重要。

1. 灵活多变的促销策略

百事可乐与可口可乐的促销方式不同，可口可乐有拉环、瓶盖换领与换购足球明星奖品活动，七喜浪漫小存折换领奖品和澳门旅游活动。2000—2005年，百事可乐逐渐推出了系列的促销活动，"爱拼才会赢""渴望无限""蓝色风暴"，分为现场摇奖、集卡兑奖等方式，设计精良新颖的百事球星衫，球星画报等都成了百事叛逆、激情、创新的代言佐证。这些活动涉及面广，影响力大，对终端促销、提高销售量起到了积极作用。

除直接价格低廉之外，百事可乐还对经销商提供了诸如一个月的赊销支持、免费旅游、季度抽奖、VCD奖励等活动。针对配合较好、思路新颖的经销商，百事公司的促销手段多样，提供经销商员工培训机会，提供人力扶植市场，等等一系列促销手段，无论攻心还是攻城，潜力默化的升华就是厚积薄发的效果，是让羡慕者眼红的。

2. 严格系统的销售人员管理

百事公司有着国际化上百年沉淀更新的现代营销理念，有基于此制定的现代营销管理体系，加上熟悉中国市场的管理层，这一切打造了百事可乐高效务实成功的管理平台，也构成了百事可乐的人力资源巨大优势。百事可乐中国的各灌装厂公司管理层现在几乎是清一色的中国人，懂得中国市场和中国员工特点的管理者能在中国市场上扬长避短、策略得当，克"敌"制胜。

百事可乐公司今天取得的成绩与其严密规范的销售人员管理是不能分开而论的。营销人都知道，今日的中国市场，即使拥有了高质的品牌也不代表销量和利润，只有掌握了渠道终端，掌握了消费者；才能真正拥有了市场。百事可乐采用了国外一直沿用的线路预售制销售体系，将一线的销售人员分为WAT（批发协助员）和DSD（直销员），其中以DSD为主要力量，从事各个市场的直销工作。

建立WAT和DSD的工作内容主要包括线路管理、营销道具管理、产品货架陈列、动态档案登记管理、竞争信息反馈等。而与客户的货款结算工作，则由负责送货的司机兼做。百事可乐各区的主任进行现场监督管理，业务人员每次拜访都必须有记录，而且每天的拜访次数（面访）由过去没有定额，逐渐发展到今天的30次、35次、40次，一直到45次！严格的管理和危机意识使得营销人员谁都不敢懈怠。

资料来源：腾讯网. 百事可乐与可口可乐的竞争策略分析 2018（有改动）https://new.qq.com/omn/20180201/20180201B0AM8O.html.

在20世纪80年代最为广泛流传的竞争方面的著作是迈克尔·波特的《竞争战略》《竞争优势》和《国家竞争优势》，迈克尔·波特也因此被公认为世界上最著名的竞争战略专家。波特认为，各种战略使企业获得竞争优势的3个基点是：总成本领先、差别化和集中于一点，据此，他把竞争战略分为3类：总成本领先战略（Overall cost leadership strategy）、差别化战略（Differentiation strategy）和集中战略（Focus strategy）。也就是说，企业的某项战略是为了降低成本从而使企业建立低成本优势，这个战略就

扩展阅读7.6
沃尔玛总成本领先战略分析

属于总成本领先战略，差别化战略也依次类推。

1. 总成本领先战略

总成本领先战略强调以很低的单位成本向价格敏感的顾客提供标准化的产品。根据波特的定义，所有能有助于企业降低成本，从而建立成本优势的企业都可以称为总成本领先战略，比如零库存管理、恰及时管理（Just-in-time）。采用这种竞争战略的企业很多，在我国空调行业采用总成本领先战略的典范是"奥克斯"，在微波炉行业是"格兰仕"。

在以下几种情况下企业可能会考虑采用总成本领先战略：①市场上有很多价格敏感的顾客；②实现产品差别化的途径很少；③顾客不太在意品牌间的差别；④企业生产具有明显的规模经济效应和经验效应；⑤竞争者很难以更低的价格提供同样的产品。这里的关键是使自己的成本和价格低于竞争对手，从而提高市场份额，将一些竞争对手彻底赶出市场。

采用低成本战略也有风险：①竞争对手可能会模仿企业的战略，这会压低整个行业的盈利水平，甚至使整个行业无利可图；②本行业技术上的突破可能会使这一战略失效；③顾客的兴趣可能会转移到价格以外的其他产品差别化特征上。

2. 差别化战略

差别化战略是指以较高的价格向那些对价格相对不敏感而对产品质量和特色敏感的顾客提供独特的产品或服务。成功的差别化能够使企业以更高的价格出售产品，并通过产品的差别化特征赢得顾客的长期忠诚。根据波特的定义，所有有助于企业提高产品质量，增加产品功能特色，从而提高产品差别化优势的战略都可以称之为差别化战略，比如新产品开发、全面质量管理。采用这种竞争战略的企业也很多，在我国家电行业采用差别化战略的典范是"海尔"，在手机行业是"TCL"。

扩展阅读 7.7
海底捞差别化战略分析

扫码阅读

在考虑采用差别化战略的时候，企业必须仔细研究顾客的需求和偏好，以便决定将一种或多种差别化特征结合在一个产品中，构建产品的差别化竞争优势。成功的差别化意味着更大的产品灵活性、更高的兼容性、更好的服务、更大的方便性或更多的特性。因此，不难理解新产品开发就是一种差别化战略。

同样，差别化战略也有风险：①顾客对产品价值的认同和偏好不足以使其接受该产品的高价格，在这种情况下总成本领先战略会轻而易举地击败差别化战略；②竞争对手会模仿本企业产品的差别化特征。因此，要设置壁垒防止竞争对手的模仿，以保证产品具有长期的独特性。

3. 集中战略

所谓集中战略就是把企业所有的资源和能力集中在一个较小的细分市场上，以建立局部优势。集中战略的一个典型是"奥普浴霸"，它的主要产品是浴室里洗澡时取暖用的灯，不管从灯具行业还是从取暖器行业来看，都非常狭窄。根据迈克尔·波特的观点，总成本领先战略和差别化战略是雄霸一方的战略，一般适合大企业采用；而集中战略则是蜗居一隅之策，适合小企业或刚创办的企业。其原因是小企业或刚创办的企业由于资源和能力的制约，既无法成为成本领先战略者，也不能成为差别化战略者，而是介于其中。

波特同时还指出，如果企业能够约束自己的经营领域，集中资源和能力于某一特殊的顾客群或者特定地理范围，那么企业也可以在一个较小的目标市场建立竞争优势。换言之，集中战略是对选定的目标市场进行专业化服务的战略，比如定制服装、皮鞋等。

集中战略可以作为过渡战略，为企业的未来发展奠定基础。企业在采用集中战略的时候，有几个问题需要注意：①集中战略由于产量和销量较小，生产成本通常较高，这会影响企业的获利能力；②集中战略的利益可能会由于技术的变革或者顾客偏好的变化而突然消失；③采用这种战略的企业会始终面临成本领先战略者和差别化战略者的威胁。

需要注意的是，集中战略不是一种独立的基本战略，也就是说，企业在集中于目标市场的同时，还要决定是倾向于通过产品差别化特征还是低成本建立竞争优势，也就是说，要把这种战略与总成本领先战略或差别化战略结合起来使用。

以上笼统介绍了竞争战略的 3 种基本类型。对企业来讲，在应付竞争的时候，除了决定所采用的竞争战略的类型之外，往往更需要制定更加具体的竞争策略，包括防守策略、进攻策略、跟随策略和补缺策略。在一个行业里，可以根据竞争地位的不同把竞争者分为市场领先者、市场挑战者、市场跟随者和市场补缺者。其中，市场领先者和挑战者尽管有时也会采用跟随和补缺策略，但更多情况下采用防守和进攻策略，而后两者则经常分别采用跟随和补缺策略。

1. 防守策略

常用的防守策略主要有：

（1）巩固防守：即巩固自己的薄弱环节，提高自己的免疫力，比如加强渠道管理、减少促销预算的浪费、提高员工的士气和对企业的忠诚度和归宿感等等。

（2）侧翼防守：在主要产品或主要品牌的周围建立侧翼产品或品牌，形成一道防护墙，使得竞争对手难以直接对企业的主要产品或品牌发起进攻。可口可乐、宝洁等都精于此道。

（3）先占防守：市场上存在空白点，如果被竞争对手利用可能会有后患，因此企业会想办法占领这些空白点，避免给竞争对手留下任何机会。

（4）反攻防守：与其死守，不如进攻，有时进攻是最好的防守。

（5）活动防守：把防守范围扩展到新的领域中，这些领域在将来可能成为防守和进攻的中心。

（6）收缩防守：指企业收缩自己的战线。有时，企业的战线可能拉得过长，分散了企业有限的资源，容易给竞争对手留下可乘之机，企业如果意识到这一点会收缩自己的防线。

具体防守的手段包括：①收缩市场；②缩短产品线；③降低成本。

2. 进攻策略

每个行业都有其各自的市场领先者，比如可口可乐、宝洁、通用汽车、格兰仕等。同时，在它们周围还存在着一群虎视眈眈的市场挑战者，例如百事可乐、高露洁、福特等，它们野心勃勃地做着准备，以伺机发动进攻以扭转竞争局面。此外，除了挑战者经常采用进攻策略之外，市场领先者也经常进攻他人。

在发动进攻的时候，首先必然确定进攻的对象。在这个问题上，企业一般可以有

3 种选择：①进攻市场领导者，把市场领导者作为进攻对象风险较大，但是利润也很可观；当市场领导者存在不稳定因素或为某个突发事件所困扰时，市场挑战者可大举进攻；②进攻同等规模但经营不善、资金不足的企业；③进攻区域性、规模小、经营不善、资金不足的企业。

常用的进攻策略有以下几种：

（1）正面进攻：集中力量，在产品、广告、价格等方面直接与竞争对手交锋。

（2）侧翼进攻：避开对方的强项，选择对手的弱点进攻。比如选择竞争对手力量弱的地区进攻，夺取该市场。

（3）包围进攻：先把竞争对手团团围住，然后发起进攻。在美国市场上，沃尔玛就是采用这种策略打败西尔斯：沃尔玛先占领各大城市周围的卫星镇，造成西尔斯客源的枯竭，然后向它发起正面进攻。

（4）跨越进攻：绕过实力较强的主要竞争对手，先攻击容易得手的竞争对手，以巩固自己的资源基础。

（5）游击进攻：在竞争的不同区域发起小规模的、断断续续的攻击，其目的是骚扰对方并使对方士气低落，并最终攻下阵地。

具体进攻的手段包括：①推出新产品；②产品的创新或改进；③降低成本；④开发新渠道等。

3. 跟随策略

在行业中处在第二、第三位置的企业，比如高露洁、福特、百事可乐等公司，可能攻击市场领先者和其他竞争者，以夺取更多的市场份额，即在行业中扮演市场挑战者的角色；它们也可能参与竞争，但不扰乱市场格局，这时，它们扮演的是市场跟随者的角色。

常用的市场跟随策略有以下几种：

（1）紧随其后。在各个细分市场和营销领域都尽量模仿市场领导者。这种策略在计算机行业非常普遍。

（2）有距离地跟随。在很多方面模仿市场领导者，但在有些方面进行改动，即在跟随的同时又保持一些差异性，主要在价格水平、产品更新、销售方面跟随市场领导者。

超级链接 7-2
俄罗斯世界杯，百威啤酒惊艳全球！

扫 码 阅 读

（3）有选择性地跟随。不是一味地模仿，而是在模仿的基础上进行改造，即在有些方面紧随领导者，在其他方面则具有独创性。

4. 市场补缺策略

市场补缺策略也叫利基策略（来源于英文单词 niche 的读音）。几乎每个行业都有一些中小型企业，它们的规模不大，扮演市场补缺者的角色，但生存状况却不错，甚至还获得了高于行业平均水平的利润。这是因为这些中小企业集中力量，专心致力于被大企业所忽略或有意放弃的某些细分市场，在这些小市场上进行专业化经营，因而获取了不错的收益。补缺者的关键是专业化，企业要在市场或产品方面实行专业化。市场补缺者可以发挥以下的角色：

即测即练 7.4

扫 码 测 练

（1）终端用户专家：企业专门为某一类型的最终用户服务。

（2）垂直层次专家：企业把精力集中在价值创造过程的某一环节。

（3）顾客规模专家：集中力量为小规模顾客服务。这是因为小客户往往被大公司所忽视。

（4）特定顾客专家：企业把生产和销售对象限定在一个或少数几个主要客户身上。

（5）定制专家：企业根据顾客的要求定制产品。

（6）服务专家：企业专门提供一种或几种其他企业所没有或不能提供的服务。

（7）地理区域专家：企业只把销售集中在某个区域。

（8）渠道专家：企业只为一种分销渠道服务。

当然，市场补缺不是企业的终极目标，当企业通过市场补缺策略积累起一定实力之后，还要寻找更大的发展空间。

本章小结

为了在市场竞争中建立竞争优势，企业除了让顾客满意之外，还要进行市场导向的营销战略规划。公司的战略规划一般分为3个层次：公司总体层次、业务单位层次和职能层次。其中，营销战略是最重要的职能战略之一。

公司总体层次的战略规划主要包括3项任务：①明确公司愿景和使命；②确定战略业务单位并为各战略业务单位分配资源；③计划新业务和放弃老业务，同时要分析竞争对手的战略、战略目标、优劣势和反应模式。

一个典型的营销战略规划主要包括8个步骤：①当前营销状况分析；②外部环境分析；③内部环境分析；④目标制定；⑤营销战略制定；⑥营销策略制定；⑦行动方案和预算；⑧反馈和控制。

波特把竞争战略分为3种类型：总成本领先战略、差别化战略和集中战略，它们适用于不同的企业。

竞争策略主要有防守策略、进攻策略、跟随策略和补缺策略。

关 键 术 语

愿景陈述（vision statement）

使命陈述（mission statement）

战略业务单位（strategic business unit，SBU）

通用公司矩阵（General Electric Model）

战略规划缺口（strategic planning gap）

集中战略（focus strategy）

竞争战略（competitive strategy）
五种力量分析模型（five forces model）
总成本领先战略（overall cost leadership strategy）
差别化战略（differentiation strategy）
波士顿矩阵（Boston Consulting Group Matrix）
SWOT 分析（strengths，weaknesses，opportunities and threats analysis）
营销战略规划（strategic marketing planning）

课后习题

1. 公司总体层次战略规划包括哪些主要任务？
2. 试比较波士顿矩阵和通用公司矩阵。
3. 营销战略规划包括哪些主要内容和步骤？
4. 行业总体状况包括哪些主要方面的内容？
5. 波特把竞争战略分为哪几种类型？讲讲它们的适用条件。
6. 常用的竞争策略有哪些类型？

本章讨论案例

福特潜伏战

一、潜伏

20 多年前，一纸"广场协议"使日本经济陷入了 20 年的衰退，至今没有恢复元气。而"广场协议"的主导者美国，借助金融工具和高科技，成功拉开步步紧逼的日本数个身位。

25 年后，日本最大的汽车制造商丰田，成功超越通用成为全球第一大汽车制造商，现在却陷入"召回门"。据媒体统计，因踏板问题，丰田目前的召回数量已超过其 2009 年 718 万辆的全球销量，为此将付出约 135 亿元人民币的代价。

大家在看热闹的时候，想想这几个问题：丰田召回事件公众关注度为什么陡然上升？美国车召回的真比日本少吗？福特召回的次数和数量比丰田只多不少，为什么美国媒体不穷追猛打福特呢？

丰田的确应该为它的产品质量问题付出代价，丰田召回事件背后真正的故事却远非如此简单。这是否又是一场"广场协议"式的狙击战？

为什么美国媒体穷追猛打丰田？因为迪米特斯·比勒，这个丰田汽车北美公司的前雇员，源源不断地向媒体提供独家猛料。这无疑是福特设的一个局，比勒就是福特扭转时局的关键。而这个局，前面是一场悄无声息的潜伏战，后面又是一场招招毙命的狙击战。

潜伏战的第一步，物色人选。比勒在高等法院帮福特汽车辩护了几个大案，于是很快得到福特汽车公司赏识，邀请他参加"下一代诉讼律师训练计划"。

第二步，全面培养。福特专门给比勒安排了三个月时间，在福特全球总部的法务部专门研究汽车相关的法律，及至工程的各种问题。而他把1995年到1997年福特所有的官司都研究了一遍，告诉福特在集团诉讼里什么特征的原告容易挑出毛病，什么样的最好要避开。

第三步，准备潜伏。福特真是老谋深算，这么聪明的律师，福特竟然最后没把他留在自己的法务部里。培养好了之后，福特让他回到自己的律师所，遇到案子时才委托给他。所以丰田看到的是：这个人帮福特打官司是一打一个准，而且对各种各样的汽车事故都了解得十分清楚。所以2003年，丰田礼聘比勒加盟。

第四步，打入内部，窃取机密。表面上看来，比勒算是相当尽职尽责，3年里代理丰田应战12场官司，每战必胜。实际上呢？比勒后来在其公开声明中承认，"在为丰田工作时，便着手搜集300起翻车事故的相关数据，我发现这些数据在获得丰田美国公司认可的情况下已被销毁。"

而他掌握到的证据可能足够让丰田过去十年里的官司都翻案。可是，他却不急于借此要挟丰田，恰恰相反，他给丰田什么印象呢？他没什么核心机密，而且已经被丰田用370万美元的遣散费封口了。

二、等待

丰田却不知道，这恰恰是狙击战的开始。

福特成功选择了三个狙击时机。第一，要麻痹敌人，让对手放松警惕，从而给自己足够的时间观察和搜集对手更多的弱点。虽然比勒2007年就离开丰田，但是直到2009年7月24日才把75页厚的起诉书提交给了加利福尼亚中部地方法院。

第二个时机就是对自己最有利的时机。为什么福特不在2008年狙击？因为那时福特重组尚未完成。而现在，福特的两大美国竞争对手都在经济危机中受到重创，现在还拦路的就只有丰田了。所以2009年，福特选择了一个最好的时机给丰田布下狙击圈。

三、出击

2009年7月，比勒启动诉讼。诉讼本身不是目的，而是把丰田脑袋蒙住，让它无暇兼顾。

8月，就在丰田忙于应诉之时，福特已经悄然把焦点转移给了媒体。8月，美国发生雷克萨斯ES350撞车事故，加州公路巡逻队长一家无一生还。福特又动员媒体公关，美国媒体铺天盖地都是这条新闻，电视更是不断滚动播出。让公众都觉得这位队长生前尽职尽责，而一家人无一生还，这个事故是多么惨烈。而造成事故唯一可能的原因，就是丰田车的质量问题。

9月14日，加州法院开始第一次听证，丰田把全部精力都投放在这个听证会上。对于加州撞车惨案，丰田还在麻痹之中，觉得靠律师就能摆平，所以拒绝道歉，拒承认质量问题。然而，福特却疏通美国调查部门，在背后开冷枪。美国高速公路交通安全管理总局出面了，公布的不是正式调查报告，而是初步调查报告，因为这么短的时间，也没法完成正式调查。初步调查的结论是：事故发生当时，脚垫卡死油门，不合理的油门设计可能是事故主因。

9月30日，丰田以为只要低头认错就可以息事宁人，所以宣布召回380万辆"脚垫门"汽车。可是还没等丰田处理妥这个问题，媒体的狙击点又转向了丰田车的其他问题，甚至从美国扫向日本，热炒丰田在日本国内销售的普锐斯存在刹车失灵的问题。再把用同样零部件的本田汽车也扯进来，最夸张的时候，《华尔街日报》日本专栏中十条里八条都是召回。

到了11月，狙击点再次转移，美国ABC电视台在25日采访美国汽车安全专家，他们说丰田这个维修方案治标不治本，制动系统的安全隐患没有彻底消除。与此同时，美国交通部连续发出三次新闻公告，严重关切丰田的问题。

12月，丰田承受不住压力，又召回380万辆车。马上就过圣诞节了，丰田以为终于可以逃过一劫。可就在此时，美国已经把事件升级到贸易战的层面。这样，对丰田的狙击就不仅仅是福特的事情，而是整个美国政府的事情了。

这就是最重要的第三个时机，政府全面介入的时机——国会调查，不过是为了调查而展开的调查。不幸的是，丰田高管此次来国会山似乎仍没有摆正心态。他们没意识到他们是来被羞辱的，仍在为系列事故极力辩解。其实这是丰田被美国折腾晕了的一个标志。

9个小时的听证会，完全是美国国会议员设计好的。这个预设好的议程就是：先听受害者控诉，再听国会内的大佬定调，然后就请一个汽车专家来讲解技术，让人们觉得前面说的都是对的。

当然，他们心里的疑问还是非常多，这时候再请丰田章男同志上台接受大家的问询。换句话说，议员憋了半天的问题咆哮而出，而且越尖锐越有可能上晚间新闻的头版头条。人家就不是听你道歉的，开听证会就是为了损你的，所以人家故意准备了很多细致的工程问题，你还不能撒谎，唯一的答复只能是——"不知道"。这样，美国老百姓看到的就是一个支支吾吾，啥也不知道的丰田章男。实际上，这个早已被设定好的听证会议程，目的就是让丰田当场毙命。

更重要的是，所有听证会上的话都可能被律师用来起诉丰田。等待丰田汽车的，将是山呼海啸一般的诉讼潮。

资料来源：郎咸平. 福特潜伏战 [J]. 商界，2010.4.

讨 论 题

1. 福特和丰田分别采用什么营销战略？
2. 根据本案例谈谈对于企业来说有哪些启示？

（考核点：竞争对手分析；国际市场营销进攻策略）

第8章
国际营销的市场细分与目标市场选择

学完本章，你应该能够：

1. 知悉国际市场细分的含义和作用；
2. 掌握国际市场细分的依据；
3. 掌握国际市场细分的程序；
4. 通晓市场细分的原则；
5. 熟悉评估国际目标市场的基准；
6. 理解国际市场的进入方式。

宜家的选择

宜家（IKEA）是瑞典家居卖场，是一家跨国性的私有居家用品零售企业。宜家家居在全球多个国家拥有分店，贩售平整式包装的家具、配件、浴室和厨房用品等商品。宜家家居是开创以平实价格销售自行组装家具的先锋，目前是全世界最大的家具零售企业。截至 2008 年 12 月宜家在全世界的 36 个国家和地区中拥有 292 家大型门市（其中 258 家为宜家集团独自拥有，34 家为特许加盟）。大部分的门市位于欧洲，其他的则位于美国、加拿大、亚洲和澳大利亚。每年印刷量高达 1 亿本的 IKEA 商品目录中，收录有大约 12 000 件的商品，号称是除了《圣经》之外最被广为散布的书籍。中文的"宜家"除了是取 IKEA 的谐音以外，还引用了成语中"宜室宜家"的典故，来表示带给家庭和谐美满的生活。

1. 民主设计

宜家遵循民主设计的理念，产品设计美观实用但价格却处于中低水平，面向的是大众平民消费群体。宜家的设计师通常在工厂进行直接设计，方便与生产人员和技术人员沟通交流，有效结合供应商的供应和顾客的需求，降低产品生产成本。另外，宜家在原材料的选择、产品研发和组装等环节进行创新设计，一件商品有许多不同的设计风格，可以满足消费者多样化的产品需求。

2. 为顾客提供出色的体验环境

宜家店员给消费者充分的自由，一般不会主动打扰，使消费者能够慢慢浏览产品而不觉得尴尬。在宜家家居卖场，如果消费者有喜欢的小物品，可以拿起来仔细观察，沙发和椅子可以随意坐，甚至走累了都可以随便躺在一张床上小憩一会儿，通过消费者的切身体验，拉近了消费者和产品的距离。宜家不同风格的产品和样板房所承载的创意和灵感也给消费者独特的心理体验。

3. 瑞典特色的配套服务

宜家家居卖场设置有自己配套的西餐厅，而且宜家餐厅打造了自己的特色饮食，也增加了消费者的购买时间。宜家家居收银线外设有特色小餐馆，提供多种瑞典美味速食简餐，比如 1 元冰淇淋甜筒和 3 元热狗等食品，味道鲜美，价格绝对低廉，吸引众多消费者排长队购买。在瑞典食品屋还出售特色的瑞典食品，比如果酱和牛排等，消费者可以购买后回家品尝。2016 财年，宜家集团食品营业额为 17 亿欧元，不但增加了收入，而且提升了宜家的整体吸引力，增加了顾客的品牌忠诚度。

资料来源：杜文艳. 乡镇企业会计：浅议宜家家居的成本管理战略与差异化战略 [D]. 2017.9.

每个企业的资源和能力都是有限的，而市场是无限的。因此，无论是从事国内市场营销，还是从事国际从事国际市场营销，都必须有效规划自己的资源和能力，以便在局部市场建立竞争优势，即所谓的有所不为才能有所为。这就意味着企业必须有效地细分国际市场，并在此基础上选择适合自己的目标市场，确定进行目标国家市场的方式，并通过差异化和定位在目标市场建立市场地位。

8.1 国际市场的细分

8.1.1 国际市场细分的含义和作用

市场细分是按照消费者在消费心理、消费模式、消费行为以及对营销手段的反应等方面的差异将消费者划分为不同的顾客群体的过程。市场细分确定的每个顾客群体都是一个子市场，不同子市场之间的需求具有显著的差异性，而在同一个子市场内部需求具有明显的同质性。国际目标市场细分是市场细分概念在国际营销中的应用。

很显然，市场细分不是目的，它是企业的目标市场选择的基础。但是，尽管如此，市场细分在企业战略规划和市场营销过程中一直扮演着至关重要的角色。对于企业战略规划来说，它是判断公司专长与市场机会是否匹配的前提条件，是决定进入一个新市场或退出一个老市场的依据，是分析市场优先级与重要性的有效工具，是确切地描述竞争对手战略战术的先决条件。对于企业的市场营销运作来说，它是确定产品特征、定价、宣传、销售渠道的依据，是指引销售队伍主攻方向的有力工具，是分配人力资源、技术资源和资金的参考标准，是量化市场和用户、进行市场调查、把握市场趋势的关键。可以说，市场细分做好了，市场营销就成功了一半。

扩展阅读 8.1
只做最容易成功的事

扫码阅读

8.1.2 国际市场细分的依据

在对国际市场进行细分的时候,首先涉及细分变量的问题,也就是说,用什么工具进行市场细分。一般来讲,市场细分的工具有以下 5 类:

1. 以地理环境因素细分国际市场

跨国公司在开展国际营销时,常用大洲、国家、州划分市场。比如,有的企业将世界市场划分为南半球市场和北半球;有的则将世界市场划分为北美、欧洲、亚洲、非洲等国家市场。在所有地理细分变量中,国家的意义最为重大,因为,一般来讲,不同国家往往意味着不同的民族、不同的文化、不同的风俗习惯,以及不同的经济、政治、法律和社会环境。跨国公司需要同时在多个国家开展业务,所以必须根据不同国家的市场特点采取有针对性的营销策略。

按照地理特点进行市场细分有很多优点。第一,各子市场界限分明,便于管理。第二,处于同一区域的国家具有相似的经济、文化背景,可以从区域的角度制定通用的营销战略,可以在每一个地区设立一个分部来管理该地区的资源分配和具体的营销活动。但是,地理细分的局限性是地理的接近并不保证各国市场在政治、经济、文化等方面一定相似,有时候甚至相去甚远,制定统一的营销战略不见得有效。例如欧盟成立后,就将欧洲看成一个市场就不可行,欧洲市场仍然要进行适当的细分,因为各国在宗教、文化、生活习惯的差异仍然存在。因此,跨国公司在按照地理因素划分区域市场时,必须兼顾经济、文化等其他影响因素,以避免片面性。

表 8-1 根据地理特点细分市场列表举例

细分标准	细分标准举例
洲际	非洲、美洲、欧洲、亚洲
地区	中东、东亚、加勒比地区
区域性经贸组织	东盟自由贸易区、北美自由贸易区、欧盟
国别	中国、日本、美国、英国
气候	热带、温带、寒带
地形	平原、山区、高原、丘陵
人口密度	城市、小镇、乡村
人口总数	10 万~20 万人、20 万~30 万人、50 万~100 万人
老龄化程度	高、中、低
城市化程度	>20%、>30%、>50%、>75%
国家类型	高度发达国家、发达国家、发展中国家、不发达国家
基础设施	完善、较完善、不完善

2. 以人口因素细分国际市场

根据人口统计特点如年龄、家庭人数、性别、收入、职业、教育、宗教、社会阶层等变量,可以把消费者划分成不同的群体。

(1)年龄和生命周期阶段。消费者的消费欲望和能力随年龄而变化。宝洁公司有专门针对婴幼儿的护理用品,也生产专门供儿童使用的牙膏。

(2) 性别。性别细分一直运用于服装、理发、化妆品和杂志等领域。杂志市场是一个典型的例子,女性关注的问题与男性有很大的不同,男性关注政治、军事和体育,而女性关注娱乐、休闲。

(3) 收入。不同收入水平所具有的消费欲望和消费能力有很大不同,在汽车、化妆品、旅游和服务行业尤其明显。中等收入的消费者群体在旅游、文体产品方面的支出较多,而低收入消费者群体在食品、服装和住房方面的支出较多。

(4) 社会阶层。不同阶层的人在汽车、服装、家用电器、闲暇活动、阅读习惯等方面的偏爱明显不同。比如,高收入阶层倾向于炫耀性产品的消费。

3. 以经济环境因素细分国际市场

根据运输、能源、农业生产、人均消费指数、国民生产总值、对外贸易、人口统计等特点,将不同国家划分为几个大类。比如,美国芝加哥大学地理学研究小组把95个国家划分为5大类。在发达国家的消费者市场上,消费者较重视产品的款式、性能、特色等,因此,广告、销售促进、质量等方面的竞争效果好于价格竞争;超级市场和购物中心是消费者习惯的购买场所,因此企业的营销应侧重于大规模的自助性零售机构。在发展中国家消费者市场上,消费者注重产品功能及实用性,更加重视产品的价格,消费者习惯于就近、零星购买。

表 8-2 根据经济特点细分市场列表

经济发展阶段	传统阶段、起飞前夕、起飞、趋向成熟阶段、高度消费阶段
人均收入(GDP)	小于 3 000 元、3 000~8 000 元、大于 8 000 元(单位:人民币)
失业率	高、中、低
劳动生产率	高、中、低
对外部依赖性	高、中、低
政府管制程度	高、中、低
市场化程度	高、中、低
经济自由度	高、中、低
通货膨胀率	高、中、低

超级链接 8-1

表 8-3 我国智能手机消费者年龄细分

消费者年龄	心理特征	智能手机消费特征	辅助功能关注
15~29 周岁	好奇、新潮、攀比	购买能力一般、购买欲望强烈	拍照、视听、娱乐
30~45 周岁	稳定、技术、理性	消费主力、购买能力较强	商务功能、安全性
>45 周岁	稳重、理性	实用性、有购买力	健康、安全性

4. 以心理特点细分国际市场

这种细分市场的方法是根据购买者的社会阶层、生活方式或个性特点等变量,将购买者划分成不同的群体。

(1) 生活方式。不同的生活方式决定人们对不同产品的偏好,同时,人们消费的商品也反映了他们的生活方式。在时下的中国城市里,人们对"乡村生活方式"的向往日益增加,房地产公司努力营造具有乡村特色的住宅,食品公司不断声名自己的产品是绿色天然的,而各种各样的乡村旅游受到广泛欢迎。

(2) 个性。感情冲动、独立性强、具有男子汉气质、自信的人,与保守、谨慎、儒雅的人往往有明显不同的偏好。许多商家正是基于消费者个性不同而开发出不同类型的产品,比如丰田公司的巡航舰越野车,就是专门针对那些喜欢旅游、愿意冒险的年轻人而开发出的汽车。

表8-4 我国智能手机消费者收入及职业细分

消费者收入	职业特征	消费心理	消费特征	品牌关注
无收入者	学生	攀比、时尚	购买欲望强烈、购买力取决于家庭条件	是
3 000元以下	普通工薪层、农民	实用	购买能力和购买欲望均较低	否
3 000～8 000元	白领、初级管理员、工程技术人员	理性、实用	购买能力较强	是
8 000～20 000元	高级白领、高级技术人员、管理中层	精致、细节	购买力很强、消费主力	是
>20 000元	企业主、高层管理者	奢华、身份象征	购买力很强	是

资料来源:仇静. 基于市场细分理论的苹果手机在华营销策略研究[D]. 2015.

5. 以购买行为特点细分国际市场

根据购买者对一件产品的了解程度、态度、使用情况或反应方式等变量,将他们划分成不同的群体。购买行为变量包括时机、利益、使用者地位、使用率、忠诚程度、态度等。

(1) 时机。根据购买者产生需要、购买或使用产品的时机进行市场细分。例如,情人节的鲜花总是供不应求。国内的很多宾馆都会在春节、中秋时推出节日餐和为节日特制的蛋糕和食品。除了寻找产品的特定时机外,人们在一生中重要的特定事件,也会产生对特定产品的需求,比如结婚、购房、退休等。

(2) 利益。购买者消费同样的产品,但是追求的利益可能完全不同,按照购买者追求的不同利益,可将其归入不同群体。例如,人们选择旅游有不同的利益追求,有的是为了全家去度假,有的是为了冒险和增长见识,有的是为了享乐。同样是每天刷牙,但不同的人群追求的目标是不同的。有的追求身体健康,有的追求美容化妆利益,有的追求气味利益。例如,防止龋齿的追求者都属大家庭,都是大量牙膏的使用者,并且是因循守旧的人。

(3) 使用者状况。根据消费者对产品的使用情况,可以把市场细分为从未使用者、曾经使用者、潜在使用者、首次使用者和经常使用者。市场份额高的公司重点是吸引潜在用户,而较小的公司则设法把市场领袖手中的客户争夺过来。为了保持市场份额,公司还应该在维护品牌知名度和阻止忠诚用户转移品牌上做大量的投入。

(4) 使用量。根据消费者对产品的使用程度,可以把市场细分为少量使用者、中度使用者和大量使用者群体。大量使用者的人数通常只占市场人数的一小部分，但是他们的消费量占总消费中的比重却很大。营销者更愿意吸引那些大量使用者群体。

（5）忠诚状况。一个市场也可以用消费者的忠诚程度来进行细分。有些消费者是某些品牌或商店的坚定忠诚者，他们始终不渝的购买一个品牌的产品。在另一个极端是多变者，他们对任何品牌都不忠诚，总是尝试使用不同品牌的产品。也有很多消费者是介于二者之间，是中度的忠诚者，他们忠诚于两种或三种品牌。啤酒和图书市场是典型的有相当多的品牌忠诚者的市场。在这样的市场推销新产品，或者想挤入这样的市场，通常要经历一段艰难时期。

8.1.3 国际市场细分的程序

国际市场细分的程序主要包括以下 3 个步骤：

（1）调查阶段。调研者开展推测性的面谈和小组访谈，通过专家或熟悉情况者初步了解消费者的购买动机、态度和购买行为等方面的基本情况，为接下来的调查问卷设计奠定基础。然后，准备调查问卷，收集以下各方面的信息：顾客需要哪些价值属性及其重要程度排列、品牌知名度和美誉度排列、产品使用方式、对产品品种的态度、人口统计和所在地等。

（2）分析阶段。这一步经常要用到一些统计方法和统计软件，比如 SPSS。调研者采用因子分析法剔除一些高度相关的变量，然后采用聚类分析法来确定一定数目的明显不同的子市场（也叫细分市场或细分片市场）。

（3）描绘阶段。根据不同的顾客态度、购买行为、地理、心理和媒体传播方式等变量对每个子市场进行描绘。可能的话，还可以根据每个子市场的特征各取一个名字。

市场细分必须定期进行，因为子市场经常会发生变化。比如，计算机市场原来根据速度和功率细分为两个子市场——高端市场和低端市场，忽略了高速发展的中间部分。营销者后来才意识到迅速发展的 SOHO（小型办公室和家庭办公室）市场。戴尔公司用低价和用户友好吸引这个子市场并取得巨大成功。后来 PC 生产者发现 SOHO 市场又由更小的子市场组成，SO（小型办公室）和 HO（家庭办公室）的需求有很大的不同。

8.1.4 国际市场细分应遵循的原则

从不同的角度，可以把市场细分为不同的子市场。但是，并不是每种细分结果都是有效的。比如，可以把茶叶市场细分为高个子顾客组成的市场和矮个子顾客组成的市场，不过这种细分对营销策略的制定没有任何意义，因为购买茶叶与人的个子大小毫无关系。有效的国际市场细分必须遵循以下基本原则：

（1）可衡量性原则，即子市场的大小和购买力水平应该是可以测定的。

（2）足量性原则，即子市场的规模要足够大，企业可以获利。一个子市场应该是值得为之设计一套营销规划方案的尽可能大的同质群体。如果专为极少的一部分人设计产品，企业可能得不偿失。

（3）可进入性原则，即能够进入子市场并为之服务。这是因为一些市场尽管有利可图，但是一般企业是进不去的。军火行业就是典型的例子，很多国家除了政府之外，私人企业是不允许生产军火的，尽管这个行业是高利润行业。

（4）差异性原则，细分后的不同子市场应该对不同的营销组合因素和方案有不同的反应。比如，如果高个子的顾客和矮个子的顾客对茶叶的反应基本相同，那么，这种细分就没有实际意义。

（5）可行动性原则，即如果采取正确的营销手段，子市场的营销机会是可以利用的。可行动性包括两层含义：一是企业能够提供市场需要的产品，并建立合适的分销渠道；二是在目标子市场上，企业必须是有竞争力的。

8.2 国际目标市场评估和选择

8.2.1 评估国际目标市场的基准

在企业参与经营或将要参与经营的市场上找出"市场机会与企业能力的平衡点"，选出投资回报率高、有长期效益、与企业专长一致的目标市场，对企业的成败至关重要。评估目标市场的基准有：

1. 子市场当前的规模和增长潜力

公司必须考虑子市场是否对公司有吸引力，包括它的容量、成长性、盈利率、规模经济、低风险等。从全球角度挑选目标市场的优点是，单个国家的某个子市场可能太小，而如果几个国家之内存在同样的子市场，那么这个子市场就要大得多，企业可以通过采用标准的产品为其服务并获得利润。

2. 竞争态势

公司应避开竞争过于激烈的子市场。柯达在美国 24 亿美元的彩色胶卷市场上是无可争议的领导者，但这并未阻挡富士胶卷发动的竞争攻势。富士迅速占领市场的一个办法是引入大量针对"高水平业余爱好者"子市场的新型胶片，这是以往被柯达所忽视的子市场。虽然开始时获得了成功，但经过近 20 年的努力之后，富士在美国的市场份额仍只有 10%～12%。部分原因在于柯达的分销威力：柯达牢牢占据着超级市场和连锁商店，而富士则必须与像柯尼卡、宝利来等其他新加入进来的品牌争夺其他渠道。此外，柯达还同美国的几十家游乐园达成协议，确保在这些场所只出售柯达胶卷。由于上述原因，富士将重点由美国市场移向欧洲，因为在那里的彩色胶卷市场上，柯达"仅仅"占 40% 的份额。富士目前在欧洲市场上占有 25% 的份额，10 年前则只有 10%。

3. 公司的目标和资源

公司必须考虑对子市场的投资与公司的目标和资源是否相一致。某些子市场虽然有较大吸引力，但不符合公司长远目标，就应该放弃。另外，也必须考虑本公司是否具备在该子市场获胜所必需的技术和资源，技术指的是公司能够提供优质产品的诀窍，资源包括公司在分销和人力资源等方面的支撑能力。

4. 道德考虑

细分市场及随后的营销策略，有时会引起争议。例如，在美国和欧洲，许多人批评麦当劳对低收入的城市居民提供高脂肪、多盐的食品，因为低收入居民是麦当劳的常客。许多儿童产品的营销者也受到严厉的批评，因为他们通过煽动性的广告向孩子们推销含糖过多的食品，孩子的分辨和控制能力本来就弱，在这些广告的诱惑下，容易作出错误的选择。所以，立足长远发展的公司，在细分市场时要充分考虑道德因素。

8.2.2 选择国际目标市场

在对不同子市场进行评估后，公司必须决定为多少个子市场服务，即选择哪些子市场作为自己的目标市场。总体来说，有 5 种策略可供企业选择，见图 8-1。

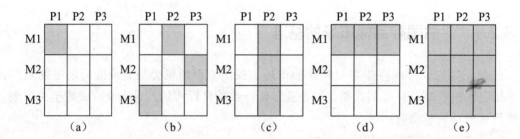

图 8-1 选择国际目标市场策略图（P 代表产品种类，M 代表市场种类）

1. 选择单一子市场

选择一个子市场，提供一种非常有特色的产品或服务。很多中小型企业选择这种策略，这样既可以避免激烈的竞争，还可以集中优势兵力在很小的范围内或市场上专注经营，以形成竞争优势，如北大方正的中文电子排版系统和金利来的男士职业服装。

公司通过专注于单一子市场，能够深入了解子市场的需求，并树立起特别的声誉，因此可以在子市场建立并巩固自己的市场地位。另外，公司通过生产、销售和促销的专业化分工，可以使生产成本降低。

需要指出的是，选择一个单一子市场的风险较大，因为单一子市场可能出现不景气的情况。在 20 世纪 50 年代，索尼公司最初的产品之一——磁带录音机曾经一度在日本的九州地区非常畅销。该地区煤炭业的蓬勃发展使得当地的经济异常景气，人们都很富有。然而索尼的产品突然又都因为煤矿的纷纷破产、整个地区经济情况恶化而滞销了。当时索尼作为一个刚起步的小公司几乎完全依赖于该地区，那里销售的突然滑坡使公司一片大乱，但后来终于通过提高其他地区的销售渡过了难关。盛田先生开始意识到"仅仅依靠九州，索尼也许会垮台"。

2. 有选择的专门化

选择几个子市场，提供不同的产品和服务。各个子市场之间联系很少或没有任何联系，然而每个子市场都可能盈利。选择多个子市场可以分散公司的风险，即使在某个子市场失败了，公司仍可在其他子市场获取利润。

放弃一些市场，侧重一些市场，以便向主要的目标市场提供有特色的产品和服务，能够避免正面冲突和恶性竞争。对于大型集团企业来说，则可分成若干相对独立的实体，分别服务于不同的客户群，如香格里拉集团在北京国贸中心拥有中国大饭店和国贸饭店两个不同档次的饭店。

3. 产品专门化战略

公司集中生产一种产品，向几个子市场提供这种产品。例如，公司向各类顾客销售传统相机，而不去提供其他产品。公司通过这种战略，可以在某种产品方面树立起很高的声誉。但是，这种选择模式也有很大的风险。比如，如果传统相机被数码相机所代替，那么公司就会发生危机。

4. 市场专门化

选择一个子市场，提供这个子市场的顾客群体所需要的各种产品。例如，公司可以为大学实验室提供一系列产品，包括显微镜、化学烧瓶、试管等。公司通过专门为这个顾客群体服务而获得良好声誉，并成为这个顾客群体所需各种产品的代理商。但是，这种选择模式同样也有很大的风险：如果大学实验室突然削减经费预算，就会对企业产生很大影响。

5. 完全市场覆盖

公司想用各种产品满足各子市场的各种需求。世界上只有为数不多的大公司才能采取完全市场覆盖策略，例如通用电气。大公司可用两种方法达到覆盖整个市场的目的，即无差异市场营销或差异市场营销。

（1）无差异营销

无差异营销也叫无差别营销，是指公司不考虑细分市场之间的差别，仅推出一种产品来覆盖整个市场。它关注顾客需求中的相同之处，而非不同之处。为此，它设计一种产品和制订一个营销计划来迎合最大多数的购买者。凭借广泛的销售渠道和大规模的广告宣传攻势，以树立超级品牌形象。可口可乐公司早期营销就是无差异营销的例子。

产品制造过程中的标准化生产和大批量生产可以降低生产、存货和运输成本，无差异的广告方案可以缩减广告成本，而不进行细分市场的营销调研和计划工作又可以降低营销调研和产品管理的成本。因此，无差异营销可以帮助企业建立低成本优势。

当行业中有多个公司采用这种战略时，就会使整个行业竞争加剧；与此同时，较小的子市场的需求得不到满足。这种追求整个市场的倾向被一些研究者称为"多数的谬误"，认识到这一谬误，能使公司增强进入较小的被忽视子市场的兴趣。

（2）差异营销

差异营销也叫差别营销，是指公司同时在多个细分市场经营，并为每个细分市场设计不同的产品。例如，德国大众为"财富目的和个性"各不相同的顾客生产不同的小汽车。

总体来说，差异营销一般要比无差异营销创造更大的总销售额，然而，差异营销也会增加经营成本，包括生产成本、管理成本、存货成本和促销成本。

过去几年中经常会听到或看到这样的高论："全国各地都是我们的市场，所有人都是我们的用户和潜在用户"。此话听起来很有企业家气魄，但违背了市场细分这一重要的市场经济原则，也是我国在过去几十年中出现大量重复建设、一窝蜂上同样项目，最后导致恶性竞争、资源浪费的根本原因之一。纵观过去几年的中国市场，一个明显的特点就是少数产品成为社会的消费热点，产品差异性很小，所以价格战、广告战在所难免。与此同时，很多用户的深层次需求得不到满足。因此，高明的企业必须要重视市场细分，要在子市场中选出用户需求最强烈、购买动力最大，有明显回报和影响的子市场，并分辨出谁是第一目标用户群，谁是第二、第三目标用户群，谁是相应的竞争对手，从而更有效地制定市场战略和战术，达成企业的经营目标。

当然，差异营销也要考虑"度"的问题，如果过分差异，将导致市场细分过度。在过去几年中，一些公司因为过度地细分了市场，结果并不划算，它们转向"反细分化"或拓宽顾客基础。

8.3　进入国际市场方式

8.3.1　出口进入国际市场的方式

出口进入国际市场的方式是指生产企业把本国生产和加工的产品输往国际市场的方式。采用这种模式时，生产地点不变，劳动力、资本没有在国际市场流动，出口的产品与内销产品相同，也可以根据国外目标市场需要作些调整，甚至专门为国外顾客开发出新产品。企业选择出口的动机包括获取更多的利润、实现规模经济、企业拥有独特的产品和技术优势、有独享的信息，也有的是竞争压力、生产过剩、国内市场饱和等被动的情况所迫。出口可以是直接的，也可以是间接的。

1. 间接出口方式

间接出口方式是指企业出售产品给本国的代理商，后者再出口。像沃尔玛等大型零售商和一些贸易公司都有采购商品后出口海外的业务。间接出口模式的具体做法有 3 类：一是生产企业把产品卖给出口经销商。出口经销商拥有商品所有权，在国际市场自主销售、自负盈亏；二是生产企业委托出口代理商代理出口产品。出口代理商不拥有产品所有权，受生产企业委托，在合同规定的条件下为生产企业出口牵线搭桥，寻找市场机会，出口销售成功后获取佣金，生产企业拥有经营出口产品的决策权；三是生产企业委托在目标市场设有销售机构的某个本国公司代销产品，或者由同行业多个制造商共同发起成立的外贸企业销售产品。

采用间接出口模式的大多是起步阶段的中小企业，他们不熟悉国际市场情况，可以利用中间商的经验、信息和国际营销渠道，节省了国际市场调研、渠道建立等营销费用。但是，间接出口会导致对中间商的严重依赖，不利于企业自身国际营销经验的积累，也难以及时适应国际市场变化；另外，中间商的盘剥也削减了企业的利润。

2. 直接出口方式

直接出口方式是指生产企业绕过国内中间商，独立承担一切出口业务，直接向国外中间商、分销商，乃至最终消费者销售产品。直接出口是出口贸易的高级形式。一般来说，当企业通过间接出口取得国际营销经验后，可转向直接出口，使企业成为真正的国际营销企业。

直接出口分为两种情形：一种是设立出口部或国际业务部，向目标国的中间商出口产品，由后者在目标市场上进行产品经销或代销，或者向国外顾客或用户提供产品；另一种是在目标国设立专门的销售分支机构或子公司就地销售。

采用直接出口方式能够避免中间商的盘剥和控制，获取更高的利润，也能够积累丰富的国际营销经验，企业对国外目标市场的控制程度比较高，可以直接迅速取得市场信息。但是，企业设立国外销售机构，需要投入大量资源，并拥有一批熟悉国际营销的专才。

8.3.2 合同进入国际市场方式

合同进入国际市场的方式是指从事国际营销的生产企业与目标国的法人通过签订协议，将自己的无形资产使用权授予对方，允许其制造、销售该企业产品或服务，或提供服务、设备、技术支持等，以获得报酬并进入国际市场。可授予使用的无形资产包括各种工业产权（如专利、商标、专有技术、管理和营销技能等）和著作权。合同进入模式的类型主要有许可证贸易、特许经营、合同生产。

1. 许可证贸易

企业（许可方）与对象国法人（被许可方）签订合同，允许其在合同期限内使用许可方的无形资产，并获得被许可方支付的报酬（提供费用或其他补偿）。企业选择这种方式进入国际市场的动机或原因主要包括：①确保企业无形资产在对象国不受损失；②与合作方建立了利益联盟；③产品的生命周期在本国处于衰退期而在对象国仍在成长阶段。

很多企业把许可证贸易作为出口和在国外生产的补充。许可证的类型主要有4种：

（1）普通许可。许可方和被许可方在合同规定的区域、时间内有权使用许可证的标的生产销售相关产品，也可以把许可证的标的再转让给第三者。普通许可转让的技术多为成熟的、标准化的技术。

（2）排他许可。许可方和被许可方在合同规定的区域、时间内有权使用许可证的标的生产和销售相关产品，但不能把许可证的标的再转让给第三者。排他许可实际上是排斥第三者，使用技术的权利由贸易双方共同分享。

（3）独占许可。被许可方拥有在合同规定的区域、时间内使用许可证的标的生产和销售产品的独占权力，许可方在同时同地无权使用许可证标的生产和销售产品，双方都不能向第三者转让许可证的标的。

（4）交叉许可。许可证合同双方互为许可方与被许可方，在平等互惠的基础上，双方均可取得对方技术的使用权。交叉许可是为了交换技术，或是为了技术互补。

像可口可乐和迪斯尼这种形象导向型的美国公司正在许可海外的饮料、服装、玩具等生产商使用它们的商标名称和标识，仅在中国就有数十家工厂在生产可口可乐授权的饮料。

许可证贸易能够避开进口国的贸易壁垒和投资限制，可以降低国际营销中的投资风险和政治风险，也不需要大量资金和人力资源投入。但是，被许可方可能以其低劣的产品质量破坏许可方的信誉和形象，另外，许可方把一部分技术的优势、独占的权力转让给被许可方，实际上培养了潜在竞争对手。日本公司宁愿把产品卖给中国，也不愿意授权中国公司生产，因为日本公司担心，中国公司一旦掌握了制造技术，再利用低工资的成本优势，就会成为日本公司强大的竞争对手。

2. 特许经营进入方式

特许经营进入方式是指特许人将工业产权整个经营体系（包括专利、商标、企业标志、技术诀窍、经营理念、管理方法等）特许给对象国独立的公司或个人使用，被特许人必须按照特许人的政策和方法经营，并支付初始费用和销售提成。特许方要给予被特许方以生产和管理方面的帮助，例如提供设备、帮助培训、融通资金、参与一般管理等。

扩展阅读 8.2
特许经营的起源和发展
扫 码 阅 读

特许经营可极大程度地扩大特许商号、商标的影响力，用较少的资源便可迅速拓展国际市场并获得可观的收益，同时，这种合作方式政治风险较小。但是，这种模式要求特许人的商号、商标及其产品、服务必须具有较大的吸引力。

3. 合同生产进入方式

合同生产进入方式是指企业为了开拓对象国市场，与当地企业签订订货合同，要求对方按合同规定的质量、数量、时间生产本企业所需要的产品或零部件，交由本企业用本企业的品牌销售。实际上，是把生产厂设置在营销对象国，当地生产，当地销售，使国际生产和国际销售紧密结合。

超级链接 8-1
什么是特许经营权
扫 码 阅 读

这种方式可以充分利用当地的资源优势和劳动力成本低的优势。但是，企业要提供技术援助和管理支持，有可能培养出未来的竞争对手。

8.3.3 投资进入国际市场方式

投资进入国际市场方式是指生产企业将资本连同本企业的管理技术、销售、财务以及其他技能转移到目标国家或地区，建立受本企业控制的分公司或子公司，在当地生产产品，并在国际市场销售。

企业选择对外直接投资方式进入国际市场，主要是为了满足自身扩大市场和成长发展的需要。另外，对外直接投资可以使公司绕开贸易壁垒，像当地公司一样运作，不受关税和其他进口方面的限制,例如许多日本公司投资于欧洲以抵消日欧贸易摩擦的影响。此外,公司希望获得价格低廉的资源以确保其原料和劳动力的供应。在很多发展中国家,为了解决就业困难和资金短缺问题,政府制定了优惠的税收等政策吸引外国直接投资进入本国,这也是外国直接投资迅速增长的重要原因之一。

一般来说,通过投资进入国际市场必须解决好两大问题:一是在所有权类型方面,以独资还是合资的形式进入国际市场;二是在以独资方式进入国际市场时,是收购国外企业,还是在国外创建新的企业。

▶ **国际营销案例 8-1**

可口可乐在日本本土饮品市场

减脂可乐、可以吸的芬达和可乐冰、樱花和桃子味可乐——你总能在日本市场看到可口可乐的新奇产品。这些产品中不少原本只诞生于日本市场,却因为人气旺盛转而也开始在其他地区市场发售。

热量清凉饮料、添加膳食纤维的茶饮料等以健康为目的的饮料,都是日本饮料市场近几年的流行。看看便利店的货架你就会发现,各大饮料商都爱把零糖质、低卡路里放在包装的醒目位置;拿铁、奶茶、桃子等口味,外观完全透明的纯净水也很流行,它们看起来更"轻盈",给人不容易发胖的印象,一瓶的热量也大多低于 50 卡。

可口可乐也针对日本饮料市场的新趋势开发了相应产品。他们拥有能帮助消化的麦爽健美茶",请来体育系女明星土屋太凤代言;加入了橘子、白桃等口味的透明 ilohas 天然水,还有可以吸的可乐冰等。

2017 年,该品牌还顺应趋势在日本市场推出过白色包装的"CocaColaPlus"可乐,加入了食物纤维,据称能抑制脂肪吸收。在绫濑遥出演的广告中他们也试图传递这种信息:就算和炸鸡一起吃,也不会有发胖负担。

随着各种宣传报道,很多人意识到长期饮用饮料,会由于高糖引发肥胖、冠心病等各种健康问题,而可口可乐能够快速意识到日本消费者饮品消费观的改变推出一系列健康饮品,使自己在日本激烈的饮料市场中获得成功。国际营销文化环境不是固定的,而是不断变化的,因此企业需要不断了解并适应。

资料来源:刘雨静.日本可口可乐的营销脑洞是怎么来的?[D]. 2018.5.16.

1. 在国外建立独资企业

公司对在海外建立的企业拥有 100% 股权。从公司自身角度看,采取独资形式可以牢固控制所投资的企业,维持企业在技术垄断、经营诀窍、产品品质和产品信誉等方面的优势,确保投资收益的最大化。

如果子公司和总部之间的关系非常密切,以至于任何协调的不到位都会导致公司的损失,那么独资是必要的。独资企业需要大量资金和管理人员的投入,以便能够最大程度地参与当地市场的经营。但是,不管是建立

扩展阅读 8.3
沃尔玛 10 亿美元收购好又多

扫码阅读

新的设施,还是采取并购的方式,都意味着公司要花费大量的财力、人力和物力。今天,日本在中国的子公司多采取独资的方式。

建立独资企业的方式包括并购和创建两种。并购是指国际营销企业通过在资本市场上购买某企业的股票或在产业市场上购买股权,取得该公司的所有权与经营权。通过并购方式可以迅速抢占市场,吸收被收购企业的特长,也节约投资成本和时间。但是,在寻找和评估被收购企业方面存在困难,同时如何处理与被并购企业的原职工、客户和供应商的关系,也会遇到麻烦。另外,被收购企业与母公司的融合也需要时间。

创建是指国际化经营企业通过购买厂房设备、设立组织机构、招聘人员等工作而建立一个全新企业。创建新的企业有利于提高运行效率,避免收购方式中难以处理的原企业已经存在的各种契约、非契约关系等难题。但是,创建新的企业需要大量的筹建工作,建设周期长、速度慢、灵活性差,因而整体投资风险大。

2. 在国外建立合资企业

合资是两个或多个组织在一个较长的时间内的合作,合作伙伴分享资源,共担风险,同享利润。合作者对合资企业的出资,可以是资金、技术、销售组织、设备和工厂。采用合资方式可以利用双方共同的资源,创造出比每个伙伴单干更好的产出。特别是在每个伙伴都有某一独特优势时,合资的优势就更加明显。例如,一家公司可能拥有新技术,但缺少资金,通过合资伙伴的加入,可以更快地推广新技术并抢占市场。合资经营的方式也有利于与当地政府、金融机构和其他组织保持良好的关系。

从东道国的角度看,吸引外资的同时,又要保护民族经济,特别是要避免国外企业控制本国经济命脉。所以,国际化经营企业采取合资方式,一方面确保对所投资的公司的控制权;另一方面也要满足对象国的要求,规避有关政策的限制,尽可能获得政策优惠,并在东道国树立良好形象。

合资关系的保持有时很困难,许多合资公司因此不能达到预期目标。意见的冲突反映在企业决策领域的各个方面,包括战略、管理风格、会计和控制、市场政策和实践、产品、研究、人事等。更为明显的是,在利润的分配方面合作伙伴间常有分歧。

一般来说,影响股权选择的因素有两个:一是企业的自身情况。处于初级阶段的企业大多愿意采取合资安排,而处于高级阶段的企业倾向于采取独资或多数股权的合资安排。另外,如果企业自身的竞争优势明显并且国际营销经验丰富,则倾向于采取独资方式或集中控制。二是东道国的情况。如果东道国是发展中国家,多鼓励采用合资方式。此外,当地企业如果有可被利用的资源、技术、当地政府关系等,也多采用合资方式。

8.3.4 国际战略联盟进入国际市场方式

两家或两家以上企业为了相互需要、分担风险并实现共同目的而建立的一种合作关系。国际战略联盟是弥补劣势、增强竞争优势的重要手段,可以迅速开拓新市场,获得新技术,提高生产效率,降低营销成本,谋求战略性竞争策略,寻求额外的资金来源等等。

目前，最明显的国际战略联盟出现在航空业中。美国航空公司（America Airlines）、英国航空公司（British Airways）、加拿大航空公司（Canadian Airlines）、澳洲航空公司是世界（One world）联盟的成员，该联盟整合了时刻表和里程计划。与之竞争的是以联合航空公司（United）和汉莎航空公司（Lufthansa）为首的星星联盟（Star）以及由西北航空公司（Northwestern）与KLM率领的两翼联盟（Wings）。对单个公司来说，某些业务的成本太高、时间太长或风险太大，通过战略联盟的方式，可以把各自的优势联合起来，能做原本无法做成的事情。

扩展阅读8.4
七大国际酒庄联盟：开创全球品牌联合

C-Itoh（日本）、Tyson Foods（美国）和Provemex（墨西哥）组成了一个有多重目标的国际战略联盟。该联盟生产日式烤鸡肉串，出口到日本和其他亚洲国家。每个公司都有自身的目的，都对联盟有贡献。在日本国内劳动力成本越来越高的情况下，C-Itoh的目的是找到一个廉价的成品供应商，因为其产品是劳动密集型产品。C-Itoh的贡献在于其遍布日本和亚洲的分销系统和市场；Tyson Foods（泰森肉制品）的目的是为鸡腿寻找新市场，因为美国市场的主要需求是鸡脯肉，鸡腿是副产品。Tyson Foods出口部分多余的鸡腿给亚洲，并获悉C-Itoh想扩充供应基地，但Tyson Foods也面临劳动力成本高的问题；Provemex的目的是从鸡的饲养和宰杀向有高附加值的产品拓展，它的贡献是提供廉价劳动力。显然，通过建立战略联盟，三方都受益：Provemex获得了拆骨专有技术，使经营垂直一体化，并进入利润丰厚的市场；Tyson Foods通过出售剩余的鸡腿获得了更多收益，并增加了在亚洲市场的市场份额；C-Itoh拥有了稳定的价格优势的产品。

国际营销案例8-2
阿拉斯加航空宣布将于2021年夏天加入Oneworld

以上介绍的4种进入国际市场的方式，实际上代表了国际营销从低到高的5个主要阶段，它们的目的和条件各不相同。新产品的推广方式注重实效性，其目的是尽可能快速地将自己的新产品传播到消费者心中。出口进入方式主要被处于国际营销初始阶段的企业所采用，主要目的是为了消化过剩的生产能力，使产品赢得更广阔的市场，因此企业对国际营销的概念、意识是不自觉的、朦胧的，产品出口经营也带有不稳定和多变的特征。合同进入方式则前进了一步，有意识、有步骤、有针对性地在国际市场充分发挥企业的经营优势，对回避国际贸易壁垒也颇有心得，但对如何深入国际市场的战略性操作还在探索中，所以，基本上不涉及国际营销中关键的股权问题。投资进入方式属高级阶段，它以直接投资方式表明了国际化经营企业渴望在对象国市场上掌握自身命运，参与要素活动，瓜分国际市场，以使货币资本和技术资本有更广阔的运作空间。只有国际化很成熟的企业才采用国际战略联盟的方式，在竞争激烈的国际市场上，企业之间协同竞争，实现优势互补。正由于此，任何一个企业在不同的发展阶段，所采用的进入方式也各不相同。

即测即练8.3

本 章 小 结

有效的市场细分必须考虑可衡量性、足量性、可进入性、差异性和可行动性。在对各个子市场进行评估时，必须研究子市场的吸引力是否与公司的目标和资源相一致。在目标市场确定后，公司可以选择单一子市场，也可以选择几个子市场，这要根据公司的具体情况来确定。

国际市场细分后，对已经选定的目标市场，公司要考虑如何将自己的产品、设备、技术、商标、管理等资源进行组合，选择进入国际市场的方式。新产品的推广方式注重实效性，其目的是尽可能快速地将自己的新产品传播到消费者心中。出口进入方式基本由处于国际营销初始阶段的企业采用，目的是消化过剩的生产能力；合同进入方式则是有意识、有针对性地在国际市场发挥企业的经营优势；投资进入方式属于高级阶段，直接投资方式表明企业渴望在对象国市场掌握自身的命运，参与要素活动；而国际化成熟的企业才采用国际战略联盟方式进入国际市场。

关 键 术 语

工厂直销（factory outlet） 市场细分（market segmentation）
消费心态细分（psychographic segmentation） 产品差异化（product differentiation）
竞争态势（competition condition） 许可证贸易（license trade）
战略联盟（strategic alliance） 确定目标市场（market targeting）

课 后 习 题

1. 有效市场细分的要求是什么？
2. 大众化营销是不再有效了，还是大众化营销仍然是建立盈利品牌的一种可行方法？
3. 评估目标市场的基准有哪些？
4. 试比较5种选择目标市场的策略。
5. 影响进入国际市场战略模式选择的因素有哪些？
6. 试比较合同进入方式与投资进入方式。
7. 讨论国际战略联盟的背景。

本章讨论案例

Brandless 的营销新思维

2017年美国出现了一家神一样的电商企业，所有产品只卖3美元，这个电商企业所销售产品不仅是小物件，还有有机食品、洗面奶等，统统只要3美元。所有产品无品牌，并且每卖出一件商品，要捐一顿饭做公益。该电商企业所经营的产品品质过硬，完全不像街边"五元店、十元店"的产品，有人将其经营模式概括为良心版拼多多加小红书，再加线下的名创优品。这么低的逆天价格，质量又不错，还要做公益，这样下去企业不会倒闭吗？然而，它不仅没有倒闭，反而卖出了名堂。成立仅1年，它就获得了软银集团（曾投资阿里巴巴）2.4亿美元的C轮融资。这家公司叫Brandless，是2017年硅谷最火的创业公司。

（一）

Brandless是家很"奇葩"的零售商，所有产品都没品牌，所有商品都卖3美元。在其他企业的产品都在拼命建设，试图变成家喻户晓的大品牌，在顾客心中占领制高点的时代，Brandless偏偏要反着干，主张无品牌。这种没有品牌的商品，消费者真的敢买吗？用企业首席执行官（CEO）的话描述就是："我们采用'直接面向消费者'的模式，削减甚至干脆砍掉了'品牌税'（brandtax）。"其实，这种做法可以用一句话来概括，就是"没有中间商赚差价"。

（二）

2017年才上线的Brandless，与京东、淘宝等一般电商平台不同，它们拥有几千甚至上万的品种，而Brandless只有300多个品类，却迅速吸引了一大波粉丝，成为2017年硅谷最火的创业公司。更"奇葩"的是其所经营的产品，每种品类只有一样，没有替代选择，也就是说，这家网站只销售一种牙膏、托盘或者厕纸。Brandless似乎一点也不担心选择这么少会不会没人买。因为卖什么种类的产品，都是大数据算出来的。Brandless借助大数据分析，找出日常生活中消费者最常买的产品，比如牙刷、厕纸等，然后与不同的生产商合作，进行产品测试，最后挑选出最佳的配方和产品，生产消费者最常用的产品，并且品质极高，产品销售火爆也就理所当然了。为了压缩成本，Brandless使用了很多的省钱策略。比如简化包装，产品包装上没有品牌标识，都是走极简风格的自有品牌产品。简化配方（配料要是只用加2种，绝不加3种），如Brandless的有机花生酱中只有2种原料：花生和盐，这导致花生酱看起来"分层很明显"（因为没有油），不过还是能保证最传统的味道。再比如，Brandless没有线下门店，直接从仓库发货。虽然没有门店成本，但靠快递配送成本也不低，加上一件产品才卖3美元，那对企业来说也负担巨大。于是，Brandless又机智地采用了一种提高获利率的方式：提高运费或会员制。别看Brandless每项产品只有3美元，但它的运费就高达5美元。如果要免运费，则需要买到39美元以上；如果不想付出高昂运费，可以成为会员，缴纳一年36美元的会费。这样一来，要么多买，要么成为会员。无论消费者选哪个，都能提高 Brandless 的获利率。

（三）

  Brandless 的模式与拼多多极为相似，3 美元的价格确实是很多人选择 Brandless 的最主要原因。正如我国的拼多多，凭借低价的优势，不到 3 年就占领了 3 亿人的市场。但不同的是无论是获取新用户的手段，还是产品质量，拼多多都遭受了铺天盖地的谩骂。同是低价的 Brandless，用户却对它好评如潮。它用了哪些营销手段？

  1. 获取新用户的方式

  Brandless 是如何寻求新顾客的呢？其实，Brandless 获取新用户的方式同我国许多产一样，运用了互利互惠原则。当你将产品分享给你的朋友（必须是 Brandless 的新用户），你的朋友完成第一次下单购买后，你和你的朋友都能获得 6 美元的奖励。换句话说，如果你邀请的朋友不是 Brandless 的新用户，或者当你邀请后，他没有购买 Brandless 的产品，那么你们都无法获得奖励。利益面前不分国界，只要抓住消费者的心理制定营销策略，对于任何国家的人都是适用的。

  2. 维护顾客关系

  在维持顾客关系方面的工作诚意满满：第一，产品质量有保障，低价的 Brandless 非常注重产品质量要求，每件产品都会进行严格的测试、调整和反复试验，确保其产品质量达到最高要求。比如，在食物方面，Brandless 强调非转基因、有机。在家居用品方面，Brandless 非常注重环保（可降解），并通过了美国环境保护署（EPA）环保认证。在文具方面，Brandless 主张健康的诉求，并通过了森林管理委员会（ESC）的健康认证。正是源于这样严格的质量控制，Brandless 项目于 2017 年 7 月 11 日正式启动，网站第一周试运营，就向美国的 48 个州发出订单。运营的第二个月，业务重复订单达到两位数，复购率很高。第二，保持与用户的互动。保持与用户的互动，其实就是要与用户建立良好的关系，增强用户的忠诚度。Brandless 没有线下实体店，商家基本上没有机会能够"撩"到用户，对打造长期顾客关系而言这是短板。针对这一情况，Brandless 采取了四个举动：搭建购物平台社区，及时反馈省钱信息，举办线下活动，做公益打造品牌美誉度。

  （1）搭建购物平台社区

  Brandless 的创始人蒂娜·夏基（Tina Sharkey）："我想建立一个拥有共同信仰体系的社区，我们不仅仅在建立一个产品、品牌、公司，甚至是一个新的类别。但我们真的打开了一个大家认为每个人都应该得到更好的信念所驱动的社区之门，而且最好不需要花太多钱。"从运营的角度说，Brandless 的购物平台更是一个社区，一批有同样消费理念的人聚集在这个平台上。他们不仅仅在平台上寻找买得起并符合自身价值观的产品，更想通过自己的消费行为，引导一种全新的现代消费方式。Brandless 以"引导一种全新的现代消费方式"为信念搭建了购物平台社区。

  （2）及时反馈省钱信息

  Brandless 每季会给用户寄"省钱报告书"，上面列有同一件产品在 Brandless

购买和在其他零售商购买的价格比。通过价格对比，让用户明白，在消费究竟为他们省了多少钱。这种方式不仅让 Brandless 找到与用户互动的机会，还让用户感受到 Brandless 是真正在替用户着想，而且确实比其他商家省钱。

（3）举办线下活动

Brandless 平台会根据用户所购买的原材料，发布用这些原材料烹饪美食的菜谱，或是通过临时线下商店举办活动，与用户联络感情。2018 年 5 月初，Brandless 在洛杉矶推出为期两周的快闪店。在快闪店，Brandless 不卖产品，而是举办系列讲座，邀请食品健康、美妆、社会公益等各领域的专家来演讲，还在现场举办试吃活动，近距离观察用户与产品的互动，进一步调整产品走向，推出更受用户欢迎的产品。

（4）做公益打造品牌美誉度

Brandless 与美国慈善组织 Feeding America 合作，每成交一笔订单就会为有需要的人提供一顿饭。如果是 Brandless 会员（B. More）的订单，一次将捐赠两顿饭。2018 年 2 月，Brandless 因捐赠 25 万顿食物给 Feeding America，而获得 NewCo Honors 的年度最佳新公司奖。做公益不仅彰显了 Brandless 的社会责任感，而且用户在购物的时候，想到自己的消费将产生公益价值，不免会增加对 Brandless 的好感度，Brandless 公司的美誉度也因此大大提高。

总之，Brandless 公司通过创新的思维和营销模式，借助一系列的营销活动在新的消费背景下获得了许多消费者的认可，既有消费者对其价值的认同，又有产品的销量，还同时兼顾了社会公益，是企业对营销理论运用的突出代表者。

资料来源：http://www.cmmo.cn/article-212340-1.html。

讨 论 题

1. Brandless 公司是如何逐步进入目标市场的？
2. 总结 Brandless 公司成功的原因。
3. Brandless 公司的营销策略对国内类似企业有何启发？

（考核点：国际市场细分的作用；国际市场细分的依据；国际市场细分的程序；市场细分的原则；国际市场的进入方式）

第9章
国际营销的产品差别化和定位

学完本章,你应该能够:

1. 理解国际营销产品差别化和定位的含义和作用;
2. 知晓国际营销常用的产品差别化的工具;
3. 熟悉国际营销差别化的程序;
4. 了解有效的国际营销差别化的原则;
5. 掌握国际营销产品定位的类型。

Costco电商大潮中逆势而起

过去10年(2006—2016年)中,电商的崛起对传统零售业造成了巨大冲击。全美第三大零售商西尔斯(Sears),10年市值缩水96%;大型百货连锁杰西潘尼(J. C. Penney)股价下跌86%;梅西百货下跌55%。与之相应的是电商巨头亚马逊(Amazon)的迅猛发展,10年市值增长近20倍。但仍有一批传统零售商如好市多(Costco)、罗斯(ROSS)、TJX等,顶住了电商冲击,逆势而上。其中最具代表的是Costco,过去10年间市值增长1.7倍。10年1.7倍,虽然从数据上看并不值得骄傲,但在电商冲击、传统零售业纷纷闭店转型的大背景下,这样的成绩难能可贵。Costco就像一只乌龟,以每年4%~6%的营收增长,走得不急不缓。

Costco这家电商大潮中逆势而起的传统公司,在当前零售回归线下的背景下,带给我们怎样的启示呢?

Costco收入分为销售收入和会员费两部分。通过分析公司近10年的财务数据,我们发现会员费是公司赢利的主要来源,占净利润的3/4左右。会员制,是Costco在形式上与通常超市的主要区别,用户需要预先支付定额会员费成为会员。只有会员或有会员陪同的家人、朋友,才可进入Costco卖场消费。Costco根据通货膨胀率及市场情况对会员费进行不定期调整,个人会员费每次调整额度为5美元。

根据Costco公布的消息,2017年6月,个人会员年费由55美元上涨至60美元,精英会员由110美元上涨至120美元。下面将Costco会员制模式与传统零售模式以及服务中介模式进行比较。传统零售行业,利润与商品售卖直接相关,所以需要考虑进货价、售卖价、销售量等。如沃尔玛(WalMart)通过大宗采购降低进货成本,构建强大供应链及物流体系压缩运营费用,核心是增大利润空间。以链家为代表的服务中介,依靠从标的物价格中按比例抽取佣金获利,卖一套房子获得房屋价格 2.7% 的中介费,赢利与标的物价格直接相关。

Costco 更加纯粹,预先收取定额会员费,赢利水平只与会员数相关,与销售商品、毛利水平没有直接关系。此外,比之常规流量变现逻辑,Costco 门槛前置,一方面,会员客群更加聚焦,只关注美国最广泛的中产阶级,提供服务也更加聚焦;另一方面,预付费机制除了为经营活动提供持续且稳定的现金流外,在心理学上,还会形成"自助餐效应",有效提升用户购买活跃度。

必须着重指出会员是 Costco 一切商业逻辑的基础。不论是用会员费支撑营运,还是大采购量降低成本,都需要相当的会员规模,这是一个漫长的过程,积累会员,也培养品牌。数量庞大且忠诚度极高的会员群体,是 Costco 最为坚实的壁垒。想必 Costco 创始人吉姆·辛内加尔(Jim Sinegal)应该非常认真地研读过《毛泽东文选》。35 年前,他在开创第一家 Costco 仓储会员店时,就确立了公司发展的核心思想:组织群众、依靠群众,打一场轰轰烈烈的人民战争。

资料来源:彭毅."零售行业专题"——Costco 重塑"人货场"打造美国传统零售业典范. 中泰证券研究所年报,2019-4-15.

9.1 国际营销的差别化

营销大师菲利普·科特勒明确指出:"STP 是现代营销战略的关键要素"。STP 即市场细分(Market segmentation)、目标市场选择(Market targeting)和产品定位(positioning)。市场细分和目标市场选择已在上章做了介绍,又考虑到产品差别化是产品定位的基础,因此,本章从介绍产品差别化开始。

9.1.1 产品差别化的概念

产品差别化(Product differentiation)也叫产品差异化,就是设计一套有意义的差别,以便把本企业的产品同竞争产品区别开来的行动。

在当前竞争激烈的市场条件下,每一类产品都有无数个品牌在等着消费者的垂青,如果企业的产品没有任何特色,也不能以更低的价格销售同样的产品,可以说,从理论上讲这个产品就没有存在的意义。企业必须给消费者一个喜欢你的理由,为此,企业必须不断地对自己的产品进行差别化,以区别于竞争对手的产品。

差别化的必要性还可以从竞争的角度来理解。竞争优势主要有两种。一种是成本优势,即企业用比竞争对手更低的成本提供同样的顾客价值;另一种是产品优势,即用同样的成本创造更多的顾客价值。而差别化正是构建产品优势的基础,因此,也是构建竞争优势的重要方式之一。

9.1.2 差别化的工具

企业可以从 5 个方面对自己的产品进行差别化:实物产品、服务、人员、渠道和形象。

1. 实物产品差别化

实物产品差别化主要包括以下几种途径:

(1) 形式:很多产品可以用形式进行差别化。形式包括大小、形状和实体结构。即便像阿司匹林这样的产品也可以用形状进行差别化,比如颗粒的大小、糖衣的颜色等。日本农民就采用形式差别化把西瓜打入美国市场,并取得很好的经济效益。在一般人的心目中,日本工业特别发达,其实,日本的农业也不落后,日本人的经营头脑不但体现在工业方面,在农业方面也有过之而无不及。早些年其他国家的西瓜都是圆形的,但是,日本人种出来的西瓜却是四方形的。据说,这种西瓜并不是天生就是这种形状,而是日本农民在西瓜长到拳头般大小的时候,把西瓜放在统一规格的四方形塑料箱子里,这样,等西瓜成熟时自然是四方型。这样的西瓜不但形状漂亮,而且便于运输,在美国市场上以几十美元一个的价格销售。

(2) 特色:所谓特色就是产品基本功能以外的特征。很多产品都能够提供不同的特色,企业也可以据此对自己的产品进行差别化。在选择产品特色的时候,并不是越多越好,因为,每增加一样特色都会相应地增加成本,而且,不同顾客对同一个产品特色会有不同的价值判断。那么,企业应该如何选择合适的特色?首先,企业可以询问新近的购买者:你觉得这个产品怎么样?还能加上什么特色让你更满意?你打算为各种特色付多少钱?你对其他顾客建议的特色怎么看?其次,确定哪些特色值得增加。企业应该计算出每种潜在特色对顾客的价值,以及增加这个特色的成本。比如,一个汽车制造厂正在考虑三种改进措施:后窗除雾器,成本 100 元而顾客认为值 200 元;自动变速,成本 800 元而顾客价值 2 400 元;自动除渣,成本 2 000 元而顾客价值 2 000 元。由于第二种方案中每单位成本创造最大的顾客价值,因此,企业首先可以考虑增加自动变速这个特色。当然,企业在做出最终决策之前,还要考虑需要这个特色的顾客的人数以及竞争对手模仿这个特色的容易程度。最后,在综合考虑的基础上确定产品的特色组合。

(3) 性能质量:性能质量是指产品主要特征在产品使用过程中所表现出来的水准,可以分 4 个层次:低、平均、高、超级。性能质量是产品差别化的重要工具,很多企业通过这种方式建立自己的差别化优势。比如,在手机行业,波导利用性能质量建立起明显的竞争优势。波导手机的技术合作方——法国萨基姆是全球最具实力的航空军事通信公司之一,它是法国幻影战斗机射频通信技术的提供者,因此波导手机在通信性能、通话效果上就具有先天的优势。

世界战略研究所的研究表明,在产品质量与投资回报之间存在明显的正相关。生产高质量产品的企业之所以带来高利润,是因为高质量的产品可以定更高的价格,此外,企业还从顾客重复购买、顾客忠诚、口碑中受益。需要指出的是,产品性能质量并不是越高越好,因为,到一定程度后,一方面提高性能的回报率会越来越低;另一方面,随着产品质量的提高，产品成本也会上升，到一定的程度会超出顾客的承受能力。因此，企业应该根据目标市场的需要和竞争产品的性能质量水平来决定本企业产品的性能质量水平。

（4）一致性质量：质量包括两个维度，除了性能质量之外，另一个维度是一致性质量。所谓一致性质量是指所有产品的质量都很均匀，而且达到预期的水准。比如，如果联想公司生产的电脑每台质量都一样，而且都能达到顾客预期的标准，我们就说联想产品的一致性质量高。

（5）耐用性：耐用性用来衡量一种产品在自然和高负荷情况下的使用寿命。耐用性对有些产品而言是一个重要的价值属性，比如消费者一般愿意为耐用的车辆和厨房设备等产品支付较高的价钱。一些企业也因此通过产品耐用性建立差别化优势，比如德国汽车。不过，在使用的时候也有限制条件：首先，价格不能太高；其次，产品在技术上不应该很快过时，比如，个人电脑更新换代很快，因此确实没有必要使个人电脑的寿命高达几十年。

（6）可靠性：所谓可靠性是指产品在一定时期内正常使用或运转而不出故障的可能性。顾客一般愿意为更加可靠的产品支付更高的价格。比如，一些顾客愿意花 1.8 万美元买一部铱星手机，就是看中铱星手机的可靠性，它在任何恶劣的情况下都可以使用。

（7）修理方便程度：顾客喜欢容易维修的产品。理想的可维修性是当产品发生故障时，使用者自己就能修理，而且不用花太多时间和成本。比如，一辆用标准的、容易替换的零部件制造的车就具有很高的可维修性。

（8）风格：风格描述的是产品的外观样子和购买者对产品的感觉。购买者往往愿意为一些有风格的产品支付更高的价钱，比如，摩托车爱好者就愿意为哈雷摩托的风格付高价（当然还有其他方面的原因）。风格的另一个优点是它创造的差别化难以被竞争对手模仿，因此，由此创造的差别化优势也就比较持久。包装是一种重要的创造风格的工具，尤其在食品、化妆品等行业。因为，消费者第一眼看到的往往是产品的包装，而这些包装有可能马上吸引住顾客，也有可能赶走顾客。不过，从另一个角度来讲，强烈的风格并不总是意味着高性能。比如，一辆车可能设计得很有风格，但是修理的时候可能要花很多时间，因此，企业要在这两者之间作出权衡。

（9）设计：设计是指把影响产品外观和功能的各项特征有机地组合在一起，因此，是一种综合性的差别化要素。设计是一种非常有效的差别化手段，在日趋激烈的市场竞争条件下，只靠价格和技术是不够的，还要靠设计，因为它常常能为企业提供竞争优势。美国哈佛大学的教授罗伯特·海斯指出，十五年前竞争靠价格，现在靠质量，未来的竞争要靠设计。在生产和营销耐用设备、服装和袋装产品时，设计尤其重要。在设计产品的时候，设计者必须确定在形式、特色、性能质量、一致性质量、耐用性、可靠性、可维修性和风格等方面各投入多少。从企业的角度来说，设计合理的产品是容易生产和分销的产品；从顾客角度来说，设计好的产品是看起来舒服、容易开动、安装、使用、修理和处置的产品。设计者必须将这些因素综合起来考虑。

国际营销案例 9-1

洋葱 O'mall 斩获跨境电商百强企业 TOP10

"洋葱 O'MALL"成立于 2014 年,是洋葱集团旗下的国际化跨境直卖电商平台。目前拥有 O'Direct(跨境直邮进口)、O'Fànmài(跨境出口及内销)、O'Life(线下生活馆)、工研 5 部(精研产品生态群)、O'Fashion(商城 IP 时尚产品群)五大业务板块,全面覆盖人们衣食住行娱的生活日常所需。

"品牌直卖+高效销售+优质利润"是洋葱 O'MALL 持续高速发展的秘诀,依托集团庞大的全球品牌生态群获得品牌深度授权及战略资源,建设出以品牌微代言方式为主的高效销售渠道加盟模型,以跨境+微代言直卖的方式进一步减少中间商流通成本,赋能销售渠道获得更好的销售利润。

洋葱 O'MALL 创新性地提出"品牌直卖"模式,剔除多层代理。每一个参与其中的直卖渠道能够直面品牌、了解品牌、代言品牌、销售品牌,是最小单位及最灵活的品牌代言人,让商品的流通更有效率。并通过简单、直接、高效的销售方式,获取更优质的渠道利润。

同时,洋葱 O'MALL 依托集团生态服务体系,及各供应链模块的协同配合,兼顾销售效率及直卖渠道加盟者的利润,让每一位参与者不需付出沉重的开店成本、备货压力以及运营成本,以更轻盈的方式去经营一家 24 小时不打烊的世界商店。

目前,洋葱 O'MALL 已在日本、韩国、澳洲、美国、英国、德国、新加坡、马来西亚、泰国、印度尼西亚全球 10 地建立合作仓,并于香港建立 5 万平方米恒温中央发货仓,月度常备库存货值超 10 亿人民币。2020 年,将在世界各地成立战略性布点仓库,目标扩展至 20 仓。依托洋葱生态成熟的 IT、SAAS、仓配、清关、国际国内物流链条,随时保障超过 10 000 000 个单品现货待发,一键下单,国内商品 3 天内完成配送,海外商品 7~10 天原产地直达。并享受 21 天洋葱专属无忧售后保障。

洋葱 O'MALL 制定合法健康的渠道运营机制,提供高品质开店素材库、精细化运营推广培训、贴心顾客服务保障、专业法律团队护航、诚信风险保障,帮助每一位用户轻松成为社交零售专业卖家。无忧开店、自动上新、贴身售后、专业培训、超额收益、一键提现。

2019 年 12 月 10 日洋葱集团受广东省跨境电子商务协会邀请出席广东省跨境电子商务协会五周年庆典活动,并在颁奖典礼上凭借国际化跨境直卖模式和强大的供应链服务体系荣获"2019 跨境电商百强企业 TOP10"和"2019 跨境电商行业最具创新性企业 10 强"两项大奖。

洋葱旗下更是开出了洋葱商学院公众号,向洋葱店主、服务商们提供不同的营运解决方案。洋葱的基层部署也很有意思,洋葱的用户可以申请加盟店主或导购,通过推广商品赚取分成;用户也可以申请成为加盟商,加盟商可以创立自己的店主团队合作运营周边地区的销售及推广工作,同时,加盟商可以申请洋葱集团认证国际品牌授权,获得相关品牌的授权证书后,加盟商可以专营该品牌的产品,所得利润会提升,网店得以扩大知名度,且相比实体店,网上店铺的成本更低、可操作性更强。

在短短的几年间,洋葱得以高速发展离不开CEO李淙先生卓越的领导力及敏锐的市场嗅觉。在李淙先生的带领下,洋葱集团开始了拓展全球资本运作,基于消费品及销售渠道,参与海内外投融资项目,为洋葱可持续发展做好储备。未来洋葱将进一步提升整个生态体系,力求成为卓越可持续发展的品牌资产管理公司。

资料来源:根据洋葱O'mall官网资料整理(2020年6月)。

2. 服务差别化

当实物产品不易进行差别化的时候,在竞争中获得成功的关键是增加有价值的服务,并提高这些服务的质量。服务差别化主要包括订货、交货、安装、顾客培训、顾客咨询和维修等方面的差别化。

(1)订货方便性:订货方便性是指顾客向企业下订单的容易程度。很多企业通过订货方便性建立了差别化优势。美国巴斯特医疗器械公司为了方便各医院订货,在各医院安装了电脑终端,通过这些终端,各医院能直接向它下订单。现在,一些银行纷纷向其顾客提供软件,帮助他们更加方便地获得信息,同时,还可以在网上进行交易。订货差别化的一个典型例子就是戴尔公司,顾客可以直接在其主页上根据自己的要求订购电脑,这极大地提高了戴尔的竞争能力,使戴尔在竞争激烈的电脑市场建立起自己的竞争优势。

扩展阅读9.2
Zippo:燃烧的诱惑

(2)交货:交货包括速度、准确和送货过程中的小心谨慎程度。美国一家支票印刷厂在过去的18年时间内总能在收到订单的第二天把货送出,从来没有耽误过,企业因此建立了很好的声誉。世界最大的牛仔服装公司——李维公司采用快速反应计算机系统把供应商、制造厂、分销中心和零售店连接起来,并由此建立起自己的差别化优势。

(3)安装:安装是指使产品在指定的地方正常运转(也就是正常发挥作用)所做的工作。重型设备和复杂产品的购买者都需要好的安装服务。如果目标顾客在技术方面是个外行的话,容易安装的特点确实是一个卖点。因此,企业可以在这个方面建立起自己的差别化优势。

(4)顾客培训和顾客咨询:顾客培训是指对顾客或顾客的雇员进行培训,教他们如何正确而有效地使用本企业的产品。顾客培训的最大好处是让顾客更好地了解企业产品的性能和特点,从而提高顾客满意度。消费者经常有这样的经历:一种产品买来以后,到要扔掉的时候才发现还有很多功能没用上,而这些功能原本会让消费者感到更满意,对企业更忠诚。因此,顾客培训会大大提高顾客的满意度。顾客咨询是指销售商向顾客提供数据、信息、信息系统和建议等服务。在一些行业,顾客咨询能大大地提高顾客满意度,从而使企业建立起差别化优势。在我国,外资银行和国内的股份制商业银行靠这一招向国有银行发起强烈的攻势,拉走了一大批基本客户。它们向顾客(特别是一些需要财务管理方面咨询的企业和个人)提供咨询服务,而国有银行做不到这一点,结果,很多好客户流失了。

（5）维修：维修是指帮助顾客如何使其购买的产品处于正常的运转状态。很多产品，比如家电产品、机械产品和电子产品，在使用过程中有时难免会发生故障，因此，如果企业提供好的维修服务，会大大地提高顾客的满意度。也正鉴于此，企业可以在这个方面建立起差别化优势。同样是一台热水器，有的品牌出了问题维修非常困难，甚至得不到维修，而海尔则实行 24 小时服务，随时召唤随时上门解决，彬彬有礼和专业技术过硬的海尔服务人员给顾客留下了很好的印象，这也是海尔竞争优势的重要来源。

3. 人员差别化

如果企业的人员更加训练有素，那么企业就更可能获得竞争优势。新加坡航空公司声名远播，主要就是因为它拥有训练有素的机组人员。成功的企业，它们的员工往往都有自己的特点，比如，麦当劳的服务人员特别有礼貌，IBM 的人非常专业，迪斯尼乐园的人都很乐观等等，见超级链接 9-1。

训练有素的人员有六大特点。①能力：他们具备所需要的技术和知识；②礼貌：他们友好，尊重别人，细心周到；③可信：他们值得信赖；④可靠：他们能够提供准确和一致的服务，能够为顾客解决问题；⑤反应力：他们对顾客的要求和问题反应很快；⑥沟通能力：他们努力去理解顾客的真正意思，而且能清楚地表达自己的意思。

在当前的市场条件下，企业的竞争者很快会推出高质量的产品和服务，因此，很多企业开始在人员方面下工夫。由于人员差别化比产品差别化和服务差别化更难以模仿，因此，由此建立的优势也更持久。

4. 渠道差别化

企业可以通过设计有效的分销渠道来赢得竞争优势，这种优势的来源包括渠道的广阔的覆盖面和渠道的优良绩效。世界著名的卡特彼勒公司在建筑设备行业中的成功主要得益于其成功的渠道开发，它的经销商分布更广，而且比竞争对手的经销商更加训练有素。戴尔公司和雅芳公司通过开发和管理直销渠道，使自己区别于竞争者，形成自己独特的竞争能力。沃尔玛也是通过渠道构建竞争优势。

超级链接 9-1
Sony 的成功之路
扫码阅读

5. 形象差别化

购买者对不同企业或品牌的形象有不同的反应。万宝路香烟占据全球香烟市场约 30% 的市场份额，营销专家对万宝路公司进行分析，发现其成功主要得益于其与众不同的形象：西部牛仔，是这个品牌形象引起了很多吸烟者的共鸣。很多酒类和化妆品制造商纷纷为自己的品牌开发产品形象。

一个独特而有效的形象能起 3 个方面的作用。首先，它建立起产品的特征。第二，它以一种特殊的方式来传递这个特征，使之不与竞争产品的特征相混淆。第三，它除了传递形象之外，还传递情感的力量，比如可口可乐使人热情奔放。企业为了使自己的形象发生作用，必须利用每一个能利用的传播工具，包括标志、听觉和视觉媒体、气氛、事件，它们既是建立形象差别化的工具，又是传播形象差别化的工具。

（1）标志：形象可以用标志进行强化。企业可以选择一个标志物，比如苹果（苹果公司）；也可以使用名人形象，比如雷达表请辛迪·克劳馥，罗蒙西装请濮存昕；也可以用颜色，比如 IBM 用蓝色，农夫山泉用红色，秦池用绿色；也可以用一种声音或音乐，比如英特儿奔腾电脑。

（2）媒体：企业选择的标志要通过广告和媒体来传达一种心情，一个主张或者一个故事，当然，这个要表达的内容不但要明显，而且应该是与众不同的。这个标志应该出现在电视、报纸、杂志、年度报表、各种宣传小册子、产品目录、企业信纸信封和名片上。

（3）气氛：企业所占据的实体空间是产生和传达形象的一种强有力的方式。比如，银行通过自己的建筑物、内部装潢设计、布局、颜色、家具和各种陈设来营造出一种气氛，向顾客传达一个安全银行的形象。也正因如此，银行（特别是大银行）往往倾向于购买奔驰或者卡迪拉克而不是宝马，因为奔驰和卡迪拉克象征经典、稳健，象征事业已经成功，而宝马象征一种拼搏的冲劲，象征一种敢于冒险的精神，可是银行不能给储户留下喜欢冒险的形象，以免吓走存户。

（4）事件：企业可以通过赞助和支持某类事件来建立自己的形象。AT&T 和 IBM 公司经常赞助交响乐节目和艺术展，洛克菲勒公司经常向医院捐钱。这样，IBM 通过与交响乐的联系，在公众心目中建立起一种高雅的形象。

9.1.3 差别化的程序

在了解了以上 5 种常用的差别化工具之后，下一步自然会涉及如何进行差别化的问题。这个过程包括 3 个步骤：

1. 确定顾客价值模型

企业列出影响顾客对产品价值感受的所有产品因素和服务因素。

2. 建立顾客价值等级层次

企业把这些因素分为 4 个层次（以餐厅用餐为例）：

（1）基本：食物还可以吃得下，菜也上得及时。如果这一点做不到，顾客会很失望。

（2）期望：使用好的餐具和桌布，服务周到，饭菜可口。这些因素使顾客觉得各方面还可接受，但还不算有多特别。

（3）渴望：餐厅气氛好，尽管进餐的人不少，但是热闹而不嘈杂；食物特别可口，使人胃口大开。

（4）出人意料得好：有小提琴伴奏；免费上了一道餐厅的招牌菜；最后，还免费上高级水果拼盘。

3. 确定顾客价值组合

最后企业在考虑成本的前提下，确定要在产品中包含哪些顾客价值属性才能比竞争对手有产品优势，才能使顾客高兴，并赢得顾客忠诚。

9.1.4 有效差别化的原则

绝大多数的产品都能够进行一定程度的差别化，但是，并不是所有的差别化都是有

效的,有效的差别化必须满足以下几个标准:

(1) 重要性:这种差别化特征向一个相当大的顾客群体提供有价值的利益;

(2) 独特性:这种差别化是企业以一种独特的方式提供的;

(3) 优越性:这种提供利益的方式比其他方式优越;

(4) 不易模仿性:这种差别化特征不易被竞争对手所模仿;

(5) 可接受性:这种差别化是顾客可以承受得起的;

(6) 利润性:这种差别化能够为企业带来利润。

很多企业的差别化由于经不起以上标准的检验而失败。比如,新加坡的威斯汀·斯坦莫福特旅馆宣称自己是世界上最高的旅馆,然而,旅馆的高度对大多数客人来讲并不重要。

产品差别化特别强调以消费者为导向,对很多企业而言,最切实可行的差别化途径往往是对市场的深刻了解和对消费者的细腻的、人性化的关怀,而不仅仅局限在技术方面。这方面日本企业堪称楷模。20世纪80年代后期丰田准备争夺美国的高档豪华车市场,为此,丰田派出专家小组前往美国,与美国人同吃同住,并通过问卷、座谈会等方式深入调查美国人对轿车的每一细节的要求。经过五年多的呕心沥血,推出了雷克萨斯车。雷克萨斯首创了可升降方向盘,人无论身高多少都可以选择最舒服的方向盘高度进行驾驶;手机铃声一响就自动调低音响的音量,连伸手调低音量的举手之劳都免了;雷克萨斯沙发的每根弹簧的弹性、高度都十分贴合美国人的身材。如今雷克萨斯在美国已站稳了脚根,一项调查显示全美500强大企业的财务总监首选车便是雷克萨斯,连比尔·盖茨的座驾也是雷克萨斯。雷克萨斯之所以能打破日本车"低档"的形象,与宝马、奔驰、凯迪拉克一决雌雄,主要不是靠核心技术上的优势,而是靠"雷克萨斯比美国人更了解美国人,雷克萨斯比美国车更让美国人舒服"。可见,把产品造得无限体贴消费者所创造的差别化优势是惊人的。

即测即练9.1

扫　码　测　练

9.2　国际营销的产品定位

9.2.1　产品定位的概念

企业选择了目标市场之后,它必须考虑要在这个目标市场占据什么地位。所谓产品的地位是产品在消费者的心目中相对于竞争产品而言所占的位置。例如,大地之选(Earth Choice)洗衣液在消费者心目中的位置是一种高效的、有多种用途的家用洗涤用品。在汽车方面,大宇是经济型车,奔驰和卡迪拉克是豪华车,宝马和保时捷性能好,而瑞典沃尔沃是安全型车。企业产品在消费者心目中占据一个什么位置,这好像是消费者自己的事,然而,企业也不是无所作为,更不能甩手不管,企业必须规划一种能使自己的产品在目标市场上有最大优势的定位,然后设计营销组合去支持这个定位。

那么，什么是定位呢？所谓定位就是设计企业的产品和形象，使之在目标顾客的心目中占据一个独特的位置的活动。从这个定义可以看得出来，差别化为定位奠定了基础，因为，如果没有差别化，即在实物产品、服务、渠道、形象和人员等方面和竞争对手都一样，那么就无法在目标顾客的心目中占据一个独特的位置。

定位的目的就是要将差别化做出来。差别化就是一种竞争优势，这种差别化最终要通过目标受众的理解表现出来。定位概念的提出者里斯（Ries）和特劳特（Trout）曾对定位的本质有如下阐述：定位是对现有事物的一种创造性工作，它以事物为出发点，如一种商品、一项服务、一家企业、一所机构，甚至一个人……但定位的对象不是这个事物，而是针对潜在顾客的思想，就是说要为产品或其他对象在潜在顾客的大脑中确定一个合适的位置，这个位置一旦确立起来，就会使人们在有某种需求或需要解决某个问题时，首先考虑某一定位于此的事物。定位并不改变定位对象本身，而是在人们心中占领一个有利的地位。

9.2.2 产品定位的必要性和重要性

在竞争日趋激烈的市场上，众多新品牌不断涌现，产品间的差别越来越小，产品同质性现象越来越严重，使得市场争夺日益困难。消费者在商品的"汪洋大海"中选择越来越不容易。面对这些千篇一律的产品，消费者没工夫去一一识别，而往往只会选择那些在他们的心目中占据一定位置的品牌。于是，企业面临的问题就是如何才能使自己的产品在消费者的心目中占据一定的位置，这就是定位所要解决的问题。

营销的一个基本观念是：一种产品不可能满足所有消费者的需求，一个企业只有以部分特定顾客为其服务对象，才能充分发挥其优势，提供更有效的服务。因而，明智的企业会根据消费者需求的不同进行市场细分，并从中选出有一定规模和发展前景并符合企业的目标和能力的细分市场作为企业的目标市场。但仅仅确定了目标消费者是远远不够的，因为这时企业还是处于"一厢情愿"的阶段，如何使目标消费者也同样以某品牌的产品作为他们的购买目标才更为关键。为此，企业需要将产品定位在目标消费者所偏爱的位置上，并通过一系列营销活动向目标消费者传达这一定位信息，让消费者注意到这一品牌并感到它就是他们所需要的，只有这样才能真正占据消费者的心，使某品牌所选定的目标市场真正成为你的市场。因此，市场细分和目标市场抉择是寻找"靶子"，而定位就是将"箭"射向靶子。例如，喜力以喜爱清新感受的消费者作为其目标市场，该品牌以"使人心旷神怡的啤酒"为定位以令目标消费者觉得喜力正是满足他们所需要的啤酒，从而赢得了目标消费者的青睐。

通过向消费者传达定位信息，产品的差别化特征清晰地凸显于消费者面前，从而引起消费者对品牌和产品的注意。若定位与消费者的需要相吻合，那么该品牌就可以留驻消费者心中。例如，在品牌多如牛毛的洗发水市场上，海飞丝洗发水定位为去头屑的洗发水，这在当时是独树一帜的，因而海飞丝一推出就立即引起消费者的注意，并认定它不是普通的洗发水,而是一种具有去头屑功能的洗发水——当消费者需要解决头屑烦恼时,便自然第一个想到它。

9.2.3 产品定位的变量和定位类型

根据定位变量的不同,可以把产品定位分为以下 7 种类型,或者说定位的工具有以下 7 种:

1. 根据利益定位(Benefit positioning)

即把产品定位在某一特定利益上,这里的利益既包括顾客购买产品时所追求的核心利益,也包括附加利益。例如,欧莱雅推出一种"去除死皮"的产品,使用后能去除皮肤表面坏死的表皮,改善皮肤对化妆品的吸收功能,该公司依靠为顾客提供这种利益获得了巨大的成功。还有,"博世冰箱省电",给顾客提供"省电"的利益;舒肤佳宣传其杀菌能力,它提供的利益是"促进全家健康";朵而胶囊"以内养外,补血养颜,使肌肤细腻红润有光泽"。这几种产品都是根据利益定位。

2. 根据属性定位(Attribute positioning)

企业可以用产品属性为自己的产品定位。属性包括制造技术、设备、生产流程、产品功能、产品的原料、产地、企业的历史、规模等等。比如,可口可乐可以把自己定位为世界最大的饮料生产商;巴黎 palace 级别的各大酒店用独特的调料配方来定位;瑞士军刀、泸州老窖、西湖龙井等用产地定位;大地之选公司生产的洗发水、洗洁精、清洗剂等产品均突出其"浓缩"这个特性。

3. 根据产品用途定位(Application positioning)

这种定位方式非常普遍,尤其是在对工业品定位的时候。比如,在定制西装的时候,"阳光面料是你最理想的选择",无印良品就是根据产品的用途进行定位。

4. 根据产品档次定位。

企业可以根据档次进行产品定位。比如,照相机市场可以划分为高、中、低档,美能达把自己定位为高档产品,奥林匹斯是中档,而国产的一些相机则是中低档相机。

5. 根据价格—质量定位(Price or quality positioning)

企业可以根据价格和质量两个维度进行定位。第一种是质量和价格相符,通俗地讲就是"一分钱一分货";第二种是"优质高价",比如,海尔很少卷入价格战,其价格一直维持在同类产品中的较高水平,但其销售却一直稳步增长,这就体现了其产品"优质价高"的定位;第三种是"价廉物美",如格兰仕微波炉。

6. 根据使用者类型定位(User positioning)

这种定位法把自己的产品定位成最适合某种顾客群体的产品。比如,报喜鸟把自己的产品定位在文化人首选的西装;皮尔卡丹是都市白领首选的西装;而老板牌干脆定位在老板使用的产品。

7. 根据竞争地位定位(Competitor positioning)

这种定位方式主要包括 3 种:①迎头定位。比如,美国的阿维斯(Avis)公司把自己定位为出租车行业的第二,强调"我是第二,但是我们会迎头赶上"。②避强定位。有利的位置已经让别人占据了,比如,主要竞争对手已经定位于优质高价,你可以避开它,把自己定位为价廉物美。③俱乐部式的定位。把自己定位为在某方面最优秀者之一,比如,克莱斯勒公司把自己定位为世界三大汽车公司之一。

9.2.4 产品定位的程序

一般来说,定位包括以下 3 个步骤:

1. 确定定位变量的数量

企业可以突出其某一方面的差别化特征,即采用单一变量定位,尽管企业具有的差别化特征可能不只一个。很多人提倡这种做法。例如,宝洁公司的"舒肤佳"香皂始终宣传其杀菌功能,"促进全家健康",尽管"舒肤佳"可能还有其他很多功能;奔驰宣传其强劲的动力,尽管奔驰的安全性也不差;"昂立一号"宣传排毒功能。这种做法的关键是要保持连贯一致的定位,不要轻易改变,并且应选择能使自己成为"第一名"的差别化属性。这是因为在当今信息爆炸的社会,在人们头脑中首次接触到的信息比较稳固,不容易受排挤,这与人脑记忆机能是密切联系的。第一个飞跃黄河的人是柯受良,对此人们印象深刻,至于第二个、第三个是谁,恐怕没多少人记得。

扩展阅读 9.4
养生堂成功解密

那么,有哪些第一名的属性值得宣传呢?上面已经讲了定位的七组变量,主要有"最好的质量""最低的价格""最高的价值""最好的服务""最快""最安全""最舒适""最个性化""最先进的技术""最悠久的历史"等。如果能在某一属性上获胜,并加以宣传,那么企业的产品就会给顾客留下深刻的印象。

也有企业采用双重变量进行定位,尤其是当企业产品的某种差别化属性已经被其他企业用于定位的时候,这种定位尤显必要。沃尔沃汽车定位为"最安全"和"最耐用";伊莱克斯冰箱在中国市场也采用双重变量定位:可靠——10 年免修,超静音——冰箱运行时声音仅相当于撕一张纸发出的声音;由于"佳洁士"已经定位于"防止蛀牙"(也就是牙齿更坚固),那么高露洁牙膏就强调使牙齿"更坚固,更洁白"。

还有成功的多重变量定位的例子。例如,Aquefresh 牙膏看到"佳洁士"已经定位于"防止蛀牙"(即牙齿更坚固),高露洁牙膏强调使牙齿"更坚固,更洁白",就采用多重变量定位,强调"防止蛀牙,口味清新,洁白牙齿"三重功效;"昂立多邦"胶囊则是"抗疲劳、降血脂、保肝脏"。但是,值得注意的是,如果企业宣传的差别化特征过多,反而会降低可信度,也影响产品定位的明确性。

2. 确定具体的定位变量

企业确定了定位变量的数量之后,接下来要明确具体采用哪(几)个变量。为此,企业要综合考虑目标市场、目标市场上的主要竞争者和企业自身的情况。

第一,要看目标市场对每个属性的重视程度。企业用以定位的属性应该是目标市场所追求的,或者最起码是重要的和有意义的,如果企业用以定位的属性对顾客不重要,那么这种定位就不可能会打动目标顾客,定位也就失去了意义。第二,要考虑企业自身的情况,看企业是否在这方面具有优势,或有能力在这方面建立优势,比如,沃尔沃汽车定位为"最安全"和"最耐用",前提条件是该车确实安全和耐用;此外,还要考虑竞争对手的情况,看企业拟用来定位的属性是否已经被竞争对手占用,以及竞争对手在这个属性上现有和潜在的能力,比如,如果有其他品牌的汽车很容易就能做到比沃尔沃更安全和更耐用,沃尔沃就不宜定位于安全和耐用。

3. 传播定位

当企业制定出定位战略以后,还要有效地传播这个定位战略。假使一个企业选择了"质量最好"的定位战略,那么它就应该选择各种有效的信号和暗示,使顾客意识到企业产品的质量确实是最好的。比如,一个割草机制造商声称自己的产品"强劲有力",为了向顾客传达这个信号,他选择声音很响的马达,因为顾客习惯认为声音大的割草机马力大;一个拖拉机制造商把拖拉机的底盘也刷上油漆,不是因为底盘需要油漆,而是要向顾客传达一个信息:我们很讲究质量;一个轿车制造商把车门造得特别好,又牢固,又容易开,因为在汽车展示的时候,顾客都会开一下门,如果门很容易开,看起来又结实,这就向顾客暗示:质量好。

前面已经强调过,定位完成之后,要保持稳定性和持续性,不能轻易改变自己的定位。但是,是否在任何情况下都不能改变原有的定位呢?答案是否定的。定位是否恰当,需要在激烈的市场竞争中经受检验。而且,市场环境是不断变化的,消费者的需求和偏好也不是一成不变的,何况企业和竞争者的经营情况也不断地发生变化,因此,原有的定位有可能不适应新的市场形势,在这样的情况下,企业确实需要考虑是否重新进行定位,见国际营销案例 10-2。不过,企业重新定位也冒很大的风险,必须慎重。

本 章 小 结

营销大师菲利普·科特勒明确指出:"STP 是现代营销战略的关键要素"。上章介绍这三个要素中的前两个,即市场细分(market segmentation)和选择目标市场,本章介绍后一个,即产品定位。由于差别化是定位的基础,因此,本章内容包括差别化和定位两部分。

所谓差别化就是设计一套有意义的差别,以便把本企业的产品同竞争产品区分开来的行动。差别化正是构建产品优势从而竞争优势的重要手段。

企业可以从产品、服务、人员、渠道和形象 5 个方面对自己的产品进行差别化。

差别化的程序包括 3 个步骤:确定顾客价值模型;建立顾客价值等级层次;确定顾客价值组合。

有效差别化应该遵循一定的原则，包括①重要性；②独特性；③优越性；④不易模仿性；⑤可接受性；⑥利润性。

定位是指设计企业的产品和形象，使之在目标顾客的心目中占据一个独特的位置的活动。差别化为定位奠定了基础，而定位的目的就是要将差别化做出来。

产品定位主要包括7种类型：①根据利益定位；②根据属性定位；③根据产品的用途定位；④根据产品的档次定位；⑤根据价格—质量定位；⑥根据使用者的类型定位；⑦根据竞争地位定位。

一般来说，定位包括以下3个步骤：①确定定位变量的数量；②确定具体的定位变量；③传播定位。

关 键 术 语

市场细分（market segmentation）
选择目标市场（market targeting）
产品差别化（product differentiation）
产品定位（positioning）
利益定位（benefit positioning）
属性定位（attribute positioning）
产品用途定位（application positioning）
价格—质量定位（price or quality positioning）
使用者类型定位（user positioning）
竞争地位定位（competitor positioning）。

课 后 习 题

1. 什么叫产品差别化？
2. 常用的差别化的工具有哪些类型？
3. 产品差别化的程序主要包括哪些步骤？
4. 有效差别化应该遵循哪些原则？
5. 什么叫产品定位？
6. 产品定位主要有哪些类型？
7. 产品定位主要包括哪些程序？

本章讨论案例

太古集团的产品与服务差别化

太古集团是一家高度多元化的环球集团，主要业务包括地产、航空、饮料及食物链、海洋服务和贸易及实业，旗下核心业务多设于亚太区，其中香港和中国内地一向为太古业务的主要营运地。太古的亚洲业务由集团旗下上市公司太古股份有限公司持有。太古的母公司英国太古集团总部设于伦敦，除持有太古公司34%股权外，亦是一系列全资拥有业务的控股公司，这些业务包括深海船务、冷藏、道路运输及农业活动，主要营业地为澳大利亚、巴布亚新几内亚、东非、斯里兰卡、美国及英国。英国太古集团担当太古政策的统筹人，并根据不同的协议在集团内提供管理及咨询服务。

自创立150多年来，太古集团逐步在多邻域推出了不同的产品与业务，通过将公司划分为多部门运营模式，太古集团能适应时代的变化速度、屹立不倒。

地产部门由太古地产有限公司统管。太古地产成立于一九七二年，二〇一二年年初在香港股票市场上市。该公司是香港最大的商用物业业主及零售物业营运商之一，在中国内地北京、上海、广州及成都发展五个以零售为主导的综合项目，在美国则持有迈阿密市一个综合发展项目。

航空部门包括航空公司、飞机工程、航空饮食、货运站业务及地勤服务业务，主要归入国泰航空集团及香港飞机工程公司（港机）集团旗下。

（一）

国泰航空集团包括国泰航空公司（国泰航空）、其全资附属公司港龙航空公司（国泰港龙航空）、香港华民航空公司（华民航空）及香港快运航空有限公司（香港快运航空）以及联属公司中国国际航空股份有限公司（国航）及中国国际货运航空有限公司（国货航）。该集团现时营运二百三十六架飞机，并已订购七十架新飞机，将于二〇二四年年底前接收。此外，国泰航空集团亦提供航空饮食、停机坪服务及地勤服务，并于香港国际机场拥有及营运一个货运站。

（二）

港机集团是航空维修及修理服务的业界翘楚。其主要业务包括在香港特别行政区[由港机（香港）]、厦门（由厦门太古）以及美国[由港机（美洲）]进行飞机维修及改装工程。此外亦透过港机在香港特别行政区、中国内地和美国的营运公司提供一系列飞机工程及引擎大修服务。

（三）

饮料部门隶属太古可口可乐之下。太古可口可乐是全球其中一家最大的可口可乐装瓶商，在中国内地十一个省份及上海市、香港特别行政区、台湾地区和美国西部广泛地区拥有生产、推广及经销可口可乐公司产品的专营权。太古可口可乐生产及经销六十一个饮料品牌，专营区域覆盖逾七亿三千六百万人口。

（四）

海洋服务部门包括以新加坡为基地的太古海洋开发集团（专注为离岸能源业提供海洋服务的主要公司）以及香港联合船坞集团（香港主要的工程、港口拖船及打捞公司）的半数股权。

1. 太古海洋开发集团

太古海洋开发集团拥有及营运的离岸支援船只，在美国以外的每一个主要离岸开采及勘探区，为能源业提供支援服务。该集团亦设有风力发电站装置业务以及海底检查、维修及修理业务。

2. 香港联合船坞集团

香港联合船坞是长江和记实业与太古公司各占五成股权的合资企业，由位于香港青衣岛的设施提供工程、港口拖船及打捞服务。香港联合船坞集团打捞及拖船部门的业务由香港打捞及拖船公司经营，是香港最大规模的拖船营运商。香港打捞及拖船公司的船队共有二十一艘船只，包括六艘货柜船。

（五）

贸易及实业部门持有下述公司的权益：太古零售业务、太古汽车集团、太古食品集团及太古环保服务业务。

近十年来，在全球经济不景气的背景下，太古集团依旧有诸多作为。道琼斯可持续发展亚太指数中，2014年起太古被纳入为成份股；富时社会责任指数中，2018年起纳太古为成份股；MSCI环球可持续发展指数，2019年起太古开始成为成份股；MSCI环球社会责任投资指数，2019太古被纳为成份股；恒生可持续发展企业指数系列，2019—2020年太古纳为成份股。同时太古还加入香港社会服务联会，并且是商界环保协会的创会会员。

当今社会，众多初始创业公司的平均存活时间不过五年，若一家从头开始的公司能生存满10年且一直盈利，其管理者势必会考虑扩大规模以生存的更久。而太古集团的存活时间跨度近乎三代人，其产品必然随时代不停的改变、进化，向着更长远的目标前进。当一家公司在自我认识充分的基础上更进一步对产品进行差别化分类和定位，使其产品拥有生命力，这样的公司市场适应力会很强，大概率会存活在这个需求飞速变化的时代。

资料来源：根据太古中文官网材料整理（2020年6月）。

讨 论 题

1. 为什么太古集团选择分部门运营模式？

2. 太古饮料部门拥有一定规模的可口可乐装瓶线，对此试用本章所学知识分析。

3. 太古集团旗下还有制糖业，在如今饮食健康（控制糖类摄入量）的理念影响下，太古制糖该如何应对？

（考核点：国际营销常用的产品差别化的工具；国际营销差别化的原则；国际营销产品定位的类型）

第四篇　国际营销组合策略

第10章
国际市场产品策略

学完本章，你应该能够：

1. 掌握国际产品整体概念；
2. 理解国际产品的标准化和差异化策略；
3. 理解国际产品的调整和适应策略；
4. 掌握产品生命周期各阶段的国际营销策略；
5. 了解新产品开发程序；
6. 了解国际品牌管理及发展全球性品牌的步骤。

苹果公司傲人销售业绩背后的产品营销策略

苹果公司独特的营销策略确实在产品销售上帮了苹果不少大忙，尤其是培养了一大批忠实的用户群。苹果公司通过在营销中加入宗教情怀，超越了产品本身的文化营销；极具创意的广告，以抓住用户的心为主要目的的营销策略，是十分符合现在的世界经济形势的。同时，在苹果公司取得了重大成就的同时，也需要注意正在吸引其他企业高度关注的中国市场。在以后的竞争中，苹果公司能否继续保持，能否守住自己辛苦打下的江山，让我们拭目以待吧。

营销中给顾客植入宗教式的信仰。世界品牌研究专家马丁·林斯特龙曾经说过"宗教是庄严高贵的传道，神秘的符号和仪式"。苹果公司与宗教有两点特点是一致的，20多年过去了，苹果公司仍然坚持这一愿景。不得不承认，这确实是苹果在营销策略上的高明之处。在营销界，流传着这样一句话：低等营销做产品，中等营销做品牌，高等营销做文化。每次新品发布会的演讲上面，就能找出一些原因。每次的演讲都富有激情而且极具煽动性，能使苹果迷们更加忠诚于苹果品牌。

苹果营销的是文化，是身份。在苹果的广告里，你从来没有看到过关于这些技术创新的内容，也没有看到关于苹果的产品优于其他同类产品的各种特点。你在广告里只能看见苹果宣扬的一种年轻人令人羡慕的一种生活方式。其实原因与百事的那些广告的原理是一样的，苹果并不是单单在推销一款高品质的数码音频播放器，而是在乐此不疲地向你推荐一种苹果式的生活休闲方式。

产品发布之前的良好保密与谨慎泄露。制造悬念总是让消费者关注某件事或者某样产品。通过制造悬念,人们就会不由自主地相互讨论接下来将会发布什么样的新产品,充分吊足消费者们的胃口,从而不需要投入大量的广告费用就能达到很好的宣传效果。苹果公司就是几个很乐于制造悬念的公司之一。当初在开发 iPhone 时,苹果就表示要开发一款新手机,对于其他信息,苹果却只字未提。这样,苹果手机在没上市之前,媒体和一些消费者就已经为苹果做足了广告。

重视用户感受,让用户成为苹果的义务宣传员。苹果品牌的用户绝对算是所有品牌用户里面最为忠诚的一个群体了,这种口口相传的营销模式是非常可怕的,在这种模式下,信息的传播就像病毒一样,迅速而广泛。而且这种坊间的传闻往往比商家自己的描述更加真实有效,很多消费者会被这些信息所影响,最终形成自己的判断。

资料来源:顾华玉.苹果公司的产品营销策略研究 [J]. 时代金融,2018

产品是企业生命的源泉。随着国际市场和全球经济一体化进程的加快,信息技术和制造技术日新月异的发展,使得国际市场上企业间围绕产品展开的竞争更为激烈,并具有深刻的意义。市场营销策略组合(4Ps)中,产品处于核心地位。离开了产品,渠道、促销和定价便失去了意义。企业要在竞争激烈的国际市场上具备竞争优势,最为根本的是要推出具有竞争力的优质产品,并不断进行产品改良或创新和相应地采用促销、定价等竞争战略,以获得持久生命力。在国际营销实践中,企业必须认真分析所处市场上经济状况与社会文化的差异,深刻了解不断变化着的需求,通过制定产品策略,适时地开发新产品,延长产品的生命周期,在全球品牌创立和管理上狠下工夫,并加强产品促销,才能成功地开拓国际市场。

10.1 国际产品整体概念

现代市场营销理论中对产品的认识,有别于偏重有形实体而忽视本质内涵的传统产品概念。菲利普·科特勒将产品定义为可提供于消费者市场上,以引起留意、获取、使用,并满足欲望或需要的一切东西。例如,产品的范围可包括有形的实体产品如电视机、音响等,无形的服务如咨询、音乐会、演唱会等,人物如体育明星泰格·伍兹、电影明星妮可·基德曼等,地点如夏威夷、巴黎等,组织机构如美国营销协会(AMA)以及现代理念如商业伦理和环保意识等。产品的概念范围得到极大的扩展。

10.1.1 产品整体概念

国际营销学的产品整体概念,是广义的产品概念。它除了指具有特定物质形态和用途的物体之外,也包括了一切能满足购买者某种需求和利益的非物质形态的服务。如消费者购买住房,不仅是指住房本身,同时包括住房朝向、地段环境、物业管理服务、周边的教育设施、升值的可能性和所体现的身份等等。一般来说,产品整体概念包括 3 个层次：核心产品、形式产品及附加产品，如图10-1所示。

核心产品是指企业为顾客提供的产品或服务中所包含的能满足其基本需要的利益。核心产品引发并决定了消费者的购买行为，是产品整体概念中最基本、最主要的部分。例如，购买化妆品的消费者并不是仅在购买化妆品实体，而是更在购买美容的希望；购买摄像机的消费者，则是为了满足对美好往事的追忆。可见，某一产品能否被国际市场接受，不仅取决于企业能否提供这一产品，更重要的是取决于它能否给消费者带来某种实际利益，使其需求得到满足。因此，营销人员应正确认识自己企业向国际市场消费者提供的产品或服务的核心产品是什么，将其视为一项基本利益提供给顾客。

扩展阅读 10.1
产品的整体概念的五个层次

形式产品是核心产品所展示的外部特征，也就是核心产品借以实现的形式。主要包括产品的质量、特色、造型、标准、品牌、包装等。消费者购买某种商品，除了要求该产品具备某些基本功能，能够提供某种核心利益外，还要考虑产品的质量、造型、款式、颜色等多种因素。因此，企业设计产品时，既应着眼于国际消费者所追求的核心利益，又要考虑如何将这种核心利益通过一种好的形式呈现给国际消费者。

附加产品是顾客购买有形产品时所获得的全部附加服务和利益，通常指各种售后服务，如提供产品使用说明书、保证、安装、维修、送货、技术培训等。由于国际上人们需求和企业间竞争的日益多样化，顾客对企业生产和销售的产品的附加利益提出了更多的要求，在产品附加价值方面的竞争显得越来越重要。哈佛大学教授莱维特（Levitt）指出："未来竞争的关键，不在于工厂能生产什么产品，而在于产品提供的附加价值：包装、服装、广告、用户咨询、购买信贷、及时交货和人们以价值衡量的一切东西。"

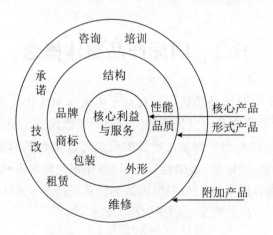

图 10-1 产品整体概念的组成部分

10.1.2 产品整体概念的意义

产品整体概念是以顾客需求为核心的现代市场营销观念。树立产品整体概念，有助于企业抓住消费者的核心利益，把握自己的产品策略，从各个层面上全面满足他们的需求。

那些不了解消费者的需要而盲目生产的企业必然会遭受挫折。及时、准确地把握消费者的动态需求，是企业的产品始终保持很高的市场占有率和利润率的重要保证。20世纪90年代初，康柏电脑公司在低价电脑趋向流行时，仍然继续保持技术含量大、价格高的生产模式，结果逐渐失去了广大消费者的青睐，丧失了大量市场份额，股价也大幅下跌。而戴尔公司及时以"低价、速度、定制、服务"迎合了消费者，使公司竞争力大为加强。日本"经营之神"松下幸之助坚信，顾客导向是企业成功的关键。他经常说："我们每天都要测量顾客的体温。"美国通用汽车公司的创始人查理·凯瑟琳产品经营的座右铭是"别人想要的，给得越多越好；别人不要的，给得越少越好。"

产品整体概念整合了产品实体性和实质性，将产品的基本利益与非物质形态的效用有机结合起来。在产品日益丰富的国际市场上，它为企业采用标准化或差异化的产品策略提供了依据，成为企业获得竞争优势的重要来源之一。企业可依据产品整体概念，从三个层面上向顾客提供满足，尤其应在附加利益上多下工夫。例如，在计算机芯片市场上，AMD公司作为市场领导者英特尔公司的挑战者，其产品实行全球标准化，并较之于英特尔公司以价格低、品质超群给国际用户留下了深刻的印象。而有的企业名义上向使用者许诺附加利益如包退、包换、包修等，但实际操作中发生不合理收费和服务不到位等，结果只能败坏自身形象，削弱自身的竞争优势。

10.2 国际产品的调整与适应策略

10.2.1 国际产品的标准化和差异化分析

国际市场营销面临的首要问题是：是以标准化产品向外国消费者推销？还是针对当地市场的特点推出修改后的产品？

标准化的优点是能够大幅度降低成本，有助于树立全球统一的品牌和形象，但其前提是全球市场对标准化产品有足够大的需求，否则降低成本就无从谈起。另外，根据当地特点对产品进行差异化调整的企业显得更符合营销观念，产品可以适应多种宏观环境和消费者行为模式，在当地市场获得成功的可能性相对大些。蜜雪儿化妆品重新定位目标客户为"白领阶层"，市场核心定位为"白领专用、尊贵体现"。加上她的准确USP及目标定位，蜜雪儿取得了独辟蹊径的成就。而红罐王老吉凉茶一度因为产品外包装，产品功能等定位不明确不能顺利地被广大消费者接受。但是，许多跨国企业认为对产品进行适应性调整的工作量太大。例如，吉列公司在200多个国家或地区销售800多种产品，要做到完全的差异化，难度之大可想而知。因此，吉列公司和其他公司都希望在全球范围，或至少是在地区范围内能够实现产品标准化，以节省成本和建立全球或地区品牌效应。

超级链接 10-1

"传音"的奇迹

传音公司选择进军非洲市场是其成功的一大重要因素。早在 2007 年，中国手机市场快速膨胀，竞争十分激烈，诺基亚、摩托罗拉、三星、索爱四大手机厂商占据了中国手机近 70% 的市场份额，国产手机品牌无法与其抗衡，在竞争中处于弱势地位。此外，当时国内山寨手机盛行，山寨手机占据约 30% 的手机市场份额，中国手机市场在 2007 年可谓一片"红海"。因此，传音手机若选择在国内起步发展，生存空间狭小，很可能会像熊猫、科健等手机品牌一样，面临激烈的市场竞争而出现退市或倒闭的败局。

在此背景下，传音将非洲锁定为目标市场，避免了与国内市场上诸多大企业的同质化竞争。当时世界主流手机厂商（诺基亚、三星等）都认为非洲市场存在诸多问题，即市场不开放、收入水平低、政治局势不稳定等，对非洲市场不重视。但不可忽视的是，非洲拥有约 12 亿人口和高达 2.62% 的人口自然增长率，有着非常突出的人口红利，是全球 3 个 10 亿级以上的消费市场包括中国、印度、非洲）之一的"蓝海市场"。2007 年，非洲的手机普及率仅为 6%，而同期中国市场的手机普及率为 39%，可见非洲市场发展潜力巨大。2008 年，传音锁定并全面进入非洲市场，当时的非洲手机市场竞争者相对于国内而言寥寥无几，远没有国内市场竞争激烈。传音找到了适合其发展的利基市场，竞争者少且成长空间大。

传音手机之所以在非洲市场取得成功，是因为充分考虑了非洲消费者的需求，直击消费"痛点"，专注做起了专属于非洲市场的"定制产品"。

扩展阅读 10.2
产品差异化战略
扫码阅读

推出多卡多待手机，成功打开非洲市场。传音手机刚进入非洲的时候，非洲市场只有单卡手机，因为非洲通信运营商众多，跨网通信的资费高昂，当地人一般都拥有多张电话卡，但消费能力有限，只能负担一部手机，通常在同一部手机上需要用哪个通信商的网络时，则换上对应的电话卡。传音看准双卡双待手机在非洲市场上的空白，推出了 Tecno T780 手机，这是非洲第一款双卡双待手机。毫不意外，此款手机随后风靡尼日利亚，为传音打开了非洲市场。2008 年更是推出了史上第一款四卡四待的"高精尖"手机 4Runner，极大地满足了非洲消费者的需求。

第一，开发适合黑人的拍照功能。当前全球主流手机的拍照功能都是基于肤色较淡的人种设定的，黑色人种用手机自拍时，很多时候都无法对焦拍出清晰的照片。为此，传音大量搜集并研究了上万张非洲人的照片，针对非洲人的肤色开发出"四像合成"成像技术，用牙齿和眼睛来定位脸部，在此基础上加强曝光，将每张自拍的亮度提升 30%，从而能够在暗光环境中识别出深肤色用户的脸庞，拍出一张清晰且高质量的照片，解决了非洲用户在拍照方面的难题。在此基础上，传音还特别为黑色皮肤推出了美颜和滤镜，吸引了众多的非洲消费者。

第二，超长手机续航。在非洲多个国家，政府为了在高峰时段储存电力，时常限电关闸，导致人们常常数小时无法给手机充电。在有些地区，人们甚至要到 30 公里外的地方进行手机付费充电。针对非洲地区经常断电、手机充电刚需的情况,传音手机推出了长达一个月超长续航电池的手机,为非洲用户节省了时间和费用,深受非洲人喜爱。

第三,推出各种能够迎合非洲消费者的手机功能。根据非洲人能歌善舞的特点,传音在一些产品上提供了大音量的扬声器;非洲气候干燥,很多地方灰尘很大,传音推出了防灰尘的显示屏;传音手机还支持阿姆哈拉语、豪萨语和斯瓦希里语等多种非洲本地化语言,通过当地语言设置,进一步优化了客户体验。

资料来源:根据赵青松、李宜逊"传音手机开拓非洲市场的成功经验及其借鉴"等有关资料整理而成。

全球性企业试图以相同的方式向所有的消费者出售标准化的产品。它们更为关注的是全球市场的相同点,而非不同点。全球营销者意识到产品、分销、促销和管理的标准化带来的巨大经济效益。它们以低价格提供高质量和更可靠的产品,从而把效率转化为效益。事实上,许多公司成功地在全世界销售高度标准化的产品,像天福茗茶、欧米茄和索尼收录机等。然而这些标准化产品虽然从整体上不需要调整,但是有时候做部分调整还是有必要的。

一项研究表明,80%的企业在以国外市场为目标的产品上做了调整,而且东道国有时也要求企业做出调整,不管企业是否愿意。例如,由于德国不允许使用某种化学材料,一家玩具厂商不得不改变其玩具的制造原料。因此,从这个意义上说,企业进行全球营销是应该的,但全球营销标准化并不是必须的,较为合理的做法是在地区范围内适当地采用标准化。

产品的标准化或差异化程度决定着产品在全球市场中的潜力。国际市场营销人员在产品策略设计时要考虑到以下4个方面的影响因素。

1. 消费者偏好

营销者在制订产品策略时,应该考虑当地消费者行为、口味、态度和传统的影响,否则将会给自己带来风险,如欧米茄融合了传统和现代的风格。欧米茄没有一款全新设计的手表,许多消费者喜欢这个品牌是喜欢这个品牌的传统。如果改变了,就会破坏欧米茄在消费者心目中的形象,从而降低了它的市场竞争力。又如日本丰田汽车通过调研发现美国人把汽车作为一种交通工具,更注重其实用性、舒适性、经济性、便利性,清楚地了解了目标客户的需求属性,提供了良好的售后服务和提供丰厚的利润,在美国打下了坚实的基础。

2. 成本

在研究产品设计问题时,企业经理人员必须考虑成本因素。不同的产品设计可能引起制造商服务成本和最终用户使用成本的不同。服务和使用成本对产品设计的影响可以从英国和美国飞机设计对比中看出来。英国式的设计将发动机置于机翼内部,这样做可以降低空气阻力而减少油耗,但缺点是发动机比起外置发动机来不易拆换。因而英式飞机需要花费更多的修理维护时间。美国式设计则将发动机悬在机翼外部,这样油耗大但却容易修理维护,可以节省发动机的修理时间。两种不同的发动机设计方法都有理由:英国式设计考虑到当地修理发动机劳动力成本相对较低,美国式设计则考虑到当地劳动力成本相对较高。

3. 非关税壁垒

非关税壁垒主要包括产品技术标准和健康安全标准及其测试审批程序等。这些规定往往非常细致。如美国佛罗里达州的西红柿商成功地劝说美国农业部制定有关美国市场销售西红柿最小尺寸的规定，其结果是排挤掉了强大的墨西哥西红柿生产者，因为他们的西红柿的尺寸正好在规定的标准以下。再如，法国要求无论书面或口头的广告、标签、使用说明、发票、收据都要使用法语。非关税壁垒也可用于服务方面，如英国要求北海油田项目的设计和工程要由英国承包商来承担。在葡萄牙，要想成为外国酒店的雇员是很困难的。在欧洲，非关税壁垒阻碍了标准化产品在全欧洲的销售。在食品工业方面，欧盟内部200多类产品存在着200多种跨国贸易的法律障碍。德国制定有严格的食品法，外来者很难进入其健康食品市场。

4. 环境及标准的一致性

企业经理人员还必须注意产品设计与其使用环境之间的和谐。如果没有将用户手册译成多种文字，则会影响产品在非本国语言使用国的销售。电视行业的全球标准很不统一，因为现在全世界存在着3种不同的视频系统：美国的 NTSC 系统、法国的 SECAM 系统和德国的 PAL 系统。如果不打算为全球市场设计产品，电视生产厂家只要考虑在一种系统中使用即可。但如果是为全球市场设计产品，则要适应不同系统的要求。此外，全球气候差异也会影响产品设计，许多产品要求能经受极热或极冷的考验。例如，英国和意大利的汽车就不大适应北美大部分地区的寒冷气候。还有，度量系统缺乏一致性也会给产品营销带来障碍。美国是世界上唯一的非米制国家，以米和公斤为单位的产品在以英尺和磅为单位的市场中会遇到很大麻烦。

扩展阅读 10.3
疫情下的团餐"共赢链"

扫 码 阅 读

10.2.2 国际产品的调整策略

产品系列的选择方案是指将国际产品的标准化和差异化策略与国际产品的促销策略相结合产生的各种营销组合策略。基坎教授把适用于国际市场的产品和促销的组合分为5种，如表10-1所示。

表 10-1 国际营销中 5 种产品与促销策略的组合

促销		产品		
		不改变	改变	发展新产品
	不改变	直接延伸	改变产品	产品创新
	改变	改变沟通方式	双重改变	

1. 直接延伸

企业对产品不加任何改变，直接推入国际市场，并在国际市场上采用相同的促销方式。许多著名的全球性大公司青睐这种产品策略，如可口可乐公司便是典型的该种策略的采用者,采用标准化策略的产品和广告都是标准化的,可以树立良好的统一的产品形象。但有些公司采用直接延伸产品策略却遭到了失败。如金宝汤料公司把浓缩汤料未加改进直接引入英国,损失了大约 3 000 万美元,因为英国消费者不习惯使用浓缩汤料,加上公司又没有向消费者说明使用该汤料时应加水冲淡,消费者看到的是高价浓缩小罐头汤,而不愿购买。

2. 产品不变,促销改变

企业向国际市场推出同一产品,但根据不同目标市场的国际消费者对产品的不同需求,采用适宜于国际消费者的需求特征的方式进行宣传、促销,往往能达到好的促销效果。例如法国一家企业研制出一种具有松弛肌肉和解热镇痛功效的新药,药品成分并不复杂,也不是具有奇效的贵重药品,由于在进入国际市场时对同一药品采取了不同的促销方式,使这一新药的销路大开:针对法国人饮酒过量者很多,在法国突出宣传这种药可帮助酒后恢复体力;针对美国人最怕感冒,强调这种药可用于医治感冒头痛;针对芬兰人滑雪运动盛行,强调这种药有助于消除疲劳;针对意大利人胃病患者较多,又再三宣传这种药的止痛功效。结果,同一产品的不同促销方式,使得这种成分简单的药品得以畅销许多国家。通常保健品、食品饮料及药品等类产品可采用这种产品策略,因为这类产品的功效绝非只有一种,所以可根据各国消费者的不同需求特征进行相适宜的宣传,以适合不同消费者的偏好。

3. 产品改变,促销不变

根据国际目标市场顾客的不同需求,对国内现有产品的部分进行改进,促销策略不变。有些产品对国际消费者来说,其用途、功效等基本相同;但由于消费习惯、使用条件有差异,所以企业必须对产品稍作改进,以适应各国市场的需要,产品的改变涉及式样、功能、包装、品牌、服务等的改变,如埃克森公司(Exxon)坚持这种战略:它改变汽油的配方以适应不同市场上常见的气候状况,同时不做改变地延伸其基本的宣传诉求"让老虎进入你的油罐"。

4. 产品改变,促销改变

对进入国际市场的产品和促销方式根据国际市场的需求特点作相应的改变,既改变产品的某些方面又改变促销策略。

5. 产品创新

国际市场的产品创新策略是指企业针对目标市场研究和开发新产品,并配以专门的广告宣传。如果新产品开发成功,获利将很大。通常采用这种产品策略须谨慎,因为开发新产品的成功率在国内市场尚且很小,更何况面对国际市场,影响新产品成功的可控和不可控因素更多,企业更难把握。因此,企业通常是在对现有产品进行改进仍不能满足目标市场的需求,且目标市场发展前景好,企业又有能力去开发新产品的前提下,方采取产品创新策略。

10.2.3 国际产品的适应策略

适应目标市场的消费者需求特点,是从事国际营销企业的产品策略的主导方向,各国消费者对产品的认识和看法是与其所在国的各种环境尤其是社会文化状况密切相关的,对产品每一层次的不同需求,是随着营销环境的变化而变化的,产品的某一层次在一种营销环境中可能是重要的,而在另一营销环境下则可能不重要,故销往国际市场的产品要适应各国营销环境的要求。一项对出口企业修改计划的研究表明,出口企业对 80% 的出口产品都要做一项或若干项修改,对产品的修改要素包括产品特点、名称、标签、包装、颜色、材料、价格、促销、广告主题、广告媒体、广告技巧,在这 11 个可修改的要素中平均每个产品要做 4 项修改以适应目标市场的需求。对产品进行改进,并非企业的本意,这样很可能会削弱企业的规模经济效益,增加成本支出,营销风险也随之增大,但有些因素会迫使企业或吸引企业去改变出口产品。这些因素可分为两类:强制性适应改进产品和非强制性适应改进产品。

国际营销案例 10-1
华为 5G, 领先整个行业
扫码阅读

1. 强制性适应改进产品

强制性适应改进产品是指企业改进其产品是由于国外市场的一些强制性因素要求它作适应性改进。各国政府为保护本国消费者的利益、维护已有的商业习惯,会对进口商品制定出一些特殊的法律、规则或要求,有些是永久性的,有些则是临时性的。影响产品调整的强制性因素主要表现在以下几个方面。

(1)各国对进口产品的标准所作的特殊规定:各国政府对进口产品在质量标准、包装、商标、安全要求等方面都有其特殊性,产品出口到这些国家必须遵守这些要求,否则根本无法进入该国市场,特别是发达国家对产品的质量技术要求、安全性能要求都非常高。对于这些规定,出口企业毫无例外地必须遵守,必须改变原有产品以适应各国市场的这些规则和标准。

超级链接 10-2

美国 FDA 全方位加强对进口食品监管

在中国出产的食品及食品原辅料,除肉、禽、蛋或含酒精产品之外,若要在美国市场上销售,均需要接受美国 FDA 管辖。通过要求输美食品企业对 FDA 注册,注册时需出具允许 FDA 官员现场检查的保证函,若拒绝 FDA 监管或不符合相关要求(例如,没有在偶数年更新企业注册信息)、则产品不能入境美国等手段,美国 FDA 得以对中国食品企业进行管辖。FDA 管辖的目的,是确保在中国生产的输美食品达到与在美国生产同样的食品安全要求,该要求包括《联邦食品、药品及化妆品法》及 FDA 相关法规。

自 2019 年 3 月 17 日起,所有人类食品和动物食品的美国进口商,都需要遵守《国外供应商验证计划》(FSVP),履行确保其进口食品安全

扩展阅读 10.4
美俏国际的免"疫"力
扫码阅读

的责任。进口商须对每批进口食品进行危害分析，评估食品和国外供应商的风险，并根据分析结果，实施相应的国外供应商验证活动；对于高风险的食品企业，FSVP 要求进口商每年进行现场审核。不仅如此，进口商只能从获批准的国外供应商（如中国输美食品企业）进口食品。美国 FDA 网站 3 月 4 日更新的 FSVP 进口商名单中，有 1603 页，每页列出了进口商的名称及所在州。

输美果蔬汁企业需要符合 120 法规、输美水产品企业需要符合 123 法规，这两个法规都要求进口商验证其国外供应商。FSVP 扩大了 FDA 对果蔬汁和水产品进口商的监管权力。

随着 FDA 对进口商的监管越来越严格，进口商对输美食品企业采取的供应商验证活动会越来越严格，对高风险食品企业的审核次数可能会增加。美国进口商所实施的供应商验证活动，是 FDA 掌握输美企业及食品信息的一个渠道。

资料来源：根据食安中国网"美国 FDA 全方位加强对进口食品监管"等有关资料整理而成。
http://www.cnfoodsafety.com/2019/0325/38816.html

（2）各国度量衡制度而导致计量单位上的差异：由于世界各国的度量衡制度不同，以致造成同一计量单位所表示的数量不一。在国际贸易中，通常采用公制（The Metric System）、英制（The Britain System）、美制（The U.S. System）和国际标准计量组织在公制基础上颁布的国际单位制（The International of Unit）。上述不同的度量衡制度导致同一计量单位所表示的数量有差异。例如，就表示重量的吨而言，实行公制的国家一般采用公吨，每公吨为 1 000 公斤；实行英制的国家一般采用长吨，每长吨为 1 016 公斤；实行美制的国家一般采用短吨，每短吨为 907 公斤。此外，有些国家对某些商品还规定有自己习惯使用的或法定的计量单位。如匈牙利采用 60 赫兹、150～260 伏的电力计量制度，而泰国则采用 50 赫兹、220～380 伏的电力计量制度，这就要求出口的电器产品必须根据目标市场的电力计量制度作相应调整，否则根本就无法使用。

超级链接 10-3

《中华人民共和国计量法》中的规定

国家采用国际单位制。国际单位制计量单位和国家选定的其他计量单位，为国家法定计量单位。目前，除个别特殊领域外，一般不许再使用非法定计量单位。我国出口商品，除照顾对方国家贸易习惯约定采用公制、英制或美制计量单位外，应使用我国法定计量单位。我国进口的机器设备和仪器等应要求使用法定计量单位。否则，一般不许进口。如确有特殊需要，也必须经有关标准计量管理部门批准。

资料来源：中华人民共和国计量法（2018.10）

（3）各国气候等自然条件的特殊性：目标市场的气候、地理资源等条件也是企业必须改变原有产品的强制性因素之一。如加拿大是一个寒冷的国家，出口到该国的汽车轮胎就必须采用与出口到热带国家的汽车轮胎不同的原料成分进行生产。又如日本松下电视机厂对出口到不同国家区域的电视机要进行专门的磁场校正,以确保获得最好的接收效果。

此外,有些国家政府为保护本国利益,针对外资企业进口商品而专门制定的一些条款、规定,也促使企业必须改进产品的某些方面。如有的国家要求外资企业或合资企业的产品必须使用当地零配件,中国政府就对合资企业产品零部件国产率有一定的要求。为满足这种要求,外资或合资企业便不得不进行适当的调整。

2. 非强制性适应改进产品

非强制性适应改进产品是指企业为了提高在国际市场上的竞争力,适应目标市场的非强制性影响因素,而对产品作出的各种改进。非强制性改进产品对企业更有吸引力,但其改进难度也更大。因为强制性改进产品基本上是因为各国市场对产品施加具体的强制性要求,如技术要求、政府要求、气候要求等,任何出口企业都必须按照这些要求去对产品进行改变。而非强制性改变产品则因企业而异,是否改变产品,如何改变产品,对产品改变到什么程度,将视各出口企业对目标市场需求特点的了解和掌握程度、企业营销能力的强弱而定。而且促使企业改变产品的非强制性因素弹性太大,不可能也不会有现成的指导原则。而企业产品对目标市场的适应性关键又在于根据非强制性因素而作出的相应改变。可见,因非强制性的因素而改变产品是企业从事国际市场营销成败的关键。非强制性产品改变的影响因素通常为以下几种:

(1) 文化的适应性改变:各国或地区文化环境的差异是促使从事国际市场营销企业改变产品的一个重要原因。处于不同文化环境中的消费者,对产品的需求差异主要体现在价值观、道德规范、行为准则、宗教信仰、消费偏好以及使用模式等方面,国际目标市场的消费者是否接受新产品和新行为方式的主要障碍既非收入水平,也非由于自然环境的差异,而在于产品所面对的目标市场的文化模式。将一种产品投放到并不需要该物品甚至禁忌该物品的文化环境中,无论该产品如何价廉物美,品牌知名度如何高,也无法赢得消费者的青睐,如穆斯林是禁止饮酒的,那么无论是法国的葡萄酒,还是中国的茅台酒,投放到伊斯兰国家都是徒劳无功的。

销售一种适应国际目标市场需求的产品,更多应考虑目标市场消费者的习惯、生活方式,消费价值导向等方面。当企业将一种文化背景下的畅销产品销售到另一种文化背景中去,而要改变该种文化背景中的消费者的一定的价值观、生活方式、消费习惯时必须注意克服阻碍改变的阻力。

▶ 国际营销案例 10-2

肯德基制胜法宝

1987年,肯德基进入中国,在北京开了中国第一家快餐店,也是中国的第一家餐厅。当时,中国正处于改革开放不久,投资环境与消费者认知都很好。至今,肯德基在中国已经30年了,在中国的800多个市、镇开设了数千家连锁餐厅,把麦当劳、德克士等快餐厅远远地抛在背后。

作为跨国品牌，肯德基要想制胜，必须要结合本地的市场特点以及消费者的偏好。肯德基刚在中国出现时，以其独特的烹饪方式以及西方化的饮食迅速得到了中国人的喜爱，但中国是一个美食大国，有各种口味的菜式，肯德基却年复一年单一地提供着炸鸡和汉堡，人们很快就失去了新鲜感。然后，进驻中国的肯德基结合了中国消费者的饮食习惯及其口味偏好，不断开发新的产品，开发比较适合中国人的本土化的产品，以重新找到企业的增长点，占据市场份额。肯德基不仅将异国风味的食物进行中国口味的改良，还推出了符合中国人口味的中式快餐，如早餐的粥、油条以及米饭等，另外，还开发了很多具有地域特色的产品，如比较辣的香辣鸡腿堡、辣鸡翅等。肯德基总是在推出新的产品，使得百胜集团的营业额不断上涨。2016年，百胜中国的营业额达到6.4亿美元，同比上涨31%，其中肯德基上涨6%。2017年第二季度，百胜集团总的销售额增长7%，其中肯德基增长8%。

肯德基根据中国消费者消费习惯的改变而进行改进，互联网时代的到来，加上消费者喜欢便捷的消费方式，肯德基不仅及时扩大宅急送的餐厅数量以及范围，还开发APP，进行手机点餐服务等，减少顾客排队等候的时间。

肯德基在进入中国市场前就开始熟悉和理解中国的文化，了解影响中国消费者购买产品的因素。并且在进入中国这个大市场之前选择了与我国居民生活习惯类似的新加坡作为试点，对中国市场非常重视。专门成立了"中国肯德基食品健康咨询委员会"，专门开发适合我国消费者口味的产品。只有充分融入对方的文化当中，创新符合当地消费者需求的产品，符合当地发展模式的经营方式，立足本土化战略，才能将自己立于不败之地。

资料来源：许留芳.中西方文化差异对消费行为影响研究——以肯德基为例 [J].文化创新比较研究，2018，2（29）：166-167.

（2）各国消费者的收入水平：收入水平的高低在很大程度上影响消费者对产品效用、功能、质量、包装及品牌等的要求。收入水平低的消费者通常注重对产品最基本性能的要求，如要求产品价格低廉，经久耐用，而对包装、品牌则不太注重。收入水平高的消费者则更多追求产品的优质、精美的包装、品牌的知名度等。如通用汽车公司在贫穷国家不是销售其标准的卡迪拉克汽车，而是为这些国家专门开发一种"基本运输工具"。世界各大汽车公司瞄准了中国这个巨大的家用小汽车市场，纷纷针对中国家庭的收入水平状况在开发研制家用的汽车。

扩展阅读10.5
金龙鱼的1:1:1
扫码阅读

（3）消费者的不同偏好：消费者的不同偏好是吸引国际市场营销企业改变产品的一个重要原因。各国消费者的不同偏好主要是由社会文化所决定的。由于文化影响而产生的消费者偏好的差异，主要体现在对产品的外观、包装、商标、品牌名称以及使用模式等方面，而很少体现在产品的物理性或机械性方面。对一个以国际市场营销为导向的企业来说，当涉及产品的外观样式、味道，及包装中颜色图案和文字的禁忌时，企业的秘诀是入乡随俗。

超级链接 10-4

国际 "差异"

在英文中"dragon"一词的字面意义意为"龙",但是这种西方释义上的"dragon"却与我国传统中的"龙"有着明显的差别。众所周知,"龙"在我国是高贵、吉祥、神圣的象征,甚至在权力的表现上,也作为皇权的象征,皇帝时常将自己比作使"真龙天子",以此表达为人民带来政治福祉的愿望。然而在西方国家中,"dragon"的释义虽同为龙,但其所代表的内容却与我国的概念截然不同,象征着凶残、暴戾、魔鬼,作为恐怖的代名词。

资料来源:卢薇. 探讨中西文化差异对英语翻译的影响[J]. 海外英语,2019,392(4):200-201.

(4)国外市场的教育水平:发达国家的消费者平均受过十年的正规教育,而且生长在一个高度商业化、工业化和技术化的社会中,他们文化水平高,易于识别及掌握和使用技术复杂的产品。而在一些贫穷落后的国家中,消费者受教育的程度有限,甚至许多是文盲,他们难以掌握及使用技术复杂的产品。

10.3 国际市场产品生命周期

10.3.1 产品生命周期的含义

产品从投入市场到最终退出市场的全过程称为产品的生命周期,该过程一般经历产品的导入期、成长期、成熟期和衰退期4个阶段。我们必须将产品生命周期与产品的使用寿命区分开来。产品的生命周期是指产品的市场寿命或经济寿命,即产品在市场上生存的时间。其寿命的长短主要由市场因素来决定,如科学技术的发展水平和产品更新换代的速度、消费者偏好的变化、竞争的激烈程度等。产品的使用寿命指产品的自然寿命,是指产品从投入使用到损坏直至报废所经历的时间,其寿命的长短受产品的自然属性、产品的使用强度、维修保养程度以及自然磨损等因素的影响。

产品的生命周期与产品的自然寿命之间不存在直接的相关关系,有的产品市场生命周期很长,使用寿命却很短;有的产品市场生命周期很短,但使用寿命很长。

产品的生命周期表明任何产品的市场生命都是有限的,产品的新陈代谢是不可避免的。在产品生命周期的不同阶段,产品的市场占有率、销售额、利润额是不一样的。这就需要企业认真分析和识别产品所处生命周期的具体阶段,根据产品生命周期不同阶段的特点,采取相应的营销组合策略。

产品生命周期形态可以分为典型和非典型的产品生命周期。典型的产品生命周期要经历导入期、成长期、成熟期和衰退期，呈 S 形曲线，如图 10-2 所示。

并非所有产品都呈现 S 型产品生命周期。另几种常见的非典型形态有"循环—再循环型""扇型""非连续循环型"，如图 10-3 所示。"循环—再循环型"，通常产生于企业在产品的销量开始下降时采取了强有力的促销措施，使产品销售出现了第二个周期，但规模和持续期都低于第一个周期。产品呈现"扇型"生命周期，是由于企业不断发现产品的新特征、新用途，或者发现了新的市场或新的目标顾客群，从而其生命周期不断得到延长。时髦品的生命周期通常是"非连续循环型"的。如呼拉圈、跳舞毯等产品在很短的时间内迅速风靡市场，其销售量也迅速达到峰顶，但也会很快便在市场上销声匿迹。

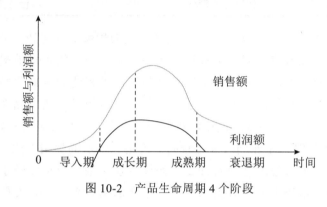

图 10-2　产品生命周期 4 个阶段

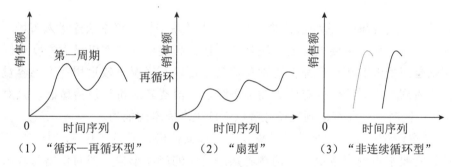

图 10-3　3 种非典型产品生命周期形态

10.3.2　产品生命周期各阶段的营销策略

由于消费者需求和当代社会政治经济和科技日新月异的发展变化，使国际产品生命周期具有变化迅速、周期不断缩短等特征。同时，产品处在生命周期的不同阶段，在产品、购买者和消费者、销售额、利润、竞争者与竞争形式、促销手段等各个方面均具有不同的特征，企业应根据自己产品在市场上的特征，灵活地制定相应的营销策略，使产品在市场销售中获取最佳的收益，并尽可能地延长产品市场生命周期。

扩展阅读 10.7
APP 生命周期亟须提高
扫码阅读

1. 导入阶段的营销策略

导入阶段的营销策略主要有 4 种，即快速撇脂策略、缓慢撇脂策略、快速渗透策略和缓慢渗透策略。新产品推向市场之后,国际营销人员必须就其价格、促销、分销及产品品质对产品进行定位,以便让市场尽快知晓、认同或接受企业的产品。以上4种策略主要考虑价格和促销两种因素(见表10-2)。

表10-2 产品导入期营销策略

		促销开支	
		高	低
价格	高	快速撇脂策略	缓慢撇脂策略
	低	快速渗透策略	缓慢渗透策略

(1)快速撇脂策略:企业为了迅速扩大产品的销售额,获得较高的市场占有率,可以采用高价格和高促销开支策略。采取这种策略必须有一定的市场前提:目标市场的大部分潜在的消费者对这种新产品缺乏了解,这些消费者有能力也愿意尝试以较高的价格购买新产品。有时企业面临潜在竞争对手的威胁,或希望尽快树立品牌形象时,会采取这一策略,以领先于竞争对手或迅速使消费者产生对自己产品品牌的喜好。

(2)缓慢撇脂策略:企业同时采用较高的价格和较低的促销费用进行营销活动,以求得到更多的利润和最大程度上节省开支。如果企业在某一容量比较小的市场上享有较好的品牌形象,加上市场上大部分的消费者已经熟悉这种新产品,并愿意出高价,这种策略可以获得理想的效果。

(3)快速渗透策略:这种营销策略具有较大的攻击性,谋求快速进入市场,取得尽可能高的市场占有率。主要采用的方法是低价格、高促销开支,以最大程度上提高产品知名度和刺激消费者购买该产品。这种营销策略在以下情况下较适用:市场容量庞大,潜在的竞争激烈,产品的价格有较大的需求弹性,消费者对价格反应敏感,且对此种产品缺乏了解;同时,企业有达到规模经济以降低生产成本的能力。

(4)缓慢渗透策略:这种营销策略是企业以低价格、低促销开支,来推出新产品。这种营销策略要求市场容量很大,消费者熟悉公司的产品形象,但对价格有较大的需求弹性。这样,产品虽以低价格销售,但由于成本水平较低,公司在取得大销售额的条件下也能获得较好的利润。

2.成长阶段营销策略

随着产品进入成长阶段,早期使用者已熟悉企业的产品,大部分追随者开始加入购买者行列,产品销售量大幅度上升,企业的销售利润向上走势强劲。与此同时,市场利润的巨大潜力吸引新的竞争对手加入竞争行列,由于新进入者在产品特征和分销形式方面具有新的特点,竞争呈现出多样化状态。因此,这一阶段的策略重点主要在于在多方面加强产品竞争力,以应付日益激烈的市场竞争,尽可能地维持其市场的可持续成长。

然而,这一阶段的策略会使企业面临争取更高的市场占有率和追求比目前更高的利润的两难命题。如果企业愿意将巨额的开支,投资在改善产品、促销活动及销售渠道上,那么企业就有可能获得市场竞争的优势地位。但这样的话,企业有可能必须增加额外的成本,而牺牲目前的最大利润。市场成长期可供选择的营销策略主要有以下几种。

（1）改进产品质量：企业要不断改进产品质量，为产品添加新的功能，变换或提供新的产品款式等，以提高产品的竞争力，满足消费者更为广泛的需求，吸引更多的消费者购买企业产品。

（2）扩大规模降低价格：企业通过扩大生产规模，可以产生规模效应，降低成本，以便在适当的时机，可以采取降价措施，刺激需求扩大，使那些对价格反应敏感的消费者产生购买欲望，并采取购买行动。另外，在行业竞争日趋激烈、市场平均利润水平下降的情况下，扩大规模降低价格的策略可以阻止新竞争者的加入。而企业还有余力寻找和打入新的尚未饱和的细分市场。

（3）树立品牌形象：这一阶段的重点之一就是企业要把广告宣传的重心，从纯粹介绍产品转到树立产品的品牌形象，使自己的产品产生差异优势，增加顾客的购买信心，使企业的产品不仅能维持老顾客，更能吸引新顾客，提高公司在社会上的美誉度。

3. 成熟阶段的营销策略

随着产品销售量到达某一点后，销售增长率开始减缓并趋于下降，产品进入成熟阶段。这一阶段又可分为3个阶段：成熟期中的成长阶段，这时后期的使用者加入购买者行列，但产品销售增幅已小于以往；成熟期中的稳定阶段，此阶段所有的潜在消费者都已购买使用了企业的产品，产品销售量增长与人口增长成正比，如果人口表现为零增长，则产品销售量达到顶点；成熟期中的衰退阶段，早期顾客开始尝试购买其他企业的新产品，造成销售量下滑。一般来说，比起前两个阶段，这一阶段会持续更长的时间。企业须根据成熟期不同阶段的特点，尽量采用恰当的措施和策略延长成熟期。

（1）市场改良策略：这种策略是通过扩大市场来增加成熟产品的销售额，而并不改变产品本身。具体有4种可选策略：①寻找新使用者。企业可以寻找有潜在需求的新顾客，或进入新的细分市场，包括地理、人口细分的市场，大大增加产品销售量。②吸引竞争者的顾客，企业通过争取竞争者的顾客试用或采用本企业的产品，使他们转向购买自己的产品。③鼓励使用者增加使用频率或增加用量。④寻求新的用途，帮助启发消费者了解产品的多种用途，以增加消费者对产品各种用法的认识。

（2）产品改良策略：改进产品策略侧重于顾客的不同需要，创新性地改进产品自身的内涵，吸引具有不同需求的顾客。产品在销售过程中，竞争者会以更高品质的产品争夺顾客，而顾客在许多情况下希望使用表现更佳的产品。因此，为了在竞争者中取得领先地位，企业须不断改良产品的品质，并设法让购买者相信品质确已改进，有时企业不妨在成本许可的条件下，以定制的形式满足消费者需要改良的产品，如增加产品的新特性，包括规格大小、重量、材质及附属品等，使产品的多样性、安全性或便利性得以扩大。服务在当今国际市场上起到越来越重要的作用，它既是产品的重要附加部分，也是产品的主要组成部分之一。改进或添加新的服务属于企业改进产品策略的重要措施，有助于提高产品的竞争能力，使顾客买得放心、用得舒心，这对于扩大产品销售具有极大的促进作用。

（3）改变市场营销组合策略：市场营销环境的改变要求企业具有针对性地改变市场营销组合要素，以延长产品的成熟阶段。其方法有改变定价、分销渠道和促销方式来提高产品竞争力,增加市场对产品的需求。一些常用的措施有:以降价、优惠、折扣方式进行促销,增加广告支出,改变广告媒体组合,或增加销售人员的数量和质量,加快交货速度,提高服务质量等。但是,这一策略往往易为竞争者模仿,特别是在降价及额外服务方面,使企业的努力难以取得预计的效果。因此,企业必须充分利用自身的优势和结合当地的实际情况,使自己的营销组合策略具有难模仿性,以期获得预期营销组合的效果和利润。

4. 衰退阶段营销策略

产品进入衰退阶段时,其主要特征表现为产品成熟后期缓慢下降的销售量急剧下落,产品价格在激烈的竞争中已降至最低点,几乎已无利可图。即使这样,企业仍应认真分析市场形势,采取合适的策略,让产品以合理的方式退出市场。

(1)继续维持策略:继续沿用以往的策略,按照原来的细分市场,使用相同的分销渠道,保持合理的定价和促销方式,利用恰当的时机,使这种产品"全身而退"。

(2)收缩榨取策略:产品进入衰退阶段以后,这种产品在某些细分市场上尚有一定的需求。企业可以收缩战线,把资源集中在这些尚有利可图的细分市场和产品上,把促销水平大幅度降低,尽量减少开支,以尽可能地增加利润。

(3)放弃撤离策略:对于市场上确已无利可图的产品,企业应该当机立断,停止生产经营该产品。

▶ 国际营销案例 10-3

可口可乐的生命周期

可口可乐是美国乔治亚州潘伯顿医生(Dr. John S. Pemberton)1885年发明的,他在地窖里把碳酸水加苏打水搅在一起,成为一深色糖浆。他的合伙人罗宾逊(Frank M. Robinson)从糖浆的两种成分中激发出命名的灵感,于是有史以来最为成功的软性饮料可口可乐诞生了。

在导入期,可口可乐开始是定位为戒酒饮料,同时可乐本身含有一定量的可卡碱,使得可口可乐在初期上市之后受到了很多医生和报界人士的大肆批评,很多消费者也不断抱怨和抗议可乐的药品形象。在这样的环境下,可口可乐开始了新的开发,把可卡碱的数量减少到原有含量的1/10。然后他们又寻找到最佳配方,使得口味更加符合大众的需求。这个配方成了绝密,也奠定了它在饮料届的巨无霸地位。

在成长期,可口可乐公司的利润迅速增长,公司改善产品质量并增加新的产品的特色和式样,进入新的细分市场。公司营销上启用了瓶装革命,把可口可乐装入瓶中,从而打开了遥远的乡村市场。可口可乐的销量直线上升。

可口可乐的巅峰期始于"二战"时期,日军偷袭珍珠港后,美国对日本宣战,被派往前线的美国大兵源源不断。就在这时,可口可乐公司突然意识到想要实现"让全世界喝可口可乐",参战的美军就是最好的消费者和推销员。可口可乐的大老板洛普当机立断公开发表声明:"为了支持祖国的正义战争,不论我们的将士走到哪里,本公司将不惜成本，保证每位战士只花 5 美分就能喝到一瓶家乡的可口可乐。"可口可乐公司本想把装瓶的可口可乐直接出口，但是，尽管他们有特权，却还是没有办法享受军事船运的优先权。于是他们出了另一套计划：仿照美军使用脱水食物的方式，把可口可乐浓缩液装瓶输出，并设法在驻区设立装瓶厂。可口可乐公司一共派遣了 248 人随军到国外，这些人甚至有军职，被称为"可口可乐上校"，可以和修理飞机坦克的军人相提并论。随后，这批人随军辗转，从新几内亚丛林到法国里维拉那的军官俱乐部，一共卖了 100 亿瓶可口可乐。除了南北极以外，可口可乐在战时总共建立了 64 家装瓶厂。

"二战"后，可口可乐也进入了成熟期。可口可乐的对手，百事可乐，也在 50 年代崛起。二强相争，愈演愈烈。可口可乐与麦当劳合作，百事可乐则买下肯德基。可口可乐成为民主党的传统饮料，百事可乐则支持共和党。二者还展开价格战，竞相削价。双方压低成本，提高效率。不过可口可乐还没有进入衰退期，全球化使得它还在大步走向世界。

资料来源：https://www.sohu.com/a/277945739_754807.

10.4 国际新产品开发策略

国际新产品开发的基本目标是在国际市场寻找投资报酬率最佳的产品，开发最能发挥本企业生产、营销、财务及管理方面优势的产品。国际新产品开发程序，如图 10-4 所示。

图 10-4 国际新产品开发程序

10.4.1 国际新产品开发的目标和战略

伴随企业外部环境的变迁和企业战略的转换,阶段性新产品开发目标会有所不同,但追求销售额和利润的增长这一大目标是长期不变的,是大多数企业共有的目标。在这个大目标下,企业应依自身内外部环境的特点,制定相应的目标。

国际新产品开发战略可分为因应型和预应型两类。前者顺应环境改变而研制新产品;后者强调争取主动,努力把握环境变化的趋势,因势利导及时推出新产品。采用哪一种战略,与市场的规模和成长性、创新产品的保护能力、竞争力的强弱以及企业的市场定位有关。另外,不同的企业战略也要求采取各异的新产品开发战略,如开拓型企业战略要求使用预应型新产品开发战略,而在防御型企业战略条件下,最适合运用因应型新产品开发战略。下面分别讲述两类不同的新产品开发战略。

1. 因应型新产品开发战略

具体包括:

(1)调整和改进企业现有产品以便更好地与竞争对手的新一代产品竞争市场;

(2)迅速模仿竞争对手推出的新产品;

(3)绝不率先推出新产品,但竞争对手一旦推出新产品,马上推出比对手产品更好的产品;

(4)根据消费者要求和偏好的变化,不断研制新产品。

2. 预应型新产品开发战略

具体包括:

(1)全力开发高新技术产品。如美国 3M 公司明文规定,事业单位销售额的 30% 必须来自上市时间少于五年的产品,事业单位销售额的 6.5% 必须用于新产品的研究与开发活动;

(2)研究消费者需求并开发新产品来满足这一需求;

(3)建立新产品创新机制,使企业拥有永续创新能力,而不仅是研究和开发一两件新产品;

(4)借助资本市场和资本运营的力量,兼并或收购新产品开发能力优秀的企业。

10.4.2 新产品创意及创意的筛选过程

新产品创意的可行性,与企业资源、行业竞争环境、企业自身的优劣势密切相关。企业如果不具备新产品创意所要求的技术水平、生产能力、营销诀窍,再好的创意也没有实际意义。在一定的条件下,成功产生和筛选新产品创意,取决于精心组织、周密策划和合理运用资源。

1. 新产品创意的来源

新产品创意的来源,依企业、行业、产品的新颖性不同而各异。一般讲,创意主要出自以下几个方面。

(1)用户。用户是产品创意的重要来源,尤其是工业品,如科学仪器和生产程序,创新主要依靠使用者反馈的信息和建议。有些使用者甚至出资支持企业搞创新产品。另外,企业也可以从市场调研、销售报告、消费者座谈会、售后跟踪调查等活动中了解消费者对产品的新要求。但应注意的是:来自用户的新产品创意一般属于产品改良性质的,很少有全新产品的创意。

(2)企业员工。企业员工是创意的另一重要来源,尤其是有关产品改良和产品线扩展方面的建议。应特别注意直接与产品打交道的研究与开发部和工程部员工、销售人员、产品经理、广告人员、营销研究人员的新产品创意。

(3)分销渠道。流通领域的批发商和零售商掌握产品市场行情,了解消费者的总体反映。因此,能够提出有代表性的产品改进和扩展方面的建议。然而,企业在采纳之前,必须先从最终消费者那里得到验证。

(4)竞争对手。竞争对手是企业产品创意的重要来源之一。大多数企业,特别是处在激烈竞争行业的企业,都格外关注对手的新产品,往往通过不断推出更先进的产品来与对手争夺市场。

(5)政府机构。工商管理部门负责专利的申请、注册、发布,科学研究机构从事范围广阔由基础和应用研究,发表大量的论文和研究报告,有时还为新研究成果寻找商业化的合作伙伴。这些都是企业产品创意的重要来源。

(6)传统产品。老字号、传统产品是经历漫长岁月的考验才在市场上站稳脚跟的,其中有些虽已衰败,但认真研究其中的内在原因,可以找出问题所在,并从中获取创新的火花。

(7)其他来源。包括行业杂志、行业协会、广告中介、咨询机构、商业试验室、大学和科研机构、国外新产品创新信息等。

2. 新产品创意的筛选

创意筛选阶段十分重要。大多数夭折的新产品项目都是在此阶段被否定的。若通过此阶段,则意味着创意进入了客观实施阶段,企业将为此投入大量资源。另外,筛选决策是一个十分困难的决策,因为此时决策者对产品的市场前景、产品成本、所持的投资金额并不能做到完全心中有数。但决策者必须做出合理决策:一方面要避免筛选过松,让低劣项目滑过这一关就必然给企业造成各种资源的巨大浪费;另一方面还不能筛选过严,致使企业错过许多原本可抓住的机遇。

3. 创意筛选模型

筛选模型有许多优点:引导管理者从系统和全面的角度去考虑新产品创意的取舍;使主观臆断性降低;使用简便且成本很低。但缺点是:给分的高低直接受管理者主观意识的影响;给分标准可能互相重叠导致重复给分。目前国际流行的一种创意筛选模型,如表10-3所示。

表 10-3　创意筛选模型

（1）要素	（2）权重	（3）很好（10）EP EV	（4）好（8）EP EV	（5）一般（6）EP EV	（6）差（4）EP EV	（7）很差（2）EP EV	（8）总计EV	（9）要素评估
产品的卓越性	1.0	0.1　1.0	0.2　1.6	0.5　3.0	0.2　0.8	—	6.4	6.4
产品独特性	1.0	0.1　1.0	0.2　1.6	0.4　2.4	0.2　0.8	0.1　0.2	6.0	6.0
降低消费者成本	3.0	0.3　3.0	0.4　3.2	0.2　1.2	0.1　0.4	—	7.8	23.4
质量优于对手	1.0	0.1　1.0	0.2　1.6	0.5　3.0	0.2　0.8	—	6.4	6.4
给使用者独特帮助	2.0	0.5　5.0	0.4　3.2	0.1　1.6	—	—	8.8	17.6
价格低于对手	2.0	—	0.2　1.6	0.5　3.0	0.3　1.2	—	5.8	10.6
	10.0						总值	71.4

注：EP代表预期利润水平；EV代表预期价值，它是预期利润乘以等级数值的积。

表 10-3 的创意筛选模型由 7 个步骤组成：

（1）制定创意筛选标准。如市场前景标准、市场吸引力标准、项目与企业资源的一致性标准、产品范围标准等。

（2）标准细目化。如市场前景标准细分为：产品与对手产品相比的卓越性，产品的独特性，产品使消费者降低成本的程度，产品质量与对手质量的对比等。

（3）根据每个细目的重要性给予不同的权数。如降低消费者成本直接关系到新产品的成功上市，所以给其的权重最大。

（4）针对每一个要素，预测产品达到"很好""好""一般""差""最差"的概率。将预测的概率值分别记在第 3～7 栏的 EP 栏下。

（5）用所得的各个概率值分别乘以第 3～7 栏下的数字值。如产品的卓越性落在"很好"栏的概率是 0.1，用其乘以"很好"栏下的数字 10 得 1.0，并记在 EV 栏下。

（6）用每个要素预期价值总和（第 8 栏）乘以该要素的权重（第 2 栏）得该要素的评估值。再将所有各要素评估值相加就是该产品的市场前景得分。

（7）用上述方法对第 1 步中的其他标准进行细化、计算、打分。最后将每次的结果汇总，并与其他产品创意的打分结果对比，挑选最理想的创意。

10.4.3　国际新产品的开发

新产品创意入选后，就进入了产品开发阶段，涉及确定产品关键利益等内容，最后还要撰写出事业规划，见图 10-4 中间的长方框。关键利益是指新产品将给消费者带来的最主要的好处，如美国泰莱诺公司在新产品镇痛片的开发中，将该药的关键利益确定为"有效、快速、长久地解痛，同时不会引起胃部不适反应"。实际上，关键利益是产品开发和产品工程的指导思想，同时也决定了产品的特征。然而，企业给新产品确定的关键利益是否能够得到消费者的认可十分重要。因此，生产者应该研究消费者怎样看待新产品，怎样对比新旧产品，以及他们购买新产品的概率。

1. 消费者感知

企业有关人员可根据产品的关键利益设计出产品的主要特征，再通过问卷法了解消费者对这些特征的认可度。如新品电冰箱的特征是：电脑控制温度，以确保用电经济；低噪音；透明门让使用者无须开门便可以看见箱内的食品；重量轻，便于移动等。通过对特定细分市场消费者的问卷调查，企业可以得到各不同产品特征的受欢迎情况，还可以了解消费者对竞争对手产品的反映。

2. 消费者的偏好和选择

知晓消费者感知之后，还要进一步了解消费者是怎样对比新旧产品的，即消费者偏好产品的哪些功能或特征，以及消费者选择新产品的概率。有关调查人员可采用矩阵图法，将产品的两个关键特征设定为纵横坐标，依新产品的特征将其画在适当的位置上，然后再将消费者的理想产品标在图上，找出两者的差距并在此基础上完善企业的新产品。

3. 销售潜力

进行消费者感知和偏好分析之后，有关调研人员可设定产品生命周期、价格、竞争对手反应等条件，并进而预测新产品的销售前景。另外，有关人员可以通过了解与本企业产品定位相同或相近的竞争对手产品的市场销售情况，推断本企业产品的市场潜力。

4. 事业单位规划

事业单位规划涉及各有关职能部门为新产品成功上市应做的各项工作，起着协调和整体谋划的作用，尤其是要将市场调研人员确定的产品特征转换成各相关部门的工作目标。例如，药品企业的调研人员确定新产品镇痛片应是"有效、快速、长久地解痛"，技术和工程部门应研究解痛所需的具体时间以及可持续的时间长度。经过各部门之间反复的讨论和协商，最后敲定各部门为新产品成功上市应完成的工作和任务。

事业单位规划应包括产品开发阶段的全部内容，如向目标市场消费者提供的利益、新产品的特征和定位。这一点十分重要，因为新产品营销战略是以此为依据制定的，特别是其中的促销策略的选择，与产品特征和利益密切相关。事业单位规划的最后一项内容是新产品开发项目的总成本和预期总收益，其形式可参照损益表的格式，以年度为单位编制。事业单位规划制定完毕后，应呈报公司管理层审批，批准后的规划是新产品开发的依据和行动方案。

超级链接 10-5

华为成功的背后

近年来国外科技巨头纷纷在中国建研发机构吸引中国优秀人才。而华为除了在中国设多个研究所外，更是跑到国外大量设立研发机构。哪里有优秀人才，华为就在哪里设置研发机构，比如莫斯科、东京、伦敦、巴黎、班加罗尔等，都有华为的身影。在日本，华为设立小型化设计和质量控制研究中心；在法国，华为设立了巴黎美学研究所；在印度，华为设立了以软件为主要研究方向的研究中心；在美国，华为以射频、操作系统、芯片为主要研究方向。

华为在和国际巨头争夺优秀人才方面确实敢于花钱，目前华为在全球设有14个研究院/所/室，36个联合创新中心。当然回报也是相当大的，比如华为俄罗斯研究所的一名数学天才，打通了不同网络制式之间的算法，帮助运营商节省30%以上的成本，并且更加绿色环保，让华为在这个领域处于绝对领先。无论是"华为干线DWDM传输系统实现4 600公里的无电中继传输，达到业界商用系统最高水平"还是"广东电信2004年163骨干网优化改造项目尘埃落定，华为高端路由器产品NE5000和NE80获突破性大规模运用"，都包含了华为海外研发机构的巨大功劳。

另外，早在1998年，任正非就提出，华为要组织一些跨部门的小团队到海外去收购一些小公司，也可以在国外招聘本土人才搞芯片设计，扩大华为的芯片研发队伍。2002年初，华为完成对光通信厂商OptiMight的收购，大大加强了自己在光传输方面的技术实力。2003年中期对网络处理器厂商Cognigine的收购则大大加强了华为在交换机和路由器核心处理器方面的能力。2013年华为收购了一家芯片巨头在法国的业务，并以此为基础成立了图像研究中心。从麒麟950开始，海思的SoC芯片中开始集成自研的ISP模块，使得华为可以从硬件底层来优化照片处理。通俗地说，决定手机相机画质的并不是摄像头的像素，而是图像处理器和算法。从P9开始华为已经跻身全球手机拍照的第一阵营。P9系列销量超1 200万部，自研图像信号处理器模块功不可没。

资料来源：根据竞争制高点"华为成功背后：海外广设研发机构 吸纳国外优秀人才研发芯片"等有关资料整理而成。http://mini.eastday.com/a/180619151523698-2.html.

10.4.4 国际新产品设计

产品设计旨在将产品拟向消费者提供的关键利益具体化，是新产品成败的关键一环。因为，首先产品设计决定产品使用的材料和产品外观，直接影响产品成本的高低和生产程序。其次产品设计的优劣直接影响产品对目标顾客的吸引力，瑞士Swatch手表的巨大吸引力与其独特的外观设计不无关系。再次产品设计合理能引起消费者的美好联想。如借助计算机与其辅助设备的简便、紧凑的设计给使用者一种亲切感，似乎是专为其设计的。最后产品设计的高质量和艺术化还能给使用者精神上和心理上的满足。

回顾产品设计的历史，是一个逐渐由只注重充分利用企业现有资源向侧重于产品的安全可靠、使用方便和舒适发展的过程。例如美国库柏工业公司顺应家庭生活现代化的潮流，对原有的笨重难看的榔头进行了重新设计，榔头手柄为发荧光的橘黄色，给人以先用为快的感觉；榔头的重量前移至头部，使敲击铁钉更方便和准确。这两项新设计使该企业榔头销售量比上一年度上升了20%。另外，产品设计史还证明，人为地将产品功能和使用复杂化必定使产品失去市场。

1. 产品使用测试

产品使用测试旨在印证产品是否确实提供了顾客所追求的利益，同时收集改进产品和降低成本信息和建议。测试的方法很多，关键是其结果是否能够真实反映产品在未来实际市场销售的情况。下面介绍3种广泛使用的测试方法。

（1）实验室测试法。该法通常可以准确测出新产品在不同条件下的使用效果。如电冰箱门连续数小时不停地开关以获取有关数据，卡车发动机也可以在平台上进行长时间高速运转试验。实验室测试的优点是：过程的可控性、低成本和节省时间，但不足之处是没有最终用户的直接参与，不能完全符合实际使用的要求。

（2）专家测试法。食品生产企业常使用此种测试方法，请专家对食品的外观、口味、香味、色泽进行评价，以确保产品具备消费者所追求的利益。此法的优点是：简便易行、成本低，但缺点是专家的看法并不一定完全与最终消费者的意见一致。

（3）消费者测试法。包括普通的家庭使用测试，即挑选一定数量的顾客，让其使用产品并填写问卷表；也涉及较为复杂的匿名对比测试，让消费者在不知品牌的情况下，同时使用数种相近产品，并分别提出意见。一般讲，对于那些旨在替代现有产品的新产品而言，可采用匿名对比测试方法，让消费者在不知情的条件下同时使用新旧产品，并说明喜欢哪个产品以及具体的理由。匿名对比法的缺点是：无法模仿市场上可能出现的所有情况；有些人为制造的条件在市场上并不一定会出现，如同时试用两种相近产品，有些测试结果很难解释某些关键问题。如有25%的应试者喜欢某产品。这些应试者若十分偏爱这一产品，那么这个产品是成功的。但这些应试者若仅是从两个产品中被动的或随意选择了该产品，这个产品就是失败的产品。

2. 模拟销售测试

模拟销售测试通过考查应试者来用新产品的全过程（包括知道、试用、重复购买3个阶段），推断新产品的市场前景。例如，有关研究人员从目标市场上挑选若干名应试者，让其观看带有新产品插播广告的电视节目，然后让应试者到模拟商店选购商品，该店既有广告中的产品又有其他同类不同品牌的产品。若应试者选中广告产品，有关人员将进行跟踪回访，了解应试者的满意程度和重复购买意向。此种测试的优点是：成本低、可信度高。近年来，采取此法测试的数百种产品所得的市场占有率数据，与随后的市场实际销售数据仅差1～2个百分点。但此法的不足之处是无法了解产品分销渠道和中间商的反映和要求。

超级链接 10-6
亚马逊无人店的研发

扫码阅读

3. 实地销售测试

实地销售测试的性质和范围取决于新产品的营销规划。如果企业对新产品定价没有把握，可用实地销售测试法进行小规模市场试销，了解市场的反映。这里值得注意的是：必须先制定新产品的整体营销规划，再对其中没有把握部分进行实地测试，并据此对营销规划进行必要的修改和调整。但有些企业是先搞实地测试再编制整体营销规划，结果发现小规模测试获得的经验并不能指导随后的市场销售。例如，实地测试中使用的直销法在以后的市场销售中却无法继续使用，因为大规模采用直销法的成本太高，中小企业无力承受。

实地销售测试的最终目的是获取在不同促销方式和不等的促销支出下，新产品上市第一年的预期销售量。企业通过测算目标市场中购买新产品者所占的比重和其重复购买的频率来推断产品的预期销售量。在此过程中企业还应研究不同价格水平、不同促销手段对消费者购买活动的影响,以及竞争对手的反应。另外,充分利用高科技手段,特别是计算机网络技术和数字技术,已成为实地销售测试发展的主流趋势。美国许多市场调研服务机构仅要求被调查者每次购物刷卡前同时显示身份证卡,便能记下其购物行为,并传送到该机构的计算机主机内进行分类和分析。

10.4.5 商业化生产

商业化生产是国际新产品开发全过程中的最后一个阶段,需要企业内部各职能部门的全力合作。特别是营销部门更是责任重大,负责新产品的上市、树立独特形象、引导大众购买、鼓励重复购买等。具体讲,新产品商业化的方法包括以下3种。

1. 直接商业化

新产品直接商业化是指绕过实地销售测试阶段直接将产品推向市场。这一策略适用于风险较小的新产品,如现有产品的改良型、针对竞争对手成功产品的模仿产品等。工业品也可以通过互联网和电子邮件直接与目标用户沟通,而省略实地销售测试阶段。

2. 以点带面法

此法是指虽进行实地销售测试,但不一定在每一个目标市场都进行测试,而是在一地测试获取经验后,在其他的地方直接将产品推向市场。大多数消费品都可以采用这一方法,其依据是随着经济的全球化和各国国民交流的加强,各国消费品市场趋同化已成为消费品市场发展的一大趋势。美国考尔盖特公司在菲律宾、墨西哥、中国香港试投其新品洗头水获得成功后,直接向欧洲、亚洲、拉丁美洲和非洲推出这一洗发水并收到了很好的效果。

3. 渠道优选法

此法是指对于那些采用两个以上渠道分销产品的企业,只选其中一个渠道试销产品,然后直接在其他渠道内销售产品。应指出的是:不同渠道所涉及的消费群体应对新产品偏好相近,否则可能出现产品销路不畅等问题。

总之,在商品化生产阶段,企业既要加快上市步伐,避免对手迅速推出抗衡产品,又要尽量回避风险,最大限度地降低失败带来的损失。美国通用电器公司研制了一种新型的防火塑料。若大量生产,需要巨额的固定资产投资;若利用现有设备,只能进行小规模生产。该公司选择了后者,虽然销售量不大,却获得了高额利润。实践证明,合理地权衡利弊,是商业化阶段成功的关键。

10.5 国际品牌策略

在国际营销实践中,实施合理的品牌和包装策略,有助于突出产品的差异化,对国际产品在消费者心目中树立良好的产品形象,促进产品在国际市场上的销售,起着极为重要的作用。

10.5.1 国际品牌的内涵

1. 品牌的概念及意义

美国营销协会对品牌定义是：品牌是用来识别一个或一些销售者的产品或服务的，并用以与竞争者的产品或服务进行区别的一个名称、符号、标志、设计或它们的组合。

产品品牌由品牌名称和品牌标志两个部分组成。品牌名称是企业给自己的商品或服务起的一个名称，使自己生产或出售的商品或服务易于识别，并与竞争者生产或销售的商品或服务区别开来。品牌名称是品牌中用语言称呼的部分，如 IBM、联想都是著名电脑的品牌名称。品牌标志是品牌中不能直接用语言称呼，但可以被识别的部分，如符号、图案、颜色等。例如，可口可乐以红色作为品牌的部分标志，而百事可乐则以蓝色作为品牌的部分标志。

商标是一个具有法律意义的名词，是产品品牌和品牌标志在政府有关部门登记注册之后，获得专用权而受到法律保护的品牌或品牌的一部分，通常被称之为注册商标。

品牌是企业宝贵的无形资产，优质的品牌形象反映商品的质量和内涵，有助于吸引国际消费者，扩大国际市场占有率，在竞争中发挥重要的作用。国际品牌的具体意义表现在如下 3 个方面。

（1）识别强化企业形象。国际市场上各类企业产品的种类繁多，良莠不齐。品牌作为辨别标记，有利于企业传达良好的产品及企业形象，维护企业声誉，使顾客得以明确区分与其他企业及其产品的优劣。

（2）建立顾客忠诚度。优秀的品牌代表过得硬的产品质量，一旦在顾客心中确立了良好的形象和声誉，品牌就成为有效的广告，刺激顾客的购买欲望，诱导他们竞相购买该品牌的产品；名牌商品则进一步促进企业提高管理水平、技术、质量和服务，在市场上保持良好的形象，增强产品市场竞争力，使顾客忠诚度得到深化。

（3）法律保护。品牌经注册后（即商标）享有专用权，避免伪劣产品冒牌行为，保护企业正当的合法权益。

超级链接 10-7

2019 年全球品牌 100 强前十位名单

排名	品牌 LOGO	中文常用名称	国家	品牌价值（百万美元）
1	苹果 LOGO	苹果	美国	234 241
2	Google	谷歌	美国	167 713
3	amazon	亚马逊	美国	125 263

续表

排名	品牌LOGO	中文常用名称	国家	品牌价值（百万美元）
4	Microsoft	微软	美国	108 847
5	Coca-Cola	可口可乐	美国	63 365
6	SAMSUNG	三星	韩国	61 098
7	TOYOTA	丰田	日本	56 246
8	Mercedes-Benz	奔驰	德国	50 832
9	McDonald's	麦当劳	美国	45 362
10	Disney	迪士尼	美国	44 352

资料来源：品牌咨询机构Interbrand公布2019年"全球品牌100强"榜单。

2. 国际品牌的建立原则

品牌可以向消费者传达产品的六种信息：属性、利益、价值、文化、个性、使用者。如奔驰品牌使消费者联想到的汽车产品形象中包含快速、昂贵、制造优良、设计良好的属性和性能高、安全性好及声望高的价值等。这充分反映了其品牌中的意义。

建立优秀的国际品牌要遵从如下原则：

（1）合法性。产品品牌名称及标志应符合当地政府的法律法规，并向当地专利和商标管理部门申请注册，取得合法销售的地位，使企业的权益得到保护。

（2）独特性。产品品牌应别具一格，富于创意，易于识别，有别于其他企业的品牌。

（3）适应性。国际品牌要符合所在国当地市场的文化习俗，否则容易在意义上引起误解而造成国际营销的困难。

（4）提示性。品牌名称应向消费者暗示产品所含的某种意义或效用。如欧美一种名为Maiden Form品牌女用内衣，在亚洲华人市场上销售时，译名为"美婶芳"，体现出少女丰姿玉立芬芳的含义，深受消费者欢迎。

（5）稳定性。国际品牌要具有稳定的品质，一方面有利于企业在国际上进一步延伸品牌，另一方面消费者也容易记住。世界上的著名品牌如"康柏"电脑和"飞利浦"等都具有极大的稳定性。

（6）简明性。品牌如能易于记忆、易于读取和易于理解，就有利于消费者识别，对企业而言也便于宣传，降低宣传成本。

3. 国际品牌决策

（1）品牌化策略

国际化经营企业首先要决定是否给产品规定品牌名称、设计标志，这称作品牌化策略。

历史上最初的商品是没有牌子的，品牌和商标是商品经济发展到一定阶段的产物。尽管品牌化是商品市场发展的趋势，但对于单个国际化经营企业而言，是否要使用品牌还必须考虑到产品的实际情况，因为在获得品牌带来好处的同时，建立、维持、保护品牌也要付出巨大成本，所以国际化经营企业要认真分析利弊。

（2）品牌使用者策略

国际化经营企业决定给其产品规定品牌之后，下一步要考虑的是品牌使用者问题，在这方面，企业有3种可供选择的策略。

①采用自己的品牌，如索尼、通用汽车等公司使用的都是自己公司的品牌。

②把产品批发给中间商，让中间商使用自己的品牌销售产品，称为中间商品牌或经销商品牌，如美国麦克斯公司销售的"皮尔·卡丹"成衣，采用的就是特许品牌。

③混合品牌，即企业将一部分产品使用自己的品牌，另一部分产品采用中间商的品牌。

长期以来，制造商品牌在市场上是占主导地位的，但目前中间商品牌已经变成品牌竞争的一个重要因素。中间商使自己的私人品牌的好处有：①可以更好地控制价格，并且可以在某种程度上控制供应商；②进货成本较低，因而销售价格较低，竞争力较强，可以得到较高的利润。因此，越来越多的中间商特别是大批发商、大零售商都使用自己的品牌。

（3）品牌名称策略

企业决定采用自己的品牌还需要作进一步的选择，在这个问题上可供选择的策略至少有4种。

①个别品牌。企业的不同产品分别使用不同的品牌。这种策略的好处是：企业的整体声誉不至于受其某种商品的声誉的影响，且有可能为每个新产品寻求最适当的品牌。但由于品牌多，新产品进入市场的费用也相对较高。

②统一品牌。企业的所有产品都统一使用一个品牌。企业采取统一品牌的主要好处是：企业宣传介绍新产品的费用开支较低，如果这个品牌声誉好，所有产品都能畅销，易于树立企业整体形象。但有质量较差的产品，必然会影响到整个企业的信誉。

③分类品牌。企业按不同大类区分产品，一个产品大类下的产品使用共同的品牌，以便在不同大类产品领域中树立各自的品牌形象，有时即使在同一类产品中，由于品质登记的差异，也要使用不同的品牌。这种策略兼备个别品牌和统一品牌两种策略的好处。

④企业名称与个别品牌并用。这是个别品牌与统一品牌同时并行的一种方式，即企业决定其各种不同的产品分别使用不同的品牌，而却在各种产品的品牌名称前冠以企业的名称。企业采取这种策略的主要好处是：既可使产品系统化，享受企业已有的信誉，又可使各种产品各有不同的特色。

当企业决定了品牌名称策略后，还要进行选择特定品牌名称的工作。企业可选择人名、地点、质量、效用、制法、生活方式或艺术名字作为品牌名称。一般来说，企业在选择时，应考虑到这样几个因素：它应该使人联想到产品的利益；应该使人们联想到产品的作用和颜色等品质；应该易读、易认和易记；应该与众不同。

（4）品牌延伸策略

所谓品牌延伸是指一个品牌从原有的业务或产品延伸到新业务或产品上，多项业务或产品共享同一品牌。

企业适时适地地推出延伸策略，可以把市场做大，锻造出成功的品牌。品牌延伸有许多优点，一个受人注意的好品牌能给予新产品即刻被认知和较容易地被接受，使新产品能迅速、顺利地打入市场，新产品失败的风险有所减小；而且品牌延伸节约了大量广告费用。但品牌延伸也有它的风险性，某一产品出现问题就会损害原有品牌形象，一损俱损。品牌名称滥用会失去它在消费者心目中的特定地位。

（5）多品牌策略

多品牌策略，是指企业决定同时经营两种或两种以上相互竞争的品牌。一个品牌只适合于一种产品，一个市场定位，多品牌策略强调品牌特色，最大限度地显示品牌的差异化与个性。企业采取多品牌策略的好处在于：

①多品牌策略适合零售商的行为特性。多种不同的品牌只要被零售商接受，就可占用更大的货架面积，增加销售机会。

②多品牌策略可吸引更多的顾客，提高市场占有率。一般说来，大多数消费者都是品牌转换者，品牌的坚定忠诚消费者是很少的，因此发展多种不同的品牌，才能赢得这些品牌转换者。

③多品牌策略有助于企业内部各个产品部门、产品经理之间开展竞争，提高效率。

④多品牌策略可使企业深入到各个不同的市场部分，占领更大的市场。多品牌策略可以满足不同偏好消费群的需要，一种品牌有一个市场定位，可以赢得某一消费群体，多个品牌各有特色，就可以赢得众多消费者，广泛占领市场。

多品牌策略虽有众多好处，但其对企业实力、管理能力要求很高，市场规模也要求较大，因此，企业采取此品牌策略时应慎重。

（6）品牌重新定位策略

某一品牌在市场上的最初定位即使很好，但随着时间的推移也必须重新定位。因为竞争者推出一个品牌，把它定位于本品牌旁边，侵占了本企业品牌的一部分市场，使本企业的品牌占有率下降，这种情况要求企业对品牌进行重新定位。此外，有些消费者的偏好发生了变化，他们原来喜欢本企业的品牌，现在喜欢其他企业的品牌，因而市场对本企业的品牌需求减少，这种市场情况变化也要求企业进行品牌重新定位。

企业在做品牌重新定位决策时，要全面考虑两方面因素。一方面，要全面考虑自己的品牌从一个市场部分转移到另一个市场部分的成本费用。一般来讲，重新定位距离越远，其成本费用就越高。另一方面，还要考虑把自己的品牌定位在新的位置上所得收入的多少。而收入多少又取决于这个市场有多少消费者，其平均购买率大小，这个市场有多少竞争对手，自己品牌在这个市场部分的销售价格定得多高。企业必须权衡多种重新定位的收入和费用，然后决定如何做品牌重新定位决策。

10.5.2 国际品牌管理

国际品牌管理是国际营销的主要内容。在一些市场上,全球性规模已成为竞争的一项先决条件。发展国际品牌具有许多明显的优势:具有规模效益,降低成本;创造清晰的品牌联想,让人感到品牌的强大力量;减少竞争威胁的风险,抓住尽可能多的赢利机会。美国宝洁公司发现,一些成功的品牌如果在创建12年后还未进入主要的国际市场,那么其最初的优势可能会丧失殆尽。

因此,许多跨国公司的做法是在产品和品牌的涉世之初就以全球为目标市场。这一类品牌和产品的代表包括丰田的凌志汽车、惠普的桌面喷墨打印机、IBM网络产品和宝洁公司的玉兰油等。那么,如何进行品牌全球化的操作呢?

1. 国际品牌经营模型

朱迪·伦农(Judie Lennon)1991年提出了一个描述经营国际品牌的模型,如图10-5所示。伦农认为,经过一段时间后,组成品牌特性的要素会正式或非正式地组织和整理起来,并传递给一系列的品牌经营者和执行人员。此后再过一段时间,这个成功的品牌就拥有了鲜明的品牌识别和个性。这些特征反映在对下列问题的回答中。

(1)产品是什么?这种产品在各个不同的市场都是完全相同的吗?它的制造符合有关国家的规范吗?这种产品能给顾客提供哪些功能?

(2)品牌是什么?如果我们把这个品牌作为一个人来看待,我们如何描述它?当这个品牌的特性超越国界后,会产生什么影响?

(3)在广告的理念中,用什么词语来表达"谁"和"什么"这两个概念?所有成功的国际品牌都有一套规则、规范与准则,用以指导如何表现品牌。全球性识别(Global Recognition)是指在使用颜色、标语、词语表达方式、音乐广告用语等方面时统一化。

(4)在战略方面,广告应该做些什么?目前我们品牌的市场定位是什么?需要怎样对它进行改动?当广告制作中要求对品牌宣传有不同的侧重点时,品牌的核心特征应保持不变。

(5)为了适应文化方面的差异,需要在实际操作中做哪些修改?

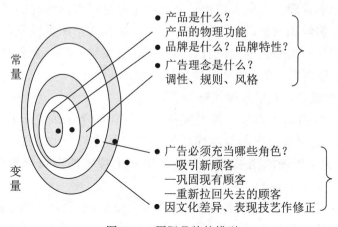

图10-5 国际品牌的模型

由此可看出，品牌国际化并非采用完全的全球标准化营销策略。当公司在全球范围内介绍其产品，它们遇到的问题不但包括与同类相似产品的竞争，也包括如何使购买者改变他们固有的消费习惯以及拒绝其文化体系中的禁忌。可口可乐和高露洁在全世界近200多个国家中销售它们的产品，但它们并未对产品采取高度标准化的措施。可口可乐公司仅对3种品牌实施了标准化，而其中的雪碧在日本还采用了单独的配方。虽说高露洁牙膏在全世界都采用统一的市场营销方法，但它先进的牙龈保护配方却只在其中的27个国家中采用。国际品牌意味着一个全球性的市场定位，但在具体的营销要素和传播要素的决策上不得不考虑当地的特殊情况。在国际沟通中就面临着三大课题。

扩展阅读 10.9
汉堡王 VS 麦当劳
扫码 阅读

（1）创意因素。在创意中最普遍的错误就是简单地误译口号和习惯用语。

（2）媒体因素。不同国家的媒体在媒体的受众偏爱、广告效力以及时间和空间的成本上与其本国的情况是不同的。

（3）文化因素。全球沟通面临最为困难的问题是确定如何在品牌传播中吸收当地的社会准则。忽视这一点，将导致沟通的失败甚至会产生负面的影响。

2. 发展国际品牌的步骤

（1）准备基本条件

将一个弱小的地区性品牌转变成一个国际品牌存在一些基本的要求。在这些条件成熟之后，可以向品牌全球化方向迈进。

① 持久的竞争优势。企业必须高度客观性地评估，本品牌与其所有的市场中可能遇到的竞争对手相比，具有哪些差别化优势。

② 一定的经济规模。生产成本函数并不是线性的，也就是说，成本并不总是随着产量的上升而稳定地下降。在短期内成本会急剧上升。因此，必须弄清楚的是，当实现何种预期的国际销售水平时，成本会达到一个有竞争力的水平。

③ 细分市场的规模。各地的细分市场不一定要有同样的规模，但是每一细分市场都必须足够大，才能支持品牌进入足够多的市场。

④ 全球化组织的保障。实施全球营销必须对企业进行组织结构的调整。无论是集权还是分权，都必须将组织的资源集中起来。在一个集权的组织机构里，中心品牌小组制定发展战略，然后这一战略传递到所有目标国家进行实施。在一个分权的组织结构中，可以让一个品牌小组负责一个国家的品牌发展过程。

（2）界定品牌资产，发展品牌战略

在企业全面理解的本地市场、能够发挥企业优势的市场或竞争最激烈的市场（能产生对企业创造、发明和效率的激励作用），界定品牌资产并发展整体品牌战略。这并不意味着忽视全球市场的消费者，而是使用一个特定的市场来检验品牌战略的有效性。

① 了解消费者。深入了解及瞄准消费者的需要，全面分析当时市场上的竞争对手形势。这也涉及企业组织的人员配备，必须要由懂市场、懂语言、懂文化的人组成。1985年，

美国宝洁公司对亚洲市场进行广泛的消费者调查测试发现，消费者真正需要的是健康亮丽的头发，于是"潘婷"品牌结合 Pro-Vitamin 及润湿高科技，定位于"拥有健康，当然亮泽"的主张。

②定义品牌资产。准确了解品牌所代表的东西所能延伸的范围与界限。"护舒宝"是宝洁公司所拥有的世界强势品牌之一，它确定的基本性能资产是"一种更清洁更干爽的呵护感觉"。

③设计整体品牌战略。包括界定品牌价值观、特点、差异性、定位、个性、目标市场区域和营销组合。

（3）检查目标市场

对所有重要的目标市场进行检查，以确定哪些因素会对品牌的营销组合产生影响和制约作用。比如消费者原有的偏好可能会抵制新品牌的短期销售增长，已占有当地市场的地方企业对外来竞争会予以强烈的反击，当地政府的某些政策法规不能通融等等。"潘婷"在品牌全球化过程前期，挑选数个国家作实地市场测试，先在美国和中国台湾推出广告活动，借鉴当地市场经验。

（4）检查营销组合

为了适应市场而作必要的变通时，要检查重要市场中所有的营销组合要素。视情况对产品特色、品牌要素、标签、包装、颜色、材料、价格、销售促进、广告（主题、媒介和执行）等方面作相应的调整。

所有的调整要以市场测试结果为前提，不能主观臆断。多芬（Dove）香皂曾打入许多国家，但是公司很清楚这个词在意大利语中是"哪儿"的意思，这看上去好像不太合适。但市场反映表明，这并不是一个障碍。

在调整营销组合要素时要注意品牌识别系统的金字塔结构，品牌价值是最根本的要素，不能随意变动。

（5）挑选国家，迅速扩张

这是一个复杂的选择过程，涉及对很多国家的详细分析。总的目标是要保证品牌在国际市场中获得高度的市场占有率。比如，若以欧洲为总市场，则不得不先进入德国、法国、意大利、英国和西班牙；若一开始就以全球为总市场，则应先进入美国、亚洲和欧洲。

对于品牌首次上市是在原产国还是在其他国家，进入多少个国家、具体是哪些国家等诸多策略性问题，要根据产品的性质、市场和竞争情况做出权衡。不过，要使利润最大化，应该在尽可能快的时间内向尽可能多的国家同时推出这一品牌。这很关键，为的是不给竞争者留下"复制"的时间。

（6）不断创新，维护品牌资产优势

不断深入地了解消费者的内在心理和需要，开发更新的技术和生产方法。宝洁公司的经验表明，这一点对维护品牌的持久生命力十分重要。它通过更深的消费者洞察，新的技术或新的制造科学等，不断推出更新产品。

国际营销案例 10-5

宝洁的多品牌战略

宝洁公司英文名为 Procter& Gamble，也就是人们所说的 P&G，初次出现于 1837 年，其初始创建者为美国的蜡烛制造商威廉波克特及肥皂制造商詹姆斯甘保。它主要生产的产品为人们所需的日常用品，目前是国际上数一数二的大型日用品企业，总部设在美国俄亥俄州辛辛那提，整个公司职工约 110 000 人。宝洁公司的主要品牌有"OLAY""SK-Ⅱ""伊奈美""潘婷""飘柔""海飞丝""沙宣""伊卡璐""舒肤佳""吉列""博朗""护舒宝""佳洁士"等。

品牌的制胜奥秘是宝洁公司第一个发现的，是当时的宝洁经纪人尼尔麦克尔罗伊在 1931 年提出的品牌管理体系中提到的。到目前为止，宝洁公司在全球已拥有 300 多个品牌。

宝洁公司之所以能够从众多竞争者中脱颖而出在于它采用了多品牌的战略思想，换句话说就是一品多牌的战略。将同种类型的商品根据各种客户的要求形成各种各样的品牌。就护肤品而言，该公司有"玉兰油""SK-Ⅱ"等牌子；洗发产品则拥有"潘婷""海飞丝"等不同品牌，它们各自有着自己的优势，达到各自面向顾客的要求。

宝洁公司的多品牌营销策略中将整体市场划分为很多细分市场，从产品不同的特点区分对应的消费人群，并在此基础上建立不同的方案，以期获得更多的顾客。以洗发水为例，"飘柔"的产品理念是"飘逸柔顺"，但"潘婷"洗发水功能中也有丝质顺滑和倍直垂顺的功能，这就使消费者在选择柔顺洗发水的过程中产生疑虑，甚至放弃购买。所以，宝洁公司应该在多品牌策略的基础上，对品牌的细分标准进行更加明确的细化分析，让每个品牌的产品都有更精确的市场测量，辨别出所有同种类型产品的效用、外表等。由此才能让每个品牌都能够有自己的精准定位和优势，从而可以在拥有针对性客户的前提下，削弱自身品牌的内部竞争。

虽然多品牌运营方式比较灵活，有利于市场细分，却存在很大的风险，因此需要对目标市场进行重新定位，用科学的眼光来看待与分析。宝洁公司必须清楚每个产品的定位，了解所有品牌之间存在的相似之处和差别之处。对消费者的需求进行精细的调研，使这些品牌在功能、个性等角度让消费者有不同的体验。针对消费者的不同需求开发出新产品填补细分市场，从而给顾客更多的挑选空间，满足更多人的需要。

即测即练 10.5
扫码测练

资料来源：伟胜，朱旭. 日用品企业多品牌营销策略研究——以宝洁公司为例 [J]. 企业科技与发展，2018（7）：214-216.

本 章 小 结

产品是营销方案中极其重要的成分。国际营销人员所面对的挑战是为他们的公司制定一个一致而连贯的国际产品战略。能够熟练掌握产品的整体概念无疑能使国际营销企业捏准消费者的核心利益，把握自己的产品策略，从各个层面上全面满足消费者的需求。产品策略需要对公司现有及潜在市场的基本需要和使用环境作出评价。国际营销者必须密切关注可能促使产品调整的各种因素。一些营销商仅仅提供标准化的产品，而另一些营销商根据市场调整其产品。

企业在形成产品实体的要素上或提供产品的过程中，造成足以区别于其他同类产品的特殊性，从而吸引消费者需求。这也进一步说明，通过始终围绕"用户需求"，挖掘竞争对手尚未很好满足消费者需求的领域，保持差异化能力，可以让企业在激烈的竞争中保持持久的生存能力。

国际营销公司进行地理扩张有5种战略：产品—促销延伸；产品延伸、促销调整；产品调整、促销延伸；产品—促销调整和产品创新。全球竞争给公司造成了压力，促使它去研究产品生命周期，并制定各阶段的营销策略，并同时迫使它在产品开发方面不断领先。尽管对"新"产品的构成存在着不同的定义，就新产品上市而言，难度最大的显然是将全新的产品介绍到几乎没有经验的市场中去。成功的国际产品需要有品牌支撑。一个品牌的建设需要积累和传播真实价值和知识。对国际品牌的开发，是增强国际产品在全球系统中营销策划活动有效性的保证。

关 键 术 语

产品（product）
标准化（standardization）
产品差异（product differentiation）
产品系列（product line）
产品生命周期（product live cycle）
革新（innovation）
新产品开发（new product development）
品牌估价（brand valuation）
品牌形象（brand image）

产品打入市场（launch）
产品种类（product class）
产品管理（product management）
产品市场（product market）
概念测试（concept testing）
跨国公司（transnational corporation）
品牌（brand）
经销商品牌（dealer brand）
品牌经营（brand management）

课 后 习 题

1. 国际产品整体概念的意义？
2. 如何理解国际产品的标准化和差异化？
3. 国际产品调整策略主要有哪几种形式？
4. 国际产品的适应策略中，如何认识强制性适应改进产品和技术性贸易壁垒之间的关系？

5. 试述国际产品生命周期中各阶段的营销策略。
6. 阐述新产品的开发程序及商业化生产的具体方法。
7. 如何认识中间商自有品牌建设问题？
8. 如何进行国际品牌的开发？

本章讨论案例

时装杀手 ZARA，席卷全球

ZARA 是由世界第二大成衣零售商 Amancio Ortega 于 1975 年创办于西班牙的服装品牌，隶属于 Inditex 集团，他是全球排列第三、西班牙排名第一的服装公司。ZARA 主要在世界范围内经营快时尚服饰，是全球唯一一家能够在 15 天内完成服装的设计、生产到配送到全球 6 000 多家门店环节的公司。其品牌定位为"买得起的时尚"，新潮的设计理念和快捷的产品更新速度，为其赢得了全球的忠实顾客。数据显示，ZARA2018 年全球销售额达 180.2 亿欧元，而在中国市场，ZARA 更是深得众多城市工薪阶层的青睐。ZARA 之所以能在世界范围内取得如此业绩，主要是因为其"制胜法宝"——快时尚极速反应的供应链管理模式。

ZARA 旗下拥有超过 200 位专业的设计师，且这些设计师的年龄大都在 26 岁左右。他们时常游走于世界各地的时尚中心，如米兰、巴黎、纽约等，能够在第一时间掌握时尚走势，将最新的高级时尚理念以最快的速度并结合自己的灵感将时尚设计画在图纸上，从而能够在最短的时间内将服装设计完成，交由生产部门制造。与此同时，设计师们还需要与各门店的店长保持沟通，了解不同地域顾客的喜好，灵活掌握并调整设计方案。处于供应链上游的设计部门以最高的效率迎合了消费者多样化的需求，并为后续环节节省大量时间。

快时尚理念追求的是能紧跟时尚的步伐，ZARA 并不像时尚奢侈品那样采用一流的工艺与面料，而是把目标和生产理念定位为"买得起的时尚"，因此 ZARA 的布料一般都是价格低廉的普通面料。更进一步说，为了节约生产准备时间，ZARA 的采购部门通常会配合设计师挑选易得和易制造的面料。

ZARA 在母国西班牙建设了 22 家工厂，还有四百家小厂负责繁琐的缝制工作，且每家工厂生产的款式各不相同，这就保证了工厂间的分工。世界各地直营店会每星期汇总需求订单，经总部审核后交由工厂生产，这样保证了工厂生产能够以需定量，大大节省库存成本。即使直营店提交的订单少量又款式各异，工厂也会在第一时间与设计师接洽，确保不同市场、不同店铺的款式因地制宜地迎合消费者多样化的需求。

ZARA 在配送环节坚持极速反应，ZARA 的物流中心建筑面积达 50 000 平方米，拥有超过 1 200 名员工。在中国市场，其产品总是在直营店发出订单后的 4 天以内到达店铺货架。在不同地区的产品配送方式也是不尽相同的。在欧洲国家，ZARA 选择卡车配送，货物平均到达时间只有 2 天。在美国、东欧、亚洲市场，公司则选择空运，并且公司总部投入高于空运成本 2 倍的价格把产品在两天内送到欧洲之外的其他地区。因此，从服装的设计生产到销售过程 ZARA 平均只用了 10~14 天。物流的极速反应为 ZARA 大大提高了供应链管理的效率，节约了大量库存成本，为其迅速占领快时尚市场提供支持。

ZARA 在世界范围内开设直营店，不设加盟门店，所有店铺都由总部直接管理。直营店经理会向总部设计师汇报门店所在地的销售数据，以便总部及时掌握市场动态。身为国际快时尚服装品牌，ZARA 的极速反应能力也体现在销售领域。每隔一周，各连锁店必定会有新品上架，而每隔三周，店内的服装必定会全部换新。每件服装一般情况只有五件库存，但同时服装款式又十分多样化，这极大地减轻了库存成本，规避了积压货物的风险。整个供应链环节 ZARA 每年的库存周转有 12 次。从一体化的总部直接监管，到店铺内商品多样少量的经营规划，再到高效率、低成本的库存周转，ZARA 把"快时尚"的理念精髓领悟得十分透彻。

资料来源：尹静文. 中国服装行业供应链管理模式优化——以 ZARA 为例 [J]. 商场现代化, 2019, 13: 1-2.

讨 论 题

是什么原因让 ZARA 能够在短时间内成长为极富竞争力的国际品牌呢？

（考核点：从 ZARA 新产品的研发方式与发售策略着手，产品的品牌建立与销售）

第11章
国际市场价格策略

学完本章,你应该能够:

1. 掌握影响国际定价的各因素;
2. 掌握国际产品的定价方法及程序;
3. 掌握国际营销企业经常使用的定价策略;
4. 理解各种对策对国际价格加强管理并能提高控制程度;
5. 了解平行输入问题;
6. 了解跨国公司的转移定价问题。

宜家的价格策略

宜家毋庸置疑是全球最伟大的企业之一。2015年,宜家集团销售额达到319亿欧元,折算为欧元销售增长11.2%。有人称宜家是"家居界的苹果",它不但深刻影响着人们的生活方式,而且作为一个传统企业,在当今电商的海啸里,竟然一直能独善其身,堪称奇葩。在行业环境非常糟糕的家具销售业,宜家仍然取得了成功。很多人可能第一想到的就是宜家的低价战略。实际情况的确如此,宜家的价格确实非常低,与竞争对手的价格相比,宜家的价格不仅仅是低一点儿,而是天壤之别。

在过去10多年间,宜家平均每年都把商品价格下调2%到3%。宜家业务的每一个环节都要时刻接受审查,看是否还有削减开支的空间。即使平板包装的设计也经过数次修改,以最大限度地减少空间浪费。坎普拉德认为企业领导层的传统特权也是一种浪费。据说他乘飞机的时候坐经济舱,平时坐公交车而不乘出租或豪华轿车。坎普拉德的这种态度被公司其他成员真心接受,他们纷纷效仿,说"花不必要的钱是一种疾病,一种病毒,会吞噬企业的健康"。

但是宜家不是"一元店",低价远不能完全解释宜家的成功。20世纪50年代,富有简约灵动之美的斯堪的纳维亚设计风格风靡全球,而宜家的战略恰好适应了这一潮流。简约明晰的线条让宜家家居产品对消费者产生了特殊的吸引力,而且与那些设计风格比较华丽的产品相比,风格简约的产品的制造成本也比较低。

资料来源:搜狐网.宜家值得学的不是9块9低价策略,还有更深刻的东西,2016.3 https://www.sohu.com/a/61862027_335299.

价格是国际市场营销活动中最为敏感的因素，调整价格也是竞争的重要手段，整个国际市场的变化往往在价格上反映出来。公司的产品能否为国际市场所接受，其产品能否在国际市场上占据有利的竞争地位和市场占有率，很大程度上取决于公司能否以适宜的定价参与国际市场的竞争。

11.1 国际定价的影响因素

国际定价决策非常复杂，在确定国际产品价格之前，企业最好对影响国际定价的各因素有一个了解。

11.1.1 企业目标

企业所从事的每一次活动，都是为了对企业实现自己的目标有所帮助，产品定价也是如此。在国际市场上，企业的经营目标可能与国内市场有很大的差异。而在不同的国外市场之间，企业目标也可能不一样。企业目标在不同市场的差异会导致定价时采取不同的战略。一般来说，企业将国内市场作为自己的主导市场，而将国外市场作为国内市场的延伸或补充。当国外市场被当作次要市场时，企业的定价战略往往会显得进取心不足。而另外一些企业将国际市场看得和国内市场一样重要，甚至国内市场只是国际市场的一部分，这些企业的定价战略往往是雄心勃勃的。

扩展阅读 11.1
企业定价的目标

企业对各个国外市场设定的不同目标，对定价战略也有很大影响。在迅速发展的市场上，企业可能看重市场占有率的增长而采取低价渗透策略。在竞争不激烈的市场中，企业很可能采取高价取脂策略。与当地厂商合资的国际企业，在定价上除了考虑自己本身的目标外，还必须考虑合作伙伴的想法和要求。

11.1.2 成本

企业必须及时补偿成本以便继续经营，因此成本核算在定价中十分重要。产品的去向不同，其成本组成也不同。事实上，出口产品与内销产品的国内生产成本并不完全一样。如果出口产品为了适应外国的度量衡制度、电力系统或其他因素必须作出改动时，产品成本就可能增加。当然，与之相反，如果出口产品被简化或者减少了某些功能，其生产成本可能会降低。

虽然国际营销的成本项目与国内营销大致相同，但其所占比重可能差异很大。例如运费、保险费、包装等在国际营销成本上占有较大比重。另一些成本项目为国际营销所特有，如关税、报关、文件处理等。现在我们就对国际营销具有特殊意义的成本项目分别进行说明。

1. 关税及其他税负

关税是国际贸易最普遍的特点之一,它对进出口货物价格的影响是十分直接的。征收关税不仅可以增加政府财政收入,而且可以保护本国市场。事实上,进口签证或其他行政管理费用,也会达到很大的数额,成为实际上的关税。

此外,各国还可能征收交易税、增值税或零售税等,这些税收可能将产品的最后售价提得相当高。不过,这些税收一般并不仅仅只针对进口产品。

国际营销案例 11-1
关税等贸易壁垒升级,中国家电加速全球建厂应对困局
扫码阅读

2. 中间商毛利

各国市场分销结构的发展程度相差悬殊。在有些市场,企业可利用较直接的渠道将产品供应给目标市场,中间商能以较低的成本负担各种功能,如储运、推销等。但在另一些市场,由于缺乏适当的中间商,货物分销必须负担较高的成本。

3. 融资、通货膨胀及汇率波动成本

在国际营销中,以接订单、到交运、付款,所费时间较国内营销要长得多,因而也就增加了融资、通货膨胀及汇率波动等成本。

在有些国家,进口商为申请进口许可证,必须交一笔保证金,等到收到货物再出售或使用时,时间上可能相隔半年以上,这在利息高的国家,成本是非常可观的。国际企业不能忽视这样的融资成本。

通货膨胀、汇率波动等风险成本也必须考虑。大多数国家都面临着通货膨胀的难题。在高通货膨胀率的国家,成本可能比价格上涨得更快,而且政府往往为了抑制通货膨胀而对价格、外汇交易等进行严格的限制。国际企业应该做好对成本、价格和通货膨胀率的预测,在长期合同中应规定价格上下调整的条款,并且尽量缩短向买方提供的信用期限。

现在国际主要货币之间汇率是浮动的,没有人能够准确地预测某种货币未来一个时期内的确切价值。如果长期合同中忽视了汇率的变化,企业可能不知不觉地付出了 20%~25% 的代价。因此,不少西方国际企业在订立合同时越来越强调以卖方国家的货币计价,而以保值为目的的外汇期货交易也变得更为普遍。

11.1.3 市场需求

在定价中,需求的影响是不可忽视的,它决定于喜欢企业产品的消费者的数量和他们的收入水平。低收入的消费者如对某产品迫切需要,也会使该产品卖出高价。这就要求国际企业进行深入的市场调研,掌握消费者的需求状况,随时对价格进行调整。

但是,光有购买欲望还不够,消费者还需要以支付能力作后盾。最能说明支付能力的指标是人均收入,当然一个国家的人均收入并不一定代表企业目标市场中顾客的人均收入。如果定价不能满足国外消费者要求降价的愿望,那么企业可以通过对产品的改动,如减少功能、简化产品或使产品实用而不追求豪华等措施,以助一臂之力。

11.1.4 竞争

国际营销人员一般都十分熟悉竞争对定价自由所造成的限制。企业常常不得不顺应行业价格。在一个竞争者较少的市场，企业可能有较多的定价自由。但是在一个充分竞争的市场上，企业的定价必然受到其他竞争者定价策略的牵制。例如，当某汽车厂商降低汽车价格时，同行竞争者纷纷效仿，最后该厂商还是达不到扩大销售的目的。国外竞争与国内竞争对定价的影响稍有差别。与国内市场不同，企业在不同的国外市场面对着不同的竞争形势和对手，竞争者的定价策略也千差万别。因而，企业可能不得不针对不同的竞争状况制定不同的定价策略。

扩展阅读 11.2
竞争
扫 码 阅 读

▶ **国际营销案例 11-2**

奢侈品的价格倒挂现象

奢侈品定位是高收入人群或高阶层群体，其在数量上面必然存在稀缺性，因此其价格必然高于普通商品。但是，即使奢侈品在所有地区都属于奢侈品，在不同地区和国家定价仍然有差异甚至差异巨大，其原因就值得探索与思考。明荣华认为，我国国内的奢侈品过高定价的问题非常突出，且每年涨幅为 25% 左右，无论是价格还是其涨幅都远高于其他商品。张曼通过研究得出我国奢侈品存在严重的"价格倒挂"现象，导致我国奢侈品消费外流也极其严重，商务部和财务部对此是否给奢侈品降税意见向左。由于我国奢侈品存在严重的"价格倒挂"现象，商务部发言人姚坚认为，跨国公司应给中国市场合理定价。即使目前奢侈品在我国国内的定价高于国外，潘歌认为，在全球奢侈品的空间格局中，亚洲尤其是东亚地区已经成为奢侈品的新兴市场，中国成为全世界奢侈品最大的消费国家。赵玉娥认为，奢侈品的扩展模式一般会经历以下阶段，即克制、起步、炫耀、适应和痴迷上瘾，而中国消费者正处于炫耀期。同时，奢侈品对部分中国消费者而言是必需品，且中国消费者普遍有"买涨不买跌"的心理，因此，价格上涨的情况下，奢侈品在中国的销售量反而会增加。虽然我国奢侈品定价一直高于国外是不争的事实，但对于奢侈品在我国价格的涨幅、涨速的问题，天空蓝持相反意见，他认为由于消费心理、宏观经济、制度环境等因素的综合影响，尤其是消费者消费心理的转变，倒逼国内奢侈品内外价差收窄。

在当下，虽然国内的奢侈品定价远高于国外很多地区与国家，但奢侈品的销售量并没有因此降低；购买奢侈品不仅仅只是富人与高收入群体的特权，中等收入群体和低收入群体也会不同程度地使用奢侈品。综合而言，人口因素、心理因素、行为因素、经济因素及其他因素都得以支撑奢侈品在中国长期过高地定价。

资料来源：根据朱勇"基于区域视角我国奢侈品高价定价缘由研究"等有关资料整理而成。

11.1.5 营销组合

营销组合作为有机的整体，产品、渠道、促销等要素不可避免地会对价格要素产生影响。

1. 产品策略

对不同的产品类别，企业定价方法也不一样。产品是工业品还是消费品？是便利品还是选购品、特殊品？是标准化产品还是差异化产品？这些对产品定价的影响很大。例如，生活必需品价格一般比较低，而奢侈品的价格可能远高于其价值。此外，产品特色对消费者是否有强烈的吸引力，需求的价格弹性是高还是低，产品需求有无季节性等，都是定价时应重点考虑的因素。

2. 渠道策略

渠道策略也会影响企业在国外市场上的价格制订。很明显，不同的渠道可能成本不同，但在两个国家内相同的渠道也可能使成本不同。各中间商的成本与利润率因国家的不同而不同。这意味着渠道决策改变时，定价决策也相应地需要改变。

3. 促销策略

企业若增加广告促销活动，可提高消费者对产品的认知，但也相应地增加了成本，有可能导致价格上涨。此外，广告中是否强调低价，是否标明统一的零售价，对定价策略也有影响。例如韩国现代集团的 ELANTRA 汽车，在美国许多杂志上，通过标明其低廉的零售价来渗透市场。

值得注意的是，产品、渠道、促销等要素也受价格的影响。有些企业根据需求、竞争等因素确定价格之后，再依此来考虑渠道和促销等策略。

11.1.6 政府干预

政府干预常限制企业的定价自由，而这些干预措施又因国家的不同而不同。关税、配额及限价等各种因素都会影响到国际企业的定价。

许多国家的公平交易法（或反不正当竞争法）都严格禁止价格协定。而各国消费者组织对不正常的涨价，常常构成强有力的社会抑制力量。这种来自社会的压力是不能忽视的。企业出口价格也有可能被进口国核发进口许可证的部门认为过高或过低而拒绝其进口。过高可能被认为浪费进口国宝贵的外汇或利用转移定价逃避税收、转移利润；过低则可能被认为是倾销，打击本国民族工业。

扩展阅读 11.3
疫情时期规范医疗物品定价的政策建议

扫码阅读

▶ 国际营销案例 11-3

美国紧急释放 7 亿桶战略石油储备

在时隔 5 年之后，美国接近 7 亿桶的战略石油储备再次紧急释放，令市场担心炼厂无法获得足够的原油供应，油价结束三连跌。纽商所 10 月份交割的 WTI 期货价格上涨 1.27

美元或 2.8%，报收于 47.23 美元/桶；洲际交易所 10 月份交割的布伦特原油期货价格上涨 1.52 美元或 3%，报收于 52.38 美元/桶。不过，在 8 月份的整体交易中，WTI 下跌了 5.9% 左右，布伦特原油则下跌了 0.5%。

已降级为热带风暴的飓风"哈维"已导致至少 440 万桶/日的炼油产能瘫痪。从墨西哥湾向美国东海岸运成品油的 Colonial Pipeline 管线周四全面关停，美国最大精炼厂 Motiva 或保持关闭两周。石油产品供应短缺之下，汽油期货周四大涨 13.5%。

资料来源：根据油品资讯"大逆转！美国紧急释放石油储备油价大涨 3%"等有关资料整理而成。
https://www.sohu.com/a/168827546_781618

11.1.7 国际价格协定

同业之间为避免在国外市场上出现恶性竞争（尤其是削价竞争），有时采取价格协定的方式来解决这一问题。有些协定是由政府推动达成的，有些是由企业自行达成的，还有些是经过国际会议达成的，例如石油输出国组织经常开会讨论价格问题。无论哪一种方式的价格协定都能影响国际营销的定价决策。国际市场的价格协定主要有如下几种。

（1）专利授权协定（Patent Licensing Agreements）。通过专利授权协定，专利所有人必须划分市场范围，使用者拥有在某一特定地区的独家产销权，当然也就有了定价的控制权。

（2）卡特尔（Cartels）协定。卡特尔是由数个生产相同或相似产品的生产者组织而成的。这种组织签订协定以设定价格，分配市场范围，甚至分配利润。

（3）联合（Combines）协定。联合协定较卡特尔更具控制力。它由各参加公司组成理事会，对外采取统一定价。会员中如有违反协定者，将受罚款处分。

（4）同业公会（Trade Associations）协定。同业公会控制其会员产品的价格水平，使所有会员都能得利，如中国台湾许多行业和同业公会都有核算制度，对出口价格进行管制。

（5）国际协定。许多农、矿产品，如咖啡、可可、糖、小麦、煤、石油等的价格，必须经生产国与消费国的谈判来决定。一般来说，这些产品的出口国大多数属于发展中国家，它们联合起来可以把价格定得更有利。

11.2 国际定价方法及程序

11.2.1 国际营销定价方法

1. 成本导向定价法

成本导向定价，是指国际化经营企业在确定产品价格时主要依据产品的成本因素，即以成本为基础确定产品价格。

成本导向定价法计算方法比较简便，并可以保证企业基本上不亏本。那些刚开始从事国际营销的企业在初步取得全球市场地位的时候，喜欢采取用这一定价方法。企业在定价的时候按自己的意图，首先考虑收回在生产经营中投入的全部成本，随后确定一定的利润。成本定价方法有以下两种具体的做法。

（1）成本加成定价法

成本加成定价法，是指企业在确定产品价格时是以单位产品成本包括生产成本、运输成本以及其他一切成本，再加上一定比例的销售利润作为价格基础。其计算公式为

$$单位产品价格 = 单位产品成本 \times (1 + 预期利润率)$$

（2）目标利润定价法

目标利润定价法可以保证企业实现既定的目标利润收益，使企业确定的目标利润率得以实现。其具体做法是：企业按照总投资资本额定下一个目标利润率，然后根据这一目标利润率计算出目标利润额，最后再根据总成本和预测销售量及目标利润额测算出单位产品的价格。那些市场占有率很高的企业或者垄断性企业往往采用目标利润定价法。大型公用事业型企业也较为适用，因为这类企业投资额一般都很大且业务具有一定的垄断性质，采用这一定价方法通常可以保证这类企业取得稳定的利润率。其计算公式为

$$单位产品价格 = (产品总成本 + 目标总利润) \div 预测销售量$$
$$= 产品总成本 \div 预测销售量 \times (1 + 目标利润率)$$

一般来说，在市场环境比较稳定的情况下，企业可以采用这一方法，有助于保证获得稳定的利润率。但是，成本定价法没有从消费者的利益角度出发考虑定价问题，而是在忽略市场竞争的情况下，只考虑企业一方的定价利益，属于生产导向型观念定价手法，因此难以保证销售量的实现。在当今激烈的市场竞争中，企业还须根据供需双方的实际情况灵活地使用这一定价方法。

2. 需求导向定价法

企业可以依据消费者对产品价值的理解、认识及欣赏程度，灵活制定市场价格。在其他条件相同的情况下，消费者如认为企业的产品有很高的价值，且较为欣赏，因而市场需求较大时，企业可以制定相对较高的价位；反之，则需制定相对调低价格。

需求导向定价法主要包含两种具体的做法。

（1）价值认同定价法

这种定价方法的关键因素不是建立在企业的产品成本上，而是建立在消费者对企业产品价值的认同水平上。因此，企业在为其产品定价时，首先要调查测定产品在顾客心目中的价值水平及其激发的市场需求，再制定出产品的初定市场销售价格，然后依据这个初定价格水平下的产品成本和预测销售量，测算出销售收益水平。

扩展阅读 11.4
企业最后拟定价格的考虑因素

扫码 阅读

价值认同定价法的程序如下：①根据企业产品的特性、质量和市场营销组合水准，判定消费者心目中对产品的价值认同水平，得出产品的初定价格。②根据初定的价格和可能的市场需求量，预测可能实现的销售额。

③计算预测目标成本，公式如下：

单位产品目标成本 = 单位产品价格 - 单位产品目标利润 - 单位产品税金

④定价决策。需考虑两种情况：预测目标成本如大于实际成本，表示实际销售目标利润可以得到实现，初定的价格是可行的；实际成本如大于预测目标成本，表明初定价格不能保证实现目标利润，企业需要调整目标利润水平或实际成本水平，或重新检验生产和销售计划的可能性。

（2）需求差别定价法

国际市场上处于不同购买时间或不同购买地点的消费者，对某种产品会产生不同的需求感觉强度，或具有不同购买力，企业可以根据这种市场条件，制定不同的价格来销售其产品。需求差别定价法主要体现在以下几个方面：

1）针对不同顾客群制定不同的价格；
2）针对不同顾客对产品特征、性能及用途等不同心理需要制定不同的价格；
3）针对同一产品在不同的地区具有不同效用的特点制定不同的价格；
4）针对产品在不同的时间阶段具有不同市场需求特征制定不同的价格；

需求差别定价法在各国市场上有所限制，企业应依据当地市场的法规随机应用。

3. 竞争导向定价法

竞争导向定价法在考虑市场供需关系的同时，又密切关注竞争对手的定价水平，并随时进行调整自己的定价策略，以从容地应付激烈的市场竞争。

竞争定价法一般有两种具体形式。

（1）参与竞争定价法

参与竞争定价法，是指企业与生产销售同类同质产品竞争者进行竞争时，以相对较低的价格参与竞争，使自己的产品更具有竞争力。许多实力雄厚的企业通常采用这种定价方法参与市场竞争，利用价格优势击垮竞争对手，达到扩大产品市场占有率的目的。

（2）追随定价法

追随定价法，是指企业依据同行业其他企业的价格水平或行业领导者的价格水平制定价格，以减少企业之间价格竞争的风险，有利于稳定市场长期经营。

11.2.2 国际营销定价程序

国际营销企业定价应遵循的基本程序，以新产品的定价为例，如图 11-1 所示。

首先这一模型假设最终价格对用户的需求有直接的影响。当然，企业还应注意对最终用户所实施的价格，应与国际营销企业的目标和计划保持一致。企业还需要充分地了解国外市场的定价环境。由此才能知道究竟采取哪些相应的行动才能影响当地市场。除了企业对不同层次的分销商开出的价格外，还应当推荐给零售商最终的市场价格。同时还应决定在多大程度上对分销渠道实施管理和控制，这也是在定价决策中应解决的问题。

作为国际营销企业定价的总体框架与程序应当在企业总战略和地方性的营销战略之后做出决定。此外，在定价决策过程中，需要考虑的最重要的相关的营销环境与变量有：

销售额和利润（国际营销企业会更多地考虑市场较长时期的销售额和利润潜力），还有市场占有率目标、市场细分、市场定位以及产品的促销、分销及服务等方面的政策。

一旦国际营销企业仔细地评价市场环境，就可根据企业的全球战略框架和当地市场范围的特殊因素，制定产品的最初价格。初始的价格至少应使企业在产品生命周期的前期或中期获得比较满意的利润回报。如果国际营销企业从事出口，必须将初始价格的预期收入与成本相比较来衡量盈利。

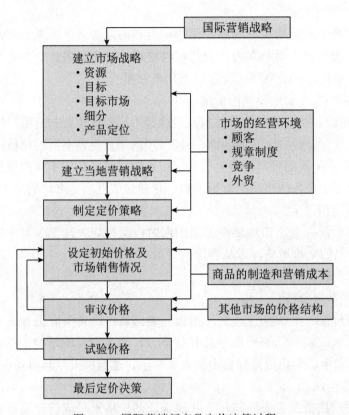

图 11-1　国际营销新产品定价决策过程

有关成本要素是定价的一个关键变量。通常，国际营销企业可以从生产、购买和营销人员那里得到较为准确的成本数据。然而，在不同的国外市场用不同的价格来预测销售收入是一件很困难的事情。因为，国外市场的竞争会受到很多因素的影响，而某些方面的影响难以预测。

当然，初始价格在执行一个时期之后，还需要因各种条件的变化来进行修正和调整，调整后的价格仍需进行市场测试，因为价格和其他营销变量需要受到现实市场的约束。当然，这种实验是相当复杂的，因为所有的营销要素及环境因素都不可能静止，这种动态会在不同程度上影响我们在价格变化时对需求影响的单项检测。即使如此，我们仍能得出一些与价格和需求相关的数据，以此来检验经过调整的价格。

国际营销企业还特别应对环境变化或成本变化作出相应的反应，并由此对国外市场有更充分地了解。同时，还应注意价格的变动对竞争者及当地政府所产生的影响。

全球市场型企业和国家市场型企业都将遵循上述定价战略的框架及程序进行价格决策。但是，由于这两类国际营销企业在实现全球目标时所执行的战略和采用的方法不同，因此，对定价决策的框架在理解上和执行过程中也会有所偏重。作为以全球市场为战略着眼的企业而言，定价决策将更多地考虑和侧重某些一致性的市场因素。譬如，对那些更具普遍性和共同性的全球性的需求，全球市场型企业将为世界各国发展一系列普遍适用的标准化产品及服务体系，他们在各国将采用标准化的分销与促销模式。显然在此情形下的定价决策将更多地体现一致性的特点，无论对哪一区域或哪一目标国市场，将保持基本一致的价格或价格幅度。相反，以国际区域市场为战略着眼的企业而言，环境的特殊性对目标国市场的实现影响更大。因此，建立在国家环境差异和需求差异基础上的价格决策对各国市场也将更多地表现出差异性的特征。企业的定价决策也将更多地对所在国家的环境和需求保持较高的适应性。价格决策无论对需求还是竞争反应都比较敏感。

11.3 国际定价策略

国际营销企业通常为产品制定的价格，不但是一项单一价格，而且是一个价格体系，其不同价格反映了买方在购买时间、地点、数量、频率、服务等方面的差异。一般讲，国际营销企业经常使用的定价策略主要有：产品组合定价、差别定价、折扣定价、心理定价和新产品定价等。

11.3.1 产品组合定价

产品组合定价是指将产品依特定标准细分后，分别就每个组成部分定价，从而形成组合价格，而不是一项单一价格。组合定价是市场竞争不断激化的必然结果，是长期分析、适应和引导消费者需求的实践总结，受到许多大企业的重视和偏爱。

1. 产品线定价

产品线定价是指企业赋予同一品牌且基本功能相同的产品，以不同的外观特征，形成系列产品，并分别定以不同的价格。如给相同的书籍的平装和精装本定以不同的价格。此策略在耐用消费品中得到了广泛的使用。美国锐步公司生产著名的沙克牌运动鞋，该企业给此牌号的运动鞋不断增添功能，使之形成系列，并据此订出从最低60美元到最高135美元的4个价格等级，以迎合消费者的不同需求。必须指出的是：产品线定价的关键是决定价格档次的幅度。其制约因素主要有：各档次产品的成本变化；消费者对不同档次产品的认同度；竞争对手产品的情况等。如果档次之间的价差较小，消费者倾向于购买偏爱的一种，这时只要价格差大于成本差，企业的总盈利将增加。但是，在档次差价较大的条件下，消费者通常购买价格较低的产品。因此，这种产品的获利能力决定了企业的盈利水平。另外，有些耐用品和服装在消费者心目中已经形成了价格与质量的定式关系，如男士西服套装，300～500元为低档、1 000～2 000元为中档、3 000～5 000元为高档等。这时，商家的任务是在消费者心中树立起本企业产品的质量形象。

2. 任选功能定价

许多企业在提供产品时，一并提供若干种附带功能，由消费者自行决定是仅购买主产品，还是连带购买某些添加功能。如计算机、移动电话制造商提供主产品的同时，也出售防辐射装置。企业采用任选功能定价策略，旨在增加销售总额和利润额。但实现这一目标的关键是合理处理产品基本功能与增添功能两者之间的关系，正确决定哪些功能为基本功能或增添功能。美国的主要汽车生产商一直是以只拥有基本功能的产品来做广告，如宣传某品牌汽车的售价为1万美元，然后在专卖店展示的都是这种品牌的添加功能型的汽车，售价从1.3万美元起步，而真正售价为1万美元的汽车，不是脱销就是因功能太少，还使人感到不舒服。另外，餐饮业也偏爱任选功能定价策略，以饭菜为主的餐饮店，通常是主产品饭菜定低价而酒水定高价。以酒水为主业的餐饮店，则是酒水定低价、饭菜定高价。

3. 制约产品定价

有些产品的某些部件需要定期更换，如剃刀需要更换刀片，电灯需要换灯泡。生产此类产品的企业通常根据产品需要，经常更换的部分获取最多利润。如美国吉列公司的剃须刀利润率很低，主要是靠销售刀片和剃须泡沫赚钱。制约产品定价目前面临的最大挑战就是非法仿制和盗版行为。有关企业试图借助专营渠道来对抗非法仿制品，但不能从根本上解决问题，超额利润率总是诱使假冒品生产者不断变换手法，使竞争更加错综复杂。

4. 两部分定价

服务业企业经常使用两部分定价策略，即对其所提供的服务，在收取定期固定费用的同时，再视情况收取变动费用。如电信公司按月对每部电话收取一笔固定费用，又依用户的电话使用频率计算变动费用。大型娱乐场所一般都采用两部分定价策略，即收取固定金额的门票，而在场所内部某些部分再另收观摩费。采用此策略的企业面临的主要问题是如何在两部分价格之间找到利润总额最大点。通行的做法是固定部分定低价以吸引消费者，变动部分则定高价以获取利润。

▶ 国际营销案例11-4

航空公司的品牌运价策略

自2008年加拿大航空引入品牌运价，截至目前，在全球排名前30的航司中，已有20家航空公司建立了经济舱分级的品牌运价体系。据ATPCO统计，全球实施品牌运价的航空公司数量已从2014年的4家一跃至2018年的94家。

从全球范围看，近五年是品牌运价体系的快速发展时期，而近两年国内航司也掀起了品牌运价体系热潮，被不同体量与类型的航司广泛应用。

传统运价体系的主要销售策略是"采用价格差异"，具体表现为无论旅客是否需要，机票是包含行李托运、餐食等"一票全包"的服务。品牌运价体系的主要策略则是"赢得消费者剩余",具体表现为将原机票包含的服务逐个分离,依据多样化的旅客需求进行附加服务的拆包重组。

一方面,在"价格差异"下,只有少数的公务出行或消费能力强的高价值旅客愿意购买机票,对于大多数普通旅客而言,服务的同质性降低了他们的消费意愿。而在品牌运价模式下可以通过机票与附加服务的产品化封装,增加服务的差异,吸引旅客消费升级,挖掘潜在高价值旅客的"消费者剩余"。

另一方面,航司利用拆包重组的多样性制造信息不对称,降低竞争烈度。基于信息的透明化,航空公司在运价结构调整中多采用"跟随策略",相较于传统的"一票全包"在低价搜索引擎下的一览无余,品牌运价的服务重组增加了"跟随策略"的复杂性。

资料来源:根据民航资料网"品牌运价——全服务型航司的盾"等有关资料整理而成,http://news.carnoc.com/list/513/513073.html。

5. 副产品定价

许多农牧渔业企业和矿业企业在生产过程中的下脚料或废料,具有很高的开发价值,可成为生产其他产品的重要资源。如石油冶炼过程中的某些废弃物,是生产某些重要化工产品的原材料。这类企业可从出售副产品中获取收益,来降低主产品的成本和价格,以提高其竞争力。然而,这类企业面临的主要问题是:并不知道本企业产品的下脚料和废料的使用价值,以致将其白白浪费。为了改变这一局面,企业必须重视对此问题的研究,尤其在消费者和各国政府都十分重视环保的情况下,在此方面的投资会收到事半功倍的效果。

11.3.2 差别定价

差别定价由弹性定价、一揽子定价和组合定价构成。

1. 弹性定价

所谓弹性定价,是指企业以不同的价格,向不同的目标顾客,提供相同数量和质量的产品。集团市场的卖方经常使用此策略。他们依据竞争环境的特点,决定产品的价格水平。弹性定价主要有3种形式:

(1)市场弹性定价。市场弹性定价是指将企业产品的整个市场按地理区域或其他标准划分为若干子市场,然后分别确定企业产品在各个子市场的价格。例如,西方某些汽车制造公司将其同一产品,以不同的价格销往世界不同地区的市场。又如,销售给工业企业使用的塑料原料与出售给牙科医生使用的塑料制品,在成本上基本相同,但每个单位的售价却相差达百倍之多。

(2)产品弹性定价。产品弹性定价是指根据顾客从同一产品所获的价值不同,分别决定产品的价格。例如,集团市场的买方在产品的运输成本方面往往各不相同,企业可以据此给不同客户所购买的产品确定不同的价格。

(3)时间弹性定价。在集团市场上,产品的采购过程较长,有时达数月之久,因此,在用户收到所购产品时,各种成本因素都可能发生变化。企业可以根据这一变化的特点,调整产品的价格水平。另外,某些产品的专有技术具有很强的时间性,企业应按照该产品技术的相对先进性,随着时间的推移,不断地调整产品价格。

2. 一揽子定价

所谓一揽子定价,是指在产品价格中加入各种服务的费用,变出售产品为出售整个系统。这一策略在销售技术资金密集型产品中得到广泛应用。例如,美国国际商用机器公司在出售计算机主机的同时,提供配套软件、技术咨询、人员培训、设备安装等各种服务,使销售主机的交易变成出售整个计算机系统的活动。

从卖方角度讲,此策略有助于企业在市场竞争中保持和发展现有市场份额。如仅出售计算机主机的企业,因无法满足客户的多方面需求,就很难与上述计算机公司竞争。另外,一揽子定价还使卖方能够及时了解买方的新要求,为新产品设计提供了依据。但此策略在经济发展周期的低谷阶段不宜使用,因为产品的一揽子价格水平高于一般价格水平。在这种情况下,企业可以采取分别收费的方法,如百货商店在经济萧条时期,商品运输费、礼品包装费等都可分别向顾客收取,给顾客留有降低成本的余地。

3. 组合定价

从事国际化经营的企业,在国际市场上站稳脚跟后,都力图推出更多的产品,以满足不同层次消费者的需求和扩大市场占有率。这时,企业面临着如何给每一种产品定价,才能使总利润最大化的课题。

组合定价旨在使企业总利润最大化。运用此策略,必须注意掌握以下要点。

(1)企业要将其所有的产品按抵销固定成本和间接费用的能力分为3类:第一类产品在抵销其应抵的固定成本和间接费用之后,仍有余力;第二类产品只能抵销其应抵部分;第三类产品没有抵销固定成本和间接费用的能力。

(2)企业应分析不同产品在各自细分市场上所处的地位及其竞争环境。对其中某些竞争环境较好的产品,可以定较高价格,以保持企业总利润水平。如美国通用汽车公司所生产的大型豪华轿车与普通轿车价格的差距,在过去十年中,由3倍扩大到4倍,到2000年已将这一差距继续拉大到8倍以上,即一辆普通轿车卖8 000美元,而豪华轿车则卖到70 000美元左右。

(3)企业要注意其产品之间的关系,尤其对于具有替代关系的产品,更要权衡新老产品的定价。如推出速溶咖啡时,就要考虑对现有普通咖啡产品的影响,使两种咖啡给企业创造的利润之和最大化。

(4)对于以整个市场而不是某个细分市场为目标的产品,企业定价时要参考行业最低价和最高价。如果企业想要扩大市场,可采用低定价手段;若想创造产品形象,则可采用高定价手段。

11.3.3 折扣定价

在大多数情况下,企业只有通过中间商这一间接渠道,才能将其产品送至国外最终购买者。企业为了控制产品的最终价格，就必须确定留给中间商的价格折扣水平。只有这样，才能促使中间商积极推销本企业的产品。企业常用的折扣定价有 3 种。

1. 数量折扣定价

数量折扣是指卖方对大批量采购的买方，按牌价给予一定折扣的优惠价格。这种折扣，既可以提供给中间商，也可以提供给最终消费者。而折扣幅度的大小，是由购买数量决定的。数量折扣的优点是：既能为企业节约定货、运输、搬运、仓储等方面的费用，又能达到吸引买主扩大销售量的目的。

超级链接 11-1

H&M 邮件折扣定价策略

H&M 在产品定价方面，采取的平价来吸引客户，出售的产品款式多样，但是供应少量，且产品是限时供应，如分为不同季节的单品，给收到邮件的订阅用户营造一种紧迫感，促成成交的概率。

当然，H&M 的产品并不是一上架，就是被抢购而空，针对剩余不太受欢迎的产品，采用折扣减价方式在特定的时间（季中、季末等）售出，向订阅用户发送营销邮件，告知订阅用户。

在此，H&M 的邮件中价格策略为

① 产品限时供应，限时促销，给客户营造紧张感，让客户尽快购买；

② 部分产品使用减价促销策略，吸引客户，解决库存剩余的产品。

资料来源：根据"浅谈 H&M 快时尚品牌邮件营销策略"等有关资料整理而成，https：//yue.52wmb.com/article/21960.

2. 功能折扣定价

功能折扣是卖方对买方所提供的流通服务的酬劳。其数额的大小，取决于买方提供的商业流通服务的范围和程度。一般讲，该折扣率较为稳定，是以买卖双方都能获得平均利润率为基础而制定的。

3. 现金折扣定价

现金折扣通常规定买方在一定时间内（如 10 天）付款，可以享受一定比率的折扣（如牌价的 2%），过期付款就没有折扣。这种折扣的目的是鼓励买方尽早付款。现金折扣对买卖双方都有利，使买方能以较低价格购进产品，使卖方能加速企业流动资金的周转，提高资金利润率。

11.3.4 心理定价

心理定价，就是根据不同目标市场国的消费者的心理特征和心理需求，采取使其乐于接受的各种灵活定价策略，达到满足消费心理需求和扩大销售额的目的。其主要形式有：

1. 尾数定价

又称奇数定价。即把商品价格的尾数定为奇数，特别是奇数"9"。如本应订价为 50 元的商品，而定价为 49.99 元。一般讲，许多消费者购买日用商品时，总认为单数尾数比双数尾数价廉，零数尾数比整数尾数精确。本该定价为 10 元的商品，定价为 9.99 元，这样虽然只降价 1%，却给消费者一种价格便宜的感觉，因而具有强烈的引导和促进消费的作用。当然，采用尾数定价时，还要考虑目标市场国的文化环境因素。如中国消费者传统上会偏爱以 8 结尾的商品，因其有发财的寓意。

2. 整数定价

与尾数定价相反，整数定价是去零数取整数。这种定价策略主要用于名优产品、高档消费品或礼品等。它能给消费者带来一种高档次的感觉，从而满足其显示自己地位高贵的心理。如一架高档照相机，本应定价为 1 865 元，采用整数定价策略就可改定为 1 900 元。

3. 声望定价

这种定价是利用消费者认为价高质优的心理，凭借企业或商店在消费者中的声望，制定较高价格吸引顾客购买商品的。一般讲，采用此策略应该具备以下条件：①商店声望很高，得到消费者的信赖，他们认为在此购物货真价实，不会吃亏上当；②产品本身声望很高，如瑞士的高级手表、法国的高档服装等。但是，采用声望定价的产品，必须做到价格真正与声望和质量相符。否则，就会导致产品滞销和声望丧失。

4. 习惯定价

即按照消费者长期习惯的价格定价。许多日用消费品长期按固定价格出售，在消费者心目中逐渐形成了习惯价格。如果企业以高于此价格水平出售产品，必然引起消费者的不满和抵制，从而使企业产品无法打开销路。生产这类产品的企业通常采用降低质量和减少分量的方法，来消化成本的上升部分。

11.3.5 新产品定价

新产品一般是企业的创新产品，也可能是改进型产品或在国内畅销的产品。一般讲，新产品的价格水平，既要有利于其扩大市场占有率，也要能够起到避免竞争的作用。新产品定价包括取脂定价和渗透定价。

1. 取脂定价

所谓取脂定价，就是在新产品进入目标市场时，制定较高的价格，以期在竞争对手以较低价格推出相似产品以前，迅速获取利润，收回产品开发的成本和投资。由于这种定价策略与在牛奶中撇取奶油的做法相近，因而人们称之为取脂定价。

取脂定价适用于市场潜力和需求价格弹性较小、功能独特、时尚性强的产品或有专利权保护的产品。它的主要优点是：产品价格大大高于其价值，使企业在新产品导入期期内就有可能收回投资，并为以后同替代品进行价格竞争提供了有利的条件；该定价策略往往能够吸引高收入、支付能力强的消费者的注意，诱发其从速购买的欲望，并且能够带动中等收入阶层进入消费领域。但是，取脂定价也存在明显的弱点：如企业不能在目标市场上建立稳定的市场份额,并且从较长时期观察,这种做法还可能给企业带来较高的风险。另外,价格定得过高也不利于开拓市场和吸引收入较低的消费者进入消费领域。

▶ 国际营销案例 11-5

打了对折的特斯拉

自 2018 年 5 月至今,特斯拉已经 6 次调整中国区销售价格,其中 4 次跌价、2 次涨价。以最高端的 Model X P100D 车型为例,2019 年 11 月 22 日调整前的价格是 157.22 万元,最新价格已经降至 84.82 万元,仅 3 个月时间就跌去将近一半。如此快的降价速度在汽车行业发展历史上堪称罕见。

苏宁金融研究院高级研究员赵一洋指出,由于受到关税税率和市场方面的双重影响,特斯拉汽车自去年以来,产品价格一直处于大幅波动状态。

特斯拉几次主动降价,更多的目的或在于抢占国内市场份额。马斯克已经不止一次表示,现阶段最重要的问题是要把特斯拉的价格降下来。"我们的车还是卖得太贵了,如果能够造出人人都能买得起的电动车,肯定大家都想买"。

特斯拉的上海工厂目前已经动工。正式投产后,预计未来在中国的售价还会进一步下调。面对特斯拉的来势汹汹,国内一些新能源汽车制造商已经提前感知到了压力。车和家 CEO 李想 3 月 1 日在微博上发文称:特斯拉已经打到家门口了,好日子很快就要结束了。

据梅泉战略咨询创始人王华平分析,特斯拉的电池成本已经降低到 100 美元一度电,几乎是国内电池的一半价格,30 多万元的 Model 3 一旦大规模在国内上市,行业预估会带来冲击。

按照国家发改委 2018 年 12 月发布的《汽车产业投资管理规定》,只有等特斯拉完工投产,并满足初期年产 25 万辆汽车和电池组的预设目标后,其他车企才能在上海投建新能源汽车项目。

那么,来中国建厂的特斯拉,究竟是吞噬国内新能源汽车产业的豺狼,还是激发中国车企升级活力、带来新机遇的鲶鱼?

上海水到渠成科技产业研究院院长魏雪飞评论认为,特斯拉并不是"狼",它只是一个催化剂,催化了新能源车行业自身存在的问题暴露,也催化了行业间对于核心竞争力的对比。"国内的企业需要加快自身变革,不要只是忙于研究政策,赚政府的补贴,或者过于关注噱头的小元素,好好研究未来的科技发展趋势,互联网时代,对手不是和你并排竞速的,而是可能一跃而过的"。

全国乘用车市场信息联席会秘书长崔东树建议,国内车企要加速提升产品,降低成本,快速适应市场新环境。"大家都应该努力做好产品,宣传好,多卖车,共同应对特斯拉的挑战"。

资料来源:宋杰. 一年内调价 6 次,特斯拉玩的什么套路?[J]. 中国经济周刊,2019(6):62-63.

2. 渗透定价

所谓渗透定价，是指把投放市场的新产品价格尽可能地定低，以便迅速占领市场，排斥竞争对手，取得领先地位。采用渗透定价的企业一般应具备以下条件：①企业产品需求的价格弹性较大，如采取较低的价格就会带来销售量和利润的较快增长，使总销售收入上升；②企业实力雄厚，能够承受新产品导入期的亏损；③企业具有迅速扩大生产和销售的能力。

渗透定价的主要优点是：①能够促使消费者尽快接受新产品，从而打开产品销路，使企业生产成本随着产品产量的提高而不断下降；②能够防止竞争者大量进入市场，有利于企业保持和扩大现有市场份额；③易于企业产品打入购买力较低的市场。然而，渗透定价也有一定的缺点：①企业将新产品定价压低，会影响其现有产品的销售前景和生命周期；②以后因各种因素变化需要提价时，很难得到消费者的理解，并可能造成销售量的剧减。

▶ **国际营销案例 11-6**

苹果降价策略成效显著

苹果手机价格高一直都是众所周知的，在之前，苹果是业内价格最高的手机。而同时，价格高、质量过关的苹果手机也因此吸引了消费者的目光，获得了广泛的赞誉。可以说在当时，苹果可谓是颇有"一览众山小"之感。

而从 2019 年开始，苹果在国内就持续走下坡路。

一方面，苹果手机创新能力不比以前，如今许多手机的科技水平还停留在以前，而且苹果还较为坚持传统，在如今各大智能手机都在追求全面屏、折叠等功能时，而苹果更为"怀旧"。另一方面，国产手机日益兴起，而且在功能上也毫不逊色，甚至出现了像华为、小米、OPPO 等国际知名的手机品牌。而这些也使苹果不再像之前那样受欢迎。

而极为使苹果吃亏的便是苹果的价格。在如今苹果在手机市场日渐"热闹"的情况下，守着功能差不多的手机，挂着"天价"的牌子，还想拥有以往的销售数量，似乎显得格外的"异想天开"。据悉，在 2017 年第四季度时，苹果尚收益 610 亿美元，2018 年第四季度时，苹果已经跌至 520 亿美元，在中国，收益下降了 26.7%，仅仅有 131.7 亿元的收益。

而此次苹果大幅度降价，虽是从神坛落入了凡间。但也不得不说，苹果此举极为的聪明。在如今的市场中，最多的不是高收入消费者，而是中层消费者，获得大量的中层消费者的青睐，既可以拥有广阔的市场，也可以获得较高的美誉度。而且在如今手机市场渐趋饱和的情况下，一味地站在高处，带来的也仅仅是高处不胜寒。

而且，苹果曾经辉煌的成绩还存在于几代人的脑海中，一旦价格适宜，可能是出于猎奇或者其他心理，苹果的销售量也必然会增长，而在销售量增长的同时，凭借这其独具一格的手机操作系统和配置，苹果也于无形中挽回了口碑。

资料来源：根据环球科技视界"苹果降价策略成效显著，不仅挽回了销量，还挽回了口碑"等有关资料整理而成，https://www.sohu.com/a/293938896_636906。

11.4 国际市场的价格管理与控制

对国内营销来说，价格是企业的可控因素，这比较确切，但对国际营销来说，情况则不同，因为影响国际营销价格策略制定的因素较复杂。国际营销企业的出厂价是可控的，而目标市场的最终价格则难以控制。由于最终价格直接影响产品在国际市场的竞争力和市场的扩展，因此有必要采取各种对策来加强管理和提高控制程度。

11.4.1 外销产品的报价

外销产品的报价具体反映在国际销售合同的价格条款上，合同的价格条款必须明确划分商品运输中各方的责任，如：由谁支付运费和从什么地方开始支付；明确商品的数量、质量和单价的计量单位、贸易术语、单位价格、计价货币，如有佣金和折扣应说明其百分比率。所有这些，在国际贸易实务等相关学科都有详尽的介绍，在此重点讨论的是出厂价的确定和报价的技巧问题。

外销产品的报价可采用工厂交货价、装运港船边交货价、装运港船上交货价、完税后交货价等多种方式，这些报价的基础是工厂交货价即出厂价。出厂价也是目标市场最终价格的基础，控制最终价格必须首先控制出厂价。出厂价的确定可采用常见的成本导向定价、需求导向定价和竞争导向定价等 3 种类型的定价方法。

许多不熟悉国际营销业务的企业包括我国的外销产品企业，往往喜欢采用简便易行的成本导向定价方法。在存在国际市场价格的情况下，产品的价格是由国际市场价值决定的，某一国家的产品成本偏高偏低难于避免，因此而确定的价格偏低会失去盈利的机会，偏高又会减弱价格竞争的能力。以成本导向定价法制定的固定价格难以适应各个国家竞争性的价格水平、需求水平、价格的波动、通货膨胀和汇率波动，还可能受到各国相关法律的限制。从我国企业的外销产品来看，由于基本上是采用成本导向定价法，使我国产品在国际市场上的价格普遍偏低。如在法国市场上最好的中国米酒只卖 40 法郎一瓶，还不及法国一瓶普通酒的价格；中国制造的胶鞋和绣花拖鞋，每双售价是 10 法郎，比看一场电影的票价还少 20 法郎。如此低廉价格的商品，在发达国家市场里不但可能被视为"低劣商品"，影响产品销路和获利水平，还可能被指控为倾销行为。

综上所述，国际营销企业的产品出厂价的确定不能仅简单的采用成本导向定价法，而要根据各个目标国家市场的具体情况，更多地用采用需求导向、竞争导向的定价方法，使出厂价在国内外市场有所区别。随着我国外销产品的迅速增长，我国企业在国际市场上的地位的提高，做出这种改变是必要的。

当然，需求导向、竞争导向定价比成本导向定价要复杂困难得多，它必须通过深入的国际市场调查研究，来掌握各个目标国家市场的需求、竞争、价格、法律等信息，但只要企业不是为了一次性地外销产品，而是为了实施国际市场营销战略，长期稳定地占领某一外国市场，多花一些精力在制定具有竞争力的价格上是值得的。

外销产品的报价不但影响目标国家市场的最终价格，而且反映了国际营销企业与外国中间商的关系，因此报价这一定价行为应有一定的原则性与灵活性，可把它看成是一种技巧。国际营销企业运用报价技巧要着重考虑以下几个因素。

1. 与客户的关系

作为本企业的国际销售渠道系统成员的老客户，在正常情况下可按原价格条款报价，以便巩固与老客户的良好关系，维护国际营销企业的商誉；对新客户可参照与老客户交易的当时价格报价，使渠道系统的价格政策保持一致性。

2. 产品的竞争力

产品的竞争力可通过与同一市场的相同、类似或替代商品的比较中表现出来，这就要求国际营销企业在报价时适当调整价格条款（包括单价、支付条件、交货期等），使本企业产品能在这种比较中显示出较强的竞争力。如果目标市场已有处于垄断地位的同类商品，则应参照其价格来报价。如本企业的产品在目标市场适销对路且处于垄断地位，则应按垄断产品定价办法对外报价。

3. 市场环境变化

当目标国家市场的供求变化有利于买方时，可参照竞争对手的价格报价，或采取适当削价的措施，或在原报价的基础上给以较优惠的交易条件，以便维护渠道系统和原有的市场。当市场供求出现有利于卖方的情况时，应及时提出提升价格要求，从中获取应得的利润。

4. 新产品

刚进入国际市场的新产品难于准确合理报价。当发现报价偏高不能为买方所接受时，卖方可做出适当让步，如提供较优惠的价格条件甚至适当压低价格等，使新产品能顺利进入目标国家市场。当报价偏低买方迫不及待要求立即成交时，可通过降低交易优惠条件、控制交易数量等办法来挽回损失，待将来使价格恢复到合理的程度。总之，新产品报价偏高偏低在所难免，其技巧在于谈判开始时使交易条件模糊，以便在谈判过程中掌握讨价还价的主动权。

5. 有效期限

由于通货膨胀、市场竞争、价格和汇率波动等因素的影响，合理的价格应随着这些因素的变化而变化。在国际营销中，应警惕买方为此而大做文章。买方往往会在市场不明朗时推迟对报价的答复，利用时间因素衡量有利或不利时机做出接受或拒绝报价的决定，把各种因素变化的风险推给卖方。为此，报价一定要注明有效期限，把主动权留给自己。

扩展阅读 11.5
探寻：国外知名企业为降低成本，搬到印度生产，为何有悔意

11.4.2 价格扬升的控制

同一产品的价格在出口国与进口国的不适当的差异，在国际营销中通常把这一现象称为价格扬升。人们常常会惊讶地发现，本国市场相当便宜的商品到了其他国家却贵得惊人。不了解事实真相的人认为这是营销企业

提价获取暴利的结果,某些生产企业见此诱人的价差也想到国外市场上一展拳脚。事实上,在这一价差中,生产企业所获取的利润只是一小部分,绝大部分是将商品从一国出口至另一国所产生的附加成本。商品的装运、保险、包装、关税以及较长的销售渠道、中间商毛利、特殊税金、管理成本、汇率波动等所产生的附加成本,足以把目标市场的最终价格扬升到某一可观的水平上。表 11-1 说明了各种因素对最终价格的影响。

表 11-1 价格扬升的因素分析

项　　目	国内销售价（美元）	国外销售价（美元）
出厂价	100.00	100.00
对当地市场批发商运费保险	6.00	
对出口商的运费、保险、证明等费用		22.00
进口关税（到岸价格的 15%）		18.30
从进口港至进口商的手续费和运费		1.00
进口商的毛利（成本的 12%）		17.60
批发商毛利（成本的 10%）	10.60	16.40
零售商毛利（成本的 35%）	40.80	63.10
营业税（5%）	7.90	11.20
零售价格	165.30	253.60

价格扬升的现象是国际营销企业所面临的主要的定价障碍之一,高昂的价格只适合于对价格反应灵敏程度低的高收入消费者群这一狭小的细分市场,产品从生产成本高的国家出口到购买力低的国家就很难找到顾客。另外,高价的产品销量少,中间商为维护自身利益便会提高毛利水平,结果使价格再次扬升。国际营销企业为在国际市场上成功地赢得竞争,就应采取适当的对策控制国外市场的最终价格,尽量降低价格扬升的幅度。

1. 降低商品生产成本

如果能通过降低商品生产成本来降低出厂价,就能有效地抑制价格上扬的幅度,这是解决价格扬升问题的根本途径。国际营销企业可采取在外国生产产品的办法来降低生产成本,这也是跨国公司迅速发展的必然趋势。表 11-2 给出了美、韩微波烤炉生产成本的对比。

表 11-2 美、韩生产微波烤炉的成本对比

	美国通用公司	韩国三星公司
每个产品的生产成本	218 美元	155 美元
其中：装配工工资成本	8 美元	63 美分
监督、维护等间接劳工成本	30 美元	73 美分
管理成本	20 美元	2 美分
工人每日生产数	4 个	9 个

减少成本高昂的功能特性或降低整体产品品质,是降低产品生产成本的另一办法。在发达国家市场中所需的某些品质与额外的功能,当产品外销到发展中国家时就可能是多余的。如洗衣机的自动漂白剂、肥皂分配器、变温装置、适当时间响铃装置等,在美

国市场是有必要的，但在其他许多国家就可能毫无这一需求。又如日本生产的彩电出口到中国市场时，减少价格达 2 000 元左右的"丽音"功能也曾是明智之举。降低产品生产成本不仅可降低出厂价，同时还可能降低关税，因为报价低所征收的从价税也随之减少，可见它具有双重利益。

2. 降低关税

关税是产生价格扬升的主要原因之一，如能降低关税，自然可降低价格扬升的幅度。在国际营销中，可采用许多办法来人为地降低关税：

（1）产品重新分类

不同类别产品的税率不同，某一具体产品属何种类别有时模棱两可，这就有利于国际营销企业争取把自己的产品归入低税率的类别上。

▶ **国际营销案例 11-7**

自贸协定促进消费升级

商务部今日召开2018年第1次例行新闻发布会，新闻发言人高峰表示，目前，我国已与 24 个国家和地区签署了一共 16 个自贸协定，覆盖了亚洲、欧洲、美洲、大洋洲。从已经签订的自贸协定来看，我国与自贸伙伴货物贸易自由化的水平普遍比较高，最终零关税的产品税目数占比基本在 90% 以上。截至目前，我国已经生效实施的自贸协定有 15 个，涉及 23 个国家和地区，涵盖了 8 000 余种零关税的进口产品。目前，在上述自贸协定的框架下，我国总进口额近三分之一的产品可以享受自贸协定优惠关税的待遇，其中大部分是终端消费品。这大大丰富了我国消费者的选择，给消费者带来了实实在在的好处。

资料来源：根据《证券时报》"中国 8 000 余种进口产品享受零关税"等有关资料整理而成，http://fta.mofcom.gov.cn/article/fzdongtai/201801/36937_1.html。

（2）修改产品

即按较低税率的标准来适当修改产品。在鞋类工业里，运动鞋上"鞋面皮"与"似鞋面皮"在征收关税时就有实质的差异。为保护国内鞋类工业免受外国便宜的胶底帆布鞋的进攻，美国的关税表上列明：任何帆布鞋或塑胶鞋若鞋面 1/4 以上使用鞋面皮，征收 48% 关税；鞋面 1/4 以下使用鞋面皮，则以"似鞋面皮"征收 6% 的关税。这样，许多出口生产企业在设计鞋面时都以少于 1/4 鞋面皮为标准，争取低关税出口到美国市场。

（3）改变商品形式

一般而言，零部件与半成品的关税税率都比较低。为此，可外销零部件和半成品，然后在进口国组装和深加工，以达到降低关税的目的。有时甚至重新包装也有助于降低关税。龙舌兰酒进入美国时，以 1 加仑左右的容器盛装的关税是每加仑 2.27 美元；而用较大的容器盛装时，则关税仅为 1.25 美元。如果再装瓶的成本每加仑少于 1.02 美元，也就等于降低了关税。

3. 降低渠道成本

缩短渠道则有可能使价格扬升得到控制。设计一条中间商较少的渠道，一方面可减少中间商的加价，另一方面又可减少整体税金。许多国家对进入分销渠道的商品须征收增值税，增值税可以是累积的，也可以是非累积的。累积增值税按总销售价格计征，商品每换手一次都要征收一次；非累积增值税则是按中间商进货成本和销售价格之间的差额来计征。为此，在征收累积税的国家里，为了少纳税，人们都乐于缩短分销渠道。但缩短分销渠道并不是在任何情况下都能节省成本，也不是分销渠道越短越好，因为某些中间商在某些市场里可能发挥着某些特殊的功能作用，这时就要对取消这些中间商后自己所要付出的代价进行具体的分析，或对取消这些中间商前后的成本进行比较，然后才做出正确的决策。

4. 利用特殊区域政策降低成本

某些国家为促进国际贸易，纷纷建立了一些所谓的国外贸易区或自由贸易区或自由港。在我国也有类似的特殊区域（保税区、出口加工区等）。产品进入这些区域时不必征税，只有当产品离开这些区域正式进入其所在国时才征收所有的关税。国际营销企业将未装配的零部件运至进口国的自由贸易区，降低成本的原因主要包括：

①零部件与半成品的税率通常较低，因此关税可以降低；
②当进口国的生产成本比较低时，最终产品成本则可随之降低；
③未装配的商品的运费可能比较低；
④可减少因先纳税而造成的资金占用和利息支出，从而降低产品出口成本；
⑤如以进口国的包装物或部分组件用于最终装配，关税可能会进一步降低。

11.4.3 平行输入的管制

所谓平行输入，是指同一生产企业的同一产品通过两条通道输入某一国家市场：一条是正规的分销渠道系统，另一条是非正规的分销渠道系统。导致平行输入的根本原因是同一产品在不同国家市场存在价格差异，当价格差异大于两个市场之间的运费、关税等成本时，就可能产生这一贸易行为。

1. 各国间币值的变动

德国奔驰汽车的供给在美国受到限制时，美国市场上每辆奔驰汽车售价高达 2.4 万美元，而当时美国人在德国市场只用 1.2 万美元便能买到一辆奔驰汽车，这一巨大价差产生的部分原因是配销限制及美元币值上升而马克币值下降。为此，许多美国人从德国市场购买奔驰汽车，然后按德国价格的近两倍的售价在美国销售，这种情况持续了相当一段时间，直至美元对应马克的币值衰弱时才终止下来。

2. 国际营销企业实行差别价格策略

日本企业所采用的差别价格策略使同一产品的价格国内高于国外，如 Sony 公司 VAIO14 英寸笔记本在纽约的售价为 649.99 美元，在东京的售价却高达 750 美元。因此，这些商品倒流回日本后售价低于其正常国内售价还有利可图。日本企业的这一价格策略促使外国企业在日本市场也以高价出售产品,这又导致外国产品平行输入日本市场。例如,从洛杉矶购买可口可乐液浆运销日本,也比通过日本正规渠道购买的可口可乐液浆还要便宜。

3. 各国税率与中间商毛利的差异

如前所述,各国可征增值税,也可不征增值税;增值税的税率可高可低;可能征收累积增值税,也可能征收非累积增值税;各国中间商毛利水平参差不齐,因此同一生产企业的同一产品在各国的最终价格会相去甚远,这种价格差异,就可能导致平行输入。例如在美国,名牌香水的批发价往往比其他国家的批发价高出25%,这样,就吸引了其他国家中未经授权的经销商以低于美国批发商甚多的价格转售给美国未经授权的零售商,从中获取渔翁之利。

平行输入会导致目标国家市场产生恶性的价格竞争,损害了正规分销渠道成员的利益,也损害了顾客的利益。顾客无意中买了未经授权的进口商品,就不能取得该产品的品质保证以及售后服务、更换零件的保证。当产品维护得不到保证时,顾客责怪的是出口生产企业,产品的形象也会受到损害。为此,国际营销企业必须加强对平行输入的管制,建立强有力的监视控制系统,以维护正规分销渠道成员的利益。其中,最有效的措施是授权经营,明确规定各国持证人的经营范围,一旦发现持证人超出经营范围或非持证人有侵权行为,便能借助法律解决问题;此外,要堵塞商品流通的漏洞,一方面不要把外销产品交给信誉欠佳的中间商经营,另一方面尽量加强对持证人以下层次的管理与监督,降低平行输入的影响范围和程度。

即测即练 11.4

11.5 跨国公司定价策略

随着跨国公司的迅速发展,它所采用的定价策略已对国际市场产生重要的影响,也越来越受到人们的普遍重视。

11.5.1 统一、多元与协调的定价策略

1. 统一定价策略

指跨国公司的同一产品在国际市场上采用同一价格的策略。这里所指的"同一价格",可理解为母公司与各国子公司的同一产品出厂价折合为同额的母国货币或同额的可兑换货币。例如,某一跨国公司在美国生产的产品的出厂价为每件1美元,在德国和日本子公司生产同一产品的出厂价是与美元市场汇价相等的马克和日元,这就是同一价格。

采用这一策略的好处是简单易行,跨国公司不需要调查掌握市场竞争等信息;有利于在国际市场上建立跨国公司及其产品的统一形象;便于公司总部对整个国际营销活动的控制,可减少公司内部产品竞争带来的麻烦。

这种策略的缺点也是很明显的：现实市场中汇率是波动的，因此确定同一价格比较困难；各个子公司生产的产品出口到其他国家时，因各国的税赋、税种、税制、中间商毛利水平等不一致，就会使最终价格产生实质性的差异，难于实现统一价格的目标；由于各国的生产成本、需求水平、竞争程度等均不相同，为此统一价格在某些东道国可能会失去获取最大利润的机会，而在另一些东道国则可能缺乏竞争能力。

综上所述，跨国公司较少采用统一价格的策略，当产品的竞争力强且竞争地位稳定，或所生产的产品是国际市场的新产品，或不通过任何中间环节直接销售产品时，则有可能采用这一策略。

2. 多元定价策略

指跨国公司允许其国外子公司的同一产品制定不同价格的策略。采用这一策略时，跨国公司对国外子公司的定价不加以干预，不提出硬性的要求，各个子公司完全可以根据当地当时市场的具体情况自行作出价格决策。这一定价策略兼顾了各个子公司的利益。除独资方式外，跨国公司拥有各国子公司股权可多可少，母公司与子公司之间、子公司与子公司之间的利益不可能完全一致，各个子公司自主定价就能按预定的目标实现自己应得的利益。

多元定价的最大优点是体现了各国市场实际存在的差异性，它充分考虑了各国生产成本、竞争、供求、税收等定价的影响因素，有利于实现利润最大化。例如，在成本较低的国家定低价、在成本高的国家定高价是合情合理的，如果以统一价格进行控制，就可能出现低成本高价格或高成本低价格的不合理现象，最终将失去市场或应得的利润。

多元定价的致命弱点是可能导致平行输入。例如，英国潘多拉特别产品公司在本国市场以较低的价格销售产品，而其美国子公司的同一产品则以高价出售，结果英国中间商把产品运销美国市场，即使扣除运费、税收和中间商毛利，美国零售商从英国进口潘多拉产品，仍可低于美国子公司15%～20%的价格进行销售。这种跨国公司内部的价格竞争，不但给相关的子公司带来营销的困难，也损害了跨国公司的整体利益。

3. 协调定价策略

指跨国公司对同一产品既不采用同一价格，也不完全放手各个子公司独立定价的策略。采用这一策略的目标是为了利用统一定价与多元定价的优点，克服其缺点，以跨国公司的价格政策协调各个子公司的定价行为，对同一产品的定价既有计划性又有灵活性，以维护跨国公司的整体利益和各别子公司的特殊利益。

这一策略允许多个子公司根据当地生产成本、收入水平、竞争状况和营销目标等进行灵活定价，以便提高产品的竞争能力。但对跨国公司的子公司之间的价格竞争则进行必要的管理，如划定商圈范围，统一控制分销渠道的政策，适当调整可能发生平行输入的子公司的定价方法等。有时则要求某些子公司贯彻公司总部的政策，如在某国市场实行低价渗透，以便开拓和长期占有该国市场；而在另一国家市场实行高价销售，在短期内占有这一特殊市场，待该国这一产业成熟后及时降低价格或撤出市场。跨国公司采用这一策略时会增大管理的难度和需要花费较大的精力。

上面所介绍的3种定价策略同样适用于出口生产企业，其区别仅在于：出口生产企业把国内生产的产品分销到各国市场，国内外销售产品的出厂价相同就是统一定价，出厂价不同则是多元定价；跨国公司则分别在东道国生产产品，产品在东道国销售或运销其他国家时采用统一定价、多元定价或协调定价策略。

11.5.2 跨国公司的转移价格

1. 转移定价及其产生

转移定价（Transfer pricing）是指跨国公司的母公司与各国子公司之间或各国子公司互相之间转移产品和劳务时所采用的定价方法。

二战后，发达国家企业兼并和联合迅速发展，公司规模越来越大。同时，对外投资增长很快，跨国公司大量涌现。在这种情况下，公司之间的分工转向公司内的分工，形成了大规模的公司内部贸易。据估计，现在国际贸易中还有1/3属于跨国公司内部贸易，转移定价也就应运而生了。

2. 转移定价的目的

由于跨国公司内部管理日益分散化，转移定价成为公司实行全球利益最大化的重要调节机制。其希望达到的目的有如下几种。

（1）减少税负

通过转移定价，跨国公司可以设法降低在高税率国家的纳税基数，增加在低税率国家的纳税基数，从而减少跨国公司的整体税负。

从所得税的角度分析，各国税率相差悬殊。世界上有一些以低税率闻名的"避税天堂"，如巴拿马、列支敦士登、巴哈马群岛等。许多大型跨国公司在这些国家和地区设有子公司。当国外子公司之间进行贸易时，跨国公司先将货物以低价出售给避税区的子公司，再由该公司以高价转售给其他子公司。实际货物并不经过避税区子公司，只是通过转移定价的形式在公司之间进行转账。这样即使不在避税区设立控股公司，也可以达到减轻税负的目的。跨国公司也可以避税，即位于高税率国家的子公司从关联企业购进原材料、零部件时价格较高，售出成品时价格较低。位于低税率的国家则进行相反的操作。

从关税的角度分析，跨国公司同样可以利用转移定价减少税负。不过，只有在征收从价税和混合税条件下转移定价才具备这样的功能。当国外子公司出售产品给关联企业时，可以采用偏低的价格发货，从而减少公司的纳税基数和纳税额。

值得注意的是，减少关税和所得税有时是互相矛盾的。例如，如果进口国所得税率比出口国高，企业需要提高价格以减少所得税。但这样做的结果会增加关税税额。这时公司就要从全局的角度出发，根据各种税率进行计算、比较和分析，最后制定出使公司整体利益最大化的转移价格。

（2）攫取利润

许多跨国公司在国外的子公司都是与当地企业共同投资兴建的合资企业。跨国公司可以运用转移定价将利润转移出去，损害合作伙伴的利益。例如，某个跨国公司握有60%股份的合资企业当年本应该盈利100万美元，但由于跨国公司已将利润转移给其国外其他子公司，该企业当年盈利为0。这样，跨国公司独占了100万美元的利润，也就是说将本属于合作伙伴的 40 万美元据为己有。

当然，转移利润时要考虑跨国公司在利润输入公司所持的股份，还要计算所得税及关税上的得失。国际企业只有在经过综合比较后才能制订出价格。

（3）规避风险

跨国公司在国外从事生产经营。面临各种各样的风险，如政治风险、经济风险、外汇风险、通货膨胀风险等。为了逃避这些风险，跨国公司可以利用转移定价将资金转移出去，使其将可能遭受的损失降到最低的限度。例如，当地公司遇到较大的政治风险时，跨国公司可将易被没收的物资以低价转移到国外，或以高价购买其他子公司的物品，以达到将资金转移出东道国的目的。

（4）对付价格控制

大多数国家对外国公司产品或劳务的价格都有一定的限制。但是跨国公司可以利用转移定价摆脱东道国政府的这种限制。当东道国认为跨国公司的产品或劳务是以低于其成本的价格进行"倾销"时，公司可以尽量降低原材料、零部件的供应价，减少其成本，使其较低的价格成为"合理"的价格，从而逃避东道国的限制和监督。当东道国认为跨国公司的产品或劳务价格太高，利润过多时，公司对海外子公司尽可能提高原材料、零部件的供应价格，增加其成本，使较高的价格成为"合理"的价格，这样也有效地避免了东道国的限制和监督。

（5）提高竞争力

跨国公司为提高海外子公司在国际市场或在东道国市场上的竞争能力，在向其子公司供应原材料、零部件时，常常设定极低的转移价格，使子公司能以低价击败竞争对手，并使该公司显示出较高的利润率，提高其资信水平和市场形象。

（6）减轻配额限制的影响

如果配额是针对产品数量，而不是产品金额，跨国公司可利用转移定价在一定程度上减轻限制。出口国子公司降低转移价格，而进口国配额保持不变，其结果等于不增加配额就扩大了进口国子公司实物的进口量，达到了扩大销售的目的。

3. 转移定价采取的手段

转移定价采取的手段是多种多样的。其中既有有形货物的转移，也有无形资产的转让；支付方式上既包括贸易性支付，也包括非贸易性支付。具体方法有如下几种：

（1）货物购销时"高进低出"或"低进高出"这是跨国公司转移定价最常见的手段。若跨国公司子公司从境外关联企业购进原材料、零部件、机器设备时，其定价高于市场价格，向国外子公司出口产品时，其定价低于市场价格，这样的情况称为"高进低出"，利润可以从国内转到国外。相反，"低进高出"可以把利润从国外转到国内。

（2）支付高额的管理、广告、咨询、劳务等费用也是一种手段，有时也支付高额的佣金和折扣。

（3）通过对专利、专有技术、商标、商誉等无形资产转让时收取费用的高低，外商可以对各子公司的成本、利润施加影响。

（4）调节与子公司贷款利息的高低和设备的租金，外商可以将利润转移至境外。

4. 转移定价的特点

转移定价的形成与作用机制与市场价格有显著不同的特点。

（1）转移定价是在公司有计划有意识的参与下形成的。"二战"后，跨国公司大都实行集中领导，公司为推行内部机构的计划管理，总公司通常要根据全公司的战略目标和长期计划目标直接参与并制订和协调其内部的转移价格。

（2）转移定价是公司内部资源有效配置的重要工具之一。全球性跨国公司在经济利益的驱动和国际竞争的压力下，为了提高自身的竞争能力，近年来已由"金字塔"型管理改变为"森林"型管理，对内部实行严格的责任制，各子公司往往成为硬预算约束的利润中心或半利润中心。制订有利的转移价格既能保证既定利润中心或半利润中心的最终生产和经济效益，也有利于合理分配资源，从而引导利润中心或半利润中心的生产和经营不断优化。

（3）转移定价是实现公司长远目标和利润最大化的重要手段。转移定价服从总公司整体利益、长远目标以及公司利润最大化目标。它不完全取决于外部市场供求情况，常常与外部市场价格相背离。为此，跨国公司为使其利润最大化和达到长远目标，经常利用转移定价来调节资金流量和转移利润。

5. 转移定价的确定与限制

转移定价一般是根据公司总目标来最后确定的，如增加公司的利润；便于对整个公司实施控制，保证总战略的贯彻执行；使各公司成员单位的经营实绩在公司总利润中得到合理的体现，以保护和提高他们的积极性。

对转移定价的限制主要来自两个方面：一是来自跨国公司内部，高低价格的利用，虽然能使公司整体利益达到最优化，但它以转移部分子公司的经营实绩为前提，在跨国公司管理实行高度分权的模式下，有些转移定价的政策会受一些子公司的抵制。在国外的合资企业中，由于东道国一方决策权力的存在，通过转移定价以实现公司整体利益最优化更难办到。为了解决公司集中管理与分散经营相对独立的矛盾，大型跨国公司往往通过设置结算中心来进行统一协调。二是来自东道国政府。各国政府都很重视外国公司通过转移定价来逃税，因而通过税收、审计、海关等部门进行检查、监督，并在政策法规上采取一系列措施，以消除通过转移定价进行逃税的现象。目前国际上普遍采用的是"比较定价"原则，又称"一臂长"（arm's length）定价原则；即将同一行业中某项产品一系列的交易价格、利润率进行比较，如果发现某一跨国公司子公司的进口货价格过高，不能达到该行业的平均利润率时，东道国税务部门可以要求按"正常价格"进行营业补税。此外，很多国家政府还通过调整征税方法，建立严格的审计制度，加强海关的监督管理等措施，防止或限制跨国公司对转移定价的滥用。

▶ 国际营销案例 11-8

造纸上市公司转让定价反避税

在对纳税人申报的 2017 年度关联申报资料进行审核的过程中，淄博市税务局主管税务人员发现某上市公司（母公司）及其关联公司（子公司）在关联交易中存在利润留存低税率公司，造成少缴企业所得税的风险。

母公司员工 455 余人，注册资本 42 044 万元，2010 年 12 月在深交所 A 股上市。公司产品包括装饰原纸、表层耐磨纸、无纺壁纸原纸三大系列 500 多个花色品种，产品出口 30 多个国家和地区。公司采用直销的销售模式，由终端客户直接向公司下订单，公司直接将货物发给客户并与其结算。该公司 2014—2016 年度经营收入分别为 253 504 万元、234 076 万元、270 230 万元，企业所得税适用税率为 25%。

子公司是以生产装饰原纸为主业的特种纸生产企业，员工 1 148 余人，注册资本 18 000 万元，是国家火炬计划重点高新技术企业，拥有山东省装饰原纸工程技术研究中心、院士工作站和 14 条国际先进的特种纸生产线。该公司 2014—2016 年经营收入分别为 226 675 万元、217 096 万元、249 117 万元，企业所得税适用税率为 15%。

根据母子公司购销合同约定，交易数量以母公司当月销售数量作为双方的交易数量，交易价格以母公司最终售价扣除 1.5% 的毛利作为双方的交易价格。

从母公司填报的《企业功能风险分析表》可以看出，母公司承担行政人事管理服务、市场推广及销售功能，不否认子公司承担的生产、研发功能是经营活动中的重要功能，但母公司留存 1.5% 的毛利与其承担的功能不匹配，存在将部分利润人为调节到享受税收优惠低税率的子公司的风险。关联申报资料审核小组利用"关联申报说明会"形式上门为企业提供纳税服务，该公司认识到自身存在特别纳税调整风险，同意按照《特别纳税调查调整及相互协商程序管理办法》（国家税务总局公告 2017 年第 6 号）规定自行进行调整补缴税款及利息。经调整，母公司分别调增 2014—2016 年应纳税所得额 1 012 万元、852 万元、920 万元，累计调整应纳税所得额 2 784 万元，入库企业所得税 696 万元，加收利息 55 万元。

资料来源：王禹娇，李丽，刘莉，姚书琦. 某造纸上市公司转让定价反避税案例分析 [J]. 国际税收，2018，（10）：75-77.

6. 转移定价的方法

跨国公司在制定转移价格时首先要确定一个基础价格，然后再在基础价格上调高或调低。常见的基础价格确定方法有 3 种。

（1）按市场价格定价或以外销价定价，这是最常见的定价方法；

（2）协调定价。由于中间产品供求双方都有自身利益和预期目标，为使利益均沾，又不影响公司的总目标和总利益，企业可通过供求双方协调确定一个双方均能接受的转移价格；

（3）以成本为基础定价。此法包括 4 种形式：①按完全成本定价。即以中间产品的完全成本作为价格，不包括企业利润。②按成本加成定价。即以中间产品的成本加一定比例的利润作为转移价格。常见的有以有关生产单位的制造成本加上标准利润加成出售，还有以跨国公司内效率最高的生产单位的制造成本加上标准利润加成出售。③按变动成本定价。当中间产品供应单位设备闲置、原材料积压、开工不足时，公司可按变动成本确定价格。④按边际成本定价。即按中间产品的边际收入与边际成本相等时的边际成本来确定中间产品的转移价格。

上述 4 种以成本为基础的转移定价方法，所依据的成本一般为标准成本或定额成本，即假定在一定的销售范围内单位产品的成本不变。但实际上成本会随产量的变动而表现为一条 U 形曲线。为此，按边际成本定价更切合厂商实际。

在确定基础价格之后，跨国公司要根据关税税率、所得税税率、各子公司所持股份以及市场竞争等各种因素，在基础价格上调高或调低，使之符合自己的最大利益。

跨国公司在制定转移价格的时候，一定要注意了解各有关国家法规对转移定价的规定。鉴于各国政府对转移定价采取越来越严格的限制措施，企业有必要了解政府这方面的规定，以避免被动局面。

即测即练 11.5

扫码测练

本 章 小 结

定价是国际营销者面临的最复杂的一个决策领域。国际营销者需要考虑的不仅仅是一个方面的市场情况、一批竞争者、一类成本因素和一套政府法规，他们必须考虑所有各种因素，不仅要考虑每个业务所在国的情况，有时还要考虑到一个国家中每个市场的情况。

营销组合必须反映成本和竞争因素。并没有什么绝对的最高价格，但是，对任何消费者而言，价格必须符合消费者对产品的感知价值。多数营销策略的目的是确定符合消费者对产品的感知价值的，同时并不是"不挣钱"的价格。换言之，目标就是要对消费者收取产品应值的费用，抵销所有的成本，并在些过程中创造一个边际利润。于是，对如何定价及定价策略的思考就显得很重要了。

在国际市场上控制最终价格比在国内市场难得多，然而，国际营销者仍然必须根据目标和政策来完成制定价格的任务，并为策略上价格变动留有充分的余地。这需要的是国际营销者对销售成本、各种法规和条例了如指掌，对具体细节有无限的耐心，对市场战略有敏锐的头脑。

跨国公司内部贸易的转移价格具有随意性、秘密性、计划性、广泛性的特点。跨国公司运用转移价格总是围绕着获取利润最大化的总目标，其结果是利润的转移与集中，这就涉及公司内部各方、母国政府与东道国政府的利益，纠纷由此而产生，因此必须对转移价格加以监管。

关 键 术 语

定价（pricing） 单位价格（unit pricing）

价格分析（value analysis） 价格敏感（price sensitive）

价格战（pricing war）
可变价格（variable pricing）
价值定价法（value pricing）
渗透定价法（market-penetration pricing）
任选产品定价法（optional-product pricing）
副产品定价法（by-product pricing）
折扣（discount）
心理定价法（psychological pricing）
转移定价（transfer pricing）

建议价格（recommended price）
加成定价法（cost-plus pricing）
撇脂定价法（market-skimming pricing）
产品系列定价法（product-line pricing）
附属产品定价法（captive-product pricing）
零头定价法（odd-even pricing）
差别定价（segmented pricing）
促销定价（promotional pricing）

课后习题

1. 影响国际定价的因素有哪些？
2. 讨论政府干预对国际定价的影响。
3. 试比较国际营销各定价方法。
4. 小组讨论，结合实际案例来比较分析国际定价策略。
5. 如何进行国际市场的价格管理与控制？
6. 如何进行平行输入的管制？
7. 如何看待跨国公司内部的转移定价问题？

本章讨论案例

铁矿石定价的尴尬

铁矿石价格大涨，让中国下游买家——钢厂陷入两难，买不是，不买也不是。在这个大环境下，国外矿山和国内钢企的博弈再度浮出水面，而铁矿石定价又一次成为矛盾的集中爆发点。

此前，有个别人士称"铁矿石价格上涨主要是期市资金炒作造成，基本面不存在供应紧张的局面"，将矛头错误地指向价格发现工具。在这种观点下，"温度计"成了肇事者。

每当大宗商品出现大涨大跌行情之时，这种论调常常随之出现。对于这种尴尬的局面，早在2014年初，中信建投证券钢铁有色分析师秦源就在其发表的《铁矿石定价避不开的尴尬》一文中指出，如果说高矿价、产能过剩和高额的财务成本是压在中国钢铁行业头上的三座"大山"，那么在钢铁全产业链期货链条已成型的背景下，钢厂不能有效利用期、现货市场，恐怕期货链条上的投机者会成为压在头上的第四座"大山"。

秦源指出，即便没有期货市场，中国本身就是全球铁矿石现货市场的中心。中国主流钢厂在指数定价下的严重失声部分也源于对现货市场的参与力度过弱。若主流钢厂继续游离于期货市场之外，期货价格中同样还是缺乏主流钢厂的声音。

众所周知，全球铁矿石供应基本上掌握在前三家铁矿石供应商必和必拓、巴西淡水河谷、力拓矿业手中，其市场份额占市场总额的七成。2003年，中国钢铁行业蓬勃发展，令中国超过日本成为全球最大的铁矿石进口国，中国企业自然而然地坐到了上述三大矿山的谈判桌对面。

每年四季度开始，中国钢厂和三大矿进行年度定价谈判，决定下一财年铁矿石离岸价格的长协机制，几乎是2003年到2010年之间我国进口铁矿石定价的唯一途径。

实际上，普氏价格作为铁矿石定价基准这一现实一直没变，国内现货也好、期货也好仍无法撼动这一格局。虽然普氏指数是价格形成的源头和根本，但期货市场透明的价格机制却对普氏指数起到了制约作用。

统计数据显示，2019年4月到6月，我国铁矿石期货主力合约结算价从638.5元/吨涨至833元/吨，涨幅30.54%。同期普氏指数涨至117.95美元/吨，涨幅34.19%，折算人民币价格约为951元/吨。从近期价格走势看，我国铁矿石期货涨幅、绝对价格都低于境外普氏指数。经测算，如果用铁矿石期货主力合约指数的月均价替代普氏价格指数月均价定价，上半年我国钢厂进口铁矿石可累计节省约25亿美元，折合人民币169.50亿元。

"三大矿山的价格垄断堡垒正出现裂痕并不断蔓延。"业内人士分析，最直观的表现，一是国内各大钢厂在矿石采购上的长协订单占比出现下滑，更多是直接去港口采购矿石现货；二是国内钢企、贸易商在议价时不仅会照旧参考普氏指数、新加坡掉期价格，同时也会参考大商所铁矿石期货价格，且铁矿石期货走势相较前二者有领先意义；三是新加坡掉期市场弊端显现，产业客户回流国内进行套保。

资料来源：根据新浪财经"铁矿石定价的尴尬"等有关资料整理而成，http://finance.sina.com.cn/roll/2019-07-08/doc-ihytcitm0385935.shtml。

讨 论 题

1. 影响铁矿石定价的因素有哪些？
2. 供求双方各使用了何种定价策略？
3. 供求双方采取了何种报价策略？

（考核点：①可从影响国际定价的因素方面回答；②可从国际定价策略角度分析；③可结合国际市场的价格管理与控制进行阐述）

第 12 章
国际市场分销渠道策略

学完本章，你应该能够：

1. 了解国际分销渠道结构；
2. 理解不同国家、产品的国际分销渠道结构；
3. 了解国际分销渠道成员类型的不同特点；
4. 掌握国际分销渠道的长度和宽度决策；
5. 理解如何进行国际分销渠道管理。

华为公司的分销模式

2019 年，华为公司在全球 30 多个国家获得了 46 份 5G 商用合同，越来越多的国家和公司，根据自身利益和长期与华为合作的经验，作出独立自主的决断。这是华为 30 多年持续技术创新的自信，更是从直销模式的纵向深耕，到分销模式的横向扩展，最终到"生态营销"战略的苦难辉煌。华为的分销模式可概述为：横向扩展，培育同盟军。

战略升级，偏中纠错。华为成立渠道拓展部，标志着华为渠道战略开始升级，从直销模式转向"直销+分销"模式，这一转型有着客观的必要性。华为理性认识到，通过部分利益的让渡可以建立其庞大的分销渠道，培育和发展合作伙伴，建立同盟军，共同发展，形成利益共同体，分销被确定为华为新战略，大力推进，计划用 2～3 年时间，建成规模化的分销体系，拉起华为渠道的第二条生命线。华为的分销之路坎坷而曲折。从开始鼓励内部员工创业、转成代理商到后来收购港湾，华为快速地进行渠道调整，利用自身优势稳住了市场与客户，克服了一次巨大的渠道危机。痛苦的教训让华为认识到对分销体系必须保持自身的引导力、支配力与影响力。

构建联盟，和谐共赢。华为迅猛发展的国际化步伐，使全球最大的网络设备制造商思科公司感到了威胁。思科公司向美国一家地方法院起诉华为侵犯其知识产权，业内称为"IT 第一案"。这场诉讼使华为认识到，孤军作战，必然四面受敌，而自身快速的发展也必然会冲击原有的利益结构。为战略性地化解矛盾、减少冲突，必须以更博大的胸怀、真诚的心态，培育同盟军，构建产业链联盟，与产业伙伴共赢，形成持久的利益共同体。

高端引领，整体演进。分销模式是华为战略的关键抉择，这一"挺进"充满着困苦与磨难，可谓九死一生，最终浴火重生，实属不易。"高端引领，整体演进"是这一战略的精髓,高端渠道是整体渠道的驱动器,高端技术又是高端渠道的发动机。华为只有不断挺进高端、奋斗高端,才能将非高端的大量利益让渡给渠道伙伴、产业链伙伴;华为只有敢于冲击部分技术尖端,才能将另外的尖端让渡给"友商",与合作者长期共同分享整体渠道的利益、整条产业链的利益。

资料来源:吴越舟.华为渠道战略:从直销、分销到生态营销[J].销售与市场,2019(7):56-59.

作为国际市场营销的重要组成部分,国际市场产品分销与国内市场产品分销一样,必须解决产销联结形式、渠道长度、渠道宽度与产品实体分配等一系列的决策问题。但是,国际市场产品分销显得更为复杂与困难。这是因为,商品流通的起点与终点、最终所有权的转移都发生在不同国家。因此,国际营销企业面对的是与本国文化存在差异的外国消费者或工业用户,形成沟通上的困难;国外一个或多个中间商的介入,必然会增加管理、控制的难度;商品在两国甚至多国之间的实体流通,便会增加物流的风险,又会给渠道的选择带来许多麻烦。所有这些,都说明了研究分析国际市场产品分销渠道的必要性,也是本章所要解决的问题。

12.1 国际分销渠道结构

12.1.1 国际分销渠道结构类型

国际分销渠道由不同的参与者(渠道成员)构成,其中一部分在出口国,另一部分则在进口国。在现实的国际营销活动中,出口生产企业可以直接通过少量或者众多的渠道成员把产品送达进口国的工业用户或最终消费者手中;可利用各种性质不同的中间商完成商品流通过程;同时,产品进入进口国后,各国的商业习惯、产品分销方式也有很大的差异。这样,就会形成许许多多非常复杂的国际分销渠道结构。为便于分析研究,使人们能更清晰地了解出口国的产品是怎样转移到进口国消费者手上的,就有必要把国际分销渠道结构简化为一定的模式,如图12-1所示。

扩展阅读12.1
国际分销渠道的渠道组织形式

(1)第①种渠道结构是最短的国际分销结构,未经任何中间层次就完成了商品流通过程;第⑨种渠道结构是最长的国际分销结构,产品必须通过出口中间商、进口中间商、批发商、零售商等多个层次的中间商才能完成商品所有权的转移。

(2)第①、⑥种渠道结构是指出口生产企业、出口中间商通过国际邮购或在进口国设立销售机构等方式把产品卖给最终消费者,或通过外国工业用户直接向出口者定购商品的一种渠道形式。

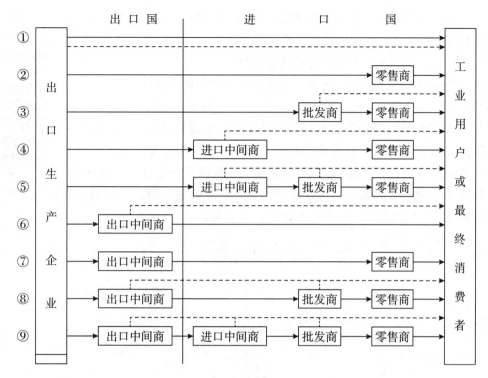

注：虚线表示面向工业用户的分销渠道；实线表示面向最终消费者的分销渠道。

图 12-1 国际分销渠道模式

（3）第②、③、⑦、⑧种渠道结构说明，进口国的一部分批发商、零售商也可直接进口产品，兼营进口业务。

（4）出口生产企业的产品不通过出口中间商直接进入进口国的渠道形式可称为直接出口形式；而通过出口中间商进入进口国的渠道形式则可称为间接出口形式。因此，第①～⑤种渠道结构是直接出口形式，第⑥～⑨种是间接出口形式。

（5）跨国公司的产品分销的原理与上述内容是一致的，这时可把出口国视为跨国公司母国或生产产品的东道国，进口国则是第三国或跨国公司的母国。如果跨国公司同时在东道国生产和销售产品，就不存在跨越国界分销产品的问题，但它同样属于国际营销的范畴，只不过是通过技术、服务、资本的输出带动产品输出的方式来进行国际营销活动而已。

（6）国际分销渠道中的出口中间商和进口中间商包括了许多不同性质的渠道参与者。

12.1.2 不同国家、产品的国际渠道结构比较

上述国际渠道模式告诉人们，进入每个国家的国际渠道结构都具有共同之处。例如，渠道参与者通常包括出口生产企业、出口中间商、进口中间商及进口国的批发商、零售商、工业用户和最终消费者，他们的活动性质和方向也较稳定。正是由于这些共同点，才为国际渠道结构模式化提供了可能性。但我们不能忽视在现实国际市场中，不同国家、

不同产品的国际渠道结构是千差万别的。对此进行典型的分析比较,将有助于我们对国际渠道结构的复杂性、多元性的认识。

扩展阅读 12.2
国际分销渠道的功能

扫 码 阅 读

1. 同一目标国家同一产品的分销渠道比较

同一目标国家同一产品的分销,可以采用不同的渠道系统。

如图 12-2 所示,外国的手提袋、皮件进入美国市场,其渠道系统就有宽窄、长短的不同选择:"外国供应商(包括外国制造商、中间商等)→零售商→消费者"这一渠道系统相对较短,"外国供应商→专业进口商或兼营进口商(包括制造商、批发商等)→零售商→消费者"这两条分销渠道则较长;外国供应商可在专业进口商、兼营进口商、零售商中选择一个或多个中间商来分销自己的产品,因此便有宽窄渠道之分。

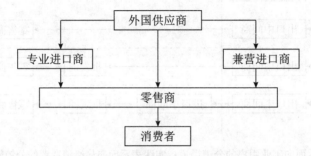

图 12-2 美国市场手提袋、皮件的分销渠道

2. 同一目标国家不同产品的分销渠道比较

同一目标国家不同产品的分销渠道,存在着较大的差异。

如图 12-3、图 12-4 所示,说明在同一目标国家里,由于商业历史、商业习惯、商业发展趋势等各种原因,不同产品所习惯采用的中间商也有所不同。因此,调查了解某一产品在某一家应采用哪些中间商是国际市场营销人员的重要任务之一,错误地采用中间商便不能有效地、广泛地分销自己的产品,影响国际市场的开拓。

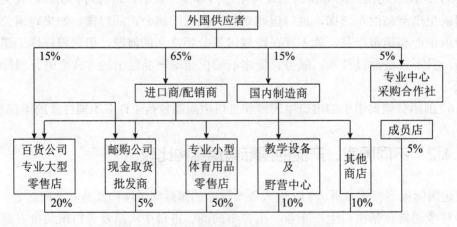

图 12-3 比利时市场体育用品的分销渠道

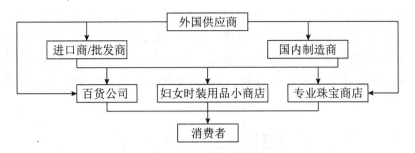

图 12-4　比利时市场珠宝的分销渠道

3. 目标国家同一产品的分销渠道比较

不同目标国家的同一产品的分销更具差异性与复杂性。

图 12-5 和图 12-6 表明，同一产品在不同目标国家里，分销渠道的数量、长度、参与者等都有所不同，国际营销人员不能以本国的产品分销的习惯去衡量其他国家的渠道结构。

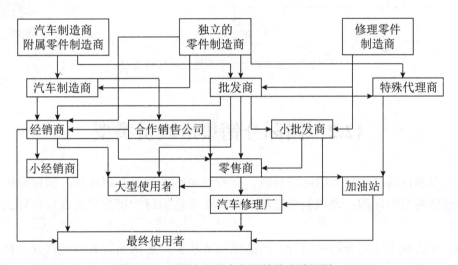

图 12-5　日本市场汽车零件的分销渠道

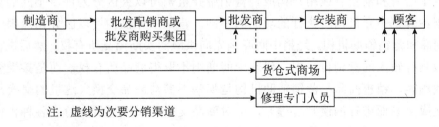

注：虚线为次要分销渠道

图 12-6　美国市场汽车零件的分销渠道

4. 渠道成员分销率的比较

渠道成员在渠道系统中都参与产品分销，但它们在不同目标国家、不同产品的分销过程中所占的比重是不同的。比利时体育用品 65% 通过配销商进口；其中零售非常零碎：55% 左右的销售额为大量的小零售商完成，其中又有 5% 的销售额为采购合作社的成员店完成。而比利时的珠宝市场经营又有自己的特色，80%以上的零售额由专业零售店完成。该国共有2 500多家珠宝零售商店，绝大部分为单店企业。百货公司则在专业珠宝部和衣饰配件部销售廉价珠宝和人造珠宝。在意大利，进口商和批发商占进口手织地毯的95%，并大部分由专业零售商分销，在渠道系统中还存在大量作用不同的参与者（见图12-7）。

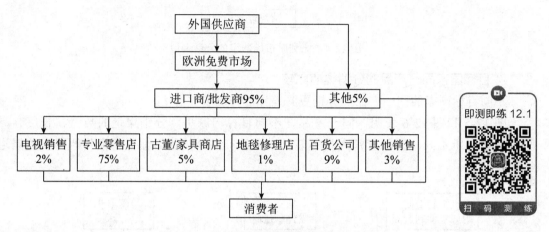

图12-7　意大利市场手织地毯的分销渠道

12.2　国际分销渠道成员类型

当采取不同的战略进入国际市场时，企业会面临不同的分销决策。国际分销渠道结构决策包括两方面问题：谁成为渠道的成员；在渠道的每一层次渠道合作伙伴的身份及作用。

当企业选择不同的分销策略时，产品或服务从生产者向消费者的转移就会经过不同的营销中介机构，从而形成不同类型的国际分销结构。国际分销系统就由这些营销中介机构以及生产者和消费者或用户构成。营销中介机构可以被区分为许多不同的类型，例如，根据各营销中介机构所执行的功能的不同，营销中介机构可以区分为经销中间商、代理中间商和营销辅助机构。经销中间商是先向供应商买断商品所有权，然后进行转售，它们一般具有较大的营销自主权；代理中间商则不取得商品所有权，而是接受委托人的委托寻找顾客，销售商品；营销辅助机构是那些不参与商品交换（这里的交换是指买卖双方为达成交易而进行的谈判过程），但对商品交换的实现提供支持的各种机构，如管理顾问公司、商业银行、运输公司、仓储公司、保险公司等。根据国际市场分销中所使用的营销中介机构所处的地理位置差异，国际分销渠道机构还可以区分为国内中介机构和国外中介机构。

当企业以出口方式进入国际市场时，产品不但要经过国内的分销渠道，而且要经过进口国的分销渠道，才能最终到达目标市场国家的消费者和用户手中。在这种情况下，一次分销的完成必须经过 3 个环节：第一个环节是本国国内的分销渠道；第二个环节是由本国进入进口国的分销渠道；第三个环节是进口国的分销渠道。

从事国际市场营销的企业在国外设厂生产、就地销售时，产品或服务的分销所需经过的过程和环节，与出口的方式相比则可能要简单一些，最明显的就是在国外生产时不需要经过母公司所在国的国内中间商。

由此可见：从事国际市场营销的企业有多种分销渠道模式可供选择，这依赖于企业已确定的国际市场进入战略。不仅如此，企业在选择具体的国际分销策略和设计国际分销渠道结构时，还必须充分地考虑企业自身的资源及其所在行业的特点，竞争者的渠道策略，目标市场特征，目标市场国家的法律环境以及消费者的生活方式和购买习惯等。此外，不论采取何种选择，国际营销企业都必须考虑渠道的效率和对渠道的控制。

12.2.1 出口中间商

1. 出口商

出口商是指以自己的名义，在本国购买商品，再卖给国外买主的中间商。出口商业中间商以国际贸易为专业，自主经营，自担风险，自负盈亏；在与卖主的商品交易过程中，已实现了商品所有权的转移。其可分为以下两种主要类型。

（1）进出口公司

进出口公司承担着进口商品和出口商品的双重任务。日本的综合商社是日本在国际市场上经营进出口业务的主要企业。我国各类国有专业进出口公司也是我国进出口商品的主要通道之一。

出口生产企业主要是利用进出口公司出口商品的职能。一般而言，进出口公司在国外都拥有庞大的分销网络、信息网络，具有丰富的国际营销知识、经验和良好的商誉、公共关系，还有完备的设施和其他物质条件。所有这些对于无能力进入国际市场的中小企业和初次进入国际市场的企业来说，应是一条"过河的桥梁"。

（2）出口行

出口行实际上是本国专门从事出口业务的批发商。美国出口经销商（Export merchant）则是典型的出口行。它的经营特点是：从众多的出口生产企业那里购买商品后远销国外，直接从事营销活动；其分销网络可以是自设的机构或其他的中间商；可以经营不同企业生产的竞争性产品；根据盈利高低经营供应商的商品，并不企求与某一供应商建立长期的合作关系。

对于偶然外销产品的企业和中小出口生产企业来说，利用出口商出口产品比自己直接进入国际市场具有一定的好处。

①可利用出口商业中间商的特长为自己的产品在国际市场上打开销路。出口商具有国际营销的经验、信誉、信息、分销网络和专门人才，这些正是某些出口生产企业所不具备的有利条件。由它为自己出口产品，成功的机会就大得多。

②可减少国际营销的资金负担。出口生产企业不必支出直接到国外开发渠道所需的资金。

③可减少国际营销的经营风险。出口生产企业与出口商之间是一种买卖关系，商品的所有权已经转移，因此国际营销的经营风险都由出口商承担。

④可及时收回货款。买卖关系发生在本国，不存在外汇风险；商品卖出后，便能及时解决资金周转的问题。

⑤可集中精力从事生产活动。企业把产品买给出口商，等同于在国内市场增加了一个分销商，由这一中间商承担商品流通职能，企业便能把主要精力放在产品生产上。

但利用出口商外销产品也不能忽视如下缺陷：

①企业无法了解和控制国际市场营销活动。这种出口方式割断了出口生产企业与国际市场的联系，国际营销业务活动完全由出口商负责。这样，企业对自己的产品在国际市场销售情况不能加以控制，也难于利用国际市场反馈回来的信息开发适销对路的产品。

②企业无法在国际市场上建立自己的商誉。这种方式的经营权掌握在出口商手上，它在国际市场上宣传的是自己而并非出口生产企业，有时出口生产企业的产品甚至使用出口商的品牌商标。因此，出口生产企业在国际市场上难于提高知名度，更谈不上建立自己的商誉。

③企业的产品难于得到足够的重视。出口商经营众多企业的产品，甚至是竞争性产品，除非给予特殊的利益，否则它不会不惜代价地关照某一企业的产品。

2. 出口代理商

出口代理商是指不拥有产品所有权，只在合同规定的条件下代理本国委托人向国外市场销售商品，收取佣金的中间商。出口代理商的主要类型有以下4种。

（1）销售代理商：销售代理商与生产企业是委托代理关系，它不拥有商品的所有权，所以无决策权，一切业务活动由生产企业决定，但它通常又可以控制出口产品的价格、销售渠道和促销方式，因此，可视为生产企业的销售经营部门，负责生产企业的全部销售业务。

（2）厂商出口代理：厂商出口代理的市场范围较小，一般只涉足一两个市场；它不充任出口生产企业的分支机构；它与出口生产企业只有短期的关系，合同期限一般为数月、一年或两年左右；它以自己的名义开展业务活动。为此，出口生产企业进入多个外国市场时，必须与几家厂商出口代理打交道。

（3）本国经纪人：经纪人的业务活动具有代理性质，但与上述的代理商又有一定的区别：经纪人是为买主和卖主牵线搭桥的中介，不进行具体的促销活动；经纪人与服务对象不是长期稳定的、连续的关系；大多数经纪人经营的都是大宗商品，且专注于一种或几种商品；经纪人的佣金比较低。

（4）联合外销机构：它是多家参加联合的出口生产企业的代理人。美国出口贸易公司（Export trading company）、销售集团（Selling groups）均属这种性质的代理。这些出口代理机构的产品可以是竞争性产品，也可以是互补品、非竞争性产品。多家企业共同拥有一个外销机构，可以取得规模经济的效益，避免在国外市场上企业之间的恶性竞争，减少市场调研、产品出口、促销等方面的费用，还可以避免或减少贸易障碍。

通过出口商和出口代理商外销产品同属间接出口形式。出口生产企业利用出口代理商外销产品，相对于利用出口商来说，具有以下优点。

（1）可适当控制国际市场营销活动。特别是利用出口帮办和独家外销代理出口产品时，可把它当作自己和分支机构，根据自己的意图，操纵自己的商品在目标市场上的销售。

（2）可在国际市场上建立自己的商誉。出口帮办、独家外销代理及联合外销机构都可用委托者的名义在国际市场上开展业务活动，无形中建立超出口生产企业与国外用户的联系，在众多用户中建立起委托者的声誉。

（3）可得到代理商的密切配合。代理商的佣金多少决定于外销产品的数量或销售额，这有利于调动它们的积极性；多数代理商经营的都是非竞争性产品，因此不会产生内部互相排斥的竞争，每个产品都可得到重视。

（4）可灵活进行出口经营活动。出口商业中间商无兴趣经营的某些产品，能借助代理商顺利进入国际市场；暂时无法直接进入国外市场的企业，也可先采用代理方式，待打开国际市场销路后才转向直接进入的方式。

利用出口代理商的缺点是：

（1）必须承担国际市场营销的一切风险。这是由所有权未转移决定的。

（2）所需资金比较多。其中包括：商品出口业务活动的费用、商品出售前的库存费用、商品运输费用、促销费用、代理商的佣金等。

12.2.2 进口中间商

1. 进口经销商

进口经销商是指从出口国购进商品向进口国市场出售的中间商。进口商在经营时取得商品的所有权，实际占有商品，承担商品经营的风险。其主要类型有以下两种。

（1）进出口公司

从商品流通的方向来分析，出口生产企业主要是利用本国的进出口公司出口商品的职能，而利用外国的进出口公司进口商品的职能。因此，出口国与进口国的进出口公司是同一类型的中间商。

（2）国外经销商

指通过签订合同，在一定区域、时间内经营委托者所指定的有关商品，自负盈亏的中间商。为便于分析研究，委托者在此特指出口生产企业。国外经销商与委托者是买卖关系，商品所有权已经转移。凡是采用经销方式，买卖双方都必须签订合同，规定各自的责任和权利。这一方式适用于需要进行大量宣传广告和提供售后服务的商品。国外经销商可分为两种类型：

①国外包销商。其特点可从包销合同中反映出来，即包销商在一定时间、区域里拥有委托人指定产品的独家经营权，但不能在同时、同地经营其他来源的竞争性产品，也不能把这种商品向其他地区转售，还要保证在这一时期内完成一定数量或金额的订购任务，并为委托人提供一定的情报服务和宣传服务等；委托人则不得在同时、同地自行销售或把这一商品卖给其他中间商。出口生产企业采用包销商拓展国际市场可获得许多利益：由于包销商必须完成一定的订购任务，因此可有计划地组织生产，稳定地完成出口任务；包销商拥有专营权，可充分调动其积极性，促使其努力排斥其他竞争性产品进入该地区市场，提高市场竞争能力；委托者不再把包销产品卖给同一地区的其他中间商，可避免同一商品在同一市场盲目竞争所造成的损失；包销商具有独家经营权，有利于出口商品的控制与管理。但包销方式也有缺陷，如果包销商"包而难销"或通过压价迫使委托人就范，则可能带来经营风险甚至丧失掉部分市场。另外，美国、西欧国家和地区均实行反对限制自由贸易和反对垄断的法律，包销方式便有可能遇到法律障碍。

②国外定销商。它与国外包销商的区别在于：定销商不享有独家经营权利，委托人在同时、同地可自行经营或交由几家定销商经营指定的产品。定销方式可弥补包销商因垄断经营带来的麻烦和"包而难销"的缺陷，但定销商的经营积极性较低，这就有必要挑选、采用合适的定销商。

2. 进口代理商

进口代理商与出口代理商是同一性质的中间商，只是所在国不同而已。它可分为以下几个主要类型。

（1）独家代理商

独家代理合同与包销合同具有许多相同点，其最大的区别在于独家代理商与委托人是委托代理关系，它没有商品所有权，不承担经营风险，其经营报酬是按一定比例所提取的佣金。另外，允许委托人在合同规定的区域内推销商品，但必须向独家代理商交付佣金。当进口国的独家代理商承担其所在国全国范围的销售责任时，则可称为"总代理"。

（2）一般代理商

一般代理商不享有独家经营权，不承担销售定额义务；委托人在某一地区可自己经营或交由几家代理商经营特定的商品。同时，它的主要业务活动是代表委托人招揽客户，成交合同多由委托人亲自与买主签订，或根据委托人所规定的各项条件由一般代理商同买主洽谈成交。这种方式对委托人有较大的好处，可控制自己的商品在进口国的销售，但一般代理商的经营积极性不高，容易出现"代而不理"的消极现象。

（3）国外经纪人

它与本国经纪人是同一性质的中间商，只是所在国不同，为出口生产企业服务的内容也仅在于出口商品与进口商品之异。

12.2.3 批发商和零售商

这里所指的是那些兼营进口业务的批发商与零售商。如前面图12-1所示，第②、③、⑦、⑧4种渠道结构说明，进口国的一部分批发商、零售商也可直接进口产品，兼营进口业务，它们也是出口生产企业或出口中间商分销产品的重要力量。

1. 兼营进口批发商

兼营进口批发商从国内外购进商品，然后批发给生产者、零售商或其他批发商等。进口国的批发商绕过进口中间商或撇开出口中间商直接从国外购买商品，主要是为了减少流通环节，获取更大的利润。

批发商的种类繁多，可按不同标准来分类。

（1）从是否拥有商品所有权来看，可划分为经销批发商和代理批发商。

（2）按经营范围可分为综合批发商和专业批发商。综合批发商一般面向零售商，备有花色品种齐全的存货，雇有推销员，可以对顾客赊销和送货，并对顾客的经营管理提供协助；专业批发商主要销售对象是生产厂家，经营品种相对较单一，但品种之间的消费替代性和连带性较强，同一产品或同一品种的进销批量较大，只提供极少服务。

（3）按经营形式可分为自购自营批发商、代购自运批发商、货架批发商、邮购邮寄批发商和货车批发商5类。自购自营批发商自己从生产企业或进口商采购商品，通过运输、储存等业务，批发给零售商。代购自运批发商自身不设仓库，不储存货物，自己运给委托人。货架批发商租赁超级市场场地，自设或租赁货架，以供自己开展批发业务。邮购邮寄批发商将商品目录邮寄给边远地区的客户，获取订货后，再以邮寄或其他运输方式交货。货车批发商将批发商的货物全部装在货车上，迅速供应给零售商或用户。

（4）按其所提供的服务可分为全面服务型批发商和有限服务型批发商。全面服务型批发商执行批发商的全部职能，如预测顾客需求、分类、分装、仓储、运输、资金融通、信息咨询等。有限服务型批发商专门执行批发商业的某一部分职能。

2. 兼营进口零售商

进口国的零售商直接向国外购买商品，这在欧、美、日等发达国家和地区是一种新的趋向。1985—1990年，法国有100多家零售商开展了从发展中国家直接进口的业务，其进口量在总进口量中所占份额呈上升趋势。大型零售商兼营进口业务；可以大大降低流通费用，与生产者直接沟通市场信息，购进适销对路的商品。这类零售商主要有以下5种。

（1）百货公司

如印度尼西亚的乐宾百货、日本的三越（TYO）、美国的沃尔玛（Walmart）等，这些百货公司都是大规模的零售企业，经营范围广，种类繁多，覆盖面大。其中，沃尔玛公司已经成为美国最大的私人雇主和世界上最大的连锁零售商。2019年度，沃尔玛位列世界五百强企业榜单第一名，营业收入达514 405百万美元，创造利润6 670百万美元。

（http：//www.fortunechina.com）在这些百货公司中，一般设有进口采购处或进口部，是出口生产企业的联系与谈判对象。

（2）超级市场

各国大型超级市场有足够的能力直接进口商品。在美国，超级市场的公司总部一般设有采购委员会，组织成员为各部门的经理和商品经理（各条产品线的采购人员），其职能是讨论、决定购买商品，其中起决定作用的是商品经理，因此商品经理是出口生产企业的主要谈判对象。另外，分店经理也拥有本店直接采购商品的权力。

（3）邮购公司

邮购业盛行于欧美国家，它存货量大、品种多，经营规模并不亚于百货商店，它们常采用直接进口商品的办法来降低成本，如1991年英、法两国的邮购公司仅向中国台湾进口商品的金额就达10亿法郎，这只是全球采购量的很小部分。在欧洲，邮购公司可将其商品邮寄到其他国家，成为跨国销售的新形式。由于邮购公司是用商品目录招徕生意，因此，出口生产企业要在商品质量、规格、包装、交货期等方面严格执行合同，与邮购公司密切配合；报价也要相对稳定，报价有效期可以长一些；在同一地区市场最好只与一家邮购公司建立业务关系，以免引起内部竞争。

（4）连锁商店

连锁经营方式正处于发展阶段，美国连锁店在20世纪70～80年代高速发展，1993年连锁店销售额占零售总额的60%左右；20世纪的80年代后连锁店是日本发展最快的零售业；20世纪90年代初连锁激流又涌向中国大陆市场，并已呈现较快发展势头。连锁商店规模大，网点多，如日本的"7-11"便民连锁店在全球拥有13 000家连锁分店，美国大西洋和太平洋茶叶公司拥有15 000家连锁分店。连锁商店所采购的商品比一般的批发商还要多。因此，它们往往会直接向国内外的生产者进货，以获得优惠价格，降低商品流通费用。

▶ 国际营销案例 12-1

阿维亚解决方案集团率先推出航空零部件在线分销服务

全球航空服务控股公司阿维亚解决方案集团宣布，其旗下子公司Locatory.com正式推出Locatory Distributor在线分销服务，可代理企业客户进行航空零部件的销售管理以及采购工作，为客户节省人力和资金成本，使其更好地专注于自身核心业务。

Locatory.com是专注于全球市场的在线航空零部件交易平台，其创新的"Amber"人工智能技术可实现自动搜索零部件功能，用户可以通过在手机端给"Amber"系统发送邮件的形式，只需20秒即可得到回复，获悉相关零部件的可交易信息，显著优化采购流程。Locatory.com通过创新科技的成功应用，已经搭建起一个覆盖110个国家的全球企业用户网络，涵盖航空公司、飞机维修（MRO）公司、零件供货商、贸易商等关注航空零部件贸易的企业。借助便捷、创新和智能的在线交易平台，这些企业用户直接成为买卖双方，可以实时地进行在线采购以及销售航空零部件，节省了以往通过中间商购买零部件所花费的冗余时间和费用成本。

此次全新推出 Locatory Distributor 在线分销服务是让 Locatory.com 成为首家提供在线分销代理服务的航空零部件电子商务平台，并通过提供具备航空零部件交易专业知识的在线客服团队，解决企业用户对于在线销售和购买零部件方面缺乏人力资源的困扰，为不同用户的需求提供定制化服务方案。Locatory.com 首席执行官 Dainius Mailunas 表示："通过采用 Locatory Distributor 在线分销服务，航空企业可以得到一个积极且专业的全球化服务团队，助其处理零部件分销与库存管理等重要工作。凭借平台上汇集的大量 MRO、航空公司和相关企业的客户资源，Locatory.com 还可以帮助客户将零部件更有效地销售至亚洲、美洲、欧洲以及非洲等全球各个国家和地区。"除了航材销售，Locatory Distributor 在线分销服务也提供航材搜寻与采购服务。Locatory.com 平台上流通的零部件种类广泛，包含民航、通航、直升机到军用航空等全领域。客户不需另外招聘采购专员以及额外花时间培训航材专业知识，Locatory.com 的业务团队就能依据客户需求，协助搜寻和采购零部件，以节省企业的时间与成本。同时，平台已经整合的物流服务，还可以提供给客户低于市面标准价至多 4.5 折的国际运费。

专业的在线分销服务团队将运用自身在航空零部件的专业知识，代理客户进行销售和采购的工作，显著减少在人力资源和相关培训方面的运营成本和时间成本，改善其业务流程，以便其将重点放在主营业务上。

根据 ICF 咨询公司预测，到 2026 年，全球二手可用航空零部件的市场规模将达到 77 亿美元，潜力巨大。而在中国市场，未来 10 年中国民用飞机即将迎来退役潮，二手航材市场和管理也将成为业内企业关注的一环。针对新一代飞机的运营和管理，势必需要有更多有保障的航材渠道，有效管理航空成本。Locatory Distributor 在线分销服务的出现，无疑为全球，尤其是中国的航空企业客户带来全新选择。

资料来源：周冉. 阿维亚解决方案集团率先推出航空零部件在线分销服务[J]. 中国民用航空，2019，45（8）：72-73.

12.3　国际分销渠道决策

12.3.1　影响企业选择国际分销渠道的因素

营销者在选择国际分销渠道时一般要考虑 6 个因素：成本（Cost）、资金（Capital）、控制（Control）、覆盖（Coverage）、特征（Character）和连续性（Continuity）。这 6 个因素被称为渠道决策的 6 个"C"。

1. 成本

这里是指分销渠道的成本，即开发渠道的投资成本和维持渠道的维持成本。在这两种成本中,维持成本是主要的、经常的。它包括维持企业自身销售队伍的直接开支,支付给中间商的佣金,物流中发生的运输、仓储、装卸费用,各种单据和文书工作的费用,提供给中间商的信用、广告、促销等方面的支持费用,以及业务洽谈、通讯等费用。支付渠道成本是任何企业都不可避免的,营销决策者必须在成本与效益间作出权衡和选择。一般来说,如果增加的效益能够补偿增加的成本,渠道策略的选择在经济上就是合理的。较高的渠道成本常常是企业开拓国际市场的重要障碍。评价渠道成本的基本原则是能否用最少的成本达到预期的销售目标,或能否用一定的费用最大限度地扩展其他5个"C"的利益。

2. 资金

这是指建立分销渠道的资本要求。如果制造商要建立自己的国际市场分销渠道,使用自己的销售队伍,通常需要大量的投资。如果使用独家中间商,虽可减少现金投资,但有时却需要向中间商提供财务上的支持。通常情况下,资本不是渠道设计中的关键因素,除非企业的业务正处在不断扩展阶段,或者建立自己投资的国际分销渠道,而其他几个因素才是左右渠道设计的关键。

3. 控制

渠道设计会直接影响企业对国际市场营销的控制程度。企业自己投资建立国际分销渠道时,将最有利于渠道的控制,但增加分销渠道成本。如果使用中间商,企业对渠道的控制将会相对减弱,而且会受各中间商愿意接受控制的程度的影响。一般来说,渠道长度越长,渠道宽度越宽,企业对价格、促销、顾客服务等的控制就越弱。渠道控制与产品性质有一定的关系。对于工业品来说,由于使用它的客户相对比较少,分销渠道较短,中间商较依赖制造商对产品的服务,所以制造商对分销渠道进行控制的能力较强,而就消费品来说,由于消费者人数多,市场分散,分销渠道也较长、较宽,制造商对分销渠道的控制能力较弱。表12-1显示了具体的指标。

表12-1 市场营销渠道控制成效的评价指标

营销控制因素	指标
市场销售	销售量;不同产品、不同市场的销售量;老客户和新客户销售的比例;新老产品的销售比例;市场份额
产品及质量	产品质量;市场接受程度;产品的功能;产品外观;包装;新鲜程度;产品库存;产品规格;售前、售中、售后服务;周转率
价格	不同产品、不同市场的盈利情况;其他财务指数
产品促销及广告	促销及广告的对象;主要媒体;其他促销形式的目标;产品的诉求;产品广告促销的地点及时间
渠道时间	时机的掌握程度、速度、同期、规律、事前、顺序
渠道费用	运输费用;销售费用与折扣;人员费;行政管理经费

4. 覆盖

这是指渠道的市场覆盖面,即企业通过一定的分销渠道所能达到或影响的市场。营销者在考虑市场覆盖时应注意以下3点。

（1）渠道所覆盖的每一个市场能否获取最大可能的销售额；

（2）这一市场覆盖能否确保合理的市场占有率；

（3）这一市场覆盖能否取得满意的市场渗透率。

对于企业来说，市场覆盖面并非越广越好，主要看是否合理、有效，最终能否给企业带来较好的经济效益。国外不少企业在选择分销渠道时，并不是以尽可能地拓展市场的地理区域为目标，而是集中力量在核心市场中尽可能进行渗透。同时，从事国际市场营销的企业，在考虑市场覆盖时还必须考虑各类、各个中间商的市场覆盖能力。

国际营销案例 12-2

大众汽车集团与福特汽车公司加强全球合作

大众汽车集团 CEO 迪斯博士、福特汽车总裁兼首席执行官韩恺特（Jim Hackett）以及 Argo AI 首席执行官布莱恩·塞尔斯基联合宣布，大众汽车集团将携手福特汽车公司，共同投资自动驾驶汽车技术平台公司 Argo AI，开发行业领先的 SDS 平台。

通过与大众汽车集团及福特汽车的合作，Argo AI 所研发的自动驾驶技术系统将成为首个同时面向欧洲和美国市场进行商业部署的自动驾驶技术。利用两大汽车制造商优越的全球布局能力，ArgoAI 的自动驾驶技术将成为迄今为止覆盖范围最广的自动驾驶技术。大众汽车集团和福特汽车旗下的车型将搭载 ArgoAI 研发的自动驾驶技术系统，更好地支持双方公司各自的人员和货物运输领域的规划。通过拓展自动驾驶技术相关的新业务领域，两家公司都从中看到了巨大的增长潜力。Argo AI 将与福特汽车和大众汽车密切合作，交付自动驾驶技术，用于制造可以规模量产的自动驾驶车辆，提供、安全、可靠、可持续的共享出行及货物运输服务。

除共同投资 Argo AI 之外，大众汽车集团与福特汽车公司的合作还涉及其他领域，但是两家公司不会交叉持股，对 Argo AI 的投资也相互独立。该联盟由双方共同组建的委员会监管，委员会成员包括大众汽车集团 CEO 迪斯博士、福特总裁兼首席执行官韩恺特以及其他高管。两家公司正在按计划推进中型皮卡车型的研发工作，计划将于 2022 年面向全球市场投放。下一步双方将合作研发商用车型。

双方稳步推进在商用货车和皮卡领域的合作。大众汽车集团和福特汽车已经宣布，将通过合作提高各自商用车型和中型皮卡在全球市场的竞争力，目前正在推进相关工作。这些车型的开发工作将显著提升两家企业的运营效率。福特汽车将负责为两家企业研发、采购并制造此前宣布的中型皮卡，最早将于 2022 年投放欧洲、非洲、中东、亚太以及南美洲市场等全球重要市场。福特也将为两家企业研发、设计、采购并制造大型商用车型，预计将于 2022 年投放欧洲市场。大众也计划研发、采购和制造一款城市商用车，面向欧洲及全球其他指定市场销售。大众汽车集团和福特汽车在全球商用货车和皮卡业务具有较强的互补性。双方各自拥有多款热门车型，包括福特全顺、福特 Ranger、大众 Transporter、大众开迪、大众 Amarok 皮卡等。

两家公司预计，在未来五年，全球市场内对中型皮卡和商用货车的需求将会增长，因此在这些关键领域开展合作将有助于提高双方工厂产能的利用效率,加快创新技术的落地,从而更好地服务消费者。

资料来源:根据 https://www.sohu.com/a/327328090_560149,2019-07-16 整理。

5. 特征

营销者在进行国际市场分销渠道设计时,必须考虑自身的企业特征、产品特征以及进口国的市场特征、环境特征等因素。

(1) 企业特征

企业特征涉及企业的规模、财务状况、产品组合、营销政策等。一般来说,企业的规模越大,越容易取得中间商的合作,因此,可选择的渠道方案也越多。财务状况好、资金实力强的企业,则有条件自设销售机构,少用中间商;而财力较弱的企业,往往只能借助中间商才能进入国际市场;企业的产品如果种类多,差异大,则一般要使用较多的中间商,企业的产品组合中如果产品线少而深,则使用独家分销比较适宜;企业产品组合关联性越强,越应该考虑使用性质相同或相似的分销渠道;此外,企业的营销政策也对分销渠道的选择产生影响。如果企业奉行的是快速交货的客户政策,就需要选择尽可能短的分销渠道。

扩展阅读 12.4
企业特征

(2) 产品特征

不同的产品可能会对分销渠道具有不同的要求。一般来说,对鲜活产品、易腐产品、生命周期短的产品等,应尽量使用较短的分销渠道;单位价值较低的产品、标准化的产品,分销渠道可相应地长一些;技术要求高,需要提供较多客户服务的产品,如汽车、机电产品等,较宜采用直销的方式,或选择少数适宜的中间商销售;原材料、初级产品一般适合直接销售给进口国的制造商。这一方面的要求与国内市场分销基本相同。

(3) 市场特征

由于各国经济、文化、政治法律、物质、技术等环境的差异,各国的市场有其自身的特征。市场特征主要是分析、研究市场集中程度、潜在顾客的数量、顾客的购买习惯和购买频率、销售量的大小、分销渠道的结构和竞争产品的分销渠道等内容。

市场集中程度是指市场、顾客在地理上的集中或分散的程度如果市场集中,可采用较短的渠道甚至直销渠道,如果市场分散,则需采用间接销售的方式;如果潜在顾客的数量多,市场容量大,分布地区广,可采用较长的分销渠道。

从顾客的购买习惯和购买频率来看,日用品一般是就近购买,可采用比较广泛的分销渠道。对于特殊品,顾客一般是向专业商店购买,则不宜采用广泛的分销渠道。如果市场中顾客购买某种商品的次数很频繁,但每次购买的数量不多,则宜使用中间商。顾客一次购买批量大的,可选择直接销售的方式。

销售量小的产品一般选用代理商较好,因为代理商可代表制造商向大型零售企业推销,避免经销环节过多而增加零售价格。

在国际市场营销中,渠道策略及其他营销策略的选择必须考虑各目标市场国家分销渠道结构的特点。如日本的分销渠道可以说是世界上最长、最复杂的，相比来说，美国市场的分销渠道则要短得多、简单得多。当目标市场国家的分销渠道太长、太复杂时，有时选择直销渠道或只使用零售商一个渠道层次可能会更有利。

竞争者的分销渠道是渠道决策时需要考虑的另一重要因素。对于某些出口产品来说，制造商在确保产品质量并提供良好服务的前提下，往往希望采用与竞争者相同或相近的渠道来销售。一方面是利用该渠道的市场覆盖面和中间商的经验，另一方面是以此来与竞争者抗衡，争取一定的市场份额。在市场竞争非常激烈的情况下，如果制造商的渠道费用不充足，或者强行打入竞争者的市场要付出巨大的代价，或者竞争者的渠道不能满足制造商的要求，制造商也可以利用或发展其他分销渠道。此外，在某些特殊情况下，例如进口国的竞争者采用种种手段封锁分销渠道时，会给出口国的制造商制造较大的困难。

（4）环境特征

目标市场国家的政府可能会禁止或限制某些分销渠道的安排。如一些发展中国家规定某些进口业务必须由特许的企业经办。有些地区规定要对代理商征收代销税，因此代理商往往希望采用表面买断而实际上提取代理佣金的形式，为制造商提供分销服务。就经济环境来说，当经济衰退时，一般应尽可能地使用短渠道，以较低价格将产品尽快地卖给最终用户或消费者。

6. 连续性

一个企业国际市场分销渠道的建立往往需要付出巨大的成本和营销努力，而且一个良好的分销渠道系统，不仅是企业重要的外部资源，也是企业在国际市场中建立差异优势的一个基础。因此，维持渠道的连续性对于企业营销者来说是一项重要的任务和挑战。分销渠道的连续性会受到3个方面力量的冲击。一是中间商的终止。中间商本身会存在一个寿命问题。例如在国际市场上代理中间商大多是一些小机构，由于领导人及原业务人员的更迭而变更经营范围，甚至由于经营不善导致企业的倒闭都是常有的事情；二是激烈的市场竞争。当竞争激烈，商品销路欠佳，或者利润较低时，原来的渠道成员可能会退出；三是随着现代技术尤其是信息技术的不断变革，以及营销上的不断创新，一些新的分销渠道模式可能会出现，而传统的模式可能会因此而失去其竞争力。

因此，企业要维持分销渠道的连续性，就必须：①慎重地选择中间商，并采取有效的措施提供支持和服务，同时在用户或消费者中树立品牌信誉，培养中间商的忠诚。②对已加入本企业分销系统的中间商，只要他们愿意继续经营本企业的产品，而且也符合本企业的条件和要求，则不宜轻易更换，应努力与之建立良好的长期关系。③对那些可能不再经营本企业产品的中间商，企业应预先做出估计，预先安排好潜在的接替者，以保持分销渠道的连续性。④应时刻关注竞争者渠道策略、现代技术以从消费者购买习惯和模式的变化，以保证渠道的不断优化。

12.3.2　国际分销的长度决策

产品从生产企业流向国际市场消费者或用户的过程中，所经过的渠道层次越多，分销渠道越长；层次越少，分销渠道越短。在国际市场上，产品分销的层次可能长达十几个，也可能短到只有两个，即直接销售。比如，美国一个生产企业想购买中国上海某厂的某种设备，双方可以直接谈判交易，这时的层次最少，渠道最短；也可通过中国的进出口公司出口，再经过美国的进口商、批发商到用户，这时的层次就多一些，渠道也长一些。

对分销层次的确定，生产企业应综合考虑进出口条件、国际市场容量（特别是目标市场容量）、中间商销售能力、产品特点、生产企业本身的状况和要求、消费者购买要求以及其他的国际市场环境。例如，生产企业有较强的国际市场销售能力（组织机构、营销经验、推销员等），运输、仓储条件好，财力能够承担，而经济效益又合理时，可减少中间层次；在出口商或进口商能力强、信誉高的条件下，生产企业也可以使用较少的中间层次，甚至在国外某一区域内只设一个特约经销商或独家代理商。但有时根据国家法律、政策和国际惯例，生产企业又必须采取某一特定的分销渠道。

12.3.3　国际分销的宽度决策

分销渠道的宽度是指渠道的各个层次中所使用的中间商数目。依据渠道的宽度，国际分销策略可以被区分为宽渠道策略与窄渠道策略。制造商在同一层次选择较多的同类型中间商（如批发商或零售商）分销其产品的策略，称为宽渠道策略；反之，则称为窄渠道策略。具体来说，国际营销企业在渠道宽度上可以有3种选择。

1. 广泛分销策略

这是指在同一渠道层次使用尽可能多的中间商分销其产品，企业对每一中间商负责的地区范围不作明确规定，对其资格条件也不作严格的要求。这种策略的主要目的是使国际市场消费者和用户能有更多的机会、方便地购买其产品或服务。在国际市场上，对价格低廉、购买频率高、一次性购买数量较少的产品如日用品、食品等，以及高度标准化的产品如小五金、润滑油等，多采用这种策略。选择广泛分销策略一般要进行大量的广告宣传，从而增加成本。此外，采用广泛分销策略也会使价格、整合沟通等较难控制。

2. 选择分销策略

这是指企业在一定时期、特定的市场区域内精选少数中间商来分销自己的产品。消费品中的选购品、特殊品及工业品中专业性较强、用户较固定的设备和零配件等，较适合采用这种分销策略。有些产品为了能迅速进入国际市场，在开始时往往采用广泛分销策略。但经过一段时间之后，为了减少费用，保持产品声誉，转而选用选择分销策略，逐步淘汰那些作用小、效率低的中间商。缺乏国际市场营销经验的生产企业，在进入国际市场的初期，也可选用几家中间商进行试探性分销，待企业有了一定国际市场经验或其他条件比较成熟以后，再调整市场分销策略。

3. 独家分销策略

这是指企业在某一时期、特定的市场区域内，只选择一家中间商来分销其产品。通常双方签订书面合同，规定这家中间商不能经营其他竞争性产品，而制造商也不能在该地区内直销自己的产品或使用其他中间商分销其产品。消费品中的特殊品，尤其是名牌产品，多采用这种分销策略。需要现场操作表演、介绍使用方法或加强售后服务的工业品和耐用消费品也较适合采用这种策略。对于制造商而言，独家分销有利于激发中间商的积极性，促使其努力提高营销效率，做好售后服务工作；同时也有利于制造商对渠道成员的控制（如决定价格和销售方式等）。但是，一定时期在一定地区只有一家经销商，可能会因此失去一部分潜在消费者，因为顾客不一定知道这个独家经销商，也不一定舍近求远去寻找这家经销商。最关键的问题是，如果这个独家经销商选择不当，如在国际市场上资信条件不好，经营作风不正，工作能力差或效率低，可能会给企业带来失去市场的巨大风险。

12.4 国际分销渠道管理

12.4.1 国际分销渠道管理含义

国际分销渠道管理，从广义上讲包括制定渠道目标和选择渠道策略，选择、激励、评价、控制渠道成员，以及渠道改进等。

当国际分销不经过目标市场国家的中间商而将产品或服务直接销售给国外的最终用户或消费者时，制造商将不需要考虑国外中间商的管理问题，这时的国际分销相对来说比较简单。但当国际分销需要利用国外中间商来履行部分营销职能时，营销者则必须关注从制造商到最终用户或消费者的整个分销过程，考虑对国外中间商的控制和管理问题。在这种情况下，产品在从生产者向最终用户或消费者转移过程中的每一个环节的效率都会影响整个分销渠道的效率，因此其管理是富有挑战性的，也是应引起企业充分重视的。

12.4.2 制定国际分销目标

国际分销渠道管理的首要任务是确定国际分销的目标。目标可能是预期达到的顾客服务水平、中介机构应该发挥的功能、在一定的渠道内取得大量的分销、以尽可能少的投资在新的国际市场上实现产品分销数量的增长、提高市场渗透率等。

在制定国际分销目标时，除了必须考虑前面所述的 6 个"C"以外，更重要的是必须考虑目标市场顾客对分销服务的需要。如果制造商无力提供这些服务，就需要使用中介机构。顾客的分销服务要求可以区分为 5 类，即：批量规模、市场分散程度、等候时间、产品多样性和服务支持。批量规模反映了顾客一次购买数量方面的需求，市场分散程度涉及购物地点的方便性，等候时间是指产品的交付速度，产品多样性是指竞争产品的数量和顾客选择范围的大小，服务支持则是指分销渠道成员能够提供给用户或消费者的售后服务。

12.4.3　选择国外中间商

如果企业决定使用国外中间商进入和开拓目标国家市场，那么在国际分销渠道设计和管理中，就需要对具体的中间商做出选择，以保证所选择的中间商具有高效率，能有效地履行所期望的分销职能，从而确保企业国际营销目标的完成。国外中间商的选择，会直接关系到国际市场营销的效果甚至成败，因为中间商的质量和效率将影响产品在国际市场上的销路、信誉、效益和发展潜力。但是，从事国际营销的企业对国外中间商的吸引力是不同的。一般来说，那些知名度高、享有盛誉、产品销路好的企业，可以轻而易举地选择到合格的中间商；那些知名度低、产品利润率不高的企业，则需要投入大量的精力、时间和费用，才能寻找到足够数量的、合格的中间商。但不管是哪一种类型的企业，在选择中间商时都要有一个筛选的过程，充分评价每一个候选的中间商是否满足一些基本的条件。

1. 基本步骤

（1）收集有关国外中间商的信息，列出可供选择的中间商名单。信息来源可以是外国政府机构、驻外机构的商务处、贸易协会、国际银行、贸易杂志、顾问公司、贸易伙伴、国内同行等。

（2）依据企业开展国际市场营销的需要确定选择标准。企业可能需要对中间商的销售、市场调查、信息反馈、库存控制、资金融通、维修服务、促销配合、分担风险、运输、加工等方面提出要求。

（3）向每位候选的中间商发出一封用其本国文字书写的信件，内容包括产品介绍和对中间商的要求等。

扩展阅读 12.6
中间商的选择

（4）从复信中挑选一批比较合适的候选人，企业再去信提出少为具体的询问，如经营商品种类、销售覆盖区域、公司规模、销售人员数量及其他有关情况。

（5）向候选人的客户调查其信誉、经营、财务状况等情况。

（6）如果条件允许，派人访问所优选的中间商，进行更深入的了解。

（7）按照挑选标准，结合其他有关情况，确定中间商优选者名单。

（8）双方签订合同，正式确定分销过程中一些具体问题的条款，如分销形式、内容、原则、权利和义务等。合同的签订，既要留有余地，又不可有漏洞，或出现模棱两可、含糊不清的问题。

2. 基本条件

（1）中间商的市场范围。市场是选择中间商所必须考虑的最关键因素。首先要考虑中间商的经营范围与本企业计划销售的产品、中间商的销售力量所覆盖的市场区域与目标市场是否一致；其次，要考虑中间商的客户与本企业的目标顾客是否一致。

（2）中间商的财务状况及管理水平。中间商能否按时结算，包括在必要时预付货款，取决于中间商的经济实力和财务状况。如果财务状况不佳，流动资金短缺，中间商往往很难保证履约、守信。了解中间商的财务状况可以通过审查其财务报表，尤其是中间商的注册资本、流动资金、负债等做出判断。管理水平则决定着中间商的营销效率和效果，直接影响到产品的销售业绩及其在市场中的声誉，因此选择中间商时还必须考虑它的社会地位、历史、经营作风、人员素质等因素。

（3）中间商的专业知识。这是指中间商所掌握的有关产品、顾客、竞争者、行业特点等方面的知识。专业知识强的中间商往往能够迅速打开市场，节约成本，并对生产企业提供大量有用的支持。

（4）中间商的地理位置和拥有的网点数量。地理位置对于批发商和零售商的选择都是一个重要的因素。理想的零售位置应是顾客流量大、交通便利的地点。对批发商的选择则主要看它的位置是否有利于产品的批量储存和运输，通常以交通枢纽为宜。一个中间商拥有的销售网点越多，销售能力越强，制造商与之合作的潜力也就越大。

（5）中间商的信誉。诚实、信用是对中间商的一条基本的道德要求。信誉不好的中间商不仅自身难以长期生存，而且也会损害所经营产品的形象。任何企业在国际分销管理中都应尽可能避开那些信誉不佳、不讲商业道德的中间商。

（6）预期合作程度。所选择的中间商必须要有积极合作的意愿和态度，否则将难以保证达到预期的分销目标。例如，有的中间商虽然有遍布整个目标国市场的销售网络，而且在目标顾客中也具有良好的声誉和形象，但当制造商是一个品牌知名度不高的小企业时，中间商即使同意在其网络中销售这种产品，制造商也很可能会得不到所期望的重视，中间商提供给制造商的货架空间、商品陈列位置、店内展示等难以达到理想的水平。

12.4.4 控制管理国外分销渠道

企业选择了中间商以后，还要加强对分销渠道的管理和控制。对国际分销渠道的控制主要包括专门管理、健全档案、适当鼓励、定期评估、有效监督和内部协调等几项工作。

1. 专门管理

出口企业，尤其是经常开展国际营销活动的大型企业，一般应设立管理国际市场分销渠道的专门机构，至少要有专人负责这项工作，以加强对分销渠道的专业化、系统化管理。西方发达国家许多大型公司都设有这类机构，专门负责对中间商（或客户）的联系、沟通、监督和管理工作，效果很好。日本一些公司设有国际市场客户部，能通过各种形式加强与中间商和客户的密切联系，不断调整对中间商或客户的管理。

2. 健全档案

与国内外企业、银行、咨询机构及政府等保持经常性的联系，不断收集、分析、整理有关中间商（重点是本企业客户）的资信材料，包括中间商的地理位置、发展历史、组织形式、资本大小、经营范围、经营特色、业务能力、财务状况、管理水平、经营作风、储运条件以及双方的关系、合作的态度等。还要对这些资料进行加工整理，分门别类，做到系统、完整、清楚明白、简明扼要、便于查询。

3. 适当鼓励

对中间商给予适当鼓励，目的是促使双方友好合作，互利互惠，融洽感情。鼓励的方法主要有：

扩展阅读 12.7
对中间商的激励

（1）给中间商提供适销对路的优质产品，这是对中间商的最好鼓励。

（2）给予中间商尽可能丰厚的利益，以提高其经销的积极性，尤其是针对初次进入国际市场的产品和知名度不高的产品。

（3）协助中间商进行人员培训。许多产品需要安装、调试、维修、改装、技术改造等，如果生产企业不能完成或不能全部完成，就必须请中间商代为办理，同时需要帮助中间商培训人才。

（4）给予中间商独家专营的权力。这样可以使中间商在竞争中占有一定的优势，但生产企业的经营风险增大。若中间商选择不佳，就会失去市场，遭受巨大的损失。因此，选择独家分销时，企业必须要有周密的研究和慎重的考虑。

（5）双方共同开展广告宣传，或给中间商以广告津贴和推销津贴等。企业还可以与中间商共同承担有关费用，减轻中间商的负担。

（6）给成绩突出的中间商一定的奖励。如给予奖金或奖品，双方见面赠送礼品或纪念品，实行特别折扣、利润分成，增加津贴，开展经销竞赛，联合设计橱窗或设置联营专柜，甚至可以在对方重要节日、厂庆、开业典礼时致电祝贺等。

4. 定期评估

生产企业并非被动地为中间商服务，为保证自身利益，企业在维护合作关系的同时，还应进行积极的引导和督促，以保证中间商正常开展推销业务。一般说来，企业要确立一定的评估标准，经常性地对中间商的推销业绩进行检查和评估，以便及时发现问题，采取调整措施。这些标准应包括：一定时期内的销售额、平均的库存水平、对顾客提供的服务水平、与企业的协作情况等。这其中，销售指标最为重要，因为国际市场营销中某一地区中间商的推销规模很大程度上就是企业在该市场销售目标实现的规模。根据销售业绩，企业可对各个中间商进行评价，鼓励先进，并对发现的问题及时采取相应措施。

5. 有效监督

通过企业定期对中间商的检查评估，可及时发现现有渠道中存在的问题，这些问题可能有：渠道模式不合理、个别渠道成员推销业绩较差、某些渠道成员与企业的合作不理想等。具体表现为：

（1）制造商本身的营销政策发生变化。比如，出口企业经过一段时间的准备，使其更了解国外市场情况，因而想改变原来间接出口的渠道，使其变为直接出口，甚至到国外市场区域投资设厂。这样，就得剔除原有渠道的许多中间商。

（2）分销渠道本身的原因。渠道成员冲突激烈，以致影响渠道运作。这时，就得考虑渠道改进问题了。

（3）市场环境的变化。市场环境的变化使有些中间商不能继续在渠道中服务，或者说该产品分销渠道在该市场行不通。因此得考虑重新调整分销渠道。尤其是国际产品分销渠道，其涉及面广而复杂，因此，渠道的调整和改进工作尤其突出，其影响也较大。出口企业改善其分销渠道，一般有两种情形：

第一种：渠道成员的剔除和加入

渠道成员的剔除，原因很多，可能是因为该成员的运作不符合出口企业的需求，也可能是该成员绩效没有达到出口企业所定的标准，还可能是渠道成员本身认为在该渠道运作不符合其自身的要求而对出口企业展开反向剔除，也有可能出口企业认为该渠道成员的存在增加了成本，或者不是渠道成员的原因，而是条件变化，使出口企业认为其继续留在渠道中没有必要。渠道在出口企业深思熟虑的情况下设计并投入运作后，渠道成员被剔除，往往与渠道成员的工作绩效密切相关。因此，剔除渠道成员，出口企业应做好渠道成员评估工作，以使剔除渠道成员的做法有理有据。

出口企业对渠道成员的评估一般从两个方面入手：一是绝对评估。绝对评估是指出口企业只局限于评估渠道成员当期绩效，即是以渠道成员的销售额来确定其优劣。二是相对评估。相对评估有两方面的内容：

一方面是把渠道成员的当期绩效与其前期绩效相比较，以其增长（或下降）水平为确定其优劣标准。另一方面不是评估该成员的销售额，而是评估其在整条渠道中的地位和作用，评估其对整条渠道效率以及出口企业本身利益的影响，以免只以销售额评估结果为依据而剔除该成员，使该渠道陷入不堪设想的境地。

事实上，评估渠道成员，除了评估其本身绩效以及其对整个渠道的作用外，还应评估剔除该成员所带来的非渠道运作的一些法律影响。例如，在洪都拉斯，企业如终止一个代理协议，必须向该代理商支付相当于5年的毛利，并补偿代理商所进行的一切投资和各项附加开支。

由此可见，出口企业评估渠道成员，不但要评估渠道成员的绩效、评估其对整个渠道的影响，还要评估其被剔除后企业所要面对的一些法律成本。渠道成员若不能胜任其工作而被剔除，而又不能没有成员来承担其原有功能时，新成员就得被引入。当然新成员的引入也可能因渠道成员数量不足而非渠道成员被剔除而发生。

第二种：采用新的分销渠道

出口企业的分销渠道的改进工作也许并不仅仅局限于渠道分成员的剔除和加入，而是原有渠道的完全放弃。渠道的放弃往往有3种情况：

一是放弃长渠道采用短渠道，一般的企业都会走这条路。

二是放弃短渠道采用长渠道，这种情况的发生，可能是该市场已严重退化，企业几乎要放弃该市场，只是因为还有少量的市场需求，采用长渠道去满足其需要，而把资源投到其他市场上去，以免继续使用短渠道消耗企业资源。

三是渠道的中间层次不变，但改变了市场区域，原有市场的该产品渠道网络因此而被出口企业废弃。

6. 内部协调

国际市场营销中，企业主要选择间接式渠道，即一条渠道内有多个中间商，各中间商之间很容易出现利益上的冲突和矛盾。对企业来说，为了发挥出整条渠道的高效率，应尽量使各渠道成员的矛盾冲突降至最低限度。渠道内各中间商的矛盾主要有两类：

（1）在同一地区同时有几家中间商经营本企业产品，这些中间商在产品价格、促销、服务等方面可能会发生程度不同的竞争，如处理不当，就会影响企业产品销售、企业声誉，导致整个流通环节效率低下，如中间商为争夺市场份额竞相降价，就会导致众败俱伤的后果。

（2）同一渠道中不同层次的中间商，如批发商和零售商之间也可能因利益分配出现矛盾，从而影响合作关系的产品销售，为较好地解决上述两类矛盾，协调好分销渠道内各成员之间的关系，企业应根据中间商的不同功能和业绩，合理确定让利水平，尽可能避免不公平竞争，使中间商能共同为实现企业销售目标而努力。

本 章 小 结

国际营销渠道决策很不容易把握，因为渠道结构因国家而异。尽管如此，一些与市场发展相关的变化模式为精明的国际营销人员提供了新的渠道方式和为获取竞争优势创造了机遇。顾客、产品、中间商和环境特征都影响着渠道设计和策略。消费品渠道可能由于使用直接邮购、上门推销和制造商自营商店而变得比较直接。制造商的销售队伍、代理商/经纪人和批发商这些渠道也可混合使用。工业品渠道的类型较少，人们经常使用制造商的销售队伍、批发商、经销商或代理商。

分销渠道由营销活动和中间商组成，它们使产品和服务的移动更方便和容易。国际市场营销者必须做出建立国际分销渠道的决策，这些决策要聚集于渠道设计和中间商选择。基本的渠道决策完成后，国际市场营销者接下来要决定使用不同类型的中间商的数量以及每种类型包括多少个中间商的或者是否使用中间商。由于国际销售的绝大部分都要有分销商的参与，并且渠道决策是所有营销决策中最具长期性特点的决策活动，这一过程显得十分重要。渠道管理类似于团队凝聚而不是独立业务的简单集合。有了渠道管理，整个市场营销活动也将越有效。

关 键 术 语

分销渠道（distribution channel）　　　　渠道层次（channel level）
直接营销渠道（direct marketing channel）　间接营销渠道（indirect marketing channel）
渠道冲突（channel conflict）　　　　　　密集经销（intensive distribution）

独家经销（exclusive distribution）
精选经销（selective distribution）
经销商（distributor）
零售商（retailer）
连锁店（chain store）
批发商（wholesaler）
中央进货（central buying）

经销中心（distribution center）
超级商场（superstore）
库存控制（stock control）
零售周期（wheel of retailing）
流通渠道巨头（channel captain）
中间商（middleman）
最终用户（end-user）

课 后 习 题

1. 国际分销渠道有哪些主要模式？
2. 试比较分析美、日汽车零件分销渠道的差异。
3. 哪些是国际分销渠道中的主要成员？它们各自有什么特点？
4. 影响企业选择国际分销渠道有哪些因素？
5. 阐述国际市场长度和宽度决策。
6. 如何进行国际市场分销渠道管理？

本章讨论案例

从一块肥皂诞生而来的日化巨头

联合利华是世界领先的美妆及个人护理、家庭护理、食品饮料与冰淇淋的供应商之一，产品畅销全球190多个国家和地区，每天触及25亿消费者。联合利华作为最早进入中国日化市场的跨国企业之一，其在中国的成长也是中国日化行业发展的一个缩影。从1923年来到上海建立肥皂厂、成为当时远东最大的肥皂制造商，到1986年重返中国，再到如今深耕中国市场，将北亚地区总部设立于中国，在上海建立了全球研发中心，在合肥建立全球最大的生产基地，联合利华始终伴随中国日化行业乃至整个国家，共成长、齐进步。

作为一家全球经营的跨国公司，联合利华一直将中国视为重要战略市场。1978年，中国政府发出了改革开放的信号，以发展市场经济为目标的经济改革随之展开，迅速激发了联合利华从一块肥皂诞生而来的日化巨头的投资兴趣。随后，联合利华便来中国考察。考察时发现，1923年在中国建造的制皂厂的设备还跟当初一模一样，且可完全正常运转，让人备感欣喜。1986年，在改革开放的政策鼓励和感召下，联合利华与当时的上海制皂厂合资成立了上海利华有限公司，重新回到了上海，恢复了著名的力士香皂的生产，当时该合资厂年产10万吨硬皂和2.5万吨香皂，占据了中国1/3

的肥皂市场。

联合利华在中国设厂，引进先进机器设备和生产技术，带动了中国日用消费品行业的发展，促进了当时行业生产管理水平进一步提升，随着公司的发展，"力士"也从单一的香皂发展成为拥有洗发香波、沐浴露等系列产品的品牌。改革开放以后，联合利华重返中国市场，陆续成立了14家合资企业，包括涉及品牌力士、奥妙、金纺、和路雪、立顿、夏士莲、中华、旁氏、家乐、多芬等。

改革开放初期，电视广告形式单一，大部分还是念大字报，而力士已经启用"明星＋口号"的广告形式，通过娜塔莎金斯基的一句"我只用力士"在中国消费者中掀起了一场"力士风暴"，成为了中国日化市场的"广告营销先锋"。而后，联合利华发现了中国消费者"踮起脚尖，够一够便能买到"的心理需求，通过"高价策略"让旁氏大获成功。当时，这些品牌的成功发展更是为行业内营销方式的发展提供了先进的理念和思路。

进入中国市场这么多年来，联合利华一路见证了中国洗涤剂市场的发展。21世纪初，人民生活水平不断提高，衣料材质也从棉布增加到了羊毛、混纺等各种类型，大家对衣物护理有了更高的需求，金纺衣物护理剂登陆中国，成为国内衣物护理剂第一品牌，开启了中国家庭衣物护理新时代。与此同时奥妙亦推陈出新，奥妙洗衣液的上市为中国消费者带来更好的洗衣体验，满足了对精致衣物的洗涤需求，提高消费者的生活质量。2010年以后，市场不断细分，科技发展迅速，推动了细分市场及功能性产品的发展，孕育了奥妙洗衣凝珠、除菌液、衣领净、洗衣机槽清洁剂、果蔬餐具洗洁精等一系列细分产品的成功上市。花木星球、七世代、The Laundress、霓裳等多个新品牌的登陆，更迎合"90后""00后"、千禧一代消费群体的喜好。

2018年，联合利华营销20余个畅销中国的品牌，其中就包括大家熟悉的家庭护理品牌奥妙、金纺、沁园，个人护理品牌中华、多芬、清扬，以及食品品类品牌立顿、家乐、可爱多等。从1986年至今，联合利华在中国投资20多亿美元，引进了多项先进的专利技术，直接雇佣了超过6 000名中国员工，间接提供了超过23 000个就业机会。联合利华的合肥工厂是全球最大的生产基地，除此之外还有天津工厂、眉山工厂等7个生产基地，追求更加安全、高效、优质与环保的生产方式。长期以来，联合利华一直致力于改变并报告我们对社会和环境造成的影响。联合利华全球的可持续发展工作开始于100多年前，联合利华的创始人拥有比生意更广阔的视野，他们不仅是企业家，更是有良知的商人。他们运用自己的品牌，关注当时的社会问题。例如：在19世纪90年代的欧洲，黄油供货稀缺且价格昂贵，联合利华积极寻找替代品，为消费者提供富含营养且大多数人都能消费得起的人造黄油；推出廉价的日光肥皂，大大提升了当时的卫生水平，减少了疾病的发生，改善了公众健康。这种目的和使命感始终是联合利华文化的一部分。

"21世纪，我们仍在帮助人们使其心情愉悦，神采焕发，享受更加美好的生活。我们作为一家企业，目的就是'让可持续生活成为常态'。"联合利华于2010年11

月在全球范围内发布了《联合利华可持续行动计划》，提出"到2020年，帮助超过10亿人改善健康与提升幸福感，到2030年，在增长业务的同时，将单位的环境印迹减少一半，到2020年，帮助千百万人改善生计"的战略目标。

作为行业领袖，联合利华始终坚信技术革新，推动产品的可持续发展。长期以来，洗涤剂行业大量依赖石油化工衍生产品，如十二烷基苯磺酸钠等。联合利华一直在思考，如何改善这一现状，促进可再生资源在洗涤产品中的应用？联合利华旗下的品牌七世代，取材天然，重视环保。我们每做一件事情都要考虑它对我们之后7个世代的子孙及其所居住的环境可能造成的影响。全线产品都有严格的原料筛查，配方获得美国农业部认证97%生物基。

超浓缩产品形式：联合利华推出的洗衣凝珠，浓缩洗洁精等新兴产品，产品轻量化，更适合新兴网购＋快递运输的购物模式。减少塑料包装：推动立袋软包装形式，减少塑料包装材料的消耗，鼓励消费者重复使用硬质塑料瓶。再生塑料包装：2019年联合利华上市的新品牌花木星球，深耕环保理念，呵护美丽地球，采用100%再生塑料瓶，促进资源再利用，也同时促进再生塑料行业的进步。

展望未来，中国家居洗涤市场方兴未艾。这一发展势头不仅体现在规模上，也体现在复杂程度上。消费者的需求从原本的满足基本需求到追求精致生活，再到逐步青睐个性化、定制化的解决方案。产品品类数量的增长和新的细分市场的形成，将会是洗涤剂行业未来的挑战，也是新的机会点。中国有良好的产品创新发展平台，众多优秀的高等院校和以中国日化院为首的研究机构，对洗涤剂行业的科技发展有着深刻系统化的研究，并能够实现产学研一体化。对很多新技术的开发与应用都走在了世界的前沿。相信未来也会有越来越多的产品从中国制造，变成中国创新。

材料来源：根据沈俊.从一块肥皂诞生而来的日化巨头[J].日用化学品科学，2020，43（1）：12-13.

讨 论 题

1. 联合利华的发展历程体现了影响企业选择国际分销渠道的哪些因素？
2. 联合利华的发展历程对其他企业的启示？

（考核点：国际分销渠道决策的影响因素）

第13章 国际市场促销策略

学完本章，你应该能够：

1. 了解国际广告决策的主要内容；
2. 理解国际市场推销人员的管理；
3. 掌握国际营业推广的含义与特点；
4. 了解国际市场营业推广策略的制定；
5. 了解国际公关的发展及危机公关的处理。

全球视角

1. 真正的广告不在于制作一则广告，而在于让媒体讨论你的品牌而达成广告。

——菲利普·科特勒（美国）

2. 我们生产的就是口红，但我们的广告销售的就是希望。

——查尔斯·露华浓（美国）

3. 推销的要点不是推销商品，而是推销自己。

——乔·吉拉德（美国）

4. 在购买时，你可以用任何语言；但在销售时，你必须使用购买者的语言。

——玛格丽特·斯佩林斯（美国）

5. 营销是没有专家的，唯一的专家就是消费者，就是你只要能打动消费者就行了。

——史玉柱（中国）

与国内市场营销一样，国际市场促销也是国际营销组合的一个重要因素。其作用在于通过向国际市场的个人、群体或机构传递公司的相关信息，并影响他们接受这些产品，以便直接或间接地促进产品的交换。从更广泛的意义来说，就是要维持向国际市场目标顾客沟通的促销组合，同样包括广告、人员推销、营业推广和公共关系几大因素，但由于国际营销环境的多变性和复杂性，国际营销管理人员还必须因时、因地制宜，细心地规划、执行和协调各种促销沟通手段，以便对它们进行更好地利用。

13.1 国际广告策略

国际广告是国际化经营企业为实现一定的目的,以支付费用的方式,通过广播电视、报纸杂志及信息技术如互联网手段等大众媒介,向目标市场的消费者和公众传递有关企业及其产品信息的一种促销手段。由于当代通信技术的高度发展,通信工具和新闻媒体已十分普及,因此,广告成为形式多样、十分有效的信息传播方式。各类广告的普及性、大众性和表现性等共同特点,是广告作为宣传影响手段最具优势的一个方面。据统计,全世界广告费每年的增长速度约10%,大大高于世界经济的增长速度。一些发达国家如美国,广告行业已经成为国民经济的一股不容忽视的力量。显而易见,广告不但有利于树立企业及其产品的长期形象,而且在刺激需求、促进销售方面起着其他手段无法替代的作用,成为消费者进行购买决策最为重要的信息来源。

扩展阅读 13.1
国际广告的基本策略

大众传播媒体在世界范围内的迅猛发展,使人们的视野得到了极大的拓宽,大大促进了世界各地间的信息交流和沟通,为企业开拓国际市场创造了极为有利的条件。作为企业国际促销策略的一个重要手段,国际广告有助于企业在国际目标市场上,为企业本身及其产品在消费者和公众心目中实现预期的定位,并确立积极的形象,使企业及其产品的信息能有效地传递给各国的消费者,从而达到建立新市场、扩大需求、培育消费者的目的。可以说,国际广告的成败直接关系到企业在国际市场上整个促销策略能否成功实施,企业在国际市场上的地位能否巩固,以及其他目标能否顺利实现。

制定正确的国际广告策略,国际化经营企业一般需要在广告目标、广告预算、信息决策、媒介决策和效果评估五个方面作出决策。

13.1.1 国际广告目标决策

国际广告决策的第一步就是制定广告目标。广告目标的制定必须充分考虑企业制定的有关目标市场、市场定位和营销组合等营销策略,并与之相吻合。对以上策略的决策决定了国际广告促销手段在整体营销规划中必须完成的任务;也就是说,在特定的时期内和特定的国际市场上,企业是否取得了对广告目标对象所要达到的沟通效果和销售业绩。按企业的沟通目的,广告目标主要可以分为3种,即告知信息、劝导购买和巩固使用,如表 13-1 所示。

表 13-1 国际广告目标

告 知 信 息	劝 导 购 买	巩 固 使 用
确立企业形象	说服诱导顾客购买行为	维持品牌的最佳形象和知名度
消除消费者的误解	劝导消费者购买你的品牌	促使顾客用更多的企业产品
提供产品的信息	建立品牌偏好	提供顾客购买企业产品的地点
介绍新产品及使用方法	让顾客加深对产品的了解	巩固淡季产品在消费者心中的印象

续表

告知信息	劝导购买	巩固使用
介绍新用途	加强企业与顾客之间的联系	提醒消费者在不远的将来需要这个产品的可能性
解释价格变化		
描述服务信息		

在产品的导入阶段,企业一般可以采用告知信息型广告,其广告的主要目标在于提高消费者对企业及其产品各方面情况如名称和性能等的知晓率,建立对产品的初步需求,并引导早期购买。劝导购买型广告在竞争阶段,特别是在产品生命同期的成长阶段尤为重要,其目的在于介绍产品的实际使用效果如产品特色和用途等,以建立对某一特定品牌的选择性需求。许多企业采用比较性广告,将企业的产品同竞争者的产品相比较,突出自身产品的优势,如家乐福混合模式对决沃尔玛单一利润。巩固使用型广告在产品成熟期或衰退期十分关键,目的在于维持或继续加深顾客对企业产品的印象,鼓励刺激他们继续使用其产品。

13.1.2 国际广告预算决策

制定了广告目标之后,企业应制定广告预算,即确定在国际广告上投入的资金量及其使用规划,以实现企业特定的销售目标。企业一般可采用4种方法制定广告预算:目标任务法、销售百分比法、竞争比照法和量力而行法。

1. 目标任务法

企业依据已制定的广告目标,进一步制定实现这一目标所需完成的各项任务。然后,就是完成这些任务所需的开支,划定总体的广告预算开支。这种方法层次分明,有很强的逻辑性,得到了广泛的应用。但是,企业首先必须确保所拟订广告目标的合理性,并将目标恰当地分解成各项任务,使广告费用得以准确地估算,保证企业的广告资源得到最为合理的使用。

2. 销售百分比法

企业根据目前或者预期销售额的一定比例来确定广告开支。这种方法意味着广告支出以企业的经营业绩好坏为依据,使企业管理人员在考虑企业的经营管理问题时,可以统筹考虑广告成本、产品售价和销售利润之间的关系。但是,销售百分比法实质上是一种"平均主义"。它使广告和销售之间的因果主次混淆颠倒。在竞争激烈、变化复杂的国际市场上,显得死板,缺乏灵活性,容易丧失有利的市场机会,同企业的长期市场发展计划有时也会发生抵触。

3. 竞争比照法

国际市场上,企业与企业间的竞争,许多情况下是从广告战开始的,广告战的硝烟突出地表现了企业为了市场份额和消费者而进行的激烈争夺,广告战如处于下风,往往意味着将市场向竞争对手拱手相让。因此,许多企业比照竞争对手的广告预算,来确定自己的广告费用，使自己同竞争对手在广告上不至于处于劣势。当然，国际市场千变万化，企业在资源、声誉、机会和目标各方面也有所不同，紧跟竞争对手的广告手法也未必一定合理有效，所以，企业还是应该根据市场和自身实际情况，灵活应变，确定适合自己的预算方案。

4. 量力而行法

国际广告应该说是相当大的投入。过大的广告开支会给企业增加沉重的负担，影响企业的经营。因此，有的企业依据自身的经济实力来确定在广告上的投入。他们先向其他营销活动配置经费，再将剩余的资金拨作广告经费。这种方法虽然简便，但是它对广告在当今世界市场营销活动中的重要性没有足够的重视，加上这样做使企业年度广告或促销预算具有很大的不确定性，容易使企业在激烈的竞争中处于不利的局面。

13.1.3 国际广告信息决策

国际广告实质上是一种跨文化信息交流活动。由于世界各民族间文化差异巨大，一种民族文化的信息传递者在向另一种民族文化的信息接受者进行广告交流活动的时候，广告会受到文化差异明显的影响。能否把握这种差异，并创造性地制作富有感染力和渗透力的、容易为目标市场国顾客准确理解而又能接受的广告，很大程度上决定了企业的促销努力能否取得良好的业绩。

1. 广告内容决策

面对错综复杂的国际市场，企业的国际广告业务所面临的难点是标准化与当地化的问题。主张当地化的观点认为，世界上国与国之间、地区与地区之间在政治、经济、文化等各方面都存在着巨大的差异，国际营销者应根据各国市场的不同特征，为不同的国家或地区设计制作内容不同、形式相异的广告，这是国际广告的当地化策略。另一种截然相反的观点则认为，世界各国或各地区的市场存在着共性，顾客的需求在许多方面表现为一致性，国际营销者完全可以为世界各国统一设计制作在内容和形式上相同的广告，这样有利于企业在世界上树立起企业及其产品的统一形象，这就是所谓国际广告的标准化策略。

这两种策略各具侧重点。当地化策略强调各国市场的独特性和差异之处，具有相当强的针对性，主要以不同的产品特色满足当地目标市场消费者的特殊需要。如英荷的联合利华公司采用的就是当地化策略。英荷联合利华公司在向全球推广其多芬香皂的广告中，也把地方性的表现作为一种重要的广告传播策略。这种策略会导致较高的广告成本，但由于较好地满足消费者需要，而能扩大销量，带来较高的促销效益。标准化策略则强调各国市场的共同特征，把相同的广告信息向各国不同的市场传递。例如百事可乐公司在不同国家市场中采用同一广告片，估计每年因此可以节省1 000万美元。高露洁公司在40多个国家中销售高露洁牙膏，每个国家只可在两个广告片中选择一个，取得了令人瞩目的成功。这种策略有利于企业整体促销目标的制定、

扩展阅读 13.2
标准化在区域品牌建设中的作用

扫码阅读

实施和控制，并且有利于成本控制和统一管理，从而获得规模经济效益。

国际市场上很少见到广告内容的绝对标准化或绝对当地化。许多跨国公司往往根据实际情况向其中一个策略侧重。在选择各种策略时，有4个因素可以考虑。

（1）需求因素。虽然整体产品的核心部分向各国消费者提供了基本相同的利益，但是各国消费者对于整体产品其他部分带来的效用或满足，其看法和感受可能相似，也可能有较大不同。这在很大程度上决定了各国目标市场是同质的市场，还是异质市场。如是同质的市场，则采用标准化；反之，则采用当地化策略。

（2）产品性质。技术含量较高的工业产品较适合标准化策略，而许多消费品由于生活风俗习惯的差异，在广告宣传中应突出生产设计中的当地化因素，如电脑及其配件的广告较适合标准化策略，而咖啡较适合当地化策略。例如，英国和日本的消费者都习惯于品茶，所以对速溶咖啡并不排斥，但瑞典和挪威的消费者则习惯于饮用那种从早到晚一直放在火炉上烧煮的原味咖啡，广告中就应体现出此种差异化。

（3）环境因素。如果所销售产品的有关环境因素与各国市场差异较小，标准化较为可行，如差异较大，则选择当地化策略较为合适。

（4）风俗习惯。各国风俗习惯的异同也是国际营销者在广告内容决策中需要考虑的重要因素。

另外，模式化广告策略现今也相当流行，为许多跨国公司所采用。模式化广告策略，是指总公司确定全球统一的基本广告信息主题和内容，子公司在具体实施时可以根据所在国市场的差异作灵活适当的调整。这种广告策略既可取得标准化的规模效应，又能满足各国消费者对广告的不同要求。因此颇受跨国公司的欢迎。

国际营销案例 13-1
可口可乐广告的中国本土化策略
扫 码 阅 读

2. 广告形式决策

广告形式对国际市场上广告信息的传递效果也产生重大影响。一般而言，广告信息的传递形式主要体现在广告风格和广告语言的使用等方面（如图13-1所示）。广告的风格应体现所在国市场消费者喜闻乐见的表达方式，如生活场景、气氛、音乐、拟人、色彩、画面或科学证据，加强广告的渲染力和影响力。广告语言的正确使用是国际广告形式的另一个重要方面。不同国家使用的语言各不相同，有的国家同时使用好几种不同的语言，加上语言中存在着难以把握的文化上微妙差异，使语言在许多情况下限制或减弱了国际广告信息沟通效果。

3. 其他相关因素

文化差异往往容易成为不同群体之间信息沟通的重大障碍。例如，有些企业的广告在东南亚很多地区宣扬其产品能"使牙齿洁白"，但很难受到欢迎，甚至会引起人们的反感，原来咀嚼槟榔是当地人的一种习惯，乌黑的牙齿并不代表不洁。因此，国际营销人员必须认真了解不同文化或亚文化之间的差异，特别是那些容易产生误会的微妙之处，如文化禁忌等，以免使国际广告产生反面效应。

美国版的"程门立雪"　　CNN 实现了贼与社会的和谐统一　　连中两发飞镖安然不动声色

图 13-1　CNN 创意广告

资料来源：CNN创意广告：你无法忽视的新闻，www.mydesy.com.

政府管制也是影响广告业务开展的一个重要因素。比如西欧各国对某些产品的广告、广告媒介、广告信息和广告开支等方面的限制较为明显。有些国家禁止利用特定的媒介做广告，像丹麦、挪威等国都曾禁止过视听广告。英国政府曾指责宝洁公司和联合利华公司有垄断市场的嫌疑，因为这两家公司在英国广告的费用投入太高。此类限制使企业在国际广告策略的制定和实施过程中难以全力而为。

扩展阅读 13.3
国际广告文化风险规避
扫码阅读

超级链接 13-1

三星电子在澳大利亚被告"广告不实"

澳大利亚消费者监督机构"澳大利亚竞争及消费者委员会"控告三星电子的澳大利亚分支，指控三星电子涉嫌在广告中夸大 Galaxy 智能手机的防水功能，误导消费者能于游泳及冲浪时使用。

澳大利亚竞争及消费者委员会在诉讼中指出，当广告呈现沉没在水中的手机时，世界最大手机制造商三星电子并不知道，Galaxy 手机于游泳时使用或暴露于海水中是否会对手机造成影响，也未做过充分测试。

本案是主要监管机构首次提告，可能导致三星被罚款数百万美元。本案主要围绕在超过 300 则广告，广告中显示 Galaxy 手机在游泳池底及海中被使用。ACCC 负责人席姆斯发布声明说："我们要指控三星广告不实和误导，宣称 Galaxy 手机适用于游泳、冲浪等任何水中活动，事实并非如此。"

三星表示，它力挺那些广告，且一直遵守澳大利亚法律，将会为自己的广告辩护。三星于 2016 年爆发 Galaxy Note 7 手机易燃全面回收事件后，为了重拾消费者信心，一直砸重金进行广告。

资料来源：根据新浪财经于 2019 年 7 月 4 日整理。

13.1.4 国际广告媒体决策

广告媒体的选择很大程度上决定了促销效果是否明显,甚至会影响到企业开拓国际市场的成败。世界发展至今日,信息通信技术得到了空前的发展,最为显著的特点就是广告媒体技术日趋多样化。除了传统的广播电视、报纸杂志几大传播媒体之外,许多新的媒介技术,如电话、图文传真、卫星通信、世界互联网络,使广告促销的手段变得极为丰富。虽然传统传播媒介在广告业务中目前仍占据主导地位,但也应看到计算机互联网络的巨大发展潜力,以及其对企业进行国际广告媒介决策将会产生的强大影响力。

1. 国际广告媒体种类及特点

报纸是最为普通的传统媒体之一。报纸广告具有制作及时灵活、可信度高、费用相对较低、读者广泛、传播迅速且覆盖范围广等特点,其主要缺点为读者多为浏览性质,寿命相对较短,制作品质也相对较差。

电视广告集视觉和听觉的功能为一体,具有较强的感染力。其主要特色是传播形式丰富生动,可有效地吸引观众的注意力,地理选择性也较好,但该媒体成本较高,展示时间有限,容易受其他节目干扰,观众选择性较小,如与其他精彩节目安排不当,还有可能引起观众的反感。

广播广告的地理和人口选择性都较强,比较适合大众化宣传,成本也较低,但是视觉刺激不是,公众较难产生很深的印象。目前,视听广告已成为国际市场上企业传播产品信息的主要媒介。但是有的国家政府制定的法律法规造成了某些限制,使视听广告的运用效果在各地市场也有很大的差异。

杂志具有地理和人口选择性强、可信度较高的特点,但灵活性较差且成本也相当高。值得注意的是互联网广告正以惊人的速度崛起,其主要特点是传播范围极为广泛,制作及时灵活,生动活泼,观众有极大的选择余地,传递速度迅捷,加上其本身的技术特色可使观众与企业实现"双向"交流沟通,使广告极具感染力和参与性,其缺点是受电脑设备普及相对有限以及当前网络发展中的一些问题的限制。

互联网广告与传统最大的不同就在于它给消费者提供了与广告直接互动的机会。如抖音、微信、微博等。网络广告的载体基本上是多媒体、超文本格式文件,表现形式丰富多彩,集声、像、动画于一体,融合了传统媒体的优点,而且传播范围极为广泛。灵活的时效性网络广告也有局限性,既广告面积太小,做常见的旗帜广告最大也不过是报纸广告的九分之一,还有更小的旗帜广告和图标广告,因而广告信息量有限。另外,由于缺乏即懂广告设计又熟悉网络操作的技术人才,网络广告的表吸纳形式也较为单调,不能很好地吸引受众。网络广告媒体与传统媒体向比具有不可比拟的优势,但他作为广告媒体也不可避免地存在某些不足或劣势。

扩展阅读 13.4
抖音的营销方式

2. 目标顾客的媒体习惯

国际化经营企业在实施广告促销时,为了达到最优效果,必须充分理解目标顾客的媒体习惯,以便在广告活动中有的放矢。目标市场的顾客有其特定的接触媒体的习惯。

例如，互联网对青少年来说可能是最为有效的广告媒体，而女性报刊或儿童杂志是妇女儿童用品较为合适的广告媒体。另外，国际广告媒体的选择还应考虑到各国政府的限制作用。因为，政府限制会在较大程度上影响企业在国际广告业务中能否获得有效媒体的问题。

3. 产品性质与特点

各种媒体在演示、描述、可信度等方面分别具有不同的表现力。而企业应结合其产品所具有的不同性质与特点，使用最为适合其特征的广告媒体。例如妇女时装广告刊登在彩色印刷杂志上最能吸引人的注意，特别是引起年青女性的兴趣；而掌上手写商务通广告通过电视画面作一些生动实用的演示渲染则效果最好。

4. 媒体成本

不同媒体要求的费用并不一样，它不仅取决于媒体自身的声誉及影响力，同时还受到广告用时长短、时段质量和版面位置大小等因素的影响。例如电视广告黄金时段的费用极为昂贵，而报纸广告次要版面则相对便宜。不过，绝对成本数字也许不是最为重要的，企业应考虑自己追求的实际促销效果和企业的财务实力，选择最为合适有效的媒体。

5. 媒体的传播覆盖面和质量

显露时间和拥有率是考量媒体的传播覆盖面大小的两个主要因素。这两个因素受到媒体覆盖面如广播电视的覆盖面和媒体传播质量等（报纸杂志的发行量）的影响。由于各国对各种媒体的显露时间有着不同的规定，各种媒体在世界各地的拥有率也不一样。因此，世界市场上各国媒体的覆盖面具有很大的差别。媒体的传播质量指某一特定媒体在顾客心目中的地位和形象。相比较而言，媒体的传播覆盖面更具影响力，企业可根据需要灵活处理。

13.1.5 国际广告效果的评估

广告决策的最后一步是对广告的效果进行评估。这一步骤主要包括两个方面：①对信息沟通效果的评估，即广告是否将信息准确传递给了目标市场的消费者和公众；②对销售效果的评估，即衡量通过广告促销企业的销售额增长情况。沟通效果的评估可通过广告前测试和广告前评估的方式来进行；销售效果的评估相对更为困难，由于除了广告因素之外，影响销售额增长的因素还有很多，如价格降低、收入增加、产品改进、分销渠道的丰富等许多因素都会在某种程度上影响销售额增长，因此企业对于有多少销售额的增长可归功于广告很难作出判定。

一般来说，企业常用的评估手法主要有两种。

（1）历史分析法主要利用先进的统计技术，找出过去各阶段广告费用与销售额之间的相关性，对广告促销效果作出评估，并作为以后广告促销的依据。

（2）实验分析法以比较各地广告促销不同效果的方式，来评估广告开支增长对销售额的影响。除此之外，企业还应当努力研究探索各种评估技术手段，对广告效果尽可能地作出客观评估，以对广告规划进行有效的控制，使广告作为促销策略的主要组成部分，得到最优化的利用。

13.2 国际市场人员推销策略

13.2.1 国际市场人员推销的功能及任务

人员推销，又称派员推销和直接推销，是一种古老的但很重要的促销形式。它是指企业派出或委托推销人员、销售服务人员或售货员，亲自向国际市场顾客（包括中间商和用户）介绍、宣传、推销产品。20世纪50年代以前，国际市场推销人员的任务和作用就是充分运用各种推销术、想方设法卖出现有产品，即从现有的产品出发，寻找顾客，取得订货，达成交易。20世纪50年代以后，西方企业以市场营销观念为指导，重新确立了人员推销的功能、任务和作用，使人员推销配合企业市场营销的整体活动，来满足国际市场消费者的需求。现代国际市场人员推销的功能和主要任务有以下几点。

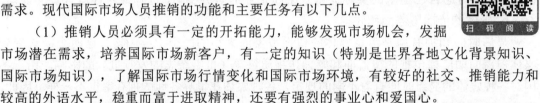

扩展阅读 13.5
人员推销的策略
扫 码 阅 读

（1）推销人员必须具有一定的开拓能力，能够发现市场机会，发掘市场潜在需求，培养国际市场新客户，有一定的知识（特别是世界各地文化背景知识、国际市场知识），了解国际市场行情变化和国际市场环境，有较好的社交、推销能力和较高的外语水平，稳重而富于进取精神，还要有强烈的事业心和爱国心。

（2）善于接近顾客，推荐商品，说服顾客，接受订货，洽谈交易。国际市场推销的对象是国外的各种顾客，他们的需求差异很大；要发现和接近顾客，从而说服顾客。这是一项艺术性很强的工作。要求推销人员有巧妙的推销技巧。

（3）搞好销售服务。主要包括：免费送货上门安装，提供咨询服务，开展技术协助，及时办理交货事宜，必要时帮助用户和中间商解决财务问题，搞好产品维修等。这就要求推销人员除推销工作以外，还要熟悉业务，精通技术，以便为国外客户提供各种销售服务。例如，日本在世界各地的推销员，特别是工业用品和高档耐用消费品的推销员，都是本国高水平的技术专家。他们亲自探访国外重要的中间商和用户，甚至与一个个顾客促膝长谈，虚心听取顾客的意见，回答顾客提出的各种问题，指明产品能对顾客带来的利益，提供经济和技术咨询。

（4）传递产品信息，让现有顾客和潜在顾客了解企业的产品和服务，树立形象，提高信誉。推销人员要实现往往需要广告推销才能达到的目的及销售服务，这表明人员推销承担广告的功能，或者参与国际市场广告活动。国际推销人员不仅销售产品，还要传递、反馈信息。

（5）进行市场研究，搜集情报信息，反馈市场信息，制定营销策略。例如，日本公司在国际市场的推销人员，往往亲自深入现场取得第一手资料，他们与中间商座谈，获得有关本企业产品、竞争者产品以及整个市场的具体状况的信息；通过与顾客的直接接触，了解顾客的消费态度和消费观念、产品的使用方式和顾客对未来产品发展的意愿。公司根据推销人员反馈的这些信息，制定营销战略和策略，开发新产品和新市场，始终使企业立于不败之地。

由此可见，现代人员推销的功能和任务较传统的人员推销的任务更广泛，而且体现了以消费者为导向的质的变化。总之，人员推销有许多优点。人员推销仍然是开展市场促销活动的主要方式。当然，人员推销仍有不足之处，企业在决策和制定促销策略时，必须给予足够的重视。

▶ **国际营销案例 13-2**

乔·吉拉德的名片推销

每一个人都使用名片，但乔·吉拉德的做法与众不同：他到处递送名片，在餐馆就餐付账时，他要把名片夹在账单中；在运动场上，他把名片大把大把地抛向空中。

名片漫天飞舞，就像雪花一样，飘散在运动场的每一个角落。你可能对这种做法感到奇怪。但乔认为，这种做法帮他做成了一笔笔生意。

乔认为，每一位推销员都应设法让更多的人知道他是干什么的，销售的是什么商品。这样，当他们需要他的商品时，就会想到他。乔抛散名片是一件非同寻常的事，人们不会忘记这种事。

当人们买汽车时，自然会想起那个抛散名片的推销员，想起名片上的名字：乔·吉拉德。同时，要点还在于，有人就有顾客，如果你让他们知道你在哪里，你卖的是什么，你就有可能得到更多生意的机会。

资料来源：根据百度百科，https: //baike.baidu.com/item. 于 2020 年 5 月整理。

13.2.2 国际市场人员推销的优缺点

在国际市场上采用人员推销方式，主要有以下 5 个优点。

（1）人员推销形式最直接，也最灵活。推销员可以面对顾客，根据顾客对产品的不同欲望、要求、爱好、动机和行为，作出有针对性的说明，并对自己的言行作必要的调整。比如，推销员可以通过顾客的表情、举止等，揣摩顾客的心理，见机行事，调整推销方式，沟通双方的感情，进而促使其购买。

（2）推销人员可当场对产品进行示范性使用，消除国际市场顾客由于对商品规格、性能、用途、语言文字等不了解，或者由于社会文化、价值观念、审美观、风俗习惯的差异而产生的各种怀疑。人员推销对顾客把握商品，诱导其好奇心，消除其陌生感和恐惧感，了解顾客的购买动机等等，都有直接的、明显的效果。这是其他的促销方式（非人员推销）所不能替代的。

（3）人员推销可以促进买卖双方的良好关系，进而建立深厚的友谊，通过友谊又可以争取更多的买主。友谊或良好的关系，在国际市场营销过程中极为重要。比如，中东地区和非洲一些国家的企业，很难同陌生人或关系不好的人谈成生意。所以，许多国家对这类市场多派员推销，推销员首先同目标市场的潜在客户加强联系，融洽感情，待双方的友谊建立以后，再洽谈生意，开展推销业务。

（4）由于推销人员亲临市场，及时了解顾客的反应和竞争者的情况，可以迅速反馈信息，提出有价值的意见，为企业研究市场、开发新产品创造良好的条件。事实上，相当一部分国际市场信息是由推销人员搜集、提供的。

当然，在国际市场上开展人员推销，也有不足之处。首先，推销人员不可能遍布国际市场，推销范围也不可能太大，往往只能作选择性和试点性的推销，有的效果不如非人员推销方式好。比如，销售面广、需要迅速推广的产品，用广告促销就比用人员推销效果好。其次，人员推销的费用一般比较高，增加了销售成本，导致价格上升，显然不利于企业在国际市场上开展竞争。最后，国际市场推销人员的素质要求很高，而高素质的推销人员又很难得到，不易培养。

13.2.3 国际市场人员推销的类型

在国际市场上，人员推销通常包括 4 种类型。

1. 企业经常性派出的外销人员或跨国公司的销售人员

他们在国外专门从事推销和贸易谈判业务，或定期到国际市场调研、考察和访问时代为推销。这是国际市场人员推销的一般形式。

扩展阅读 13.6
销售人员扮演的角色
扫码阅读

2. 企业临时派出的有特殊任务的推销人员和销售服务人员

这种形式一般有 3 种情况：当国际目标市场出现特殊困难和问题时，其他办法不能解决，必须由企业组织专业推销人员或其他人员前往解决；企业突然发现了一个庞大的值得进入的市场，有必要派出一个专业推销小组，集中推销；企业建立一个后备推销小组和维修服务组织，待命而行。任务一到，出国推销兼做维修工作，或在国际市场维修时，开展推销工作。西方国家的许多公司还特别组织一个专家小组，在国际市场巡回考察、调研、推销，解决与本企业有关的经济、贸易和技术问题。

3. 企业在国外的分支机构（或附属机构）的推销人员

国外许多大公司特别是贸易公司，都在国外有分支机构（或附属机构），这些机构一般都有自己的推销人员，专门负责本公司产品在有关地区的推销工作。这些推销人员不仅有本国人，往往还大量雇用当地人员或熟悉当地市场的第三国人员（比如，请第三国某公司在本地分公司的推销人员代为推销）。日本和美国的贸易公司，有时甚至委托当地人员管理、领导和指挥一定地区的推销工作，因为他们更熟悉当地市场的情况，易于接近目标市场的顾客和消费者。

4. 利用国际市场的代理商和经销商进行推销

在许多情况下，企业不是自己派员推销，而是请国外中间商代为推销。例如，企业不熟悉国际市场情况；新产品刚进入国际市场时，风险较大，请国外中间商代为推销，风险小，简便易行；企业没有也难以找到合适的推销人员；产品出口总量太少或批量太小，不值得派员到国际市场推销；企业在经济上难以承受国际市场人员推销所需的高费用，等等。但是，请国外代理推销人员，必须有适当的监督和控制，而不能单听代理推销人的意见和策略，或者完全交给代理推销人去做。在必要的时候，企业应该直接了解目标市场顾客的有关情况，或派出专业人员陪同代理推销人员去推销，或企业派自己的推销人员，对这些做法企业须慎重选择。此外，企业还可以在主要市场派出常驻贸易代表，协助代理推销人员，在该市场上开展推销工作。

13.2.4 国际市场人员推销结构

国际市场人员推销结构，指推销人员在国际市场的分布和内部构成。它一般包括 4 种类型。

1. 地区结构型

每个推销员负责下两个地区内本企业各种产品的推销业务。这种结构常用，也比较简单，因为划定国际市场销售地区，目标明确，容易考核推销人员的工作成绩，发挥推销人员的综合能力，也有利于企业节约推销费用。但是，当产品或市场差异性较大时，推销人员不易了解众多的产品和顾客，会直接影响推销效果。

2. 产品结构型

每个推销人员专门推销一种或几种产品，而不受国家和地区的限制。如果企业的出口产品种类多，分布范围广，差异性大，技术性能和技术结构复杂。采用这种形式效果较好，因为对产品的技术特征具有深刻了解的推销人员，有利于集中推销某种产品，专门服务于有关产品的顾客。但这种结构的最大缺点是，不同产品的推销员可能同时到一个地区（甚至一个单位）推销，这既不利于节约推销费用，也不利于制定国际市场促销策略。

3. 顾客结构型

按不同的顾客类型来组织推销人员结构。由于国际市场顾客类型众多，因而国际市场顾客结构形式也有多种。比如，按服务的产业区分，可以对机电系统、纺织系统、手工业系统等派出不同的推销员；按服务的企业区分，可以让甲推销员负责对 A、B、C 企业推销的任务，而让乙推销员负责对 D、E、F 企业销售产品；按销售渠道区分，批发商、零售商、代理商等，由不同的推销人员包干；按客户的经营规模及其与企业关系区分，可以对大客户和小客户、主要客户和次要客户、现有客户和潜在客户等，分配不同比例的推销员。采用这种形式的突出优点是，企业与顾客之间的关系密切而又牢固，因而有着良好的公共关系，但若顾客分布地区较分散或销售路线过长时，往往使推销费用过大。

4. 综合结构型

综合地采用上述 3 种结构形式来组织国际市场推销人员。在企业规模大、产品多、市场范围广和顾客分散的条件下，上述 3 种单一的形式都无法有效地提高推销效率，则可以采取综合结构型。比如，美国一些大公司根据产品和市场特点，对东亚、东南亚、西亚、非洲等地区，多采用地区结构型推销方式，而对西欧、日本、澳大利亚和拉美地区，则更多地采用产品结构式、顾客结构式和地区结构式相结合的形式组织人员推销。

13.2.5 国际市场推销人员的管理

国际市场推销人员的管理主要包括招聘、培训、激励、评估各环节。

1. 国际市场推销人员的招聘

国际市场推销人员的招聘多数是在目标市场所在国进行。因为当地人对本国的风俗习惯、消费行为和商业惯例更加了解,并与当地政府及工商界人士,或者与消费者或潜在客户有着各种各样的联系。但是,推销人员的社会地位和职业性质在不同的国家或地区却有很大的区别。比如在日本,推销员的职业以往被认为是低下的,大学毕业生通常不愿意从事推销工作。当然,这种偏见近年来逐渐得到改变,大学毕业生已占日本企业推销人员的多数。在海外市场招聘当地推销员还会受到当地市场人才结构的限制,在某些国家或地区要寻找合格的推销人选并非易事。

企业还可以从国内选派人员出国担任推销工作。企业选派的外销人员,要能适应海外目标市场的社会文化环境。比如,派往伊斯兰教地区的推销员最好能熟悉及尊重伊斯兰教的信仰。推销人员还要能熟练使用当地的语言。企业的外派人员由于已在企业工作过,熟悉企业的业务流程,企业对他们的业务能力与为人处世也比较了解,因而常常被作为骨干使用或者委以领导责任。

2. 推销人员的培训

(1)培训的地点与培训内容。推销人员的培训既可在目标市场国进行,也可安排在企业所在地或者企业地区培训中心进行。跨国公司的推销人员培训多数是安排在目标市场所在国,培训内容主要包括产品知识、企业情况、市场知识和推销技巧等方面;若在当地招聘推销人员,培训的重点应是产品知识、企业概况与推销技巧;若从企业现有职员中选派推销人员,培训重点应为派驻国市场营销环境和当地商业习惯等。

(2)对推销高科技产品推销人员的培训。对于高科技产品,可以把推销人员集中起来,在企业培训中心或者地区培训中心进行培训。因为高科技产品市场在各国具有更高的相似性,培训的任务与技术要求也更加复杂,需要聘请有关专家或富有经验的业务人员任教。

(3)对推销人员的短期培训。由于科学技术的发展,新技术、新工艺和新产品不断涌现,并且市场供求关系或者竞争态势的变化,企业需要调整推销计划或者开拓新市场。为此,就需要对推销人员进行临时性的短期培训。对于这类性质的培训,企业既可采取组织巡回培训组到各地现场培训的方法,也可将推销人员集中到地区培训中心进行短期集训。

(4)对海外经销商推销员的培训。企业在国际市场营销活动中,经常利用海外经销商推销产品。为海外经销商培训推销人员,也是工业用品生产厂家常常要承担的任务。对海外经销商推销人员的培训通常是免费的,因为经销商推销人员素质与技能的提高必然会带来海外市场销量的增加,生产厂家与经销商均可从中受益。

超级链接 13-2

格力电器销售团队建设和促销策略

销售团队是格力电器收入的直接创造者,销售团队与公司的营销策略实施有着直接的关系。格力电器需要在空调销售队伍的建设上加大投入,包括从销售人员的招聘、筛选、培训等方面入手,培养更多的专业空调销售人才以此提高公司人员的营销能力。

招聘与筛选销售人员。格力电器营销策略的成功实施很大程度上取决于实施策略的营销人员的选择,销售人选的招聘过程和最终所雇佣销售人员的类型与公司的营销战略保持一致。

建设好销售团队。格力空调销售团队首先树立明确的团队目标,建立团队共识,让销售人员朝着同一个方向去努力,符合格力的营销战略目标。其次也建立良好的沟通机制,包括销售人员之间的沟通,管理人员与销售人员的沟通,销售人员去其他部门人员的沟通等。再者做好绩效考评,充分评价和激励下属的销售贡献。销售激励政策好像一支无形的指挥棒,销售主管根据市场及公司产品的实际情况,遵循综合绩效考评、全方位激励等原则,结合销售目标和计划,制定可操作性的富有吸引力的销售绩效考核方案,客观地评价下属的销售业绩,充分地激励下属。

加强销售团队培训,包括产品培训、技术培训、管理培训等。根据培训的时间又分为入职培训和工作中的培训。这些培训使得销售人员的素质得到加强,促进了空调产品的销售。

促销活动分析。促销策略是市场营销组合中的一个基本策略,通常指企业怎样通过营业推广、人员推销、公共关系和广告等各种促销方式,向消费者递送产品信息,从而激起他们的兴趣与注意,刺激他们的购买欲望与购买行为,以便达到扩大销售目的。在营销过程中,格力电器不仅需要开发适销对路的空调产品,制定有竞争力的空调价格,通过适当的渠道使顾客易于得到他们所需要的空调产品,而且还要求格力空调必须树立其在市场上的品牌形象,加强公司和社会公众的沟通工作和信息交流,也就是要进行制定适当的促销策略。

其中人员推销也称人员促销,是格力电器推销人员通过信函、电话、面对面等方式与消费者联系,以此推销企业产品的一种方式。这种人员推销的优点在于容易和客户建立长期并且友好的合作关系。同时其具有灵活、准确、直接等特点。通过经常对主要客户进行拜访、交流,让推销人员与消费者建立起一种互相影响的、直接的关系,并且可使这种关系得到长期维持。

资料来源:金骏.如何加强格力电器销售团队建设和促销策略[J].山海经:故事,2015(10):218.

3. 推销人员的激励

对海外推销人员的激励,可分为物质奖励与精神鼓励两个方面。物质奖励通常指薪金、佣金或者奖金等直接报酬形式,精神鼓励可有进修培训、晋级提升或特权授予等多种方式。企业对推销人员的激励,应综合运用物质奖励和精神鼓励等手段,调动海外推销人员的积极性,提高他们的推销业绩。例如,菲利浦·莫里斯公司在委内瑞拉市场的做法,是定期公布最佳推销员的销售成绩，给予金钱奖励，并为销量居前四名的推销员举行宴会进行表彰。

对海外推销人员的激励，更要考虑到不同社会文化因素的影响。海外推销人员可能来自不同的国家或地区，有着不同的社会文化背景、行为准则与价值观念，因而对同样的激励措施可能会作出不同的反应。有一研究表明，日、美两国一些具有可比性的公司销售代表给一系列源于工作的潜在回报打分，总分为100%。结果如表13-2所示，日本人比美国人更注重社会认可，而美国人更注重个人成长与发展。

表 13-2　各种回报（激励）对于营销人员的重要性程度

各种回报指标	相对重要性	
	日本人	美国人
工作安全感	18.3%	17.6%
职务晋升	13.7%	14.9%
表现出色增加工资	24.7%	26.2%
成就感	18.5%	18.2%
社会认可（销售俱乐部）	8.1%	5.2%
个人的成长与发展	16.6%	17.8%
总分	100%	100%

4. 推销人员业绩的评估

对于海外推销人员的激励，建立在对他们推销成绩进行考核与评估的基础上。但是企业对海外推销人员的考核与评估，不仅是为了表彰先进，还要发现推销效果不佳的市场与人员、分析原因、找出问题、加以改进。人员推销效果的考核评估指标可分为两个方面：一种是直接的推销效果，比如所推销的产品数量与价值、推销的成本费用、新客户销量比率，等等；另一种是间接的推销效果，如访问的顾客人数与频率、产品与企业知名度的增加程度、顾客服务与市场调研任务的完成情况等。

企业在对人员推销效果进行考核与评估时，还应考虑到当地市场的特点以及不同社会文化因素的影响。比如，产品在某些地区可能难以销售，则要相应地降低推销限额或者提高酬金。若企业同时在多个海外市场上进行推销，可按市场特征进行分组，规定小组考核指标，从而更好地分析比较不同市场条件下推销员的推销成绩。

13.3　国际市场营业推广策略

13.3.1　国际市场营业推广的含义与特点

1. 营业推广的含义与作用

国际市场营业推广，就是除了人员推销、广告和公共关系等手段以外，在一个比较大的国际目标市场上,企业为了刺激需求、扩大销售,而采取的能迅速产生激励作用的促销措施。广告对消费者购买行为的影响往往是间接的,营业推广的目的通常有两个:诱发消费者尝试一种新产品或新牌子,尤其是刚进入国际市场的产品;刺激现有产品销量增加或库存减少。20世纪70年代以来,在许多国家,无论是企业还是非营利组织,都广泛运用营业推广手段。目前,国际市场营业推广的总费用有超过广告费的趋势,原因是营业推广对刺激需求有立竿见影的效果。再者,世界性的通货膨胀和经济衰退,使消费者更加精打细算,讲究实惠。同时,由于长期的"广告轰炸",人们已对广告产生了"免疫力",广告效果相对减弱。从国际市场营销的角度来看,如果广告和营业推广并用,效果会更佳。

2. 营业推广的分类

在国际市场上,营业推广一般可分为3类。

(1) 直接对消费者或用户的营业推广

赠送样品,发放奖券和代价券,实行有奖销售,开展商品咨询和特别服务,举办展销会,开办分期付款业务,现场表演,在销售点作醒目的陈列等。代价券是一种重要的营业推广方式,国外持券人可以在购买某商品时免付一定数额的钱。代价券实质上是一种削价的方式,但它比削价更灵活、更有利。价格降低后,将来再提不易,而发放代价券,就可以视销售情况,减少或取消代价券。对国际市场消费者的营业推广的主要目的是提高产品的知名度,鼓励消费者购买,刺激销售量增加。这是开展国际市场营销常用的促销方法。

(2) 直接对出口商、进口商和国外中间商的营业推广

购货折扣,给予推销奖金,开展推销竞赛,经办合作广告和联营专柜,赠送样品和纪念品,帮助设计橱窗,举办展览会、展销会和工商联谊会或各种双边、多边贸易座谈会等即属此类。这类营业推广的方式,旨在促成企业和中间商之间达成协议,提高中间商经营本企业产品的效率,鼓励他们增加进货,积极推销,尽力宣传产品。对于进入国际市场不久或在国际市场名气不大的产品,通过中间商促销是一种重要的途径。例如,柏林电影节欧洲电影市场支招独立电影人如何套磁国际代理商。将影片委托给销售代理进行营销,对独立电影人来说,并不只是谋求发展的策略,更重要的是为了更加良性地与市场接轨。

(3) 鼓励国际市场推销人员的营销推广方式

前面讲过,国际市场推销人员主要包括企业的外销人员,企业在国外分支机构的推销人员,出口商的推销人员,进口国的进口商、代理商和经销商的推销人员以及在国际市场当地雇请的其他的推销人员。为了鼓励、促使他们多推销,多为顾客服务,更多地开拓国际市场。企业通常可以根据具体情况,在红利、利润分成、高额补助等方面给推销人员一定的优惠条件,并在精神和荣誉上给予鼓励,还可以搞一些推销竞赛、接力推销、推销奖金等形式的推销促进措施。

3. 营业推广的特点

作为一种促销策略和促销方式,营业推广见效快,可以在短期内刺激目标市场需求,

使之大幅度地增长，特别是对一些质优名牌和具有民族风格的产品效果更佳。这种促销方式向国际市场消费者提供了一个特殊的购买机会，它能够唤起消费者的广泛注意，具体、实在、针对性强、灵活多样，对想购买便宜东西和低收入阶层的顾客等颇具吸引力。但是，在国际市场上开展营业推广，必须在适宜的条件下，以适宜的方式进行；否则，会降低产品的身价，影响产品在国际市场上的声誉，使消费者感到卖主急于出售，甚至会使顾客担心产品的质量不好或者价格定得过高。在国际市场上开展营业推广，除了考虑市场供求和产品性质以外，还应考虑消费者的购买动机和购买习惯、产品在国际市场上的生命周期、竞争状况，以及目标市场的政治、经济、法律、文化、人口和科技发展等环境因素，进行适当的选择。

扩展阅读 13.7
营业推广的作用
扫码阅读

13.3.2 国际营业推广的有效形式

营业推广的表现形式丰富多彩，变化无穷。据统计，在美国，企业一年发放的折价优惠券超过 900 亿张，人均每年 400 张；美国一般的大型超市每年所设置的展示商品超过 2 500 种；美国企业每年花费的"付费赠送"支出超过 6.4 亿美元；美国家庭每户平均年收到 500 份以上的直接信函。

据调查，仅对消费者的营业推广，就有 530 多种方式。由于篇幅有限，无法将所有营业推广形式展开讨论，下面侧重介绍几种实践证明卓有成效的对消费者的营业推广形式。为了便于掌握，根据这些营业推广方式涉及的不同主题，我们将之概括为以价格、赠品、奖励和展示为核心的 4 个主题群。

1. 以价格为核心的营业推广

这种形式的营业推广以商品或服务的价格变化（通常是价格减让）作为刺激消费者消费的主要手段。其常见应用形式有以下几种。

（1）折价销售

折价销售是对消费者营业推广中运用最普遍的手法之一，它指的是商家在一定的时间里进行价格上的减让（如商品七折、八折销售），特定时间一过，又恢复原价。著名管理学家塔克尔指出的 21 世纪十大经营趋势，其中之一便是"折价竞争"，他说，"企业为了缔造佳绩，都必须了解折扣这项趋势。折扣就像一种病毒，正蔓延到所碰触的每种行业。"英国有家名叫"皇冠"的书店，其广告口号就是"请记住，如果你买书没有打折，那你一定不曾光临皇冠书店"。在皇冠书店，人们最可以享受到六折的价格优惠。折价销售使皇冠书店业务急速扩张，十几年便成长为拥有 260 家分店的集团公司。

（2）优惠卡券

这是一种证明减价的凭证，持有者凭券或卡可在购物时享受一定数量的减价优惠。优惠券的发放既可通过邮局寄送，也可印在杂志、报纸上由读者剪下使用，或者夹放于产品包装内附送给消费者，还可以在销售现场根据消费者的购买情况配额发放。优惠券对那些购买频率高的商品促销效果较大。优惠卡一般由商家或厂家直接发送，发送的目的是吸引那些有一定消费兴趣和消费能力的老顾客，使其不断进行重复消费。优惠卡的具体形式一般有贵宾卡、会员卡等两种。消费者一次性购买量达到一定额度或者交足一定数额入会费，便可拥有该卡，以后凭卡可享受一定的价格折扣。

（3）特价包装

厂家对其商品的正常零售价格以一定幅度的优惠，并将优惠金额标示在商品包装或价格标签上。特价包装的形式灵活多样，可以直接在包装上印出原价与供应特价，如联合利华公司在奥妙500克装洗衣粉的包装袋上明示着"原价7.50元，优惠价4.60元"的字样；也可以将同种商品组包后减价出售，如某纯牛奶5瓶封装，标价只相当于原来4瓶的价格；还可以将两件或多件相关商品组配在一起标价出售，如牙膏配牙刷、洗发水配梳子等。有的厂家甚至在包装上赫然印上"建议零售价×××"……林林总总的包装显价形式，为商品的促销起到了不可低估的作用。

特价包装适用于购买频率高、价格水平低的商品的促销。使用这一推广工具时要注意使用频次，不能频繁出招，否则容易模糊商品的市场价位，甚至损害商品的品牌形象。

（4）退款优惠

消费者购买商品后，可将商品证明（如注册商标、商品条码等）连同购货发票一起寄至厂家，厂家接到上述材料后，将一部分货款退还给消费者。由于邮寄商品购买凭证费时费力，消费者利用此项优惠的积极性通常不高，使促销效果受到影响。为了提高参与率，可以采用在商品包装上印制退款说明或附送退款凭证邮寄信封等方法，激发消费者的参与热情。退款优惠的功能与折价销售及优惠券卡等相似，它主要用于鼓励顾客试用新产品，其运作成本相对较低。

扩展阅读 13.8
苏宁618以旧换新

（5）以旧换新

顾客在购买商品时交出同类产品的废旧品，便可享受一定价格折扣的优惠。以旧换新的"新"与"旧"，在品牌关联上通常有两种做法：一种是"新"与"旧"商品的品牌必须相同，如美国博士伦公司每年在中国组织一次以旧换新活动，但要求"旧货"必须是博士伦隐形眼镜镜片，这种促销方法对巩固既得市场和更新产品有较好的效果；另一种是"新"与"旧"商品只要类属相同，品牌可以不同，如福建福州市区苏泊尔公司推出的压力锅以旧换新活动期间，消费者带上任何一款旧压力锅，就可获得每只苏泊尔新压力锅20元的价格优惠。这种没有品牌歧视的以旧换新，对吸引新客户、提高产品知名度有明显作用。

围绕价格核心运行的营业推广是卓有成效的促销方式，但在具体的运用中要注意把握火候。因为价格是柄双刃剑，适用得法，可以促进销售成长；适用失当，则不仅祸及同业，也有害于己。为提高运作效率，要遵循以下几个原则。

①要凸显折价事实。运用各种宣传媒介、广泛告知折价事实，让消费者知晓并留下深刻印象。如在报纸、地方电视台、街道、横幅、商场公告宣告活动的内容，以激发消费者购买欲。

②优惠幅度要有力。幅度太小触动不了顾客，难以起到促销作用，反而会让厂商沾上沽名钓誉之嫌。一般来说，优惠的幅度在15%～20%左右，比较容易吸引顾客。但优

惠幅度超过 50% 时，必须说出令人信服的理由，否则顾客会怀疑这是假冒伪劣产品。如果厂商不能同时对大量商品进行优惠销售，可对少数几种商品作幅度明显的价格减让。

③控制活动的频次，活动间隔和次数不要太密，不能让顾客形成"优惠依赖"，总盼"优惠如期而至"，有优惠则买，没优惠则持币待购，长此以往厂商将难以维持正常经营。

2. 以赠品为核心的营业推广

赠送是厂家或商家为影响消费者行为，通过馈赠或派送便宜商品或免费品，来介绍产品的性能、特点和功效，建立与消费者之间友好感情联系的有效促销形式，以赠送为核心的营业推广形式主要包括如下 3 种。

（1）赠品

即在消费者购买某种商品后，免费或从较低的价格向顾客提供的商品。赠品的形式多种多样，有的赠品就是商品本身（如心相印餐巾纸买十送二，所买与所送为同一商品）；有的是与商品无直接关系的纪念品（如欧莱雅化妆品向消费者赠送精致的化妆包，海飞丝洗发露赠送小方巾等）；有的赠品为相关商品，如买洗衣机赠洗衣粉或烫衣架，买高档商品房赠豪华家具等；有的赠品为时尚新品，如买大众甲壳虫轿车送车载冰箱，买摄影机送移动硬盘等。

赠品的发放方式主要有两种：

①随货赠送，顾客每购买一款商品则免费获得相应赠品；

②量额赠送，顾客购买企业某家产品达到一定批量或金额时，可以免费得到赠品。

（2）赠券

当消费者购买某一商品时，企业给予一定数量的交易赠券。消费者将赠券积累到一定数额时，可到指定地点换取赠品。如在法国一些大中城市的游乐场所里，消费者每参加一项游艺活动都可获得或多或少赠券，赠券越多，换取的赠品价值越高，从一支小铅笔到一本精美的台历，甚至令许多青少年发狂的跳舞毯，应有尽有、令人眼花缭乱。赠券的实施对刺激消费者大量消费本企业产品，扩大企业的市场占有率有较大的影响力。

（3）样品

即在新产品导入期，通过向消费者免费提供样品供其试用，使之亲身体验产品所带来的利益，而后促使消费者购买的促销活动。美国某一厂家推出名为"安静的小狗"的猪皮拖鞋，为试市场水性，厂家先向 100 个美国家庭派发样品免费试穿 3 个月，3 个月后厂家向这 100 个家庭回取拖鞋，结果 99 个家庭愿以每双 5 美元将拖鞋留下。可是厂家以每双 7.5 美元的价格向市场推出"安静的小狗"，得到消费者的快速认可。

赠品、赠券和样品作为赠送为核心的营业推广活动，其促销效果的关键在赠送品的吸引力及赠送时机的选择。

3. 以奖励为核心的营业推广

奖励是企业为激励消费者的购买行为而提供的现金、实物、荣誉称号或旅游奖券等奖励方式。与其他营业推广形式不同的特点是，"奖励"有极强的参与性，即使并非顾客人人都能获得奖品，但只要其参与，便会在参与中得到一份满足。所以，以奖励为核心的营业推广成功的关键在于创造浓厚的参与气氛，使顾客乐于参与。一般地说，以奖励为核心的营业推广形式主要有竞赛、抽（摇）奖、猜奖、现场兑奖等方式。

（1）竞赛

由企业制定竞赛规程，让消费者按竞赛要求参与活动并获得预定的现金、实物、荣誉称号或旅游奖券等奖项。竞赛的内容一般要求与主办单位的自身特征或产品相关，如宝洁公司的润妍护发素的系列文化大赛活动，即有中国传统书法比赛，又有黑白摄影比赛，还有关于东方女性美的标准讨论，其赛事内容与产品特征处处照应。

（2）抽（摇）奖

顾客进行消费时为其提供一个获奖的机会。获奖者既可以由抽取票号来确定，也可以由摇转数码来确定。如可口可乐公司在其出售的饮料罐拉环里印有号码，最后在公证部门的公证下经摇转数码确定中奖号码，中奖者可获丰厚的奖金或免费旅游的机会。由于抽（摇）奖的奖励分量通常都比较重，使消费者能在正常的消费中获得意外的惊喜，因而参与积极性容易高涨。

（3）猜奖

让消费者猜测某一结果，猜中者给予奖励。如日本富士达饮料曾举行过一次"猜奖"活动，内容为"请猜一猜一部丰田可乐娜轿车可装多少罐富士达饮料？"奖品为雅马哈摩托车。竞猜活动推出后，消费者趋之若鹜，富士达饮料很快畅销日本。猜奖与抽（摇）奖不同，抽（摇）奖的奖项是事先预定的，因而也是固定的；而猜奖却很难事先确定有多少人能中奖，有可能自始至终无人涉奖，也有可能夺奖者若干。由上述可见，在设定奖项时要作充分准备，以防消费者中奖后却得不到企业承诺的奖励品。

（4）现场兑奖

消费者根据消费额的多少领取奖票，现场刮号或揭底，中奖者可现场得奖。现场兑奖通常是将具有较强吸引力的奖品展销在销售场点，形成强烈的现场刺激，营造旺盛的人气，授奖时往往鼓乐齐鸣、人声激昂、场面热烈、极富鼓动性，甚至会引得周边居民或路上行人入场观看。

国际营销案例13-3
天猫国际特色推广
扫码阅读

以奖励为核心的促销活动要取得良好效果，关键是活动的主题设计和奖品的选择，活动主题即活动内容的高度概括。奖项的选择应根据活动对象的特点及活动主题来确定，如活动对象是中低收入阶层的消费者，则宜选奖金或实物奖品形式；如果是面向高收入阶层的消费群，奖项应更多考虑其对精神、心理的满足程度功能。即使是同一活动主题，也应在奖项选择上不断出新。如宾尚公司开展的"奖100大抽奖活动"，以100种不同类别的东西组成奖品，有时奖一部新车，有时送100把芦笋，有时送10万美元100天的利息……由于奖品常出常新，活动历经十余年而"威风"不减，受到广大消费者的积极支持。

4. 以展示为核心的营业推广形式

展示是让商品直接面对消费者，使商品与消费者进行心灵对话的直观性促销方式。以展示为核心的营业推广形式主要有展销会、售点陈列、现场示范等。

（1）展销会

企业将商品分主题展示出来并进行现场售卖，以便于消费者了解商品信息，增加销售机会。常见的展销形式有为适应消费者季节购买特点而举办的"季节性商品展销";为新产品打开销路的"新产品展销"等。

(2) 售点陈列

有效的售点陈列是增强商品销售力的重要手段。售点陈列首先应选择好的陈列点,一般来说,柜台后面与视线等高的货架上、台秤旁边、收银机周围以及柜台前面的空地等都是很好的陈列点;其次要考虑陈列的视觉吸引力,如同种商品堆放在一起显示气势,弱势品牌尽量陈列在第一品牌旁边,运用指示牌、插卡等手段有效传达商品信息等;再有要注意陈列品拿取的方便性,保证在货架上至少有 80% 的商品可以让消费者方便地自行拿取。杜邦公司对商品陈列的见解独到而深刻:商品陈列的最根本要点,就是要让消费者第一眼就看到商品,让商品直接跟消费者对话。

(3) 现场示范

销售人员在现场对产品的用途与操作进行实际的演示和解说,以吸引消费者注意、消除消费者对产品的疑虑。现场示范一般适用于新产品上市或产品功能改进宣传。如松下公司千禧之际在杭州推出可以洗纸巾的洗衣机,采用的就是现场示范促销方法。消费者亲眼看到经松下洗衣机洗涤过的纸巾完好如初,无不叹服。松下推出的该款新产品很快就受到消费者的认可。

由于展示是把商品直接呈现在消费者面前,因此要求采用此法进行营业推广的企业,其产品的质量必须绝对过硬,要经得起消费者挑剔求完美如显微镜般的检阅,并力求外形美观、包装精致、质感精良。

对消费者的营业推广形式经过变形改造,还可以作为对中间商和对销售人员的营业推广形式。对中间商常用的营业推广形式如产品展览、展销、订货会议、销售竞赛、价格折扣和赠品等;对销售人员常用的营业推广形式如销售提成、销售竞赛、销售培训及赠品等,都可以在对消费者的营业推广形成中找到影子。无论是对消费者的推广还是对中间商或销售人员的推广,企业在具体的营销过程中一定要根据市场特点和营销需要谨慎选择、巧妙安排,以确保企业营销目标的实现。

13.3.3 国际市场营业推广策略的制定

企业要制定一套良好的国际市场营业推广策略,不只是选择一种或几种推广方式,还要结合产品、市场等方面的情况,慎重确定营业推广的地区范围、鼓励的规模、参加人的条件、推广的途径、推广的期限、推广的时机、推广的目标和推广的预算。在营业推广实施过程中和实施结束以后,企业还有必要不断地进行营业推广效果评价,以调整企业的营业推广策略。

1. 营业推广鼓励的规模

营业推广面并非越大越好,鼓励的规模必须适当。通常情况下,选择单位推广费用效率最高时的规模,低于这个规模,营业推广不能充分发挥作用;高于这个规模,或许会促使营业额上升,但其效率会递减。国外许多大公司,在用营业推广方式推销老产品时,只要求营业推广收入能大于支出，甚至收支基本平衡就可以了。有时，企业为了推销长期积压的产品，只求通过营业推广把产品卖出去，而不讲究收支状况。一个合理的鼓励规模，一般通过推广法、推广的费用和销售额的相互关系来确定。西方发达国家一些较大的公司都设有营业推广部门，至少有专门负责国际市场营业推广的人员。

扩展阅读 13.9
营业推广设计
扫码阅读

2. 营业推广鼓励对象的条件

在国际市场上，营业推广鼓励对象可以是任何人，也可以是部分人，通常是鼓励商品的购买者或消费者。但企业有时可以有意识地限制那些不可能成为长期顾客的人或购买量太少的人参加。比如，企业可以对国际市场的老客户或有长期往来的中间商提供优惠条件（购货折扣、开办联营专柜、合作广告等），短期客户则不享受这些优惠条件。限制条件不可过宽，也不可过严，否则会影响新顾客的增加、排斥潜在消费者的加入，达不到应有的效果。

3. 营业推广的途径

企业在确定了上面两个问题以后，还要研究通过什么途径向国际市场的顾客开展营业推广。比如，营业推广的形式是发行奖券，那么，这种奖券既可以放在出口商品的包装中，也可以附在国际市场广告中；既可以通过国外进口商、经销商或代理商在进货或购买商品时分发，也可以邮寄赠送给国际市场消费者（客户）。此外，在当地市场通过抽签或摇奖的方式解决也可以。营业推广的途径和方式不同，推广费用和效益也不一样，企业必须结合自身内部条件、市场状况、竞争动态、消费者需求动机和购买动机等进行综合分析，选择最有利的营业推广途径和方式。

4. 营业推广的时机和期限

不同的商品，在不同的市场、不同的条件下，营业推广的时机是不同的。市场竞争激烈的产品，质量差异不大的同类产品、老产品，刚进入国际市场的产品，滞销产品等，多在销售淡季或其他特殊条件下运用营业推广策略。至于推广期限，企业应考虑消费的季节性、产品的供求状况及其在国际市场的生命周期、商业习惯等适当确定。推广期限过短，许多潜在买主可能正好未买，达不到营业推广的预期效果和目的；期限太长，费用增加，甚至得不偿失，还会给国外消费者造成一个印象，认为营业推广策略不过是一种变相降价，进而怀疑产品有质量问题。据有关资料介绍，在北美地区，每季度搞三周左右的营业推广比较好；在西欧，营业推广的期限可能有长有短，日用品以一个月为好；在中东、非洲和亚洲许多地区，视城乡不同，推广期限应有一定的弹性，城镇应长于大城市，乡村地区又长于城镇，这主要因为信息和交通不便的缘故。一般情况下，在国际市场开展营业推广，其期限大都以消费者的平均购买周期为佳。

5. 营业推广的目标

推广目标主要是指企业开展营业推广所要达到的目的和期望。推广目标必须依据企业的国际市场营销战略和促销策略来制定。营业推广的目标不同，其推广方式、推广期限等都不一样。比如，针对国内外中间商的营业推广，其目标与方式有以下几种：诱导、吸引国内出口商和国外进口商、中间商等购买新品种和大批量购买，可以采用推销奖金、联营专柜、赠送样品和资料等手段；鼓励国外老客户和新市场的新客户续购、多购，可以采用购货折扣、合作广告、推广津贴、举办博览会、展销会、现场表演等手段；鼓励国外中间商购买滞销商品，可采用购货折扣、推销竞赛、合作广告、推广津贴、特别服务、分期付款、发放奖券等手段；为了建立企业与出口商、国外进口商、经销和代理商的良好关系，培养他们对企业的忠诚和偏爱，除了加强业务往来和物质刺激以外，还要重视非业务往来和精神激励。比如，举办联谊会、恳谈会；在主要的节日和喜庆之日，赠送礼品和贺信；在资金上给予融通；相互谅解、帮助和支持；或者邀请中间商来本国观光、游览等。

营业推广介于广告和人员推销之间，用来补充广告和人员推销。与经常性有计划地进行国际市场广告和人员推销不同，营业推广主要是针对国际目标市场上一定时期、一项任务，为了某种目标而采取的短期的特殊的推销方法和措施。如为了打开产品出口的销路，刺激国际市场消费者购买，促销新产品，处理滞销产品，提高销售量，击败竞争者等，往往使用这种促销方法来配合广告和人员推销，使三者相互呼应，相互补充，相得益彰。广告大都以提高产品知晓率、宣传商品，使产品在顾客心中建立好感，进而产生购买动机为目标，希望顾客在购买某类商品时，选购被宣传的牌子；人员推销则主要是亲自向目标顾客宣传、介绍商品，推销产品，搜集市场信息，寻找新的客户，进行产品维修，签订购销合同；而营业推广则直接引导、刺激顾客立即作出购买行为。但是，营业推广在国际市场上不宜经常使用，否则，会引起顾客的观望和怀疑，反而影响产品销售。

13.3.4 影响国际市场营业推广的因素

企业在国际市场采用营业推广这一促销手段时，应特别注意不同国家或地区对营业推广活动的限制、经销商等的合作态度以及当地市场的竞争程度等因素的影响。

1. 当地政府的限制

许多国家对营业推广方式在当地市场上的应用加以限制。例如，有的国家规定，企业在当地市场上进行营业推广活动要事先征得政府有关部门的同意；有的国家则限制企业营业推广活动的规模，限定免费赠送的物品不得超过消费者所购买商品的一定百分比，如法国限制在5%以下；还有的国家对营业推广的形式进行限制，规定赠送的物品必须与推销的商品有关，诸如杯子可作为咖啡购买者的赠品，而餐具就不能作为推销洗衣机的随赠礼品。国际广告协会于20世纪70年代末曾就价格折让、礼品赠送与有奖销售三种营业推广方式在不同国家运用时所受到的限制进行调查，调查对象包括发达国家和发展中国家在内的38个国家。调查结果发现这些国家对礼品赠送的限制最少，有奖销售受到的限制最多。在欧盟各国，营业推广方面有着一定的规定，如表13-3所示。

表13-3 欧盟各国有关营业推广的规定

	英国	西班牙	葡萄牙	法国	意大利	荷兰	比利时	德国
包内附赠品	P	P	P	M	P	M	M	M
多品种购买优惠品	P	P	P	P	P	P	M	M
附加品	P	P	P	P	P	M	M	M

续表

	英国	西班牙	葡萄牙	法国	意大利	荷兰	比利时	德国
免费赠品	P	P	P	P	P	P	M	P
免费随寄品	P	P	P	P	P	P	M	N
随购附赠品	P	P	P	P	P	M	M	M
配套产品优惠装	P	P	P	P	P	M	M	M
收藏系列设计	P	P	P	M	P	M	M	N
有奖竞赛	P	P	P	M	P	M	P	M
免费抽签	P	P	P	P	P	N	N	N
让利	P	P	P	M	M	N	N	N
抽奖/彩票	M	M	M	M	M	M	M	M
减价券	P	P	P	P	P	M	P	P
下次购买减价券	P	P	P	P	M	M	P	N
现金回扣	P	P	P	P	P	P	P	M

P=允许　M=可能允许　N=不能允许

2. 经销商的合作态度

企业国际市场营业推广活动的成功，需要得到当地经销商或者中间商的支持与协助。例如，由经销商代为分发赠品或优惠券，由零售商来负责交易印发处理，进行现场示范或者商店陈列，等等。对于那些零售商数量多、规模小的国家或地区，企业在当地市场的营业推广活动要想得到零售商的有效支持与合作就要困难得多了，因为零售商数量多、分布散、不容易联系，商场规模小，无法提供必要的营业面积或者示范表演场地，加上营业推广经验缺乏，难以收到满意的促销效果。

3. 市场的竞争程度

目标市场的竞争程度，以及竞争对手在促销方面的动向或措施，将会直接影响到企业的营业推广活动。比如，竞争对手推出新的促销举措来吸引顾客争夺市场，企业若不采取相应的对策，就有失去顾客而丧失市场的危险。同样地，企业在海外目标市场的营业推广活动，也可能遭到当地竞争者的反对或阻挠，甚至通过当地商会或政府部门利用法律或法规的形式来加以禁止。

即测即练 13.3
扫码测练

13.4　国际营销公共关系策略

13.4.1　国际公共关系的快速发展

自 20 世纪下半叶以来，尤其是 80 年代以来，随着经济全球化进程的加速，各国公司越来越多地参与全球营销，这些公司的管理层对国际公共关系的作用和价值的认识也愈益加深，对在国际交往、国际营销中如何更有效地发挥公共关系的作用也愈益重视。据美国沃伦·丁·基坎与马克·C·格林两人合著的《全球营销原理》所引述的一项最近的研究发现：从世界范围来看，每年公关费用的平均增长率为20%。印度近年来由于外来投资额直线上升，产业私有化和新股公开发行活动日益兴盛。在此形势推动下，该国公关费用的年增长率更高达200%。与此同时，国际公共关系协会的数目也在不断增长，许多原来公关活动并不十分显眼的国家，也你追我赶地成立了全国性的公共关系协会。新成立的奥地利公共关系协会就是其中一例。许多欧洲的公关贸易协会，也都同时加入欧洲公共关系联盟和国际公共关系协会，成为它们的组成部分。

国际公关事业的这种快速发展，除上述原因外，还在于"冷战时代"结束以来，各国政府间的往来日益增多，政府、组织、社团要处理大家共同关心的一系列问题，如环境保护、世界和平等受广泛关注的问题。最后，在科技推动下宣告了信息时代到来的沟通革命，使公共关系成为一个真正全球性的职业。因为在传真机、人造地球卫星、高速调制解调器和因特网的普遍使用下，公关专业人员事实上已可与世界上任何地方的媒体接触和联系。

13.4.2 公关在国际营销中的任务

作为促进销售组合中的公共关系，无论是在国内营销或国际营销中，其任务应是相同的，主要有下列3点。

1. 说服顾客接受本企业的产品或服务

作为整体的公共关系，包含旨在推广或保持一个公司的形象或其产品的各种方案。而且营销公关的主要目的之一就是要运用宣传推广来向公众提供有关一个公司的产品、政策或人员的信息。这样做的一个直接效果，就是引起公众对企业产品或服务的广泛注意，并受该企业各种宣传推广的影响，相信该产品或服务是自己所喜欢的或必备的，且质量、价格均是较可接受的。

2. 塑造企业良好的形象

这可说是营销公关的中心任务，理由是公共关系的最一般定义已明确指出，公共关系包括所有旨在塑造和维持企业良好公众形象的活动。企业之所以要通过各种公关活动来塑造良好的公众形象，当然归根到底还是企图通过各种活动，特别是各种赞助和社会公益活动来显示本企业是个"社会好公民"，从而间接提高销售量。

企业借助"好公民"形象能有效提高销售量的道理是不难理解的。

（1）即使企业的产品或服务的质量都不错，价格也相同，如果企业的公众形象很差，人们往往不会对它惠顾。因为不讲社会公德者历来都为人们所诟病，尤其是在当今社会物资极其丰富，类似竞争产品林立的情况下，人们在购物时有很大选择空间，自然会择善惠顾，远离劣迹昭著的企业。

（2）公众形象不好的企业，或不讲诚信的企业，很难令公众相信它能制造出优良的产品，或能货真价实，不欺骗消费者，让人放心购买。因此当今的企业，尤其是一些大型的跨国企业，无不秉承如索尼公司"以技术贡献社会，做优秀企业公民"之类的发展理念，坚持在教育、文化艺术和环境保护等诸多领域开展驻在地的公益活动。

13.4.3 企业危机公关

1. 企业危机公关的类型

危机公关（Crisis public relation）又称危机管理（Crisis management）。但不等同风险管理（Risk management），至多只是风险管理的一个部分。风险管理一般由两大部分组成，即包括纯粹的风险（Pure risk）和投机性的风险（Speculative risk）。前者是只包括有可能损失而不可能有所得的风险；后者则包括伴有可得的风险，如投资者购买股票或债券，由于价格的上升或下降，冒这种风险则既可能有所得，也可能有所失。因此危机管理的对象只能是纯粹的风险。

根据国际上的通用分类，公关危机一般可分为两大类。

（1）可预见的突发事件

这类事件是生产经营中有可能直接发生或间接受牵累的，如锅炉、机器事故、产品责任事故、职工不忠诚事件、合同责任事件等。这些事故或事件是可以预见的，但是具体发生的时间、地点、规模或程度则多数无法预料。

（2）不可预见的突发事件

这些事件通常是自然灾害与人为恶意破坏造成的，例如地震、水灾、火灾等突发性自然灾害，车船交通事故，人为的对产品质量的破坏甚至投毒，遭受盗抢，引起环境污染，政治事件牵连等。有些行业，意外事件造成的危机非常频繁，如航空运输业的飞机失事就层出迭见，从理论上讲，飞机飞到哪里事故就可能发生在哪里。

另外也有一些学者根据危机发生的原因和造成损失的情况，将之划分为"人为突发事件""非人为突发事件""企业内部突发事件""企业外部突发事件""有形损失（人员伤亡、财产损失）突发事件"和"无形损失（企业形象、信誉的损害）突发事件"等类型。这些分类对于弄清不同类型事件的特点，采取相应措施是有帮助的。

2. 企业公关危机处理的原则规范

企业公关危机的处理除需要按一定的程序进行外，还必须重视有关的策略，即具体进行企业危机处理所采取的对策和方式及其相应的原则规范，根据国内外一些有代表性的公关危机管理专家的意见，企业公关危机处理的原则规范主要包括下列内容。

（1）超前行动

企业公关危机尽管都具突发性，但"寒不累时则霜不降，温不兼日则冰不释"，（东汉·王充语）许多公关危机都具有潜伏性的特征，只要下足功夫、留心观察，人们还是可以进行预测的，这一策略就是指企业要经过经常的调查分析，尽早发现引发危机的蛛丝马迹，预测出将要遭遇的问题及事态的基本发展方向与程度，从而制定出多种可供选择的应变计划。这就是我国东晋道教思想家葛洪所说的"至人消未起之患，治未病之疾"。

(2) 时不可失

在处理企业公关危机时，不管面对的是何种性质、何种类型、何种起因的危机事件，企业都应该主动承担责任，积极进行处理。否则就会耽误处理危机的最佳时机，陷入危机处理的被动局面，从而引发更大的危机。

(3) 临危不惧

虽然前面曾说，企业公关危机只要平时注意观察研究，对将要遭遇的问题及事态的基本发展方向与程度还是可以大致预测的，即使如此，但什么时间，什么地点爆发却是不可知的。因此在危机事件突发时，往往仍会引起企业的震惊和心慌意乱、茫然失措，使事态扩大、危机加深。因此在危机发生时，企业一定要镇定自若、沉着应对，并如实地与公众沟通，主动与新闻媒介取得联系，公开事实真相，不应掩饰隐瞒弄虚作假；否则只会欲盖弥彰，更加损害企业的形象，甚至造成毁灭性打击。2011年3月，我国最大肉制品加工企业双汇集团卷入"瘦肉精"旋涡之中，便是一个很好的说明。危机事件后，双汇需要做的绝不仅仅是向公众开诚布公事件真相，更重要的是履行企业本身所承担的社会责任，重塑企业一个负责任、关注消费者权益和健康的正面形象，通过能彰显企业责任的实际行动去重新获得消费者的支持和信任。的确，只有以诚意应对危机、以尊重进行公关，受损的品牌才可能得到修复，对于遭遇危机的双汇来说，尊重消费者才是最好的公关。

▶ **国际营销案例 13-4**

杜嘉班纳和迪奥的危机公关

2018年11月21日，杜嘉班纳（Dolce & Gabbana）要在上海举办品牌大秀的前几个小时，被爆出在Ins上发布涉嫌不当言论。这在中国的社交平台上引起了轩然大波。随后杜嘉班纳的两位创始人在社交平台表明自己的账号被盗，并删除了相关视频。但显然，中国的网友并没有买账，中国明星发声抵制，模特纷纷罢演，亚太区的品牌大使迪丽热巴和王俊凯提出解约，原定的品牌大秀因故改期。随后两人又在微博上发布了道歉视频，但只是在微博上发布了给中国人看。在不当言论发布后的一天，除了公司官网，杜嘉班纳在中国的线上销售渠道被全部切断，意大利的这个奢侈品彻底在中国凉凉了。

相反，法国著名品牌克里斯汀·迪奥，曾因其代言人美国著名影星莎朗·斯通的涉华不当言论，引起广大华人的愤怒，给品牌形象带来了巨大的负面影响。幸好迪奥的危机公关处理十分及时，迪奥法国总部立刻发表声明表明立场：这是未经过深思熟虑的言论，本公司绝对不会认同。迪奥公司还表示，作为最早进入中国奢侈品市场的国际品牌之一，迪奥深受广大消费者的喜爱，因此它们永远不会支持任何可能会伤害到中国人民感情的言论。迪奥品牌这种应对危机的积极态度满足了公众期望，维护了品牌形象。

在竞争激烈的奢侈品市场中，奢侈品品牌的营销过程肯定不是一帆风顺的，企业可能会面临突如其来的危机。作为一个有竞争力的奢侈品企业，在危机中面对强大的舆论压力和复杂的社会关系，如果惊慌失措，不能在第一时间找到有效的解决办法，有可能会给品牌形象带来毁灭性的打击。

资料来源：宋林．中国奢侈品市场公关营销策略探析 [J]．全国流通经济，2019（1）：17-20．

13.4.4 国际营销公共关系中的法律问题

在国际营销中，往往要遇到世界各国不同的法律和法规问题，和整个营销工作一样，国际营销公共关系活动也必须学会遵循这些法律法规，尤其是国际营销公关人员，必须注意对其组织有影响的基本法律问题，特别要注意那些在国际营销公关活动中最容易触犯的法律问题。这些问题归纳起来，有下列几点。

1. 不同国家对传媒的利用都有某些特定的法律规定

如美国《联邦通讯法》便有"公平原则"和"同等时间原则"的规定，要求宣传媒体"按照公众利益活动，在讨论对公众有重要影响的问题方面，为不同的观点提供公正的机会"。"让公众接触各种不同的政治、道德、伦理及其他思想并了解这些方面的活动，是他们的权利"。这种公平主义和平等时间方面的规定对公关人员来说十分重要，公关人员想影响舆论，就要具备利用各种传播媒体的能力。因此，国际营销公关人员在美国利用电台、电视台等媒体开展公关活动时，要牢记不能违反公平原则。对其他国家一些类似的法律规定，同样应认真研究遵守。

2. 各国对利用传媒进行宣传的内容也都各有严格的规定和限制

如《国际商业广告从业准则》（国际商会1963年通过）便有"未经征得当事人之同意或许可，不得使用个人、商号或机构所作之证词，亦不得采用其照片。对已逝人物之证件或言辞及其照片等，倘非依法征得其关系人同意，不得使用"；"科学或技术名词和利用统计数字、科学上之说明或技术性文献等资料时，必须对受众负责"；"凡与个人私生活有密切关系之产品，其广告之制作应特别审慎，宜省略不宜在社会大众之前公开讨论之文辞"等规定广美国广播事业协会订立的《美国电视规范》也有"私人或机关团体，就运动比赛所举办的合法猜谜，其广告应以公告方式播出""证言性质之公告，内容必须有真人真事为证"；"不得用欺骗、隐瞒的方式播映商品的内容"；"电视传媒事业最好能收集充分之资料，证明商品所作示范或介绍，全属真实"等规定。

3. 各国对国际营销人员的公关游说行为做出了严格的规定和限制

国际营销公关人员在进行公关游说，通过对执法、司法、立法机构的人员施加影响，致使相关部门作出利于自己企业或公司的决定时，不得采用腐蚀拉拢等非法手段。例如在美国就不能与《联邦游说管理法》相抵触。当然由于各国的习俗不同，往往有些正常的公关馈赠与腐蚀拉拢的界限难以区分，对这些微妙问题，国际公关人员应特别注意、慎重对待，不能事事皆"入乡随俗"，很多情况还要兼顾母国与东道国的法律、法规。即使有些事情在东道国是允许做的，但在母国的法律、法规范围内视为非法的也不能做，否则往往会受到本国法律的追究或制裁。

4. 应特别注意在开展公关活动过程中不要侵犯私人权利

国际营销公关人员在履行自己的职责过程中，常常要举行新闻发布会、招待会、产品推介展，发表演说，起草报告，以及进行家庭访问等，很容易涉及侵犯个人权利和诋毁个人名誉等法律问题。下面是国际营销公关人员在开展公关活动过程中应力避的几种侵犯个人权益的行为。

（1）诽谤和诬蔑

包括书面或口头诽谤、造谣、诬蔑等。一般来说，在公关活动中，蓄意进行与诋毁他人名誉有关的言论传播毕竟是少数，大多数还是无意造成或疏忽所致。但是，如果这种言论或行为确被证明已造成他人或其他企业的名誉、经济利益或形象受到损害，则仍要承担相关的法律责任。所以国际营销公关人员在公关活动中，应避免犯诽谤和诬蔑罪，特别要注意避免无意的诽谤与诬蔑。

（2）盗用他人名义

盗用是指未经本人允许，利用他人的姓名或作品甚至捏造他人的言论或观点进行广告宣传或其他商业性宣传。前面我们曾说，诽谤和诬蔑在公关活动中多数出于无意或疏忽，但盗用他人名义却是有意的。正因此，如前所述，国际上许多相关法规都规定"未经征得当事人之同意或许可，不得使用个人、商号或机构之所作之证词"，同时还规定，"证言性质之广告，内容必须有真人真事为证"。现在许多名人广告、名人代言人，一些"名人"往往见钱眼开，对受雇企业作言过其实的宣传，甚至说假话。这可说是一种新形式的"盗用其他人名义"。就这些"名人"来说，最后总会难脱违法之咎，作为公关人员来说，也难摆脱干系。

（3）侵犯隐私权

侵犯隐私权的形式多种多样，根据美国大众传播法的分类，最常见而重要的有3类：①侵扰他人隐私生活。此种侵权由侵犯某人受法律保护的隐私的物质部分且未经准许构成。常见的情况是侵扰本身并非是身体的，而是表现为对被害人私人领域如家里或办公室里通过长距离镜头或电子监听装置进行窃听、拍照、录音等。②虚假曝光。即为某人设立一个虚假的形象或通过公布于众将某人置于虚假曝光之中。一种侵犯形式是将个人事实上并不持有的或其他一些观点说成是某人所持有的观点，或荒谬地把一些文章及论述归咎于某人。另一种危险的做法是脱离事物的来龙去脉使用某人的一张照片或录像带。还有一种情况是，故意虚构可识别的个人活动或事件的小说。③隐私真相的公开透露。即不合理地公开令人尴尬且令人不快的隐私真相。如个人在某一场合不经意的失态或日常生活中的某些怪癖，个人发迹前曾从事过的低贱职业。另外如是未婚父母、曾是同性恋者、曾被强暴的事实等，都属于令人不快的隐私真相。当然这类情况比较复杂，不一定都构成侵犯隐私权，但肯定都会遭到当事人的反感，不利于企业与社会公众建立良好的关系。

本 章 小 结

营销组合中的促销因素包括广告、人员推销、营业推广和公共关系。有效地促销计划执行是公司成功的国际营销的一个关键因素。促销活动中使用的工具必须在沟通渠道内和管理营销的法律、法规允许的范围内使用。

当国际营销者发现可以发起国际广告战役时，可能也需要因地制宜或风格独特的当地广告战役。在创作全球广告战役的意向背后，有一条最令人信服的理由：这个过程迫使公司为自己的产品寻找全球市场。另外，发现适用于国际的诉求点和利益点的过程也迫使公司深入了解市场的基本需要和购买动机。在创作广告时，必须确保艺术总监和文案适合目标国家的目标受众。广告客户可以雇用一家国际广告公司来代理世界各地的广告业务；或者也可以在各地区或当地使用一家或一家以上的广告公司。媒介的可获性在各国的差异相当大。电视在许多国家市场是首要的传播媒介。

人员推销、营业推广和公共关系也是国际营销的重要手段。人员推销（或一对一的人际交流）要求公司的代表熟悉其业务所在国的文化。对推销过程中的各过程的行为也必须作适当的调整，以期符合各国市场的要求。营业推广活动必须服从各国的法律法规。任何设计失误的营业推广活动都会引起不利的新闻报道。企业的传播和沟通方案的设计必须用以培养良好的信誉，提供准确及时的信息，尤其是在出现危机时。国际营销公司正在注意这些活动。营销人员的最大利益在于预见国内外顾客的问题和通过沟通管理这些问题，使各方都满意。

关 键 术 语

促销组合（promotion mix）
人员销售（personal selling）
公共关系（public relation）
营销数据库（marketing database）
宣传广告（information advertising）
广告代理商（advertising agency）
赠券（coupons）
一揽子折价（price packs）
购物现场促销（point-of-purchase）
折让（allowance）
外部销售人员（outsides sales force）
电话营销（telemarketing）
销售定额（sales quotas）

广告（advertising）
营业推广（sales promotion）
直邮营销（direct-mail marketing）
广告目标（advertising objective）
传媒载体（media vehicles）
样品（samples）
现金折扣（cash refund offers）
实物奖励（premiums）
折扣（discount）
销售人员管理（sales-force management）
内部销售人员（inside sales force）
小组推销（team selling）
销售过程（selling process）

接触（approach） 介绍（presentation）
处理障碍（handling objections） 完成推销（closing）
竞赛、抽彩和游戏（contest sweepstakes and games）
关系营销（relationship marketing）

课后习题

1. 国际广告决策具体包括哪几方面的决策？
2. 讨论国际广告标准化和差异化策略的各自特点。
3. 如何进行国际广告的效果评价？
4. 如何进行国际推销人员的管理、激励和评估？
5. 请结合实例谈谈国际营业推广的类型和主要有效形式？
6. 影响国际市场营业推广的因素有哪些？
7. 请结合实例谈谈国际营销企业如何进行危机公关？

本章讨论案例

悦诗风吟的组合营销

悦诗风吟是爱茉莉太平洋集团旗下的品牌。爱茉莉化妆品是由韩国著名企业爱茉莉太平洋公司所生产的享誉全球的化妆品。爱茉莉太平洋公司成立于1945年，至今已有50多年的历史，是韩国最著名的企业集团，旗下子公司跨行数十业，不仅拥有自己的研发中心，还建立海外分支机构横跨全球。

当前所有的悦诗风吟店采取的都是由韩国爱茉莉太平洋集团直营，而非像其他店铺一样寻找代理商，是标准的韩国操作模式。其旗下品牌产品涉及护肤、洁面、彩妆、男士护理等多种单品，是多元化的品牌。悦诗风吟一直坚持自然、健康、朴素、时尚这些理念，其产品都是从有机环境的珍贵草药中提取的纳米矿泉水和精髓，宣扬草本这一绿色环保概念。其能够在中国快速的占领护肤品市场的主要因素就是中国消费者对草本概念的信赖和热衷。

广告策略是悦诗风吟进军中国市场又一重要手段。据研究，商场如战场，任何产品要想赢得市场，与消费者是否熟悉它、是否信赖它直接相关。名人代言总会让他们认为产品是权威的、可信赖的。根据品牌的调性，悦诗风吟相继邀请过韩彩英、金泰熙、宋慧乔、文根英等韩国演艺界自然派美女出任代言人，引起了强烈关注，而担任"悦诗风吟"第六任代言人的则是韩国当红偶像组合"少女时代"的成员允儿和年轻帅气的著名男演员李敏镐。消费者更是爱屋及乌，看到喜欢的明星代言的商品，有时候仅仅是为了所赠送的一张海报而去购买化妆品，由此，大量的名人粉丝转化成了品牌的忠实粉丝。

有时候大量的广告重复的播放，会引起消费者的抵触情绪，感觉到厌烦，所以在运用广告之余，企业可以充分利用一些公共沟通平台，常常会有意想不到的效果。

利用公益活动，展现产品的特点，宣传品牌。2012年6月，悦诗风吟在中国与韩国为上海"根与芽"的百万植树计划大力宣传，同时发起限量版的悦诗风吟环保手帕活动，并邀请代言人李敏镐共同设计，展开第一波绿色中国行动，让公众从一块手帕做起，养成良好的生活习惯，更好地保护我们的家园。通过这个公益活动，悦诗风吟并没有为之投入大量的人力物力去宣传，却引起了各方时尚媒体的注意。

利用媒体、社会焦点，吸引消费者的注意。悦诗风吟曾经在韩国通过名为"与敏镐拍广告"的应用程序，举行过一个极有创意的互动广告，大力号召消费者与品牌进行互动，为粉丝提供一个与代言人一起模拟拍摄广告的机会，吸引了许多的名人粉丝加入品牌粉丝之中。

利用个性小礼品吸引消费者的注意。悦诗风吟经常提供购物赠送名人海报，印有名人画像及签名的试用装等吸引名人粉丝。

企业通过在微博上进行信息的快速传播、分享、反馈、互动，实现低成本的产品推介、客户关系管理、品牌传播，危机公关以及销售促进等营销价值。悦诗风吟的官方微博，更是有67万粉丝，每次发布名人互动信息及产品信息，被大量转发，扩散。此策略当之无愧为优质低价，超级划算的品牌宣传策略。

资料来源：崔菁菁，卢黎莉．"悦诗风吟"品牌的促销策略研究[J]．中国商论，2018（29）：71-73．

讨 论 题

1. 悦诗风吟品牌营销主要采取了哪些促销策略？
2. 针对目前营销存在的问题，悦诗风吟应当如何调整？
3. 悦诗风吟的案例对于其他化妆品企业发展有哪些借鉴意义？

（考核点：国际市场促销策略的内容；国际广告策略；国际营业推广的有效形式）

第五篇 国际营销的组织与控制

第14章
国际营销的组织

学完本章，你应该能够：

1. 明晰国际营销组织的基本概念；
2. 理解国际营销组织的演进及其结构类型；
3. 了解影响国际营销组织的结构因素；
4. 理解企业在选择国际营销组织形式时要考虑的主要因素。

全球视角 ▷▶

人们塑造组织，而组织成型后就换为组织塑造我们。

——丘吉尔（英国前首相）

经营企业，需要组织好许多环节共同运作，差一个念头，就决定整个失败。

——松下幸之助（日本松下电器创始人）

未来真正出色的企业，将是能够设法使各阶层人员全心投入，并有能力不断学习的组织。

——彼得·圣吉（美国《第五项修炼》作者）

与一种产品的生产经营相适应的组织结构形式，可能对另一种产品来说是不合适的。

——弗农（美国哈佛大学教授）

　　从事国际经营的企业制订了国际营销计划（包括国际营销战略和策略）之后，接下来的任务就是实施，以便使国际营销计划达到预期的目标，并进而实现企业的总体目标。为此，企业要对自己的国际营销活动进行有效的组织，使国际营销计划所规定的各项活动不但能落到实处，而且还得到有效地实施。

　　国际市场营销组织是组织中的一种具体形式，是指按照一定的宗旨和系统建立起来的从事国际市场营销活动的集合体。它主要包括组织形式和组织内部关系，以及组织的运行机制等内容。企业组织工作的根本目的就是为了保证战略目标的实现，国际市场营销组织有一个不断发展、不断完善的过程，至今仍在不断优化和发展。

14.1 国际营销组织的演进及其结构类型

企业组织结构必须和企业战略相适应,国际营销的组织结构演进一般可分为四个阶段:出口部组织——直接出口战略阶段;独立的海外子公司组织——海外直接投资战略初期阶段;国际业务部组织、国际事业部组织——海外直接投资战略阶段;全球组织——全球市场战略阶段。

扩展阅读 14.1
宝马会是美国制造吗?

14.1.1 出口部组织——直接出口战略阶段

在间接或被动的出口阶段,产品出口在全部业务中所占比重很小,出口业务主要委托给中间商进行,企业没有必要设立专门的出口机构,仅在国内营销部门内成立一个专门小组来处理相关的出口事务。

随着出口业务比重的增大,出口对企业的重要性增强,此时企业会将出口业务从国内销售部中独立出来,设置专门的出口部来处理出口业务,成为与其他职能部门地位同等的机构。

出口部的主要职能是国际市场信息的搜寻、海外市场的开拓、办理有关出口的各种事务、聘任并监督代理商等,如图 14-1 所示。

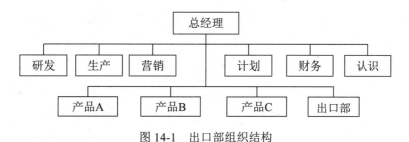

图 14-1 出口部组织结构

14.1.2 独立的海外子公司组织——海外直接投资战略初期阶段

在海外直接投资初期阶段,企业缺乏管理海外子公司的人才和经验,海外子公司的数量和投资额也较少,此时企业往往会授予海外子公司以相当大的经营自主权,海外子公司可根据东道国市场的具体情况自主开展经营活动,如图 14-2 所示。

海外子公司的主要职能是完成总公司下达的经营指标、进一步拓展海外市场、收集海外市场信息、提高企业形象。

这种组织结构形式又称为"母子结构",但是有时母子公司之间的协同效应得不到充分发挥。

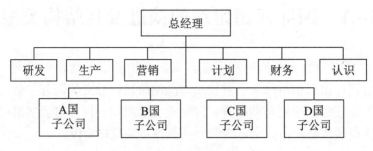

图 14-2　海外子公司组织结构

14.1.3　国际业务部、国际事业部组织——海外直接投资战略阶段

随着产品出口业务的进一步扩大以及海外分支机构的进一步增加，企业需要对各海外机构进行协调、管理和控制，出口部显然已经不能胜任全部海外业务的管理工作。此时企业会考虑设置一个统一负责管理和控制海外业务、独立于其他管理部门的管理机构，即国际业务部（International Division）。

国际业务部的最主要职能就是通过协调海外子公司的活动来提高企业的经营效率。国际业务部的设立标志着企业的国际化达到较高水平。据美国学者对187家跨国公司的调查，大约有60%的企业是在海外设立第5家子公司后才开始设立国际业务部。据日本学者对日本跨国公司的调查，有70%以上的企业是在第一家海外子公司设立10年以后才开始设立国际业务部，如图14-3所示。

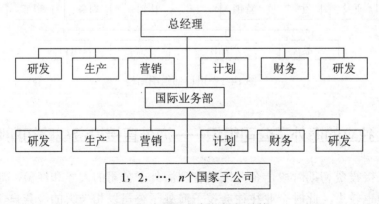

图 14-3　国际业务部组织结构

国际事业部（International Business Division）是为满足企业规模扩大和多样化经营对组织机构的要求而产生的一种组织结构形式。国际事业部不是独立的法人企业，但具有较大的经营权限，实行独立核算、自负盈亏，是一个利润中心，从经营的角度上来说，国际事业部与一般的公司没有什么太大的不同，如图14-4所示。

一些企业在日常国际营销中，因为公司规模原因并未设立国际事业部，而是通过设立国际业务部来发展完成日常的国际业务。

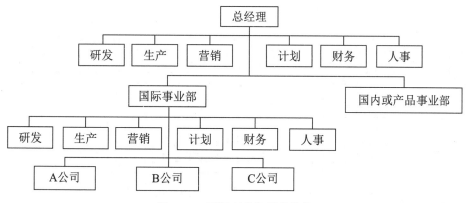

图 14-4 国际事业部组织结构

国际事业部与国际业务部的主要区别是：职能权限的不同，事业部制在经营管理活动中权限大于业务部制，事业部制实行独立核算。

国际事业部的负责人有着较大的权力，在企业中有着非常高的话语权。其工作权限包括对部门工作人员的任免权、对部门所涉及的业务的决定权、对部门发生的费用支出的审核权、对涉及本部门业务向总公司领导的建议权等。

14.1.4 全球组织——全球市场战略阶段

全球组织结构就是企业不再把全部业务活动区分为国内业务和国外业务，而是把整个世界市场视为一个统一的大市场来开展营销活动，企业在全球范围内来考虑其资源配置。

而企业在全球市场战略阶段中，企业在国际营销中则需要通过自身的战略选择合适的全球营销组织结构。因此在全球组织中则又包含了4种结构类型，分别为：地区型组织结构、产品型组织结构、矩阵型组织结构和全球职能型组织结构。

超级链接 14-1
事业部制的类别、职能、特点、优缺点及其适用范围

1. 地区型组织结构

鉴于国际业务部组织结构存在的缺陷，当公司的国际业务进一步发展时，国际营销组织形式将由国际部演变为地区型组织（Geographic organization）。地区型组织结构的设计思想是按照营销活动开展的地区来设计国际营销组织结构，它突出各地区的市场营销组织的功能，主要经营责任由地区总经理承担。总部及其所属的职能部门则从事全球发展战略的设计和控制，地区业务部门控制和协调该地区的所有职能，如图14-5所示。

扩展阅读 14.2
产品式组织的出现

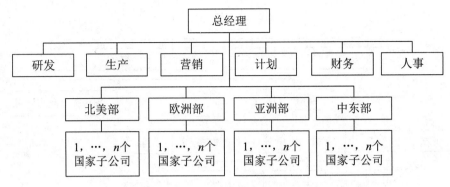

图 14-5　地区型组织结构形式

地区型组织结构的优点主要有：可以有利于发挥公司的整体效益；有利于直线职权和职责的明确和委派；有利于产品销售和生产的协调发展；较好地发挥了集权和分权的各自优势，使企业组织结构既具有较高的灵活反应能力，又拥有统筹规划的整体优势。但是，这一组织结构也有明显的缺陷。首先，企业需要大量的管理人才；其次，由于没有专人负责特定产品的经营活动，从而造成单项产品管理上的混乱；再有，这种结构也可能导致各地区各自为政，从而牺牲企业的全局利益。

地区型组织结构主要适用于那些各地区市场之间差别较大，而各地区内部的各国市场在经济、社会文化、地理、政治、自然条件等方面具有一定程度的相似性的国际企业。一些食品加工、医药和石油企业大多具有上述特点，因此可以考虑采用这种组织形式。当产品线结构复杂，按地区组织不容易处理好产品开发与资源分配，各子公司之间存在技术分享等问题时，国际企业便转向按产品划分的组织形式——产品型组织结构。

2. 产品型组织结构

产品型组织结构（Product organization）是指企业根据其所经营的产品类别来设计其营销组织结构。采用这一组织形式的国际企业通常有多少个产品大类，就设立多少个产品部，并由产品部经理负责全球营销活动。产品部经理的职责是制定产品开发计划，监督其实施结果并提出改进措施。国际企业在总部还另设有地区专职人员负责协调该地区的各种产品的业务活动，如图 14-6 所示。

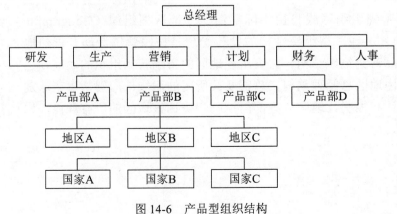

图 14-6　产品型组织结构

产品型组织结构有许多优点：具有较高的灵活性，当企业涉足新的产品领域时，只要在组织结构上增加一个新的产品部就可以；有助于企业对各个产品系列给予足够的重视，防止企业忽略开发新产品和那些销售量虽小但有发展潜力的产品；此方法的显著特征是分权化，部门领导有很大的主动权，从而有较高的积极性；对国外市场环境的变化反应敏感，增加新产品和减少老产品对企业整体活动不会产生太大的影响；产品部经理可以根据国际市场对产品的需求变化及时调整营销策略，比如剔除滞销的产品线、增添新产品；按产品线设立直线部门，便于部门经理搞好市场调研、开发新产品、争取最佳经济效益、优化投资结构；便于企业领导对比和评估各产品部门对企业的贡献，为资源分配提供了依据。

不过，这种组织结构也存在不少缺点：若缺乏整体观念，各产品部之间会由于各自的利益发生摩擦，协调起来比较困难，并且会增加管理成本；产品经理们未必能获得足够的权威以保证有效地履行职责，这就需要他们靠劝说的方式取得广告、销售、生产等部门的支持；由于权责划分不清，下级可能会得到多方面的指令，造成指挥混乱；被提升到公司总部职位上的原部门领导，可能会过分重视他们原来负责的产品线，从而出现某些产品线被忽略的情况。

产品型组织结构最适合用于具有下述特点的企业：企业有多种最终用户；企业既生产工业品又生产消费品；企业实行国外市场本土化生产；企业有多条产品线和高层次的技术能力。

3. 矩阵式组织结构

矩阵式组织结构（Matrix organization）兼顾地区和产品两大变量在营销组织结构设计中的重要性，适用于那些产品和经营区域都高度多样化的国际企业，如图14-7所示。

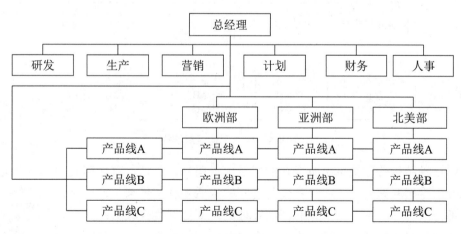

图14-7 矩阵式组织结构

由于每种基本组织形式都有其优点和缺点，因此将两个或两个以上的基本组织形式相混合的目的在于取长补短，充分发挥每种形式的优势。同时，也正因为是混合的原因，相对于其他简单的组织形式来说，矩阵式组织结构要复杂得多。

在地区——产品矩阵式组织结构中，按地理区域设置的地区部由总经理直接领导，负责企业所有产品在该地区的经营活动；按产品线设置的产品部也由总经理直接领导，负责该产品大类在世界各地的销售活动；企业产品在某一特定地区的经营活动同时受该地区部和有关产品部的双重领导。

矩阵式组织结构的优点主要包括：有利于企业更加有效地应付复杂的经营环境；能综合分析和处理各种环境因素；应变能力强，较好地解决了市场反应灵活性与规模经济之间的矛盾；加强了公司总部对各个区域的经营活动的计划和控制；加强了企业内部之间的协作，能集中各种专业人员的知识技能，又不增加编制，组建方便，适应性强，有利于提高效率；此外，这种结构试图创造一种协同力，使管理人员相互依赖和协作，建立起整体观念，能根据整体利益而不是部门利益来判断是非和衡量某项决策的得失。这种组织结构也有其不足之处：产品部和地区部更多地从自身利益出发来考虑问题，容易引发矛盾和摩擦；组织结构较为复杂，基层部门要同时受地区部和产品部的领导、监督、检查和评估，容易造成指挥混乱；双重指挥体系和双重检查体系会造成额外的管理费用，抵消了一部分效率；过分分权化，稳定性差。

4. 全球职能型组织结构

职能型组织结构以管理的职能分工为基础，把相同或相近的职能组合在一起设置为一个管理部门，来组织全球范围内的生产经营活动。如：营销职能部门负责各种产品在全球范围内的营销活动。

全球职能型的营销组织结构优点主要包括：每个部门只能担任某一职能方面的管理，专业性强；可以减少管理层次，避免机构和人员的重叠，如图14-8所示。

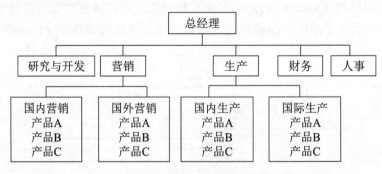

图14-8 全球职能组织结构

同时这种结构的营销组织所存在的问题也很明显，包括：首先高度的专业化分工给相互独立的专业管理部门之间的沟通和联系带来一定困难；其次各部门间容易产生摩擦，企业高层管理的内部协调负担较重；最后各部门都不直接对企业利润负责，不利于强化部门间的竞争意识，且容易出现互相推诿责任的现象。

所以该组织形式一般适用于企业规模相对较小、产品品种不多、市场不确定性较低、高级管理层能力较强的企业。

超级链接 14-2

京东调整组织架构为冲击国际市场做准备

2016年6月,在"618京东狂欢购"前夕京东集团进行了组织架构调整,核心是把市场营销、研发职能等多项支撑商城快速发展的重点业务和职能调整为在京东商城内闭环管理。

(1) 整合营销资源,设立营销平台体系

随着业务量移动端占比不断提升,为更好地整合流量、提升用户体验,京东将在大市场、无线业务和用户体验设计部的基础上成立商城营销平台体系,由徐雷担任负责人,向京东商城CEO沈皓瑜汇报。京东商城营销平台体系下设平台运营部、平台研发部、市场营销部、公共关系部、广告部和用户体验设计部,具体为

①原无线业务部分为平台研发部和平台运营部。其中,平台运营部将主要承担PC与App跨品类整合运营工作,搭建平台级运营体系,负责相关用户体验、用户经营等工作。平台研发部将整合PC与App前端产品研发,实现研发闭环。

②市场营销部承担品牌、营销运营等职能。

③商城公共关系部负责人由宋阳担任,向徐雷汇报。

④原数字营销业务部更名为广告部,专注于广告业务发展,原数字营销业务部除广告业务外其他职能转入市场营销部。

⑤用户体验设计部转入商城营销平台体系,负责平台级的UED、设计和用户研究工作。同时继续支持其他非营销平台体系,包括内部研发系统、人力资源、文化、智能产品、搜索大数据、京东云等领域的相关设计工作。原商城管理部下的产品管理部转入用户体验设计部。营销平台体系的搭建,将有助于减少运营与产品研发部的重复性,降低运营与采销的沟通成本,促进各平台运营的横向协作,对商城各采销事业部的业务发展形成强力支撑。

(2) 实现研发体系与业务闭环

为真正实现以技术和科技创新支持商城业务发展,同时进一步落实集团"授权、赋能、激活"的管理主题,集团研发体系进一步明确定位与分工,集团研发体系将聚焦基础运维、基础研发、营利性以及立足于未来发展的重大创新业务,如大数据、云平台、智能产品的培育和开拓,推进创新业务的孵化、规模化和产业化发展,提升新业务盈利能力。商城研发和运营研发将实现技术和业务闭环。

2017年4月25日,京东集团发布内部公告,宣布成立集团CMO体系,徐雷担任京东集团CMO,向京东集团CEO刘强东汇报。京东称,徐雷帮助公司搭建了大市场的营销体系、移动端的产品研发体系和围绕用户全生命周期管理的平台运营体系,培养出了多支敢打硬仗、迎难而上的优秀团队,并为京东品牌的建设和塑造、向移动端转型的战略做出了突出贡献。

新设立的集团CMO体系将全面负责集团整体包括商城、金融、保险、物流、京东

云等业务在内的整合营销职能,以及集团整体的国内市场公关策略策划职能。

资料来源:根据搜狐网,"刘强东怎样下棋?"及新华网,"BAT 后京东大规模调整组织架构"等资料编写,2016 年 6 月

14.2 影响国际营销组织结构的因素

影响国际营销组织结构的因素主要包括以下 7 个方面:

1. 外部环境

企业组织是一个开放的系统。企业在开展国际营销活动过程中,在宏观方面要受到不同国家和地区的政治、法律、社会文化、经济、技术、自然等环境因素的影响,在微观方面要受到供应商、中间商、消费者、竞争者、社会公众等利益相关者的影响。外部环境的差异性、复杂性和不稳定性越大,与之相对应,组织内部的差异性和复杂性也就越大。例如,如果竞争对手源源不断地开发出新产品,企业也就应该相应地设立适当规模的新产品研发部。又例如,对于许多国际企业来讲,东道国政府为了本国利益往往要对其施加压力,这就迫使这些企业设立游说部门。

2. 企业的管理导向

实施国际化战略的企业根据其国际化的程度、目标和倾向,可以分为四种管理导向:本国中心主义(Ethnocentrism)、多中心主义(Polycentrism)、地区中心主义(Region centrism)和全球中心主义(Geocentrism)。实行本国中心主义的企业将国内业务放在首位,而将国际业务放在次要地位,只有国内市场出现产品过剩时才会开展国际业务。实行多中心主义的企业认识到国际市场的特殊性,将海外业务看成是企业不可缺少的组成部分,并根据各国市场的差异制定相应的营销战略和策略,即按照国别组织营销活动。实行地区中心主义的企业主要根据某地区内各个市场之间存在的共性制定一体化的地区营销计划,从而以地区为基础将母公司的利益与子公司的利益结合起来。实行全球中心的企业则从全球的角度来考虑组织资源的优化,根据全球市场环境确定全球战略目标。全球营销战略目标要求在多国经营的基础上实现全球利益最大化,而不是斤斤计较某个市场的得失。

不同的管理导向标志着不同的权利重心基础;不同的权利重心基础自然会影响企业国际营销组织结构的设计。

3. 企业的规模和产品的性质

如果公司的海外业务量很小,在公司总业务量中所占的比例不大,公司完全可以采用国际(业务)部式的国际营销组织结构,而使企业的海外业务得到有效的发展。如果公司的业务大部分来自海外经营,这时,公司往往会放弃国际(业务)部式的国际营销组织结构,取而代之的是产品或区域式的结构,以促进公司海外业务的发展。一般来说,企业规模越大,其市场营销组织结构就越复杂。例如,随着其经营地理范围的扩大和业

务的多样化，大型跨国公司的组织结构会呈现出复杂的网络结构。同样，企业所经营产品的性质和产品线的数量也在很大程度上决定了其国际营销组织形式。例如，生产大型起重机的公司，其渠道就不宜过长。

4. 企业在国际化进程中所处的阶段

企业在国际化进程中会根据其所处的不同阶段采取不同的与之相适应的国际营销战略，因此，企业进入国际市场程度的深浅决定着企业的国际营销组织结构。间接出口、直接销售、全球经营等战略都需要相应的营销组织结构才能实现其经营目标。

5. 企业是在同质还是在异质市场上经营

企业的国际营销活动可能在同质市场上经营，也可能在异质市场上经营。如果是在同质市场上经营，由于所需要的产品同质化倾向很高，企业的国际营销组织机构的复杂性就比较低。例如，对可口可乐公司来说，其市场需求具有趋同性，因此，一般按地理区域组织自己的营销活动。而当企业为了满足多个差异性很明显的目标市场的需求时，其业务就复杂多样，于是就更需要各部门之间相互协调和配合。因此，不难理解一些在多个地区经营多种产品的跨国公司常采用矩阵结构。

6. 国外子公司所处的地理位置及其特征

企业海外子公司的地理位置影响着企业的国际营销组织结构设计。如果海外子公司设在文化、经济差异不大的地区，例如美国和加拿大，那么在这两个国家设立子公司时，地理位置不成为影响因素。但是，如果海外子公司设在社会文化、政治、经济等方面差异很大的国家或地区，例如英国和越南，那么在这两个国家设立的子公司的组织结构差异就较大。

7. 重要区域性经济集团的出现

随着全球经济一体化进程的推进和区域性经济同盟比如欧盟、北美自由贸易区、东盟等经济集团的产生和发展，一些国际企业纷纷将自己的地区总部由原来的按国家设置改为按地区设置。比如，香港、纽约、布鲁塞尔等城市已经成为许多国际性企业设置地区总部的首选城市。

14.3　企业在选择国际营销组织形式时要考虑的主要因素

设立国际营销组织的目的是使企业迅速适应国际市场环境的变化，同时将企业在国内经营活动中所获得的知识、经验及能力扩展到整个跨国公司的经营体系之中。因此，企业的国际营销组织形式必须与企业使命、技术能力以及外部市场的相关条件相适应。企业在选择国际营销组织形式时，一般要考虑以下 7 个因素。

1. 企业的外部经营环境

一个国际企业的外部条件主要包括竞争环境、外汇管理环境、东道国的管理政策和地区经济集团状况等。

首先，如果一个国际企业面临的竞争压力较大，就会倾向于选择较为集权的国际营销组织形式，或者采用与竞争对手相同的组织形式；反之，如果一个国际企业面临的竞争压力较小，则可以选择较为分权的国际营销组织形式，或与竞争对手不同的组织形式。其次，如果一个国际企业所面临的东道国的管理政策较紧，则会考虑选择一种适应性较强的国际营销组织形式，或混合型的易于内部灵活处置的组织形式；反之，如果一个国际企业所面临的东道国的管理政策较为宽松，则可以较为自由地依据自身的状况选择一种较为适合的组织形式。第三，如果一个国际企业选择地区型国际营销组织结构，又遇到了某一地区性经济集团的崛起，则分部就可以不按洲或国家设置，而根据地区经济集团设置。

2. 国际市场业务和国内市场业务在公司总体业务中所占的比重

如果国际业务在整个公司业务中占很大比重，就很有必要设置完善的国际业务部门；如果公司的主要业务是在国内，其国际业务可以通过简单地设置一个出口部来完成。比如，雀巢咖啡的90%以上的销售收入来自海外，因此采用的是全球性组织。

3. 公司组织结构的演进

公司在从事国际业务的初期，其国际部门只需要向公司总经理或其代表直接报告。当国际业务进一步扩展时，领导、组织和协调工作的复杂性会随之增加，从而要求公司设置更复杂的组织结构。

4. 公司经营业务的性质及相关战略

当公司在全球范围内运用类似的分销渠道和促销手段将类似的产品销售给类似的用户时，将国内的职能式组织结构简单地扩展到海外即可满足国际营销的需要。而当产品线呈现多样化的态势或特定市场具有特定的需求时，更适宜采用地区型组织形式。

5. 管理导向

不同的企业管理导向决定了不同的企业战略发展方向，而市场营销不过是实现企业战略目标的手段，因此，不同的管理导向会影响企业的国际营销组织结构的选择。

6. 能否找到合适的营销经理

如果企业无法找到足够多的具有国际营销经验的营销经理，在短期内它将不得不采用与能够找到足够多的营销人才的企业截然不同的组织结构。在长期内企业可通过培训解决这个问题，不过在培训方面的投资必须与今后的国际营销发展战略相适应。

7. 企业的权利分配模式

企业的权利分配模式有两种：集权制和分权制。集权制是将公司的重大决策权集中在总部，实行集中化管理。集权的优点在于公司总部能从公司的整体利益出发，综合考虑公司的实力，制定出最优的营销决策方案，同时还能对营销活动保持高度的控制力。从营销实践来看，倾向于以本国为中心的公司大多数实行集权制。但是，集权式管理也有其不足。首先，由于国际营销环境变化莫测，企业的营销策略要经常作出调整，仅仅通过一个决策中心来协调各种活动几乎是不可能的。其次，在信息的传递和沟通方面也存在困难，而且随着组织层次的增多，这种困难会不断增大。分权制则是授权于各地区或各职能部门，实行分散化管理。它赋予各管理层、海外子公司的负责人制定营销决策的权力，让他们支配资源，自主解决问题。分权的优点是所制定的营销决策方案比较贴近客观实际,决策速度快,适应环境变化的能力强,能够提供一种评价各地区、各职能部门工作绩效的方法,使各部门能了解自己所面临的环境和自身的情况。然而,分权也有其缺陷。它易于造成多头管理,从而造成公司总部对所属机构业务管理的失控。鉴于集权和分权各有利弊,公司应结合两者的优点来设计一种新的权力决策机制。倾向于地区中心和全球中心的公司实行集权和分权相结合的办法:公司总部把事关全局的重大决策权和管理权集中在公司董事会和总经理,强化自上而下的统一管理;与此同时,把需要对海外各地市场作出反应的职能和经营业务的权限分散在各子公司,扩大分支机构和子公司的经营自主权。这样既发挥了分权的优点,又能保证一定的控制力。在具体确定集权和分权的程度时,关键要看是否符合该公司的国际化程度、行业性质、母公司所在的位置和附属机构的规模等。

超级链接 14-3
苹果公司对外营销的神秘公关模式组织结构

本 章 小 结

企业制定出国际营销战略和策略之后,接下来的任务就是实施。为了使国际营销战略和策略得到有效的实施以达成预定的目标,企业要对自己的国际营销活动进行有效的组织。

首先,企业要明确哪些因素会影响国际营销组织结构。这些因素主要包括企业的国际营销活动所处的外部环境、企业的管理导向、企业规模和产品的性质、企业在国际化进程中所处的阶段、企业是在同质还是在异质市场上经营、企业的国外子公司所处的地理位置、有哪些重要的区域性经济集团的出现等。

其次,企业要明确常见的国际营销组织结构有哪些类型。国际营销组织结构主要有 7 种类型:出口部、海外子公司组织、国际业务部、国际事业部、地区型组织、产品型组织、矩阵式组织和全球职能组织。

国际营销组织结构没有绝对的优劣之分,企业应该根据自身的具体情况选择适合自己的国际营销组织结构。在进行选择的时候,企业需要考虑多个因素,包括:企业的外部经营环境、企业的国际市场业务和国内市场业务在企业总体业务中所占的比重、企业组织结构的演进、企业经营业务的性质及相关战略、管理导向、能否找到合适的营销经理、企业的权利分配模式等。

关 键 术 语

管理导向(management orientation)　　本国中心主义(ethnocentrism)
多中心主义(polycentrism)　　地区中心主义(region centrism)
全球中心主义(geocentrism)　　区域性经济集团(regional economic blocs)

出口处（科）(exporting division)　　国际部（international division）
地区型组织（geographic organization）　　产品型组织（product organization）
矩阵式组织（matrix organization）　　全球性组织（global organization）
全球地区型组织结构（global geographic organization）
集权制（centralized）　　分权制（decentralized）
全球职能型组织结构（global function organization）
全球混合式组织结构（global matrix organization）
全球产品组织结构（global product organization）

课后习题

1. 国际企业为什么要建立国际营销组织？国际企业应如何建立适当的国际营销组织？
2. 影响国际营销组织结构设计的因素主要有哪些？
3. 国际营销组织结构主要有哪些类型？
4. 企业在选择国际营销组织结构的时候需要考虑哪些因素？
5. 什么是本国中心主义、多中心主义、地区中心主义和全球中心主义？试比较这4种管理导向的特点。

本章讨论案例

ABB公司的组织结构

ABB集团位列全球500强企业，集团总部位于瑞士苏黎世。ABB由两个历史100多年的国际性企业——瑞典的阿西亚公司（ASEA）和瑞士的布朗勃法瑞公司（BBC Brown Boveri）——在1988年合并而成ABB集团业务遍布全球100多个国家，拥有21万名员工，在2020年全球福布斯全球企业排行榜中ABB公司位于第298位。

该公司的经营口号是"ABB在思想上要全球化、在行动上要本土化"。该规定英语是公司的官方语言，所有ABB经理必须讲英语，所有财务报表必须用英语写。ABB的组织着重协调3种关系：全球化与本土化、大型化与小型化、分权化与集权化。

作为国际化的大公司，ABB公司的管理当局面临着一个新的挑战：对一家遍布世界各地、拥有21万名员工的公司，你如何加以组织？这家公司需要经常性地将经营业务从一个国家转换到另一国家，而它又试图使其各项经营都能共享技术和产品。ABB公司的董事长巴内韦克认为他已经找到了答案。他在公司内大幅度地精简了公司总部的职员，同时大力推行一种两条指挥链的结构，使所有的员工同时接受所在国经理和所属业务经理的双重领导。ABB公司大约有100个不同国家的经理，在其董事会的领导下，经营着原来的国内公司，这些经理大部分是其所工作国度的公民。另外，公司配备了65名全球经理人员，将他们组织到8个集团中：运输集团、过程自动化与工程集团、环境装置集团、金融服务集团、电子设备集团，以及三个电力事业集团，即发电、输电和配电集团。

"结构追随战略"企业的组织结构设计与选择必须适应企业的战略调整和业务发展，有助于调动多方面的积极性和发挥各自的优势，ABB公司面临的问题就是如何通过组织结构的调整更好地配置内部资源以提高整体绩效。但是在实践中任何结构都不是完美的、都有其局限，充分认识所选结构可能存在的问题与风险在关键问题上建立合理有效的机制才能、取得预期效果。

可以看出ABB公司采用的是典型的矩阵式结构，其突出特点是具有专业技术的全球业务经理和各所在国经理的双重指挥链，其有效运行的必要条件是两条指挥链上的经理之间有良好的协调与合作，从而保证命令的统一。

资料来源：根据搜狐网，《ABB公司的拓展之路2017》和《中国电力报》等相关资料编写

讨 论 题

1. 分析ABB公司的矩阵组织结构为其带来了哪些好处？
2. 在ABB这样一个组织中，采用单一的产品型组织结构或其他的某种单一要素构成的组织结构是否合适？为什么？

（考核点：国际营销组织的类型与选择）

第15章
国际营销的控制

学完本章，你应该能够：

1. 领会国际营销控制的基本概念；
2. 了解国际营销控制的主要模式及其优缺点；
3. 明晰国际营销控制过程所包括的步骤及其内容；
4. 了解国际营销控制的主要类型及其具体内容。

全球视角

不要把所有的鸡蛋放在同一个篮子里。

——詹姆斯·托宾（美国诺贝尔经济学奖获得者）

成功的企业领导不仅是授权高手，更是控权的高手。

——彼特·史坦普（美国管理学家，史坦普定理提出者）

一个企业不是由它的名字、章程和公司条例来定义，而是由它的任务来定义的。企业只有具备了明确的任务和目的，才可以制定和现实的战略目标。

——彼得·德鲁克（美国"现代管理学之父"）

企业通过国际营销战略和策略的制定，确定了其海外营销活动的目标及其达成目标的途径；企业通过国际营销组织结构的设计，完成了任务的分工和权利责任的界定。为了监督和指导国际营销战略和策略的实施过程，保证营销目标的实现，企业应对其国际营销活动进行有效的控制。

国际营销控制是对国际营销战略和策略实施过程的监督和评价，并据此采取适当的措施以纠正实施过程中的偏差，以确保既定的营销目标的实现。

15.1 国际营销控制的影响因素

国际营销的管理控制与单纯在一国内经营的营销控制是有区别的。这是因为跨国企业的业务可能分散在不同市场环境的国家市场，控制系统要

扩展阅读 15.1
国际营销控制的必要性

扫码阅读

适应千变万化的环境，控制过程也变得更为复杂。同时，跨国企业的总部与各国市场之间相隔较远，管理者在语言、习惯等方面的各种隔阂都为达到控制所必需的沟通设置了不同程度的障碍。因此，跨国企业在选择适合自己的营销控制方法时，需要综合考虑多种因素，以下是一些主要因素。

1. 全球营销控制的标准化要求

市场营销战略是针对特定市场的特殊需求制定的，相比之下，市场营销过程则是针对企业的战略需要而设定的。也就是说，市场营销人员为了完成营销任务所使用的营销技巧和方法，以及营销控制的基本原理，在通常情况下不受特定时期、特定市场条件和市场需求的直接影响。因此，营销控制方式的选择会遵从公司的全球控制标准。

2. 交通和通信设施

交通和通信交流的基础设施是影响国际营销控制的一个重要因素。早期的国际营销者常常通过马车、轮船等交通工具往返于世界各个市场，总部对子公司的控制需要工作人员长途跋涉或者通过电报等方式传递信息。考虑到当时的旅行速度、往返成本、交通工具的舒适性等因素，绝大多数跨国企业都只是对子公司实施非常松散的控制。这种高度分权型的营销政策，主要是挑选人员负责国外市场业务，指导其在负责区域内全权决策子公司的运作，并在一年的运作期结束时向总部汇报工作情况。如今，各种交通和通信设施已经逐渐发展起来，飞机成为长途旅行的首选方式，面对面的交流变得非常方便，这使得跨国企业的经理们能够与分布在世界各地的业务单位保持直接联系。在当今的国际营销组织中，小型的营销业务只能获得有限的成功，其原因就在于这些业务的负责人没有财力和心力去与国外市场上更多的客户、分销商进行及时交流。而相对较大规模公司的管理层，则经常与国外分支机构的经理们保持联系，这些经理们又与自己所在市场区域的职员、顾客、代理商和分销商保持密切的直接联系。与此同时，各种通信工具也带动了更广泛深入的交流，电话、传真、互联网的广泛应用实现了全球范围内高效快速的联系，这些都使得跨国企业的营销沟通系统日臻完善。总之，交通和通信技术的发展使得控制所必需的联系方式具有速度快、质量好的特点，并且能传递包括数据、声音、传真、图像在内的各种信息，这一切都在为全球化企业对下属子公司的控制活动产生了深刻影响。

3. 环境的差异和稳定性

跨国公司总部和各子公司所处的经济、政治、文化、自然环境会具有不同程度的差异。一般来说，这种差异越大，子公司越需要获得自主权来适应这种环境的变化，也就是说，子公司所受到的控制程度就越小。环境的差异也成为国际企业划分控制单位的重要参考，比如，很多跨国企业采用地区型组织结构成立多个地区总部，其根据在于每个地区内各国的环境差异较小，便于实行统一的控制管理。

跨国公司总部对下属经营单位的控制还要受到子公司所在市场营销环境稳定性的影响。如果市场环境变化频繁，那么总部就会将权力和责任更多地下放到子公司，公司总部对经营单位实施的控制程度就比较低。比如，当一个国家处于革命时期，其环境的变化往往无法预期，跨国企业在当地的子公司需要采取一些简单灵活的政策，这时公司总部会更多赋予当地管理人员自主权力，去除很多计划性的控制要求，这样才能收到更好的效果。

4. 国际产品的性质

国际营销控制系统的另一个重要影响因素是产品的性质，主要考察产品的技术性质和产品对文化的敏感性。一些在技术上比较复杂的产品常常可以实现良好的控制，这是因为该产品的用途在各国市场上具有相似性，这为在国际层面上实现营销控制的标准化提供了基础。比如，无论全球哪个角落的电脑产品在技术上的差异已经非常有限，便于使用统一的控制标准。同时，环境敏感性是解释国际营销控制程度的另一个重要因素。如果一种产品在世界各地的销售方式和使用习惯差别不大，没有什么文化禁忌，那么跨国企业总部就可以应用标准化的控制方法，否则就很难用统一的国际标准去衡量。比如，快餐和药物就是对环境敏感的产品，药物的选用要根据当地的医疗条件和民族习惯，而快餐也要符合当地的口味和饮食习惯，像这样的产品如果要打入国外市场，就必须对营销组合进行相应的调整，无法实现全球统一的标准则必然增加控制的难度。

5. 子公司的营销业绩

子公司的经营绩效也是影响总部控制方式的重要因素。当子公司难以完成总部分配的销售任务时，总公司会尽全力帮助其找出原因所在，改正存在的问题，同时实施监控，避免问题再一次出现，这样对子公司的控制程度也就相应提高了。换个角度看待这个问题，我们会发现，能够成功经营的子公司都做到了很好地限制公司总部卷入的程度。因此，与处在困境中的公司相比，一个成功管理的子公司通常有着更为松散的控制机制。

15.2　国际营销控制模式

在国际营销活动过程中，企业不仅需要适时调整其国际营销组织结构，而且还需要根据组织结构的变化相应地调整母公司对子公司的监控管理模式。国际营销控制模式主要包括三类：集权型控制模式、分权型控制模式以及分权与集权相结合的控制模式。

15.2.1　集权型控制模式

集权型控制模式（Centralized control）是指公司总部对其国内与海外分部实行集中型控制。这是最为传统的跨国公司控制模式。集权型控制模式主要表现在海外业务规划和控制两个方面，其特征是：子公司经营权掌握在母公司手中；子公司职员的工作业绩用母公司的标准来衡量；不管子公司能否消化，母公司都向子公司传达指令和信息；子公司虽然设在目标市场国，但母公司仍按母公司的标准对子公司进行控制，而不考虑当地的具体情况；子公司的高级管理人员一般优先选用母公司的现有人员，子公司当地人才的发展机会较少；子公司内当地雇员有自卑感，而母公司派往子公司的雇员有优越感。

集权型控制模式的优点是母公司便于发挥统一调配的作用，这也是这种模式能够存在的重要基础。但这种控制模式过分忽略子公司的社会人情及雇员利益，容易引起当地社会的不满，从而产生种种干扰，产生当地雇员的抵制行为和排外情绪。一旦矛盾尖锐化，可能导致当地政府出面干涉。

15.2.2 分权型控制模式

随着企业的国际化进程的推进，集权型控制模式往往背离子公司的经营环境及发展战略的需要，产生许多问题。经过多年的演变和发展，控制模式开始从集权型和以本民族为中心转向分权型和以多民族为中心。分权型控制模式（Decentralized control）得以产生的背景是：分布在世界各地的子公司同母公司在社会、政治、经济、文化等方面的环境差异和能力差异越来越明显，所以由母公司集权控制子公司的方式越来越难以继续下去，在这种情况下，分权型多中心控制模式产生了。

分权型控制模式的主要特征包括：子公司经营决策权掌握在子公司经理手中，母公司只承担子公司早期决策及高级管理人员深造的决策；子公司职员工作业绩用子公司所在地通用标准来衡量；子公司奖励水平与母公司不发生直接关系，各个子公司之间可以存在较大的差异；母公司与子公司之间，以及子公司之间的信息交流很少；子公司中外籍员工和本地员工之间不存在等级观念。

总之，在分权型控制模式下，外国子公司实际上等于本地公司，因此，这种管理模式不会使子公司的雇员产生被压迫或被剥削的感觉。不过从母公司立场来看，这种管理模式不能发挥统一调配资源的优势。分权型结构中，各地子公司可以自谋发展机会，但也相应地失去集中利用国际市场和世界资源的机会，所以，这种管理模式也有弊端。

15.2.3 分权与集权相结合的控制模式

随着社会生产力的发展，国际间的经济合作更为广泛和深入，跨国公司的业务遍及全球，原来以母公司和本民族为中心的集权型控制模式和多中心的分权型控制模式均已不能满足实际需要，因而产生了一种新的控制模式，即分权与集权相结合的控制模式（Centralized-and-decentralized control）。

分权有利于更好地考虑世界各地的实际市场情况，集权可以从公司的整体利益出发开展工作，以满足公司整体利益，当然也包括子公司的利益。分权与集权相结合的控制模式以全球为中心，既不偏爱本民族和母公司，也不偏爱其他民族和子公司，子公司根据公司整体战略目标自己制定经营方针和经营计划。母公司有权对子公司进行监督，如果子公司不努力执行计划或偏离计划，母公司可采取纠正行动。为了便于母公司实行集权控制，子公司必须按期向母公司报告计划执行情况，而母公司也经常派人到子公司进行视察。将分权与集权相结合，实际上充分兼顾了公司的整体利益与目标市场国当地市场环境的特点。

分权与集权相结合控制模式的主要特征有：母公司把经营决策权按照实际需要授予子公司，子公司在决策时考虑母公司提供的各种参数和标准；子公司员工及其工作业绩衡量标准依据平均效率和客观情况而定，既不太高，也不太低，要符合各国的实际情况；子公司发放报酬时，依照目标和任务完成情况而定，既不偏爱母公司的员工，也不偏爱子公司的员工；意见和信息在母公司和子公司之间以双向方式交流，母公司被视为公司经营集团的成员；子公司所在地人才也能被派往其他国家子公司或母公司任职；所有子公司的员工，虽然在国籍方面有差别，但彼此间是平等的。

15.3 国际营销控制的程序

国际营销控制的过程主要包括8个步骤：明确标准，设置控制目标、明确控制对象、选择控制方法、绩效评估、分析偏差产生的原因、采取纠偏措施、确定负责人和建立信息反馈系统。

（1）明确标准，设置控制目标。明确标准和目标是控制的第一步，因为，如果没有用来衡量经营情况的标准和明确的控制目标，企业便无法知道自己的经营绩效如何，控制工作便无法继续进行。企业的国际营销计划是国际营销控制标准的依据和基础，企业在国际营销计划拟达到的目标的基础上制订出具体的控制标准。

（2）明确控制对象。要明确哪些国际营销部门和人员是需要重点检查控制的对象。

（3）选择控制方法。控制方法主要有年度营销计划控制、盈利能力控制、效率控制和战略控制。详见15.4节。

（4）绩效评估。绩效评估就是根据已明确的控制标准对国际营销部门和人员的工作进行检查、评估和分析，以找出实际工作绩效与控制标准的差距，并分析差距产生的原因，以便为下一步纠正偏差提供可靠依据。国际营销管理者往往无法亲临各国际市场，经常会通过信息系统间接地获取所需资料。公司总部为了分析和比较的方便，一般会给子公司的报告设计标准。在反馈系统中要注意的是子公司报告的性质和次数，并且这些报告必须涵盖所有母公司想控制的因素。报告必须是定期的，以便使管理者随时发现问题。从母公司的角度来讲，内部报告系统中最常见的问题是无用的信息太多，而有用的信息却被淹没在众多无用的信息之中。从子公司的角度来说，母公司要求汇报的东西太多了，报告太多容易导致过度干涉和授权不足，于是引发子公司与母公司之间的埋怨和冲突。因此，虽然国际企业在某种程度上的集中是必要的，但是在具体行动中，要注意将报告的范围限制在那些与整体行动有关的重要内容上。

（5）分析偏差产生的原因。企业将实际绩效与预期绩效进行比较后，下一步就是判断出主要的差异并找出差异产生的原因。绩效偏差是一种表面现象，对企业来说更重要的是找出偏差产生的原因。偏差产生的原因可能包括：管理人员素质低下，跟不上时代的发展要求；经营环境的制约；企业的目标制定得不合理；企业采用的营销策略不合理等。

（6）采取纠偏措施。纠正偏差就是对出现的偏差采取相应的措施。纠正偏差可能分两种情况：如果偏差产生的原因出在国际营销本身，纠正偏差的工作就是改进国际营销工作，以提高绩效并消除差距；如果偏差产生的原因是营销目标或控制标准本身不合理，这时，纠正偏差的工作就是重新确定营销目标或控制标准，以达到消除偏差的目标。

（7）确定负责人。确定每个营销项目负责人，任务下达明确到人，保证项目稳定进行。

（8）建立信息反馈系统。企业的信息系统和控制系统是企业运营的中枢神经，在企业的营销中，国际营销相对于国内营销大的信息系统应该更加正规化和信息化。

15.4 国际营销控制的类型

国际营销控制的主要类型有：年度营销计划控制、盈利能力控制、效率控制和战略控制。具体内容如表 15-1 所示。

表 15-1 国际营销控制的类型

控制类型	主要负责人	控制目的	控制工具
年度营销计划控制	高层管理人员、中层管理人员	检查计划目标是否实现	销售分析、市场份额分析、营销费用—销售额分析、财务分析、评分卡分析
盈利能力控制	营销审计人员	检查企业在哪些方面盈利，在哪些方面亏损	分析不同产品、不同销售区域、不同顾客群体、不同销售渠道以及不同订货规模的盈利情况
效率控制	直线和职能管理人员、营销审计人员	评价和提高经费开支的效益和营销开支的效果	分析销售队伍、广告、促销和分销等方面的效率
战略控制	高层管理人员、营销审计人员	检查企业是否正在市场、产品和渠道等方面寻找最佳时机	营销效益等级考评、营销审计、营销突出企业评价、道德和社会责任考评

15.4.1 年度营销计划控制

年度营销计划控制（Annual-marketing-plan control）的目的在于确保公司实现年度营销计划中所规定的销售、利润和其他指标。年度营销计划控制的中心是目标管理，它包括 4 个步骤。第一，管理层必须在年度营销计划中建立月份或者季度目标。第二，管理层必须监视年度营销计划的执行绩效。第三，管理层必须对任何严重的偏差行为的原因作出判断。第四，管理层必须采取改正行动，以弥合其目标与实际执行绩效之间的差距。

扩展阅读 15.2
企业计划与营销计划的关系

企业高层管理者确定了年度销售目标和利润目标，然后这些目标被分解成各个较低层次的管理层的具体目标，于是，每个产品经理就要在某个成本范围内达到规定的销售水平，每个地区经理和销售代表也被责成完成各自的目标。高层管理者要定期检查和分析结果。

如今，为了更加有效地衡量营销绩效，营销者对一些定量工具表现出越来越浓厚的兴趣。他们经常运用5种工具来检查营销计划执行的绩效：销售分析、市场份额分析、营销费用—销售额分析、财务分析和基于市场的评分卡分析。

1. 销售分析

销售分析（Sales analysis）是指根据销售目标衡量和评价实际销售绩效。为此，企业可以运用两个工具：

（1）销售差异分析（Sales-variance analysis）

这个工具用来衡量不同因素在导致销售绩效缺口的过程中所起的相应作用。假设年度营销计划要求在第一季度销售4 000件产品，1元一件，即4 000元。然而在季末，实际销售量却只有3 000件，而且是0.8元一件，即2 400元。销售差异为1 600元，即为预期销售额的40%。现在，企业的问题是：这一未完成额中有多少是由降价造成，多少是由销售量下降所造成。为此，可以进行下面的计算：

由降价所造成的差额 =（1.00元 − 0.80元）×（3 000）= 600（元）　600/1 600=37.5%
由销售量下降所造成的差额 =（1.00元）×（4 000 − 3 000）= 1 000　1 000/1 600=62.5%

由此可见，几乎三分之二的销售差额是由于没有完成销售量目标所造成的。为此，企业应该仔细地研究其销售量目标未能实现的原因。

（2）微观销售分析（microsales analysis）

这种分析方法从产品、销售地区以及其他有关方面考察其未能完成预定的销售任务的原因。假设该公司在三个地区销售，预定的销售任务分别为1 500个单位，500个单位和2 000个单位。而这三个地区的实际销售分别为1 400个单位，525个单位和1 075个单位。这样，地区1完成93%的任务；地区2超额5%；而地区3却只完成了46%的任务。因此，地区3是造成企业销售困境的主要原因。销售副总应该对地区3进行深入研究，以找出问题产生的原因：地区3的销售代表在磨洋工，有强大竞争者新进入这个地区，还是这一地区的经济状况恶化？

2. 市场份额分析

公司在评价国际营销绩效的时候，仅考虑销售额是不够的，因为它并不能表明公司相对于竞争对手的绩效如何。因此，管理层还需要进行市场份额分析（Market-share analysis）。常见的衡量市场份额的方法有3种：总市场份额、服务市场份额和相对市场份额。

企业的总市场份额（Overall market share）是指其销售额在行业总销售额中所占的比例。企业的服务市场份额（Served market share）是指其销售额占其所服务市场的总销售额的比例，其中，服务市场是指所有能够并愿意购买企业产品的购买者。很显然，企业的服务市场份额总是大于其总市场份额。一个企业的服务市场份额可能接近100%，而其总市场份额可能很低。企业的相对市场份额（Relative market share）是指其市场份额与最大竞争对手的市场份额的百分比。很显然，相对市场份额超过100%的企业是市场领导者；如果相对市场份额正好是100%，则说明该企业与行业中最强大的竞争对手旗鼓相当；相对市场份额不到100%，则说明企业在行业中的市场地位不如最强大的竞争对手。

企业的相对市场份额上升，意味着企业的市场成长速度快于最大竞争对手。

分析市场份额变动的方法有：

总市场份额 = 顾客渗透率 × 顾客忠诚度 × 顾客选择性 × 价格选择性

式中：

顾客渗透率（Customer penetration）是指所有向该企业购买产品的顾客占所有顾客的百分比。

顾客忠诚度（Customer loyalty）是指顾客从该企业购买产品的次数占这些顾客购买同类产品的总次数的百分比。

顾客选择性（Customer selectivity）是指该企业的顾客每次从该公司购买产品的平均金额与这些顾客每次从其他企业购买同类产品的平均金额的百分比。

价格选择性（Customer selectivity）是指该企业的产品平均价格与所有企业的产品平均价格的百分比。

现在假设该企业以金额表示的市场份额在某一特定时期下降了，总市场份额公式提供了四种可能的解释：企业失去了某些顾客，即顾客渗透率降低了；现有顾客减少从该企业购买产品的次数，即顾客忠诚度降低了；该企业的现有顾客每次购买金额下降了，即顾客选择性下降了；企业产品价格与竞争对手相比降低了，即价格选择性下降了。

3. 营销费用——销售额分析

年度营销计划控制要求企业在实现其销售目标时，其费用不能超出一定的范围。这里，企业需要注意的关键比率是营销费用对销售额的比率。例如，在某个企业这个比率为30%，它包括5种费用对销售额之比：销售队伍开支对销售额之比（15%）、广告费用对销售额之比（5%）、促销费用对销售额之比（6%）、营销调研费用对销售额之比（1%）、销售管理费用对销售额之比（3%）。

管理层应该监视这些营销开支比率。如果营销开支的波动超出一定的范围，就会给企业带来麻烦。每个比率在各时期的波动可以通过控制图（图15-1）进行追踪。此图显示，广告开支和销售额之比通常应该在8%到12%之间波动，但是在第15个时期，这一比率超过了控制上限。发生这种情况的原因可能有两种：①企业在费用控制方面依然正常，只不过是发生了某个偶然事件，比如，企业为了成功推出一种很有潜力的新产品，需要营造出一种声势，以便迅速打开市场；②企业对费用失去了控制。这时，企业应该寻找原因。企业如果不开展有效的调查以确定环境是否发生了变化，那么企业的风险是：环境确实发生了变化而企业浑然不知，从而使企业的营销活动落后于市场环境的变化。然而，如果企业开展了调查，也要冒一定的风险：企业花费了大量的人力和物力却没发现什么异常情况，于是造成资源的浪费。

有时，即使连续观察到的费用水平没超出控制范围，企业也应该注意。例如，在图15-1中，从第9个时期开始，开支和销售的比率持续上升，而且上升的幅度很大，这种明显的变化趋势应该引起企业的重视，以便在开支水平超出规定范围之前就采取有效的措施。

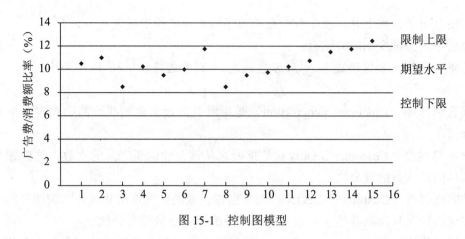

图 15-1 控制图模型

4. 财务分析

营销费用与销售额之比应该放在一个总体的财务框架中进行分析,以明确企业的利润是如何获得的,在什么地方获得的。营销者越来越倾向于利用财务分析来寻找提高利润的途径,而不仅仅局限于通过销售量的扩大。

管理层经常利用财务分析来识别影响企业净值报酬率(Rate of return on net worth)的各种因素。净值报酬率是企业的资产报酬率(Return on assets)和财务杠杆比率(financial leverage)的乘积。因此,要提高资产净值报酬率,企业就必须提高净利润与总资产之比或总资产与资本净值之比。企业应该分析它的资产构成(即现金、应收账款、库存以及厂房设备),并且寻求能够改善资产管理水平的途径。由于资产报酬率是利润率(Profit margin)和资产周转率(Asset turnover)的乘积,因此,营销主管可以采用两种办法来提高资产报酬率:

(1)增加销售额或削减费用以提高利润率;

(2)增加销售额或减少完成一定销售所需的资产(如库存、应收账款等)以提高资产周转率。

5. 基于市场的评分卡分析

大多数企业的绩效评估系统采用了财务业绩评分卡,但是牺牲了定性的标准。因此,企业应准备两张基于市场的评分卡,以反映企业绩效并提供可能的预警信号。

第一张是顾客绩效评分卡(Customer-performance Scorecard),用来记录企业历年来在顾客方面的工作绩效,包括:

(1)新增顾客数量占年平均顾客数量的百分比;

(2)流失顾客数量占年平均顾客数量的百分比;

(3)重新赢回的顾客的数量占年平均顾客数量的百分比;

(4)各类顾客中非常失望、失望、中性、满意、非常满意的比率;

(5)重复购买顾客数量的百分比;

(6)准备向其他顾客推荐企业产品的顾客的百分比;

(7)目标市场中知晓或记得企业品牌的顾客的百分比;

(8)认为本企业产品在同类产品中最佳的顾客的百分比;

（9）相对于主要竞争者而言，顾客对本企业产品质量的理解；

（10）相对于主要竞争者而言，顾客对本企业服务质量的理解。

对以上的每一项都要建立标准，如果当前的衡量结果超出轨道，管理层要采取相应的行动。

第二张是利益相关者绩效评分卡（Stakeholder-performance scorecard）。利益相关者包括员工、供应商、银行、分销商、零售商、股东等。企业要追踪各种利益相关者对企业的满意度。与顾客绩效评分卡一样，企业应为各种利益相关者建立满意度的标准，而且当某种利益相关者的不满达到一定程度时，管理层应采取一些有效的措施。

15.4.2 盈利能力控制

企业必须衡量其所经营的各种产品、各销售区域、各顾客群体、各销售渠道和不同订货规模的盈利情况，以确定哪些是盈利的，哪些是亏损的。这方面的信息将帮助管理层决定哪些产品或营销活动应该扩大、收缩或者取消。

与其他所有的管理工具一样，盈利能力控制（Profitability control）既有其优点，也有其局限性：它为管理者在决定哪些业务应该扩大哪些活动应该收缩时提供了一种思路，然而，如果管理者不具体问题具体分析，就可能会误入歧途。这是因为，在使用这种方法的时候，很多费用的分配都依靠主观判断，因此，有时难免会太过武断。比如，一条彩电生产线包括 14 英寸、18 英寸、21 英寸、25 英寸、29 英寸等品目，企业在确定生产和销售成本时，很难把多少百分比的成本分配给各个品目。在确定利润时，也会遇到同样的困难。

另外，在使用这种方法的时候，必须区分 3 种不同的成本：直接成本、可追溯的共同成本和不可追溯的共同成本。

直接成本是指能直接分配给适当的营销实体的成本。例如，销售佣金就是销售区域、销售代表或顾客群利润分析中的一项直接成本。如果公司的每一则广告只针对一种产品，那么广告支出就是产品利润分析中的直接成本。其他有具体目的的直接成本的例子还包括推销人员的工资和差旅费。

可追溯的共同成本是指间接却能按照一种比较合理的标准分配给营销实体的成本。比如，多种产品同时在一个商店销售的时候，可以根据各种产品所占据的空间分配租金。

不可追溯的共同成本是指高度主观地分配给各营销实体的成本。试考虑"企业形象"建设这项费用。将这笔费用平均分配给所有的产品是不客观的，因为各种产品从企业形象中所获得的好处各不相同。根据不同产品的销售额按比例分配也是一种武断行为，因为除了企业形象外，产品销售还受其他多种因素的影响。难以分配共同成本的典型例子还包括工资、税金、利息和其他管理费用。

15.4.3 效率控制

效率控制（Efficiency control）是指企业不断寻求更有效的方法来管理销售队伍、广告、促销和分销等营销实体活动。

假设利润分析发现企业的某些产品、某些销售区域或者销售渠道的盈利情况不好,那么管理层需要考虑的问题是,是否存在更有效的办法来管理销售队伍、广告、销售促进、分销等方面的活动。

有些企业设置了营销审计长这个职位来帮助营销人员提高绩效。营销审计长不在企业控制办公室工作,而是专门负责营销方面的审计。在通用食品、杜邦、强生等公司,审计长对营销费用和结果进行详细的分析。他们审查利润计划,帮助品牌经理制定预算,衡量促销活动的效率,分析各种媒体的使用成本,评价顾客和地区盈利率,使营销人员懂得各种营销决策的财务后果。

1. 销售队伍效率（Sales force efficiency）

各级销售经理都应该密切监视自己销售队伍的几个关键效率指数:

（1）每个销售人员平均每天进行销售拜访的次数;
（2）每次拜访所需要的平均时间;
（3）销售人员每次拜访的平均收入;
（4）销售人员每次拜访的平均成本;
（5）销售人员每次拜访的招待费;
（6）每100次销售拜访的订单百分比;
（7）每一特定时期新顾客的数目;
（8）每一特定时期流失顾客的数目;
（9）销售队伍成本占总销售额的百分比。

企业在检查销售队伍的效率时,常常会发现许多地方都有待改进。当通用电气公司发现某个部门的销售代表拜访顾客的次数过于频繁时,公司就会缩小这个部门的销售队伍规模。一家大型航空公司发现它的销售人员既搞销售又搞服务,于是决定将服务工作交给工资较低的员工去做。另一家公司则通过时间—职责分析,找到了能有效减少磨洋工时间的途径。

2. 广告效率（Advertising efficiency）

许多营销经理认为,要准确衡量从广告支出中获得多少好处几乎是不可能的,但是,营销经理至少要掌握以下的统计资料:

（1）各种媒体工具触及每千名目标顾客的广告成本;
（2）注意到、看到、联想起和阅读印刷广告的人在其目标受众中的百分比;
（3）消费者对广告内容和效果的看法;
（4）广告前和广告后目标受众对产品的态度的变化;
（5）由广告所引起的询问次数;
（6）每次调查的成本。

管理层可以采取一系列措施来改进广告效率,包括做好产品定位、明确广告目标、预先测试广告信息、利用计算机选择广告媒体、寻找更合算的媒体以及广告事后检验等。

3. 销售促进效率（Sales-promotion efficiency）

销售促进包括几十种能激发顾客购买兴趣或试用产品的方法。为了提高促销活动的效率，管理层应该坚持记录每次促销活动的成本及其对销售的影响。企业管理层应注意以下统计资料：

（1）优惠销售所占的百分比；
（2）每单位销售额的展示费用；
（3）赠券的回收率；
（4）每次演示所引起的询问次数。

促销经理经常观察不同促销活动的效果，然后向产品经理提出最有效的促销措施。

4. 分销效率（Distribution efficiency）

管理层应该调查研究分销活动的经济性，包括库存控制、仓库位置的选择和运输方式等。衡量分销效率的指标包括：

（1）物流成本与销售额的比例；
（2）订单错发率；
（3）准时送货的百分比；
（4）开错发票的次数。

管理层应当努力减少存货，同时加速存货的周转。

15.4.4 战略控制

在营销活动进行过程中，企业必须定期对其整体营销目标和效益作出严格的评价。每个企业应该定期对其进入市场的战略途径进行重新评价。这时，企业有两个工具可以利用：营销效益等级考评（Marketing-effectiveness review）和营销审计（Marketing audit）。

1. 营销效益等级考评

一个公司或事业部的营销效益可以从体现营销导向的五个属性上反映出来：顾客哲学（Customer philosophy）、整合营销组织（或称为一体化的营销组织）（Integrated marketing organization）、充分的营销信息（Adequate marketing information）、战略导向（Strategic orientation）和运作效率（Operational efficiency）。大多数企业和部门用营销效益等级考评表进行营销效益等级评定，如表 15-2 所示。

2. 营销审计

营销审计（Marketing audit）是对一个公司或公司的业务单位的营销环境、目标、战略和活动所作的全面、系统、独立和定期的检查，以确定问题的范围和机会，并提出行动方案以提高公司的营销绩效。

营销审计具有 4 个特性：

（1）全面性。营销审计并不限于若干个容易出问题的地方，而是涉及企业所有的主要营销活动。如果它仅仅涉及销售队伍、定价或者其他营销活动，那么它便是一种职能性审计（Functional audit）。尽管职能性审计也十分有用，但是有时它们可能会误导企业管理层。例如，销售人员流动率过高，原因可能不是销售人员培训不力或者报酬太低，而是产品不好或促销力度不够。一次全面的营销审计通常能更加有效地找到营销问题产生的真实原因。

（2）系统性。营销审计包括一系列有秩序的诊断步骤，包括诊断组织的宏观和微观环境、营销目标和战略、营销制度和具体营销活动。营销审计显示哪些地方最需要改进，然后，在诊断基础上制定出调整性计划，包括短期计划和长期计划，以提高组织的整体营销效益。

（3）独立性。企业可以通过6种途径进行营销审计：自我审计、交叉审计、上级审计、企业审计处审计、企业任务小组审计和外部审计。自我审计是指管理人员利用一个检查表来评价自己的业务活动，这种审计有其作用，但缺乏客观性和独立性。3M公司成功地利用了公司审计处，公司审计处根据需要向各事业部提供营销审计服务。但是，一般而言，最好的审计大多来自于企业外部经验丰富的专门审计人员，他们通常具备审计工作所需要的客观性和独立性，有丰富的行业经验，同时，可以集中时间和注意力从事审计活动。

（4）定期性。典型的营销审计都是在销售下降、销售人员士气低落或者其他问题发生之后才开始进行的。具有讽刺意味的是，企业之所以陷入困境，部分原因正是未能在进展顺利的时候检查营销活动。因此，定期的营销审计既有利于那些业务发展正常的企业，也有利于那些在困境中苦苦挣扎的企业。

营销审计的第一步是公司高级职员和营销审计人员一起开一个会，以便在有关审计目标、涉及面、涉及深度、数据来源、报告形式以及时间安排等方面达成一致。企业应该精心准备一份详尽的计划，包括找谁面谈、询问什么问题、接触的时间和地点等，这样就能使审计所花的时间和成本最小化。营销审计的准则是，不能仅仅靠公司经理收集数据和意见，还必须访问顾客、经销商和其他外界人士。许多公司既没有真正了解其顾客和经销商对自己的看法，也没有充分理解顾客的各种需要和价值判断。

表 15-3 营销审计的主要内容

扫 码 阅 读

营销审计由反映公司营销情况的6个主要部分构成，分别为营销环境审计、营销战略审计、营销组织审计、营销制度审计、营销效率审计和营销职能审计，见表15-3。

3. 营销突出企业评价

公司可以用另一个工具把自己和高绩效公司在营销实践方面进行比较，即营销突出企业评价（Marketing excellence review）。表15-4列出了差的、较好的、突出的企业在营销实践方面的区别。管理层可以利用它来确定自己目前所处的位置，其结论将显示出企业的优势和劣势，并清晰地反映出企业应该在哪些方面进行努力才能成为突出的经营者。

表 15-4　营销突出企业评价——最佳的实践

差 的 企 业	较好的企业	突出的企业
产品驱动	市场驱动	驱动市场
大众市场导向	细分市场导向	补缺市场和个性化导向
产品提供物	附加产品提供物	解决顾客问题提供物

续表

差的企业	较好的企业	突出的企业
产品质量一般	产品质量高于一般水平	产品质量出乎意料得好
服务质量一般	服务质量高于一般水平	服务质量出乎意料得好
最终产品导向	核心产品导向	核心能力导向
职能导向	过程导向	结果导向
对竞争者有反应	以竞争者为对标赶超对象	跳跃式地超越竞争者
开发和利用供应商	供应商偏好	与供应商建立合作伙伴关系
开发和利用经销商	支持经销商	与经销商建立合作伙伴关系
价格驱动	质量驱动	价值驱动
速度一般	速度高于平均水平	速度出乎意料地快
等级制度	网络结构	团队
垂直一体化	扁平组织	战略联盟
股东驱动	利益相关者驱动	社会驱动

4. 道德和社会责任考评

在当前的市场条件下，许多因素迫使企业承担更高的社会责任，比如日益提高的顾客期望、员工期望的变化、政府的压力、法规的约束、投资者的评价等等。企业需要明确自己在营销方面是否真正符合道德规范，并承担了应有的社会责任，因为企业的经营成功和顾客需要的满足与企业是否实践了高标准的营销活动密切相关。世界上那些最令人羡慕的公司都遵循为人类利益服务的原则，而不仅仅是为了企业自己。

今天，随着互联网的发展，企业在不道德行为方面承受的风险远远高于过去。在过去，受骗上当的顾客或许只能向身边的熟人传播该企业的坏形象；而今天，顾客可以通过互联网向成千上万的人传播。

提高营销的道德水平和社会责任感要求三路出击。第一，社会必须尽可能地利用法律来清楚地界定并约束违法的、反社会的和反竞争的行为。第二，企业必须制定和发布书面的道德准则，建立企业的道德行为习惯，要求员工不折不扣地遵守道德规范和法律法规。第三，营销者在与其顾客和其他利益相关者进行交易时，必须自觉地实践社会责任和道德准则。

▶ **国际营销案例 15-1**

奔驰重整控制在华销售，最大股东利星行出局

2018年，西安奔驰女车主的一次坐在车顶的维权活动，可能想不到，会将奔驰及其最大经销商马来西亚企业利星行在华30年的恩怨情仇全部展现给世人。

据天眼查公开信息显示，利星行（中国）汽车企业管理有限公司和利星行贸易（中国）有限公司统属利星行系。媒体报道称，其是马来西亚富豪刘玉波旗下的产业。在2018年度汽车经销商集团百强排行榜中排名第三，2017年在华出售205 861辆车，收入801.1亿元人民币。

刘玉波因为采购奔驰工程车成为奔驰客户，进而成为代理商，他以利星行发展在华业务，利星行还曾在香港上市。后来刘玉波去世，将产业交给侄子刘楚群打理。1986年，梅赛德斯·奔驰（中国）有限公司成立于香港。利星行集团进一步获得奔驰轿车在国内的独家代理权，引进并销售奔驰汽车。

利星行在中国地区成立了三家区域性公司：天津港保税区的"北星"、上海外高桥的"东星"以及台湾地区的"台星"，分别负责各自区域的汽车销售，奔驰配件的进口、二级经销商的认定，以及服务网络的拓展等。另外一家仁孚公司与香港的梅赛德斯·奔驰（中国）有限公司合资设立"南星"，负责华南市场。

2004年4月1日，国家颁布的《汽车品牌销售管理办法》规定：一个品牌的进口车在国内只能有一家总代理。这使得奔驰"三星"模式不符合政策要求。

此时，奔驰国产化项目（与北汽集团合资兴建）北京奔驰也在推进当中，奔驰希望将进口与国产奔驰销售渠道统一。

2006年，梅赛德斯—奔驰（中国）汽车销售有限公司（以下简称奔驰中国）在北京成立，奔驰中国总部迁至北京，三大区域总代理的批发、售后功能陆续归并到奔驰中国。为了回报利星行在奔驰进入中国市场时做出的贡献，奔驰中国不但让利星行成为大股东，而且其多位高层也担任奔驰中国董事。

到奔驰中国在成立时，Insight Legend LTD 占据的股份达到了49%，是单一最大股东。彼时，利星行集团董事局主席刘禹策、利星行集团董事沈秀明、Insight Legend LTD 公司法人颜健生在董事会中有三个席位（余下四个是戴姆勒高管），仅从股权结构、董事会组成来看，利星行便在奔驰中国享有相当的话语权，就连奔驰中国在北京的办公地点戴姆勒大厦，也是坐落于利星行旗下的利星行广场。

2010年，德国商业周刊报道称，杭州一家奔驰经销商因拒绝利星行入股要求而导致订货账号关闭。

随之而来的则是奔驰母公司戴姆勒—克莱斯勒与利星行的长期积累的矛盾逐渐在爆发的边缘，奔驰公司决定将进口车的销售与国产奔驰的销售合并，由北汽集团接手利星行的股权，将利星行淘汰出局。

北汽和戴姆勒双方确定的整合原则为，北汽和戴姆勒将组建一家新的销售公司"北汽奔驰销售公司"，将北京奔驰的销售、市场、售后等业务以及奔驰中国的业务整合在一起。

戴姆勒东北亚投资公司曾对外表示已经说服利星行出局，"作为对出局者的补偿，奔驰将保证利星行在华东和华南区域的利益，这将是利星行获得的第二次回报。"但利星行坚持持股新公司10%的股权。因利星行的反对，成立新公司的计划并没有成功。

2012年戴姆勒股份公司、戴姆勒东北亚和利星行三方共同签署了就合资企业股比分配达成的协议。根据协议，戴姆勒所持有的奔驰中国股份将由51%增至75%，利星行的股份则由49%减持至25%。

对于僵持了多年的奔驰在华营销体系整合而言，这也是破局的信号。"下一步我们将通过成立新的销售公司，进一步发挥奔驰中国和北京奔驰各自资源与人才的优势，在营销控制方面不断完善，让消费者感到真正的满意。"奔驰中国方面表示。

截至2019年底，奔驰公司与北京汽车公司实现在华市场重新控制。对于奔驰母公司戴姆勒而言，多年以来的心事得到化解；奔驰公司重新控制在华销售。重新控制了奔驰汽车在华市场的话语权。同时这与劝退利星行的初衷相比，这显然是一个双方互相满意的结果。

资料来源：据网易新闻：利星行与奔驰纠葛，百度：利星行和奔驰26年爱恨，京华网：颜健生的创业路等资料编写而成

本 章 小 结

为了监督和指导企业国际营销活动的实施过程，保证国际营销目标的实现，企业必须对国际营销活动进行有效的控制。所谓国际营销控制就是对国际营销计划执行过程进行监督和评价，并据此采取适当的措施以纠正计划执行过程中的偏差，以确保既定的营销目标的实现。

国际营销控制模式主要包括3类：集权型控制模式、分权型控制模式和分权与集权相结合的控制模式。这3种控制模式各有其优缺点。

国际营销控制过程主要包括8个步骤：明确标准，设置控制目标、明确控制对象、选择控制方法、绩效评估、分析偏差产生的原因、采取纠偏措施、确定负责人和建立信息反馈系统。

国际营销控制主要有4种类型：年度营销计划控制、盈利能力控制、效率控制和战略控制。

关 键 术 语

国际营销控制（international marketing control）
效率控制（efficiency control）
战略控制（strategic control）
集权型控制模式（centralized control）
销售分析（sales analysis）
分权型控制模式（decentralized control）
顾客忠诚度（customer loyalty）
分权与集权相结合的控制模式（centralized-and-decentralized control）
价格选择性（price selectivity）
财务分析（financial analysis）
年度营销计划控制（annual-marketing-plan control）

资产报酬率（return on assets）
销售差异分析（sales-variance analysis）
盈利能力控制（profitability control）
微观销售分析（microsales analysis）
市场份额分析（market-share analysis）
总市场份额（overall market share）
服务市场份额（served market share）
相对市场份额（relative market share）
顾客渗透率（customer penetration）
顾客选择性（customer selectivity）
营销费用—销售额分析（marketing expenses-to-sales analysis）
净值报酬率（rate of return on net worth）
财务杠杆比率（financial leverage）
顾客绩效评分卡（customer-performance scorecard）
可追溯的共同成本（traceable common costs）
评分卡分析（scorecard analysis）
利益相关者绩效评分卡（stakeholder-performance scorecard）
直接成本（direct costs）
营销审计（marketing audit）
不可追溯的共同成本（non-traceable common costs）
营销效益等级考评（marketing-effectiveness review）
营销道德和社会责任考评（marketing ethical and social responsibility review）
营销突出企业考评（marketing excellence review）

课后习题

1. 国际营销控制的必要性和重要性主要体现在哪些地方？
2. 国际营销控制模式主要有哪几种？试比较这几种模式的特点？
3. 国际营销控制程序包括哪些步骤？
4. 国际营销控制有哪些类型？
5. 年度营销计划控制的主要目的是什么？在进行年度营销计划控制时，有哪些工具可以使用？
6. 战略控制的主要目的是什么？在进行战略控制时，有哪些工具可以使用？

本章讨论案例

麦当劳的营销控制

麦当劳（McDonald's）是全球大型跨国连锁餐厅，1955年创立于美国芝加哥，在世界上大约拥有3万间分店。主要售卖汉堡包，以及薯条、炸鸡、汽水、冰品、沙拉、水果等快餐食品。麦当劳遍布全球六大洲119个国家，拥有约32000间分店，在很多国家代表着一种美式生活方式。世界品牌实验室编制的《2018世界品牌500强》中，麦当劳排名第10位。

可以说，在世界的任何一个角落，无论是南非的开普敦，还是英国的伦敦，世界任何角落都有麦当劳。其为人们所熟知的陈设、周围环境、设计和"感觉"惹来了无数服务行业营销人员的嫉妒。

麦当劳的黄金准则是"顾客至上，顾客永远第一"。麦当劳允诺：每个餐厅的菜单基本相同，而且"质量超群，服务优良，清洁卫生，货真价实"。它的产品、加工和烹制程序乃至厨房布置，都是标准化的、严格控制的。

提供服务的最高标准是质量、服务、清洁和价值。这是最能体现麦当劳特色的重要原则。质量是指麦当劳为保障食品品质制定了极其严格的标准。服务是指按照细心、关心和爱心的原则，提供热情、周到、快捷的服务。清洁是指麦当劳制定了必须严格遵守的清洁工作标准。价值是后来添加的准则，加上它是为了进一步传达麦当劳的"向顾客提供更有价值的高品质"的理念。也可以说，QSC&V原则不但体现了麦当劳的经营理念，而且因为这些原则有详细严格的量化标准，因此，化标准使其成为所有麦当劳餐厅从业人员的行为规范，这就是麦当劳的规范化管理。

此外麦当劳非常重视员工培训，并建立了较完备的培训体系。这为受许人成功经营麦当劳餐厅、塑造"麦当劳"品牌统一形象提供了可靠保障。麦当劳的培训体系是在职培训与脱产培训相结合。脱产培训主要是由位于芝加哥的汉堡大学完成。汉堡大学是对分店经理和重要职员进行培训的基地。汉堡大学提供两种课程的培训，一种是基本操作讲座课程，目的是教育学员制作产品的方法、生产及质量管理、营销管理、作业与资料管理和利润管理等，另一种是高级操作讲习课程，主要用于培训高层管理人员培训。

麦当劳通过控制，使其庞大的店铺系统能够协调一致地运作。由于现代组织的规模有着日益扩大的趋势，组织的各种活动日趋复杂化，要使组织内众多的部门和人员在分工的基础上能够协调一致地工作，完善的计划是必备的基础，但计划的实施还要以控制为保证手段。麦当劳通过控制可以避免和减少管理失误造成的损失。组织所处环境的不确定性，以及组织活动的复杂性，会导致不可避免的管理失误。控制工作通过对管理全过程的检查和监督，可以及时发现组织中的问题，并采取纠偏措施，以避免或减少工作中的损失，为执行和完成计划起着必要的保障作用。通过控制可以有效减轻环境的不确定性对组织活动的影响。现代组织所面对的环境具有复杂多变的特点，再完善的计划也难以将未来出现的变化考虑得十分周全。因此，为了保证组织目标和计划的顺利事实，就必须有控制工作，以有效的控制降低环境的各种变化对组织活动的影响。

资料来源：腾讯，《西式快餐在华发展》（2017年）；搜狐网，《麦当劳的在华重整》（2016年）

讨 论 题

为什么对于麦当劳来说对经营和营销的严密控制非常重要？

（考核点：国际营销控制的影响因素、模式、程序及类型）

第六篇　国际营销的未来

第16章

国际营销的数字经济时代：网络、移动和社交媒体营销

学完本章，你应该能够：

1. 了解国际市场网络、移动和社交媒体营销的产生、发展及其应用平台；
2. 明确国际市场网络、移动和社交媒体营销的内涵、特点与功能；
3. 知晓国际市场网络、移动和社交媒体营销的影响；
4. 掌握国际市场网络、移动和社交媒体营销的策略与方法。

汉堡王："为了皇堡绕路"

如果你的对手的力量是你的二倍，你如何才能反败为胜？

汉堡王用一种极具创意又好笑的方式回答了这个问题：它反客为主，利用麦当劳店铺的巨大数量给自己带来了巨大的流量和顾客。

2018年12月，汉堡王公开宣告，只要下载汉堡王最新APP，且在一家麦当劳的200米（600英尺）内，用户只需花一美分便可以在汉堡王APP上购买定价为4.5美元的皇堡（约30元），之后只要在一小时内去附近的汉堡王便可领取。

如此惊天动地的活动，自然引起了很多想占便宜或单纯好奇的人们的关注。大家纷纷开车到麦当劳附近以便最终去汉堡王领取皇堡。这项活动既能够增加品牌的话题度和曝光量，更能够刺激潜在消费者真正行动起来去主动迎接品牌。

在短短几天时间里，汉堡王APP下载量增长了整整150万！连续几天汉堡王APP都位列苹果商店下载量最高的应用。汉堡王也靠这次营销策划赢得了19年戛纳创意节大奖。

2019年9月，德国汉堡王也如法炮制，并在这项活动中加入了《小丑回魂》的元素，利用AR技术在麦当劳里加入电影标志物件——红气球，告诉麦当劳顾客成果"逃离小丑（麦当劳）"就能获得一美分买汉堡王皇堡的优惠券。

汉堡王这些年一直努力触及年轻的、试图避开不健康快餐的消费者。通过定位技术、有趣的活动设计甚至AR这种新科技，汉堡王的营销活动能够很好地触达到沉迷使用电子产品、尝试新科技的年轻消费者。这种营销活动有机结合了用户的线上体验和线下体验，并且让用户在线上和线下都能够与品牌产生深层互动。

资料来源：知乎，营销战争：特殊时代下的品牌还有哪些突围机会，2019.

16.1 国际市场网络、移动和社交媒体营销的产生与发展

16.1.1 国际市场网络、移动和社交媒体营销的产生

20世纪90年代初,Internet的飞速发展在全球范围内掀起了互联网应用热潮,世界各大公司纷纷利用互联网提供信息服务和拓展公司的业务范围,并且按照互联网的特点积极改组企业内部结构和探索新的营销管理方法。由此,国际市场网络、移动和社交媒体营销也随之诞生。

网络、移动和社交媒体营销的产生是有特定条件下的技术基础、观念基础,更是多种因素综合作用的结果。随着信息化的普及,网络的广泛应用,多元化的市场产出,消费者从被动接受变成主动选择。经济的全球化,市场的全球化时代经济市场的竞争越发激烈,技术革新时代供给关系发生变化,商场如战场的形容变得更加贴切。消费者价值观的改变以及商业竞争的激烈化是促进网络、移动和社交媒体营销形成的内外因素。

1. 国际市场网络、移动和社交媒体营销产生的技术基础

互联网的出现为企业提供了建立国际市场网络、移动和社交媒体营销体系的新技术和新手段。互联网起源于1969年。在加利福尼亚大学洛杉矶分校的计算机实验室里,6名科学家首次将一台计算机与远在千里之外的斯坦福研究所的另一台计算机联通,宣布了网络世界的到来。1974年,计算机网络已拥有100多个站点。后来的发展就是爆炸性的,截至2019年6月,仅中国网民规模就达到8.54亿,互联网普及率攀升至61.2%,其中利用Internet进行网络消费的人数就有6.39亿。

扩展阅读16.1
论新时期国际市场营销策略的发展与创新
扫码阅读

互联网是一种集通信技术、信息技术、时间技术为一体的网络系统。互联网上各种各样的服务,体现出连接、传输、互动、存取各类形式信息的功能,使得互联网具备了商业交易与互动沟通的能力。随着互联网的快速发展,它已经逐步演变为"虚拟市场""虚拟社会",进而为众多的网上经营者开辟广阔的天地。企业利用互联网开展经营活动,显示出越来越多的优势,以互联网技术为基础的网络、移动和社交媒体营销,是社会经济和网络技术发展的必然结果。

2. 国际市场网络、移动和社交媒体营销产生的观念基础

(1)满足消费者的需求。这是国际市场营销的核心。随着科技的发展、社会的进步、文明程度的提高,消费者的观念也在不断地变化,这为建立在Internet上的网络、移动和社交媒体营销提供了普及的可能。这些观念变化可概括为:个性消费的回归。消费者以个人心理愿望为基础挑选和购买商品或服务,心理上的认同感是作出购买决策的先决条件,以商品供应千姿百态为基础的单独享有成为社会时尚。

(2)消费主动性的增强。由于商品生产的日益细化和专业化,消费者购买的风险感随选择的增多而上升。消费者会主动通过各种途径获取与商品有关的信息,并进行分析比较,以减少购买失误的可能。

（3）对购物方便性的追求。由于现代人工作负荷较重，消费者希望购物方便，时间和精力支出尽量节省，特别是对某些品牌的消费品已经形成固定偏好的消费者，这一需要尤为重要。

（4）对购物乐趣的追求。现代人的生活丰富多彩，购物活动不仅是消费需要，也是心理需要，很多消费者以购物为生活内容，从中获得享受。

（5）价格是影响购买的重要因素。虽然现代市场营销倾向于以各种策略来削减消费者对价格的敏感度，避免恶性价格竞争，但价格始终对消费者产生重要的影响。只要价格削减的幅度超过消费者的心理预期，难免会影响消费者既定的购物原则。

16.1.2 网络、移动和社交媒体营销的发展

网络、移动和社交媒体营销应用平台是基于互联网资源的优化整合模式，从广义上讲，目标消费者习惯使用的网站就是企业营销的目标。除了对门户资讯、网络社区、网络视频、即时通讯等网络资源平台进行整合利用外，网络应用平台还包括第三方网络、移动和社交媒体营销平台和自建网络、移动和社交媒体营销平台。

1. 第三方网络、移动和社交媒体营销平台

以阿里巴巴、慧聪网、敦煌网等为代表的第三方 B2B 平台，以淘宝商城、eBay 网、Amazon 网等为代表的第三方 B2C 平台，都是企业开展网络、移动和社交媒体营销的首选。这些第三方平台聚集了大量的买家资源和供求商机，具有交易撮合功能，同时各个企业不用投入网站建设费用、服务器购置和专人维护，一般只需要交纳一定费用即可享受服务。

扩展阅读 16.2
第三方网络、移动和社交媒体营销重要平台——以阿里巴巴、亚马逊为例

扫码阅读

但作为第三方平台网络、移动和社交媒体营销平台企业在享受大量买家信息、求购信息的同时，平台上也存在数量众多的竞争对手，加之产品价格透明，买家可以充分进行比较，如果没有充足的优势，也很难在平台上达到既定目标。

2. 自建网络、移动和社交媒体营销平台

企业通过建立自己的网络、移动和社交媒体营销平台（网站）开展网络、移动和社交媒体营销服务，如苹果、戴尔、联想等都建立了自己的网络销售平台，通过推广自身网站，为用户提供产品和服务。

目前，现代企业一般都有自己的企业网站或产品销售平台，自建网络、移动和社交媒体营销平台有利于树立企业品牌和形象，同时对网站发展具有主动性，能为用户提供更加完善的服务和产品展示；但由于网站前期投入较大，同时由于多数企业专业性不够，网站策划和建设出现问题，网络、移动和社交媒体营销策略不恰当，导致网络、移动和社交媒体营销效果不佳。所以，企业实施电子商务解决方案，构建自己的电子商务网站，比较理想的情况是：企业本身具有比较完善的信息化系统，实施电子商务后，能够进一步提高运转效率，降低运行成本，加快企业对市场的反应，从而增强企业的竞争力。

即测即练 16.1

扫码测练

16.2 网络、移动和社交媒体营销的内涵、特点及功能

16.2.1 网络营销的内涵

网络营销（Internet marketing）是指通过互联网借助公司主页，线上广告和促销、电子邮件、在线视频和博客等方式进行的营销。社交媒体和移动营销也发生在网上，一定要和其他形式的数字化营销协调配合。开展网络营销，必须对以下的问题有清楚明确的认识。

1. 网络营销不是孤立存在的

网络营销是企业整体战略的重要组成部分，网络营销活动不可能脱离互联网这个特殊的环境，传统营销理论在互联网环境中的应用和发展。网络营销与市场营销是并存的，并同时在营销实践中不断发展。

2. 网络营销不等同于网上销售

网络营销是企业在网络平台上与消费者开展网上交易的过程，是为最终实现产品的销售，提升品牌影响力而进行的活动。网上销售是网络营销发展到一定阶段的产物，只是其一，不是所有。因而从下面两个角度说明网络营销本身不等于网上销售：

扩展阅读 16.3
网络、移动和社交媒体营销的产生及中国网络、移动和社交媒体营销的发展前景

扫 码 阅 读

（1）从网络营销的内容看，网上销售仅仅是其中的一部分，而且不是必需的。很多企业的网站上并没有任何网上销售的现象，网站主要起到一个传播企业产品信息，扩大企业知名度和影响力的作用。

（2）网络营销的效果变现在多方面，如加强与客户之间的沟通，改善客户关系，拓展企业的产品信息的传播渠道，提升企业整体的品牌价值等。

3. 网络营销不等于电子商务

网络营销与电子商务有着紧密的联系，但也有明显的区别。网络营销仅仅是一种营销模式，注重企业与客户之间信息的交流来促进商品交易，提升企业的价值品牌，改善客服质量等。而电子商务的内涵比较广，其中心是将商业交易电子化，其所有的交易方式和交易过程都在网上实现。所以，网络营销是电子商务的重要组成部分。

4. 网络营销不是万能的

随着科技的发展，互联网逐渐成为继报纸、杂志、广播和电视之后的"第五媒介"，越来越广泛的应用让人们对其的依赖性不断提高，但是网络使用不能代替电视、杂志、广播等传统的营销媒体。

电视营销可以通过画面和声音相结合，使商品由静态转为动态，直观效果强烈。商品演示能使顾客注意力集中，接受信息的人数相对较多。但其制作成本高，播放费用昂贵，顾客很难将它和一般的电视广告区分，播放时间和次数有限、稍纵即逝。

杂志营销包括电子杂志营销和书面杂志营销，两者都是通过文字以及图片的形式将最详尽的产品信息传达给读者，但同时也避免不了其单一枯燥的缺点。

广播营销从播报的语言、气息、情感等声音的多种表现手段中，充分开启人的心扉，掀动人的情感，产生一种最为和谐与完美的想象。所以广播的交流感是跃动和生动的，这种双方交流的功效是广播媒体特有的，尤其在大街上和商场里更突出广播媒体的兼作性。因此，各式各样的营销方式覆盖的目标各不相同，优势互补。

16.2.2 移动营销的内涵

移动营销（Mobile marketing）指向移动中的消费者通过他们的移动设备递送营销信息、促销信息和其他营销内容。市场营销者运用移动营销在购买和关系建立的过程中随时随地与顾客互动。移动设备的广泛采用和移动网上流量的猛增使得移动营销成为大多数品牌的不二选择。

随着最近手机、智能手机和平板电脑的使用数量激增，移动设备在美国家庭的渗透率已经超过100%（许多人拥有不止一部移动设备），大约40%的美国家庭目前是没有固定电话的纯粹移动家庭。65%以上的美国人拥有智能手机，超过60%的智能手机用户用它来连接移动互联网。他们不但浏览移动互联网，而且是各种移动应用的积极使用者。全球移动应用市场增长迅猛：共有200多万种移动应用，平均每部智能手机上安装25种应用。

> 扩展阅读 16.4
> 第五代移动通信技术——5G 的技术的概念
> 扫 码 阅 读

大多数人喜欢用手机，并且严重依赖手机。一项研究发现，近90%拥有智能手机、平板电脑、电脑和电视机的消费者只有在不用手机的时候，才会使用其他设备。平均而言，美国人每天会查看150次手机，大约每6分半一次；每天花费58分钟用智能手机聊天、发送短信和浏览网页。因此，尽管电视机在人们的生活中仍然很重要，但是手机迅速变成人们的"首选屏幕"。离开家后，手机几乎就是人们唯一关注的屏幕。

对于消费者来说，一部智能手机或平板电脑就相当于一位便利的购物伙伴，随时可以获得最新的产品信息、价格对比、来自其他消费者的意见和评论，以及便利的电子优惠券。理所当然地，移动设备为营销者提供了一个有效的平台，借助从移动广告、优惠券、短信到移动应用和移动网站等工具，吸引消费者深度参与和迅速购买。

在美国，移动营销的花费不断提高，几乎所有的重要营销者——从宝洁公司、梅西百货，到当地银行或者超市，再到类似美国防止虐待动物协会等非营利机构，都试图把移动营销整合到直复营销计划中。这些努力产生了非常积极的结果。例如，49%的手机用户在看到一则手机广告后会搜索更多与广告内容相关的信息。

近年来，随着智能手机和移动互联网的快速崛起，网红直播带货更是成为新的井喷经济。直播营销被视为新媒体营销转化流量的利器，为消费者提供了新的购物体验，也让众多电商企业将战场从PC端搬到了移动端。

网红的出现，带来的是一系列移动App的更新换代，推动了电商行业的发展。同时，各类网红签约媒体公司，网红产业孵化经纪公司也如雨后春笋般发展起来。社群电商、娱乐偶像、网络原生内容等多个风口产业与视频、直播交织催生了网红经济的大爆发。由网红传播带来的影响延伸到社会经济领域，与大众文化一道形成完整立体的"网红"现象。

▶ **国际营销案例 16-1**

小红书营销风波

X女士在小红书某次大促活动中购买雅诗兰黛眼霜15mL一个，售价298元。3天后小红书系统显示收到货，但是实际收到货是15天之后了。收到货物后，X女士开包检查发现疑似假货，与专柜和免税店版本均不一致，经过专业好友验证确认是假货。客服在并没有电话沟通处理的情况下，就在系统里录入已经联系但是联系不上，以版本为由否定假货；多次沟通客服都以专员处理为由推托，但是后续并未有任何联系。接到该用户投诉后，记者第一时间将投诉案件移交该平台相关工作人员督办妥善处理，对此，小红书反馈称：已告知商品保证正品，支持检测，考虑用户体验，在商品完好的情况下可破例申请退货退款，运费自行承担。用户要求退货，已售后。

用户称"小红书"产品质量出现问题，售后服务差。Y女士于某日在小红书购买了某品牌洁面慕斯。签收后由于之前的洗面奶还没用完，就放在家里，因为之前在屈臣氏买过同款洗面奶用了觉得效果不错，所以她才会在小红书上买这一款，到货当天第一次使用，用完以后脸上发烫、红肿刺痛，以为是第一次用不适应，便没有在意。于某第二天第二次使用，还是出现同样的过敏症状，便在第四天联系客服告知具体情况要求退货。客服和商家协商后最后给于某的反馈是：由于顾客购买此商品超过一个月，所以即使出现不适现象，也需要二甲及二甲以上的就医证明显示于某是因为此产品而导致过敏，才能给顾客办理退换货，而且也明确说明不会报销医药费。接到该用户投诉后，记者第一时间将投诉案件移交该平台相关工作人员督办妥善处理，但截至发稿前，还尚未收到来自被投诉平台的任何有关处理回复。

虽然在现阶段，移动互联网营销还存在一些不足，这就给管理者以及使用者带来了新的机遇和挑战，但是，只要我们将问题的实质分析清楚，并且找到解决问题的有效方法，可以预见，在互联网模式下，这种全新的营销方式——移动营销一定会给中小型企业带来巨大的商机。

资料来源：朱嘉琳. 小红书移动营销存在的问题及对策探究[J]. 甘肃科技，2019（358）：94-96.

16.2.3 社交媒体营销的内涵

社交媒体营销（Social media marketing）可以称为社会化媒体营销，主要是利用社交网络、在线社区、博客以及其他的互联网平台进行营销和客户关系的维护。一般情况下社交媒体营销工具包括微博、微信、论坛、博客等多种形式。

正如我们一直在讨论的，互联网的使用越来越普遍，数字技术和设备的迅猛发展催生了网络社交媒体和数字社区的浪潮，无数独立的商业化社交网络应运而生，为消费者提供了可以彼此聚集、社交并交换想法和信息的网络虚拟空间。如今，几乎所有人都在脸书（Facebook）和 Google+ 上交流互动以拉近彼此的关系；发布推特（Twitter）；在 YouTube 上观看今日最热视频；在 Pinterest 上编辑粘合或在 Instagram 和 Snapchat 上分享图片。当然，哪里有消费者聚集，哪里就是营销关注的地方，大多数营销者现在都试图抓住电子营销的趋势。

扩展阅读 16.5
网络、移动和社交媒体营销新趋势发展

扫码阅读

社交媒体针对性强且具有高度的个性化。这使得营销者可以与个体消费者和顾客社群创作和分享定制化的品牌内容。社交媒体的互动性使之成为企业发起顾客对话和倾听顾客反馈的理想平台，例如，沃尔沃利用其"＃Swedespeak"推特聊天平台开展网络焦点小组调查，收集从产品属性到创作广告等各种话题的及时反馈。沃尔沃的营销经理说道："日常的推特聊天产生很好的互动，人们享受身在其中的感觉。"

社交媒体也是即刻的和及时的。企业可以根据品牌突发事件和活动创造及时和重要的营销内容，随时随地接近和影响顾客。正如本章前面所讨论的，社交媒体的飞速发展引发了实时营销的热潮，营销者引发和加入消费者对话，讨论当下才发生的境况和事件。营销者可以密切关注动态，创造相应的内容来吸引顾客参与互动。社交媒体的成本效益很高。尽管创造和管理社交媒体内容可能代价不菲，但大多数社交媒体都是免费或低价的。因此，相对于电视和平面广告等昂贵的传统营销媒体而言，社交媒体的投资回报率很高。社交媒体的低成本使即使无法承担高预算营销活动的小型企业和品牌也能够方便地使用。

国际营销案例 16-2
社交媒体营销的应用平台

扫码阅读

社交媒体最大的优势也许是其参与互动和社交分享的能力。社交媒体特别适用于建立顾客互动和社区——用于吸引顾客投入与品牌或其他顾客之间的互动。社交媒体能够比其他任何一种营销沟通渠道更有效地吸引顾客提供和分享品牌内容和体验。让我们来看看最近奥利奥在 Instagram 上开展的饼干与奶油营销活动吧。

16.2.4　网络、移动和社交媒体营销的特点

互联网是开展网络、移动和社交媒体营销的基础，通过网络、移动和社交媒体营销，组织和人之间进行着信息的传播与交换，如果没有信息的交换，就不会产生任何的交易。随着互联网技术的不断发展，越来越多的企业和个人将自己的计算机连接到互联网之上，遍布全球的互联网让信息的交流更加快捷有效。

1. 网络营销的特点

（1）时域性。营销的最终目的是占有市场份额，由于互联网能够超越时间约束和空间限制进行信息交换，使得营销脱离时空限制进行交易变成可能，企业有了更多时间和更大的空间进行营销，可每周 7 天，每天 24 小时随时随地地提供全球性营销服务。

（2）富媒体。互联网被设计成可以传输多种媒体的信息，如文字、声音、图像等信息，使得为达成交易进行的信息交换能以多种形式存在和交换，可以充分发挥营销人员

的创造性和能动性。

（3）交互式。互联网通过展示商品图像，商品信息资料库提供有关的查询，来实现供需互动与双向沟通。还可以进行产品测试与消费者满意调查等活动。互联网为产品联合设计、商品信息发布，以及各项技术服务提供最佳工具。

（4）个性化。互联网上的促销是一对一的、理性的、消费者主导的、非强迫性的、循序渐进式的，而且是一种低成本与人性化的促销，避免推销员强势推销的干扰，并通过信息提供与交互式交谈，与消费者建立长期良好的关系。

（5）成长性。互联网使用者数量快速成长并遍及全球，使用者多属年轻、中产阶级、高教育水准，由于这部分群体购买力强而且具有很强市场影响力，所以是一项极具开发潜力的市场渠道。

（6）整合性。一方面，互联网上的营销可由商品信息至收款、售后服务一气呵成，因此也是一种全程的营销渠道。另一方面，企业可以借助互联网，将不同的营销活动进行统一设计规划和协调实施，以统一的传播咨讯向消费者传达信息，避免不同传播中的不一致性而产生的消极影响。

（7）超前性。互联网是一种功能最强大的营销工具，它同时兼具渠道、促销、电子交易、互动顾客服务，以及市场信息分析与提供的多种功能。它所具备的一对一营销能力，正是符合定制营销与直复营销的未来趋势。

（8）高效性。计算机可储存大量的信息，让消费者查询，可传送的信息数量与精确度，远超过其他媒体，并能因应市场需求，及时更新产品或调整价格，因此能及时有效了解并满足顾客的需求。

（9）经济性。通过互联网进行信息交换，代替以前的实物交换，一方面可以减少印刷与邮递成本，可以无店面销售，免交租金，节约水电与人工成本；另一方面可以减少由于迂回多次交换所带来的损耗。

（10）技术性。网络、移动和社交媒体营销大部分是通过网上工作者，通过他们的一系列宣传、推广，这其中的技术含量相对较低，对于客户来说是小成本大产出的经营活动。

2. 移动营销的特点

（1）便携性和黏度。移动终端的显著特点是随身性，这决定了它可以利用丰富的软件来占用手机用户的零散时间。随着手机的使用率增加以及手机用户的个性需求，他们开始下载一些应用软件来满足自己个性化需求。下载软件并不是手机用户对软件的信任，但是在这个过程中软件可以潜移默化的增强手机用户的积极性，同时增强手机用户对软件的黏度。

扩展阅读 16.6
论互联网时代下"网红"何以红？
扫码阅读

（2）高度精准性。手机用户在使用软件过程中，产品的品牌资料和促销信息的植入可以第一时间使软件主人获得手机的型号和系统，同时能更深入地了解手机用户的非标准化信息，如手机用户的日常行为习惯，手机列表等。在这种情况下企业可以第一时间了解手机用户的相关信息，使企业在商品设计时可以根据用户的需求进行设计，同时进行需求广告的植入。

（3）成本低廉性。科技发展使移动终端用户增多，在任何时间和地点，移动的网络营销都可以进行，这符合科技社会和网络社会的发展规律，同时也能满足不同手机用户的需求。故移动营销成本低，成效快，范围广，商机更大。

（4）互动性。软件的封装性使用户在使用软件时能第一时间了解用户的硬件系统，能使用户的体验更方便。用户在注册用户名时，对一些问题的回答过程也是互联网广告植入的过程。移动的网络营销可以对用户的需求进行精准的定位，用户可以根据软件的指导及时获得营销信息，并对个人的生活轨迹进行计划，这方便运营商来查找目标群体，以使广告植入更有针对性。

3. 社交媒体营销的特点

（1）安全性和主动参与性。与搜索引擎、电子邮件等其他网络营销相比，社交媒体营销以信任为基础的传播机制以及用户的高主动参与性，更能影响网民的消费决策。

（2）交互性。在人群间分享信息和讨论问题，通过不断交互和提炼，能够有效地对某个主题达成共识，为品牌提供了大量被传播和被放大的机会。

（3）黏度和稳定性。社交媒体用户黏度和稳定性高，定位明确，可以为品牌提供更细分的目标群体。

（4）信息共享性。基于互联网的沃土，社交媒体营销的市场仍在不断扩大，已不仅仅是朋友们共享的场所，也成了一种全新的商业竞争模式。

16.2.5 网络、移动和社交媒体营销的功能

1. 品牌建设

与网络品牌建设相关的内容包括：专业性的企业网站、域名、搜索引擎排名、网络广告、电子邮件、会员社区等。网络、移动和社交媒体营销的重要任务之一就是在互联网上建立并推广企业的品牌，以及让企业的网下品牌在网上得以延伸和拓展。网络、移动和社交媒体营销为企业利用互联网建立品牌形象提供了有利的条件，无论是大型企业还是中小企业都可以用适合自己企业的方式展现品牌形象。网络品牌价值是网络、移动和社交媒体营销效果的表现形式之一，通过网络品牌的价值转化实现持久的顾客关系和更多的直接收益。

2. 网站推广

获得必要的访问量是网络、移动和社交媒体营销取得成效的基础，尤其对于中小企业，由于经营资源的限制，发布新闻、投放广告、开展大规模促销活动等宣传机会比较少，因此通过互联网手段进行网站推广的意义显得更为重要，这也是中小企业对于网络、移动和社交媒体营销更为热衷的主要原因。即使对于大型企业，网站推广也是非常必要的，事实上许多大型企业虽然有较高的知名度，但网站访问量并不高。因此，网站推广作为网络、移动和社交媒体营销最基本的职能之一，其基本目的就是为了让更多的用户对企业网站产生兴趣，并通过访问企业网站内容、使用网站的服务来达到提升品牌形象、

促进销售、增进顾客关系、降低顾客服务成本等作用。

3. 信息发布

信息发布需要一定的信息渠道资源，这些资源可分为内部资源和外部资源。内部资源包括：企业网站、注册用户电子邮箱等；外部资源则包括：搜索引擎、供求信息发布平台、网络广告服务资源、合作伙伴的网络、移动和社交媒体营销资源等。掌握尽可能多的网络、移动和社交媒体营销资源，并充分了解各种网络、移动和社交媒体营销资源的特点，向潜在用户传递尽可能多的有价值的信息，是网络、移动和社交媒体营销取得良好效果的基础。

4. 促进销售

网上销售是企业销售渠道在网上的延伸。网上销售渠道建设并不限于企业网站本身，还包括建立在专业电子商务平台上的网上商店，以及与其他电子商务网站不同形式的合作等。因此网上销售并不仅仅是大型企业才能开展，不同规模的企业都有可能拥有适合自己需要的线上销售渠道。

5. 拓展渠道

一个具备网上交易功能的企业网站本身就是一个网上交易场所，网上销售是企业销售渠道在网上的延伸，网上销售渠道建设也不限于网站本身，还包括建立在综合电子商务平台上的网上商店，以及与其他电子商务网站不同形式的合作等。因此，网上销售并不仅仅是大型企业才能开展，不同规模的企业都有可能拥有适合自己需要的线上销售渠道。

6. 客户服务

互联网提供了更加方便的在线客户服务手段，包括从形式最简单的常见问题解答，到电子邮件、邮件列表，以及在线论坛和各种即时信息服务等。在线客户服务具有成本低、效率高的优点，在提高客户服务水平方面具有重要作用，同时也直接影响到网络、移动和社交媒体营销的效果，因此在线客户服务成为网络、移动和社交媒体营销的基本组成部分。

7. 客户维系

客户关系是与客户服务相伴而产生的一种结果，良好的客户服务才能带来稳固的客户关系。客户关系对于开发顾客的长期价值具有至关重要的作用，以客户关系为核心的营销方式成为企业创造和保持竞争优势的重要策略。网络、移动和社交媒体营销为建立客户关系、提高客户满意度和客户忠诚度提供了更为有效的手段，通过网络、移动和社交媒体营销的交互性和良好的客户服务手段，增进客户关系成为网络、移动和社交媒体营销取得长期效果的必要条件。

8. 市场调研

通过在线调查表或者电子邮件等方式，可以完成网上市场调研，相对传统市场调研，网上调研具有高效率、低成本的特点。因此，网上调研成为网络、移动和社交媒体营销的主要内容之一。其主要的实现方式包括：通过企业网站设立的在线调查问卷、通过电子邮件发送的调查问卷，以及与大型网站或专业市场研究机构合作开展专项调查等。网上市场调研具有调查周期短、成本低的特点。网上调研不仅为制定网络、移动和社交媒体营销策略提供支持，还是整个市场研究活动的辅助手段之一。合理利用网上市场调研手段对于制定市场营销策略具有重要价值。

随着网络、移动和社交媒体营销的逐步深入，网络、移动和社交媒体营销的职能也在日益丰富，包括网站优化、流量统计、资源合作等都在为网络、移动和社交媒体营销提供必要的支持。

16.3 国际市场网络、移动和社交媒体营销的影响

16.3.1 对经济全球化的影响

按照马克思唯物主义的观点，划分人类社会的标志不在于它能生产什么，而在于它用什么来生产。社会历史的演进归根结底是由生产力的发展所决定的。经济全球化作为整个人类生产方式的演进发展，与近几十年来科学技术的突飞猛进紧密相关，科学技术进步为全球化提供了现实可行性。而全球化提高了整个世界的社会生产力水平，又促进了科学技术的进一步发展。二者互为激励、相得益彰。

网络经济本身具有全球性，互联网将世界上无数台计算机连接起来，每一台主机都是一个信息源，无数的信息资源在网上供人们随时调用、共享成果；网络没有国界、没有国籍、没有民族肤色之分，对任何人都实现了开放和平等；网上通行全球的规则语言就像是一种世界语，消除了物质世界中存在于人们之间的障碍。

（1）网络形成了真正意义上的世界市场。网络打破了时间、空间和物质的限制，使世界各国的联系更为密切，促进资源的世界范围流动和优化配置。网络上形成的信息流，对物质世界的生产经营管理活动实施指挥和控制，形成一个真正意义上的虚拟世界市场。

（2）加速了世界分工的扩大与发展。信息网络技术不断地创造出技术密集知识密集的新兴产业，加快了发达国家产业结构的更新换代，是国际分工的基础从比较优势转移到科技水平为标志的竞争优势。具有竞争优势的发达国家，致力于发挥人的智能的发明创造活动，将技术复杂、附加值高、利润丰厚的知识密集型产业留在国内作为支柱产业，而将传统的资本密集型产业转移给新兴工业化国家后，后者又将劳动密集型的产业转移到发展中国家，形成了发达国家与发展中国家之间所谓"大脑—四肢"的分工格局。

（3）促进了全球性产业结构的优化调整。信息技术和其他高新技术不断地创造出新的产业，引发了产业结构的深层变革。资源密集型和劳动密集型产业日益向资本密集型和信息密集型产业的方向发展。信息网络技术缩短了产品的生命周期，加快了产品的更新换代，增加了知识信息和智能在产品价值中的比重，由此掀起了世家产业结构调整的浪潮。

（4）网络弱化了企业的规模意义。互联网为中小企业的发展提供了机遇。网络进入

自由，价格低廉，"向销售者许诺全世界市场的进入权，以最低的费用接近特定的顾客或预先确定的顾客"。在此之前，发达国家的跨国公司凭借雄厚的资金、技术、品牌、销售渠道等优势，垄断了 80% 以上的世界贸易总量。因特网的出现为发展中国家的企业，特别是受各种条件所限不能从事跨国经营的中小企业提供了进入国际市场的现实可能性。他们可以在因特网上发布广告和信息，介绍产品性能、树立企业形象，并利用其"船小好调头"的优势迎合市场变化，抓住机遇发展壮大。

在国际营销理论中，各国政治、经济及文化的环境是被视为一种前提条件而存在的，企业只能被动地适应这种环境差异。人是环境的产物，人们的消费习惯、需求欲望无一不与他们所处的特定环境紧密相关。但是，蓬勃发展的网络世界，缩小了甚至同化了这种差异。

网络、移动和社交媒体营销的涉及面很广，不仅包括参与国际竞争的企业、深处世界市场的消费者，更涉及为此提供复位的政府相关职能部门，是一个复杂的系统工程，网络、移动和社交媒体营销对国际贸易机制的变革必将带来对一个国家政府财政、金融、货币、税收、法律甚至教育等方面的深刻而广泛的冲击。

16.3.2 对国际分工格局的影响

在传统的国际贸易理论中，国际分工一直是以国家的比较优势为基础。比较优势主要是指一国的资源禀赋优势，建立在这种理论基础上的国际分工格局是初期的垂直分工型：先进国家生产和出口工业品，而落后国家则主要生产和出口原料、初级制品和农产品。

随着科学技术的进步及知识、信息逐步渗入生产过程，旧有的国际分工格局被打破。科技因素成为决定国际分工的最重要的因素，知识信息成为了国际竞争的首要优势。发达国家利用先进的科学技术改进生产工艺，提高劳动生产率，降低能耗和原材料消耗，创造了大量进口原材料的替代品，在很大程度上减少了对来自发展中国家初级产品的需求和依赖。国际分工格局由垂直分工变为垂直型分工和水平型分工的兼容共存，体现为同等水平的发达国家之间贸易激增，而原有发达国家与发展中国家之间的贸易被削弱。

20 世纪后半叶以信息技术为标志的第三次技术革命，特别是 90 年代的网络技术，使新产品、新材料、新技术、新工艺层出不穷，不断地创造技术知识密集型的新兴产业，加快了发达国家产业结构的更新换代。科学、技术、知识和智能对经济产生的主导作用猛烈地冲击和影响着国际分工格局，致力于知识智能的发明创造。销量连年剧增的个人电脑诠释了这种分工格局：一台标明美国原装的电脑，只有主机是美国生产的，它的硬盘来自于中国台湾、键盘来自马来西亚，显示器由韩国生产。福特汽车的生产过程也体现了这种分工特性：福特汽车的动力装置、自动变速箱和六缸发动机的开发在美国完成，四缸发动机、手动变速箱和车身的设计工作在欧洲完成，汽车的组装工厂设在比利时，技术要求高的零部件来自于设在欧美的子公司和分包商，技术要求低、附加值小的零部件来自于东南亚国家。

16.3.3 对国际贸易产品结构的影响

网络带给整个经济社会的革命性的变化，是信息资源成为比自然资源物质资源更重要的主导资源；知识财富成为比货币财富物质财富更为宝贵的社会财富。在社会经济的实际运作中，表现为服务业代替了传统制造业成为国民经济的主要增长点：产品价值的主要来源由资本、劳动和原料转移到知识、信息和智能。发达国家制造业的产品成本构成中，信息智能因素已经占到60%～70%，在美国这个数字约为80%。

上述变化是导致国际贸易结构变化的根本原因。近年来，服务贸易的发展急剧上升，其发展速度远远超过实物贸易的出口。出口知识和服务不仅可以获得更多的价值，而且可以创造更多的就业机会，避免有限资源消耗和保护自然环境，从而维持经济的可持续发展，而信息技术对传统产业的改造，生产效率的提高，以及高科技所创造的原料和初级产品替代品，也是决定国际贸易结构变化的重要原因。据统计，"1970年全球服务贸易出口额仅为710亿美元，而到1996年则高达12 600亿美元，增长16.8倍，平均增长率为11.7%，远远高于国际货物出口增长速度。服务贸易在整个国际贸易中的比重，70—80年代占五分之一，进入90年代增至四分之一。"并且这种变化的趋势还将随着信息技术和网络经济的发展完善而不断加剧。

国际服务贸易发展的另外一个重要动力，是世界贸易组织试行网络贸易"零关税"制度。尽管引起许多发展中国家的异议，但是在美国的竭力倡导下，世界贸易组织于1998年开始试行的网络贸易零关税使用并延续至今。无疑，对于以数字化形式经互联网传输的服务贸易内容，这将起到极大的促进作用。

16.3.4 对资源配置格局的影响

网络技术推动和优化了物质资源和人力资源在世界范围内的流动和配置，提高了生产率，促进了国际贸易产品结构和世界产业结构的迅速调整，推动了全球经济一体化的进程。

在资本市场上，计算机网络技术充分发挥了作用。网络的超级信息传递功能形成了彻底的世界金融市场，发生在世界任何角落的政治经济时间、思想文化趋势和消费趋势、社会动乱和暴力、战争与自然灾害等，均通过网络瞬间传递到全世界并立刻在金融市场相关指数上显示出来。金融资本的流动不再遵循传统国际贸易理论，由国际件商品和服务的流动所决定。它更加注重综合因素和世界经济形势的预期。一国的信息基础设施建设和信息技术水平将取代传统的劳动力资源和自然资源成为外资进入的首选因素，从而改变传统的世界资本配置格局。

在劳动力市场上，网络技术对于传统制造业工艺、效率的改变，将从根本上改变工业化的发展和就业结构。过去劳动密集的产业将不再能够吸引大量的简单劳动力资源；随着网络技术的普及，对受过系统教育、掌握科学技术的人员需求增加。更多的人将在信息产业就业；从事工业和农业的人员在总体就业结构中的比例将减少；在人力资源的配置上，网络彻底打破了国与国之间的界限，现实世界中的国境、海关、进出境制度将不再能够阻碍人力资源的流动。

16.3.5 对支付方式的影响

当今在网络、移动和社交媒体营销越来越兴起的情况下，一些旧的支付手段已不能满足国际间巨额的货款交易，国际间的支付方式正在悄悄发生着变化。

1. 传统的支付方式

传统的支付方式（即银行汇款形式）：如电汇（TT，Telegraphic Transfer）、信用证（L/C）、西联（Western Union）、速汇金（MoneyGram）等，这种主要是通过银行转账和汇款公司进行汇款。虽然安全，但并不适合小额收款，且费用较高，资金一旦发出即不可撤回。

2. 支付方式的变革——网上支付

根据支付手段又可以分为电子信用卡支付、Smart Card 支付、电子现金支付、电子支票支付等。根据在线传输数据的种类，大致可分为3类。

（1）使用"信任的第三方"（Trusted third party）。客户和商家的信息比如银行账号、信用卡号都被信任的第三方托管和维护。当要实施一个交易的时候，网络上只传送订单信息和支付确认、清除信息，而没有任何敏感信息。实际上这样的支付系统没有任何实际的金融交易是在线实施的。在这种系统中，网络上的传送信息甚至可以不加密，因为真正金融交易是离线实施的。但是不加密信息，同样可以看成一个系统的缺陷，而且客户和商家必须到第三方注册才可以交易。

（2）传统银行转账结算的扩充。著名的 CyberCash 和 VISA/Mastercard 的 SET 是基于数字信用卡（Digital credit cards）的典型支付系统。该系统在 B2C 在线交易中成为主流，因为现在大部分人更习惯于传统的交易方式。在利用信用卡和支票交易中，敏感信息会被交换。例如，从商家购买产品时，客户可以通过电话告知信用卡号以及接收确认信息；银行同时也接收同样的信息，并且相应地校对用户和商家的账号。这样的信息在线传送，必须经过加密处理，通过合适的加密和认证处理，这种交易形式应该比传统的电话交易更安全可靠，因为电话交易缺少必要的认证和信息加密处理。

（3）各种数字现金和电子货币。这种支付形式传送的是真正的"价值"和"金钱"。前面两种交易中，信息的丢失往往是信用卡号码，而这种交易中偷窃信息，不仅仅是信息丢失，往往也是财产的真正丢失。

16.3.6 对现代物流的影响

随着国际市场网络、移动和社交媒体营销的不断发展，促进了物流行业的发展，导致传统物流不断向现代物流转变，呈现出三大主要特点。

（1）物流技术化。网络化是现代物流区别于传统货运的重要特征，高效畅通的网络设施是物流管理的基础,包括物流企业与上、下游企业;物流企业内部;物流企业之间的信息交换网络,以及物流实体配送地理网络等各方面的建设。物流管理技术方面,条形码技术、自动仓储管理技术、电子数据交换、电子订货系统、自动分拣/存取跟踪系统等为物流管理信息平台提供了强有力的支持。此外,多媒体技术也在物流活动中大显身手,实现可视化的货品排库功能,还可为客户提供物品运送的实时查询。

(2)物流信息化。在国际市场网络、移动和社交媒体营销影响下,企业管理发生了重大的变革。组织结构由过去的塔型垂直结构转变为水平型的网状结构,管理层次减少,信息传递速度加快。在交易流程中,改革往往以贸易单据(文件)流转为主体的交易方式,采用数字化电子方式进行数据交换和商务活动,实现了交易管理的电子化;在营销管理方面,将客户整合到营销过程中,进行买卖双方的实时互动交流。不难发现,信息流贯穿于企业商务运作的全过程,企业管理的变革都建立在管理信息化的基础之上。

最新、可靠且实时的信息对于供应链来说至关重要,同时也是物流管理的根本需求。在网络交易过程中,信息流分布于各个环节,贯穿于整个流程。现代化物流系统是一个跨部门、跨行业、跨区域的社会系统,物流企业需要与上游、下游之间进行频繁的信息交换,要实现各部分之间的平滑对接,信息流的畅通不可忽视。通过构建功能强大的信息平台,可以加强物流管理链上各环节之间的信息沟通,从而推进物流管理的现代化进程。

(3)物流柔性化。国际市场网络、移动和社交媒体营销的发展,使需求由大批量、标准化转变为小批量、个性化、快速化。企业需要根据客户的实际需要"量体裁衣",生产也由传统的大规模、机械化转变为以时间成本为基础的弹性方式,整个生产作业过程呈现出柔性化的特征。

与之相适应,物流管理也需由刚性化过渡到柔性化。在物流配送的商品种类上,应突破传统的经营方式,适当拓展原本有限的业务范围,根据客户的具体定制要求进行配送,使物流品种灵活多样。在配送时间上,以高效的信息网和方便快捷的配送网为基础,做到快速反应、敏捷配送,并能根据实际情况为用户提供适宜的物流解决方案。

传统物流的经营范围主要是原料提供商与生产厂家之间的生产原料运输,而人们对于物流的认识则大多局限于电子商务中的企业与顾客之间的商品配送。网络、移动和社交媒体营销环境下,物流活动的功能越来越多,物流企业要在物流链上的不同环节充当不同的角色,在原料供应商、厂家与客户三者之间做到灵活运作、游刃有余。

综上所述,物流已不是作为一个单独的个体而存在,它在国际市场网络、移动和社交媒体营销乃至整个社会生产链条中都担负着重要的角色。供应链整合协调和集成化管理,是现代物流区别于传统物流的最重要特征,由分散的物流进入社会化的物流体系是物流模式的重大转变。在经济全球化、网络化的带动下,物流必然走向全球化,这也是网络、移动和社交媒体营销时代为物流行业所带来的发展契机。

即测即练 16.3

扫码测练

16.4 国际市场网络、移动和社交媒体营销的策略与方法

16.4.1 国际市场网络、移动和社交媒体营销的策略

1. 以精准营销为导向，挖掘互联网技术对于企业用户数据的管理意义

传统的国际市场营销方式对于客户来说在服务品质和有效性上体验还有待提高。不可否认，国际市场营销的传统工作模式有许多的宝贵经验值得学习，但是随着网络经济时代的到来，数据信息被录入计算机而成为电子数据，在行业内形成了庞大的数据信息网络。在新型的计算机工作模式下，国际市场营销要保持工作的效率，必须在吸收传统工作模式宝贵经验的基础上，寻求网络经济时代的转型。对于潜在用户信息数据的提取、存储加工、筛选处理和整合，需要有一个科学合理的信息处理系统来实现从冗杂数据中汇总有效信息。因此，企业营销相关工作人员要充分发挥网络

扩展阅读 16.7
如何看待企业大佬出境直播间？
扫码阅读

经济时代的优势，优化数据的采集、分析、处理方式。首先要借助技术人员和先进的计算机网络技术，对数据的真实性、有效性进行甄别，将体量庞大、信息冗杂的数据进行筛选和整合，提取出对于住宿有需求的客户、与有合作需求的相关企业等有用的数据信息。同时，要加强对信息系统的升级，使得数据库信息的采集和分析效率提高。除此之外，市场营销人员要与数据信息系统相适应，精准把握市场营销机遇，随着系统的升级优化营销数据处理方式，保证营销服务工作的顺利进行。

2. 利用互联网技术，精准定位目标群体

对于企业营销部门，客户信息的分析、应用等工作程序是核心。需要对互联网用户基于用户信任网络进行群体划分，在得到的群体基础上，通过自然语言处理技术研究群体内部用户发布的内容，确定群体兴趣，实现目标用户群体的精确定位。在竞争激烈的市场环境下，由于当前阶段营销行业尚未建立完善的数据储存、分析等机制，营销的相关信息服务工作的安全和效率无法得到保证。为了促进企业营销模式的革新，提高营销服务工作的效率，必须对互联网营销平台加强建设和升级，不断提升线上营销对于用户的便捷性、高效性以及经济性，给用户提供良好的营销服务体验。

3. 加强掌握互联网技术的专业营销人员的培养和引进

国际市场营销在互联网背景下要想实现工作效率的大幅提高，优秀的人才是最大的动力。网络经济时代，企业营销相关部门要大力培养对互联网和计算机技术适应能力较强的创新型人才，提高信息服务工作人员的专业素质和综合业务水平。一方面，企业营销相关部门要深入挖掘营销工作人员关于互联网精准营销的创新思维意识，通过定期培训、与外部交流学习等各种培养方式，提升营销工作人员的现代信息思维和互联网处理技术。另一方面，企业营销相关部门要积极开展针对网络经济时代和互联网技术的技术培训，提高营销工作人员的营销数据、信息的分析和处理能力。除此之外，企业营销人

员要逐步适应网络经济时代的工作模式，学会利用数据库信息检索、分析等方式为客户提供准确、详细的营销信息服务，促进用户的服务经验与互联网分析技术的有机融合。企业营销相关部门在人才培养机制上要适当转变，培养具有实践精神和创新能力的复合型人才，打造适应网络经济时代发展的高素质营销人才队伍。

4. 结合互联网技术，开展创新营销

网络经济时代的发展，带动了"云计算"技术的广泛应用。"云计算"技术是基于互联网和计算机技术的新兴数据处理方式，对于国际市场营销在互联网环境下的模式和手段创新有很强的借鉴意义。当前阶段，企业营销部门的营销工作主要承担着单一的服务宣传、推广和销售工作，在工作性质和数据来源上缺乏系统性和延续性。因此，企业营销部门要加强"云计算"技术的学习与应用，积极探索国际市场营销的模式创新，提高其效率。企业营销部门要以当前的信息化建设状况为基础，在"云计算"技术的基础上对于潜在用户的需求进行融合分析，同时还要融入传统市场营销经验和新型营销方式和手段，不断完善营销信息服务系统，实现数据的采集、分析和处理的快速进行。通过不断地探索和实践，企业营销部门才能打造适应网络经济时代发展的企业营销创新模式。

16.4.2 国际市场网络、移动和社交媒体营销的方法

1. 网络广告

网络广告（Internet advertising）指运用专业的广告横幅、文本链接、多媒体的方法，在互联网刊登或发布广告，通过网络传递到互联网用户的一种高科技广告运作方式。网络广告是主要的国际市场网络、移动和社交媒体营销方法之一，在网络、移动和社交媒体营销方法体系中具有举足轻重的地位。

其实，它就是利用互联网各种媒体资源（如门户网站、电子商务平台、行业网站、搜索引擎、分类信息平台、论坛社区、视频网站、虚拟社区等），精确分析各种网络媒体资源的定位、用户行为和投入成本，根据企业的客观实际情况（如企业规模、发展战略、广告预算等）为企业提供最具性价比的一种或者多种个性化网络解决方案。

事实上多种网络、移动和社交媒体营销方法也都可以理解为网络广告的具体表现形式，并不仅限于放置在网页上的各种规格的广告位广告、关键词广告，同时还包括视频网站、SNS、微博等新媒体平台。据数据跟踪显示，中国网络广告市场规模不断增长，2019年市场规模已突破4 500亿元，这也预示着以网络为载体的"新媒体"已经逐渐主流化。

2. 病毒式营销

病毒式营销（Viral marketing）是指类似于病毒一样快速蔓延的低成本、高效率的营销模式。病毒式营销并非传播病毒，而是利用用户之间的主动传播，让信息像病毒那样扩散，从而达到推广的目的。病毒式营销的特点：利用他人的资源，呈几何倍数地繁殖。

病毒式营销的本质是在为用户提供有价值的免费服务的同时，附加上一定的推广信息。常用的推广工具有微博、博客、视频、软件、即时聊天工具等，即为用户获取信息、使用网络服务、娱乐等带来方便的工具和内容。病毒式营销的关键在于创意，传播只有

打动用户的心，用户才能主动去传播。

3. 搜索引擎营销

搜索引擎营销（Search engine marketing，SEM）是一种国际市场网络、移动和社交媒体营销的模式，其目的在于推广网站，增加知名度，通过搜索引擎返回的结果，来获得更好的销售或者推广渠道。简单来说，搜索引擎营销就是基于搜索引擎平台的网络、移动和社交媒体营销，利用人们对搜索引擎的依赖和使用习惯，在人们检索信息的时候尽可能将营销信息传递给目标客户。

搜索引擎营销包括搜索引擎优化（Search engine optimization，SEO）和点击付费模式（PPC）。搜索引擎优化是通过对网站结构（内部链接结构、网站物理结构、网站逻辑结构）、高质量的网站主题内容、丰富而有价值的相关性外部链接进行优化，以获得在搜索引擎上的优势排名，为网站引入流量。而点击付费模式，是通过对目标网站的定位，对目标客户群体的心理习惯、搜索习惯以及搜索引擎的目标覆盖情况等进行分析，挑选最佳的关键词或者关键词组合，购买搜索结果页上的广告位来实现营销目的，谷歌、百度等各大搜索引擎都推出了各自的广告体系，当然在 PPC 营销过程中，不仅需要考虑带来的利润，还要关注成本利润率。

4. 社会性网络服务（SNS）营销

社会性网络服务（SNS，Social networking services），是指旨在帮助人们建立社会性网络的互联网应用服务。社会性网络服务营销则是指利用社交网络建立产品和品牌的群组、举行活动、利用 SNS 分享的特点进行的营销活动。

早期提供用户互动支持的服务网站呈现为在线社区的形式，以 BBS 为主。在不断应用的过程中也形成了论坛营销的方式，即利用论坛这种网络交流的平台，通过文字、图片、视频等方式发布企业的产品和服务的信息，从而让目标客户更加深刻地了解企业的产品和服务，最终达到企业宣传企业的品牌、加深市场认知度的网络、移动和社交媒体营销活动。

随着博客、微博等新的网上交际工具的出现，用户可以通过网站上创建的个人主页来分享喜爱的信息。社交网络为信息的交流与分享提供了新的途径。社交网络服务网站当前在世界上有许多，在国外有 Facebook、Orkut、Twitter，在国内有新浪微博、人人网、豆瓣网等社交类网站都是提供社交服务的知名网站。

社交网络、移动和社交媒体营销模式的迅速发展恰恰是符合了网络用户的真实的需求，参与、分享和互动，代表了当代网络用户的特点，也是符合网络、移动和社交媒体营销发展的新趋势，没有任何一个传统媒体能够把人与人之间的关系变得如此紧密。

5. 口碑营销

网络口碑营销（IWOM，Internet word of mouth marketing）是口碑营销与国际市场网络、移动和社交媒体营销的有机结合。口碑营销实际上早已有之，地方特产、老字号厂家商铺及企业的品牌战略等，其中都包含了口碑营销的因素。网络、移动和社交媒体营销则是互联网兴起以后才有的一种网上商务活动，它为企业提供了一种廉价、有效的营销工具，能够激发众多消费者的关注及参与热情、提升顾客满意度，也有利于提升企业的形象。

企业在开展网络口碑营销时，应该包括消费者满意、抓住意见领袖、让顾客参与进行体验式消费、负面口碑传播的消除等内容，同时结合消费者口碑传播的特点，将消费者对品牌的赞美和信任与消费者的口碑传播行为结合起来，使消费者成为企业的"义务宣传员"和"免费咨询师"，以达到提升企业形象和品牌的知名度、美誉度以及促进销售的目的。

6. EDM 营销

EDM（Electric direct mail）营销，即电子邮件营销，是一种精准高效、低成本的市场推广手段，是以订阅的方式将行业及产品信息通过电子邮件的方式提供给所需要的用户，以此建立与用户之间的信任与信赖关系。EDM 营销有 3 个基本因素：基于用户许可、通过电子邮件传递信息、信息对用户是有价值的。缺少任一因素，都不能称之为有效的 EDM 营销。

据官方统计：美国已有 75.8% 的商家在使用 EDM 推广自己的产品和服务，而中国电子邮箱的用户已达 1.72 亿。随着 EDM 营销的获得广泛的应用，电子邮件营销的优势也相对清晰：有助于刺激无明确需求的消费，且较搜索引擎和在线广告而言成本更低，目标更精准。

7. 无线营销

无线营销（Wireless marketing）是指利用以手机为主要传播平台的第五媒体，直接向分众目标受众定向和精确地传递个性化即时信息，通过与消费者的信息互动达到市场沟通的目的，无线营销也称为移动影响。随着智能手机技术的逐步成熟，特别是从 2010 年苹果公司的第一台平台电脑 IPAD 面世开始，智能移动应用终端技术的市场化应用为无线营销带来的快速发展。

无线营销发展至今在商业领域最为普遍的应用形式是无线广告。按最常见的可分为发送式和发布式。发送式的无线广告有手机短信、彩信、声讯等。发布式的包括二维码和 WAP 网页广告。近年来，无线广告规模在不断扩大，根据艾瑞市场咨询公司公布的数据，在 2011 年中国无线广告市场的整体规模就已达到 40 亿元人民币。

但是，伴随着谷歌 Android 系统、苹果 iOS 系统、微软 Windows Mobile 系统占据大部分智能手机终端，手机应用软件（App）被广泛使用，对手机应用软件利用将大大改变无线营销的现有格局。真正有效的无线营销将需要有三个阶段：第一阶段是通过信息发布吸引消费者；第二阶段是通过信息互动建立数据库；第三阶段是建立会员制或无线营销俱乐部等方式培养忠实顾客群。

8. 播客营销

播客营销（Podcast marketing）主要是向指定客户群体以视频、音频的形式进行营销，并选择在音/视频内容中加以一些与营销产品相关的理论知识或娱乐内容，从而有效利用客户的碎片化时间。与其他营销模式相比而言，播客营销内容的趣味性较强，有较高可能在客户群体中引发边际效应、扩大实际营销范围。

对于广告主而言，成本低廉是播客的最大的吸引力，只需要一点点费用就可以把产品信息推到特定消费群体中去。同时由于播客的目标群体有很明显的共性，使得播客广告的效率也相当高。

尽管播客营销有着这样那样的优点，但由于受限于技术的发展，播客在信息检索和快速浏览方面还不如文字博客那样方便，但技术的滞后并不能阻碍播客以及播客营销的发展。在播客营销的第一批实践者中，安全套品牌杜蕾斯是最值得一提的。

杜蕾斯同播客网站 Podcast Alley 进行了合作，在热门节目"Dawn and Drew Show"中植入广告。以往像安全套这样敏感的商品，在传统广告中很容易受到播出政策的"特殊照顾"，而这些广告在播客中播出就完全绕开了这一问题。

到目前为止，互联网上共有数千套播客节目，并且这一数字每天都在被刷新。在这些播客节目中，部分来自于主流媒体，如 ABC News 的新闻以及 ESPN 的体育节目，但更多的还来自于热衷于此道的个体，内容涉及人物访谈、影评，以及个人 DJ 主持。

9. RSS 营销

RSS（Really simple syndication，简易信息聚合）营销是基于 XML 技术添加 RSS 订阅功能，当客户浏览相关网站、购物平台时，将会显示所订阅 RSS 营销文案及链接。此外当客户所浏览网站发布新内容时，客户所下载 RSS 阅读器也将实时显示链接、更新新闻内容，进而追踪客户的网站点击行为、阅读习惯等信息，从而根据不同客户群体的相关信息以针对性制定网络个性化营销策略、方案。相比而言，对 RSS 营销模式的应用，可将多样性、个性化信息结合。营销信息发布时效性较强，对于客户而言，避免信息量过大、病毒邮件等问题的出现。

RSS 营造了一种全新的网络环境，在这个环境下，信息传播的方式、信息接受的方式以及信息显示的规则与传统的网络营销有很大区别。必须针对不同的阅读器，设计出文字出色、内容诱人的广告。对于 RSS 营销来说，能否抓住这些订阅者是进一步开展营销活动的首要前提。利用网络推送技术为用户提供的信息，内容必须有特色，根据自己相对稳定的用户群，提供有特色的信息。比如一个体育用品公司在利用 RSS 进行网络营销的时候，推送的页面可以以体育新闻报道为特色，这些体育报道可以是最新的体育新闻，也可以是某一项体育或某一个体育明星。不管内容侧重哪方面，有一点必须保证：内容必须新，有特色，能吸引某一部分用户的眼球。

实施特色服务和品牌打造相结合的策略，特色服务和品牌打造如同一对孪生兄弟。特色服务依赖品牌方显其特色，品牌通过特色服务使用户受益。网络品牌成为吸引用户并使用户产生信任感的第一要素，而用户通过实践所总结出的评价成为增加品牌可信度和完善品牌的关键。

超级链接 16-2

"互联网+"时代下"三只松鼠"的营销策略与方法分析

"三只松鼠"作为中国第一家食品电商企业、一个电商新秀，是怎么从竞争中脱颖而出、成为单品类目第一的呢？

1. 基于大数据，与消费者深度接触

"三只松鼠"作为当前国内的知名畅销品牌，最主要的技术基础就是大数据。大数据技术通过对后台关键数据进行精准分析，筛选出目标消费者，获取他们的有效信息，并根据他们独特的消费习惯，做出相应的营销方案，以便于后期与消费者额的接触中更有针对性，从而能快速得到消费者的好感。"三只松鼠"灵活地运用大数据，将实现不可能规模化、不容易被模仿的"一对一"个性化服务。因此大数据对"三只松鼠"的销售具有极其重要的意义，更增加了实际效益。

2. 打造极致体验，实现口碑营销

（1）社交媒体上的营销传播。"三只松鼠"作为一个成功的电商企业，它充分利用"两微一端"的交互性，进行品牌的社交化传播。"三只松鼠"的官方微博常与粉丝进行亲密互动，在拉近与消费者之间距离的同时，也对品牌做了有效的宣传。而且官微也时常推送优惠信息，并借助微博话题，引发粉丝的转发，扩大传播影响力，起到了很好的营销效果。

（2）品牌人格化。第一次接触"三只松鼠"的客户会因为三只可爱的松鼠而对产品产生十分深刻的印象。而这三只可爱的松鼠就是为品牌赋予人格化最直接的证明。"三只松鼠"把客服塑造成可爱的松鼠形象与顾客交流。这样的聊天方式拉近了与顾客之间的距离，增加了客户黏性。三只松鼠借助主人文化和三只可爱的松鼠，塑造了更加亲切、真实的形象。

（3）在细节上超乎客户期望。"三只松鼠"会在快递包装盒的外侧贴放一个开盒器，这对于许多拧不开瓶盖、徒手撕不开快递的姑娘来说，可是十分便利了；而且"三只松鼠"用的是有着鼠小弟的专用包装盒，让顾客在众多快递中一眼就能认出自己的小萌鼠；打开包装盒，会发现有附带的鼠小弟卫生袋、新品试吃包、坚果开果器等。看到这些充满爱意的小细节难道还不会让顾客享受到极致的购物体验吗？

3. 多样化广告营销

（1）电视剧植入广告。2016年热播的电视剧中，《好先生》《欢乐颂》和《小别离》中，"三只松鼠"的广告植入都是无孔不入。包括三只松鼠的形象公仔或者三只松鼠打包的快递员等。这些热播剧涵盖了各个年龄段的观众，为"三只松鼠"扩大了消费群体，增加了品牌宣传。"三只松鼠"的广告植入不仅出现在中国的电视剧中，甚至韩剧《W两个世界》中也出现过。这样"三只松鼠"不仅深层次渗透到国内市场，更打开了国际市场。

（2）视频广告宣传。首先是"三只松鼠"的电视广告。"三只松鼠"在安徽台播放的广告短片，依然以松鼠的可爱形象为广告主体，在表现形式上其实更像是小朋友们喜欢的动画片，让小朋友们产生好奇之后，家长就会产生购买行为。其次是"三只松鼠"的自制宣传片。在仅仅几分钟的宣传片中就能感受到"三只松鼠"的企业文化和企业追求，让消费者更加放心的购买。

（3）垂直类电商的体验式营销。"三只松鼠"是电商企业。尽可能通过软性服务来弥补没有实体店的缺陷，在情感上打动消费人群。"三只松鼠"在天猫、京东、1号店、拍拍、当当等平台上都设有网上店铺，为消费者提供多种渠道进行购买。

资料来源：王怡."互联网+"时代下"三只松鼠"的营销策略分析[J].电视指南，2018（4）.

本章小结

互联网的发展已经使世界贸易的格局发生巨大变革,由此,市场营销的新变化也在不断孕育而生。为实现企业总体经营目标所进行的,以互联网为基础手段营造网上经营环境的各种活动犹如雨后春笋,蓬勃发展。国际市场网络、移动和社交媒体营销也呈现出跨时空、多媒体、成长性、整合性、技术性等特点。同时,通过品牌建设、网络推广、信息发布、销售促进、渠道拓展、客户服务、客户关系和网络调研等8个基本功能实现网络、移动和社交媒体营销的目的。

伴随着互联网技术的发展,国际市场网络、移动和社交媒体营销经历门户时代、搜索引擎时代、社区互动时代,其网络、移动和社交媒体营销的应用平台呈现多元化的特点。如网红依托移动端这个渠道在一些社交APP上进行网络营销的例子,迎合了现今受众的接受倾向,让大规模的转载传播成为可能,影响到更多的受众,增加其知名度和影响力。然而,在网络、移动和社交媒体营销的发展过程中也存在着众多问题,企业在进行网络、移动和社交媒体营销中产生了诸如虚假交易、侵犯消费者隐私权、网络欺诈、网络垃圾邮件、网络色情等现象,这些现象严重阻碍着网络经济的进步和电子商务的发展,企业营销伦理规范面临网络时代新的挑战。

国际市场网络、移动和社交媒体营销在"术"的层面上也产生了诸如:病毒式营销、搜索引擎营销、SNS营销、无线营销等新策略方法,极大丰富了网络、移动和社交媒体营销活动的应用,同时也在推动互联网的新一轮变革。国际贸易、支付方式、现代物流业等都在随着网络、移动和社交媒体营销的发展而不断发展。

关键术语

网络营销(internet marketing)
社交媒体营销(social media marketing)
服务个性化(service individualization)
一对一营销(one to one marketing)
营销网络(marketing network)
SNS营销(social networking services)

移动营销(mobile marketing)
关系营销(relationship marketing)
营销观念(the product concept)
全面营销(comprehensive marketing)
顾客满意(customer satisfaction)
RSS营销(really simple syndication)

课后习题

1. 试述国际市场网络、移动和社交媒体营销产生的技术和观念基础。
2. 网络、移动和社交媒体营销的内涵与特点是什么?

3. 网络、移动和社交媒体营销有哪几种基本功能？
4. 简述网络、移动和社交媒体营销的影响？
5. 阐述国际市场网络、移动和社交媒体营销有哪些具体策略与方法。

本章案例讨论

漫威影业的微博营销

随着移动互联网的发展，作为社会化媒体之一的新浪微博逐渐对各种各样的营销活动产生影响。特别是在近几年，利用微博营销产生影响力、带动消费力、树立良好口碑的营销事件和营销组织逐年增多，微博已然成为越来越多企业的宣传主战场。而近几年，在微博上利用口碑营销产生影响力和带动消费力最典型的行业就是电影业，根据当前电影行业与微博的关系不难看出，微博已经成为一种开拓市场的新渠道，无论电影本身如何，微博网友的言论都会对其产生一定的影响。

漫威电影宇宙是以超级英雄为中心的架空世界，是漫威影业基于漫威漫画创作出来的系列电影。作为全球知名的电影企业，它受到全球各个国家无数粉丝的热捧，是为数不多成功打入中国电影市场的电影公司，俨然成为一种独特的欧美文化。而根据调研，新浪微博上的漫威粉丝以女性居多，拥有较高学历，年龄较为年轻，南方、北方均有分布，互动群体主要为高中生、大学生，还有部分上班族。学生更倾向在微博上表达自己的想法，他们浏览信息的时间是最长的，发博数量也是最多的，这个群体更喜欢融入组织，喜欢找队伍，也比较容易被发动。大学生比起高中生，浏览时间、发博数量都有所下降，他们的原创作品更多，也更容易成为粉丝中的意见领袖，这部分人是漫威粉丝中基数最大的群体。上班族是这些群体中互动量最少，但最具有购买力的群体，这些人的行为会更加忠诚，例如新电影上映，大部分人会去影院观影，甚至参与包场活动。

因此，在进行社会化媒体推广的过程中，应先注重推广内容的有趣性和创新性，这样可以调动起粉丝的情绪，让粉丝对其产生良好印象，久而久之形成依赖关系，这样更加方便营销活动的推广。通过内容分析，热门微博以短视频为主，其次是图片。这说明在社会化媒体的推广中，纯文字微博已不是主流，带有趣味性的视频或图片才会更受关注。而且除了加V的大博主外，一些粉丝也喜欢发布恶搞视频和图片，以此来满足自我娱乐的需求。故在休闲动机方面，起引导作用的大V或粉丝意见领袖增加发布创意的短视频或图片的数量，将会提升粉丝对漫威的黏度，也会吸引更多人群，由此扩大目标群体，提升营销成功的概率。

国内电影业不乏优秀IP，但很少有像漫威这样成功走向世界的系列。无论是在大众的新浪微博、知乎、抖音等平台，还是在小众的LOFTER、KilaKila等平台，粉丝往往喜欢自己产出一些有趣的作品在社交平台上传播，因此对于国内企业，官方在进行推广的时候要充分利用粉丝的主观能动性，举办一些官方同人活动，或是官博与粉丝一起互动，带动粉丝积极性。

资料来源：马英乔.微博互动动机研究——以漫威影业为例[J].全国流通经济，2019（34）：144-145.

讨 论 题

1. 具体分析微博营销的优势所在。
2. 论述如何利用微博来进行国际市场网络、移动和社交媒体营销活动。
3. 结合本案例，试述国际市场网络、移动和社交媒体营销未来的发展趋势。

（考核点：网络、移动和社交媒体营销的内涵、功能及其策略与方法）

第17章 国际营销展望

学完本章,你应该能够:

1. 了解国际营销环境的变化趋势;
2. 掌握国际营销观念的变化;
3. 明确国际营销战略层次化的内涵;
4. 领会国际营销组合策略的变化趋势。

全球视角

未来30年,互联网将和电力一样被普遍使用,数据会比石油更加重要。互联网、数据技术、数字技术将会成为包容性、可持续性、幸福和健康问题的解决方案。

——马云(中国"阿里巴巴"创始人)

电子商务是中国企业进入新经济时代的入场券。

——张瑞敏(中国"海尔"董事长)

我们未来的富有不在于财富的积累,而在于观念的更新。

——彼得·德鲁克(美国"现代管理学之父")

17.1 国际营销环境更迭化

17.1.1 经济环境的变化

1. 商品贸易占比日渐缩小,服务贸易快速增加

国际贸易主要包括商品贸易和服务贸易两大板块。汽车、玩具、打火机、大豆、玉米、葡萄酒等,这些都属于商品贸易;专利、旅游、版权等,这些都属于服务贸易。

随着国际贸易规模的不断扩大,商品贸易结构不断优化。新能源、新材料、电子技术、通信技术、生物工程、海洋工程和宇航工程等高技术产业日益发展,新技术的性质及其使用方法在商品生产内容、形式和组织方

扩展阅读17.1
新经济时代国际营销环境的变化

面接连引发深刻变革，国际贸易发展的方式也重新确立。国际贸易的发展与新技术紧密联系在一起，生产和贸易本身的劳动力和原材料密集型被改变，使其向技术、技能和知识密集型发展。

在构成一国竞争优势的知识经济条件下，科学技术的发展一方面大大拓宽了传统服务贸易的领域和范围，明显提高了服务的"可贸易性"，引导出了许多新型的服务贸易项目，如医疗、教育等。另一方面通过简化交易过程，降低交易费用，从而增加了服务贸易的流量。随着新的服务部门不断涌现，越来越多的劳动者将实现从实物生产到服务生产的转移。与此相应，服务贸易将进入高速发展时期。特别值得关注的是，全球服务贸易中有50%以上已经实现数字化，超过12%的跨境货物贸易通过数字化平台实现，预计今后10～15年，全球货物贸易呈2%左右的增长、服务贸易量呈15%左右的增长，而数字贸易则是呈25%左右的高速增长。数字技术不仅对货物贸易有利，还促进服务贸易便利化，催生新的服务业态。

2. 劳动力成本重要性持续下降，创新研发日益重要

未来"全球化2.0时代"的一个重要趋势，即全球化从劳动密集型制造业转变为资本密集型制造业。企业需要的不是对于低廉劳工的投入，而是对于智能生产线的投入。这一全球化2.0趋势，势必将打碎一些低收入国家靠低工资来崛起的美梦。作为企业家，如果还在想着如何将工厂搬到人工成本更便宜的地方去的话，那这个企业在未来很可能难以生存。

从全球化贸易的价值链结构来看。一个产业或一项产品，其价值链主要分为3个部分：上游研发、中游生产和下游销售。全球化1.0时代，上游研发往往是被忽略的一部分。企业主要精力是放在多招廉价工人，多生产，或者是绞尽脑汁推出各种销售手段，来提高销量。而在全球化2.0时代，中游生产端的价值正在不断减弱，上游研发端的重要性则不断上升，下游的营销和售后服务，也有一定比例的上升。一场重研发和营销，轻生产的价值链变革，已经开始。

3. 经济的区域一体化

区域性经济一体化与区域集团的出现和发展，体现了世界经济相互依存和相互影响，是国际竞争向更高层次、更新状态发展的一种表现形式。区域一体化的形式主要有自由贸易区、关税同盟、共同市场、经济同盟等。区域经济一体化在20世纪90年代发展到鼎盛时期，全世界区域组织不断增加。目前全世界区域组织100余个，而其中多数是20世纪90年代建立的。经济的区域一体化消除了区域内的市场障碍，降低了壁垒，使得资源得以自由地流动，促进了区域内的竞争，增强了区域内企业的活力。同时，区域一体化还加强了对区域经济的保护，增加了对区域外企业的壁垒。经济的区域一体化同时也改变了企业的营销环境。一方面企业需要关注全球市场，另一方面需要注意区域经济壁垒。区域之间的政治、经济、文化等区别使得企业的营销环境更为复杂多变。

4. 经济的全球化

信息技术的迅猛发展为经济全球化提供了技术基础。第二次世界大战后，电子计算机技术迅速发展，为信息技术的发展提供了基础。信息技术的发展为各国贸易的发展和

跨国公司的发展提供了技术基础。在新世纪，货物贸易、服务贸易和技术贸易等各个领域的发展全方位地体现出国际贸易的信息技术化发展趋势，包括国际电子商务在内的各领域发展使贸易的方式也日趋信息技术化。信息技术化发展与多边贸易体制的动态贸易自由化相辅相成，共同构筑了国际贸易强大的生命力和创新动力。

国际金融市场一体化为经济全球化创造了条件。20世纪80年代以来，国际金融市场上的管制逐渐放松，交易的制度环境也日益宽松。各种新型金融工具的出现和电子技术的运用为资金在国际间的迅速流动创造了条件，使国际金融市场一体化程度日益加深。1997年的全球金融服务贸易乌拉圭回合谈判后，90%以上的金融市场逐步开放。到2010年全球外汇市场的日均成交量达到4万亿美元左右。随着国际金融市场一体化的加深，金融信息传递的速率有所加快，金融信息传递的范围也相对扩大，同时金融市场效率得以提高。其次，国际金融市场一体化的加深促进了金融创新，扩大了金融资产的选择性，满足了各种金融需求。再次，加强了金融资产的流动性，提高了资本配置效率。最后，促进了国际贸易的发展，促使各国国际收支平衡。这些都促进了全球经济一体化进程。

贸易全球化使世界成为由众多国家构成的不可分割的立体网络。发达国家与发展中国家都想通过国际贸易来寻求发展，这提高了贸易的自由化程度。世界货物、劳务、科技、资本、信息等在全球贸易中规模扩大、流动速度加快。贸易的发展极大地推动了经济的全球化。世界经济已成为一个由众多国家组成的不可分割的立体网络，几乎所有的国家都被纳入其运行体系中。贸易的全球化改变了企业的营销环境，使得企业面向的市场不再仅仅是国内市场而是全球市场，同时企业也面临着来自世界范围内的跨国公司的竞争压力。为获得竞争优势，企业要在世界范围内组织市场营销活动，要以全球化的营销战略来经营。

跨国公司的迅速发展使得各国企业的生产经营活动也进一步全球化。从1998年发生了第五次跨国公司间的兼并浪潮以后，跨国兼并浪潮就一浪高过一浪。通过兼并，跨国公司的规模不断扩张，市场占有率不断提高，竞争力也不断增强。跨国界的兼并更使得跨国公司可在全球范围内进行资本运营，企业的生产与经营活动越来越全球化。

17.1.2 社会文化环境的变化

由于全球化进程的推进，各国的社会文化和生活方式相互作用、相互影响，使得不同国家消费者在购买行为方面的差异越来越小。比如，咖啡不再是西方文化的一部分，而是成了一种国际性的产品。同样，茶也不再是东方人的标志，可口可乐等公司已经把茶饮料销向全世界。然而，从消费者个体来看，消费者的个性化需求倾向越来越明显。同样是购买电脑，喜欢玩电子游戏的消费者首先关注的是电脑的速度；爱学习的消费者看重的是电脑的文字处理能力；喜欢音乐的消费者则重视电脑的音质等。因此，在新的社会文化背景下，消费者行为发生了一系列发展和变化，一方面由大众化消费时代背景下的消费者行为演变为趋于小众以及个性化的小众化消费时代背景

扩展阅读 17.2
互联网巨头改变生活

扫码阅读

下的消费者行为;另一方面在消费过程中,个性化又具有趋同化、从众化。例如,消费者对于手机和电脑品牌选择的趋同化、餐饮娱乐服务类消费品牌的连锁化等。消费者的购买行为就是趋同化和个性化两种力量共同作用的结果。

除此之外,消费者购买行为的变化还体现在其他许多方面:他们对价格更加敏感;他们总是期望更高的质量和个性化服务;他们意识到真正的产品差异很小;他们对品牌的忠诚度降低了;他们从互联网和其他途径获得广泛的信息,使得他们的购买行为更加理智。

17.1.3 政治法律环境的变化

企业的营销活动都是在一定的政治法律环境中进行,因此,企业的营销活动必须适应政治法律环境,并根据政治法律环境的变化而调整。进入新世纪,政治法律环境的变化主要表现在3个方面:各国政府立法的加强、政府管制的放松和特殊利益集团的形成。

越来越多的国家认识到市场在相对自由的环境中会运转得更好。买方能自由决定采购什么,去何处采购,卖方能自由决定制造和销售什么。自由竞争经济比高度计划或管制的经济创造出更多的财富。基于这样的认识,各国政府纷纷放松对市场和经济的管制。例如,很多国家都将国有企业私有化,以发挥竞争的优势。

各国政府在放松对市场和经济的管制的同时,纷纷加强立法,尤其是在商业和环境保护等方面,试图用各种法规来约束企业的行为。这些年来,立法对商业的影响不断增加。欧盟建立了新的法律框架,包括竞争行为、产品标准、产品责任、商业交易等方面。俄罗斯和东欧国家也在加强立法,以推动和规范开放的市场经济。美国有许多法律涉及竞争、产品安全、责任、公平交易和信用实施、包装、标签等。有些国家的消费者法规比美国更为严厉。例如,挪威禁止许多类型的促销,包括竞赛和赠券;泰国要求食品加工商销售国产品牌,并降低产品的价格以便让低收入的消费者能在货架上找到经济实惠的食品;在印度,食品公司在推出与市场上已有食品品牌相似的品牌时需要专门审批。

在一些国家,特殊利益集团不管在数量上还是在实力上都在增加。在美国,政策行动委员会经常游说政府官员,并对企业管理经营者施加压力,要求他们更加重视消费者的权益和妇女、老年人和少数民族的权利等。为此,许多企业建立了公共关系事务部,研究和处理与这些利益集团有关的事务。另一个对企业经营有重大影响的特殊利益集团是消费者主义运动,它是由市民和政府共同发起的有组织的活动,其目的是增强消费者的权利和力量。消费者主义运动提倡拥有多项权利,包括有权知道贷款的实际利息成本、竞争品牌中每种产品的单位成本、产品的主要成分、食品的营养情况、产品的新鲜程度和产品的实际效用等。为了有效地应对消费者主义运动,一些企业建立了消费者事务部以帮助制定企业政策并应付消费者的投诉。很显然,新法律的颁布以及特殊利益集团数量和力量的增加使得企业的营销活动受到了更多的限制。对从事国际营销的企业来讲,不但要关注国内的立法,同时要关注国际法和目标国的相关法规。

17.1.4 自然环境的变化

工业和经济发展、世界人口的快速增长、自然环境的急剧恶化、资源的枯竭、能源价格的上升让越来越多的人意识到环境保护的重要性。

医疗技术的进步使人类的死亡率降低而出生率升高，这打破了人口增长的原始平衡条件，使人口不断膨胀。在1987年世界人口总和约50亿，到了21世纪初这个数字已突破60亿大关。人口的增长会超过地球的承载能力，使人类在地球上难以立足。同时，人口的增长也带来了一系列的连锁反应：新增加的人口需要有衣食住行的保障，这加速了自然资源的耗费；新增加的人口在向自然索取的同时，还向自然排弃废物，这又会恶化生态环境，进一步加剧了人类的生存危机。

在工业生产方面，由于工业生产向自然界排放大量的二氧化碳、烟尘、二氧化硫和其他工业废弃物，严重地污染了环境，以致在工业发达的国家发生了著名的八大公害事件：1930年12月比利时马斯河谷的烟雾事件；1943年美国洛杉矶的光化学烟雾事件；1948年10月美国宾夕法尼亚多诺拉镇的烟雾事件；1952年12月英国伦敦的烟雾事件；1953年至1968年日本熊本县的水俣病事件；1961年日本四日市的哮喘病事件；1968年日本爱知县的米糠油事件；1955年至1972年日本富士山地区的骨痛病事件。同时，二氧化碳的大量排放使得全球气温平均每10年上升$0.3℃$，形成温室效应。气温的上升使南北两极的冰川融化，导致海平面的上升，同时全球气温的上升还导致了气候的异常变化。

人口增长和工业生产还导致各类资源短缺或枯竭。比如，世界上很多大城市包括我国的许多城市都缺水，而人类可利用的水资源又因污染而日渐减少。能源问题也是一个摆在人类面前的难题。为了生存，人类就要节约资源，加强资源的可持续利用。生存环境的日益恶化引起相关立法者的关注，他们草拟各种法案保护环境。污染问题的日益严重化，也引起了各国政府高度重视，它们纷纷出台环保法律和法规，并提出可持续发展战略。

近年来环保主义运动在各国不断兴起。环保主义运动集中为满足人们物质需要和欲望而使环境负担的成本。环境保护主义者关注掠夺式的采矿、森林滥伐、工厂烟雾、广告牌和废弃物，以及休闲机会的损失和由于受到脏空气、脏水和化学品污染的食物对健康引起的问题。环境保护主义者并不反对营销和消费，只是希望这些活动遵循更多的生态原则。他们认为营销系统的目的应使生活质量最佳化，而生活的质量不仅是消费者商品和服务的量与质的问题，也是环境的质量问题。环境保护主义者希望环境成本应包含在生产者和消费者的决策之中，赞成使用税收和制定条例限制违反环保行为的真实社会成本，并要求企业在反污染的设施上投资，对不能回收的废弃品收税，引导企业和消费者重视环境保护。

环境保护主义运动和可持续发展战略的开展，让许多国家消费者开始关注自己赖以生存的环境，关注自己的消费行为是否造成环境污染，自觉使用以可再生资源所做的产品，使用带有环保标志的绿色产品。另一方面，各国政府也采取积极措施，制定各种严格的环保政策，并强制要求企业购买设施和采取措施解决环境问题。因此，在开展国际营销活动时，必须密切关注当地政府和市场消费者对环境保护的关注程度，否则，再好的产品因不符合消费者的环保意识，也可能导致产品营销活动的失败。一般来说西方发达国家消费者环保意识非常强，采取营销活动时要特意宣传产品使用了多少再生资源，而且要强调对环境污染非常小，以迎合消费者环保观念。更重要的是，进行国际营销活动时，必须了解和遵循当地有关环保的法令和条规，否则产品可能遭到封存和禁止销售的处罚。企业在进行国际营销时，必须针对特定市场，对产品进行合适的包装、改造，避免引起环保问题争议。在对西方国家开展营销活动时，产品最好能通过 ISO 14000 的环保认证标志，有该国际认可的环保标志的产品可以在全球市场免除与环境相关问题的检查。这样既可以节省时间，也可以确立企业的环保品牌意识。

以互联网、知识经济、高新技术为代表，以创造消费者需求为核心的新经济的迅速发展，迫使企业在营销方面不断开拓创新。进入 21 世纪后，新的营销理念、新的营销模式和新的营销战略及策略层出不穷，国际营销从观念到战略和策略等都呈现出一系列新的发展趋势。

17.2 国际营销观念丰富化

在新的国际营销环境下，企业的营销创新应该是根本性的。一般来说，营销竞争分 3 个层次：低层次的竞争是营销策略的竞争，中级层次的竞争是营销战略的竞争，最高层次的竞争是营销观念的竞争。因此，国际营销创新首先应该是营销观念的创新。对中国企业来讲，由于市场化进程起步较晚，更需要树立现代营销观念，不断创新，只有这样才能在高层次上的国际市场竞争中与国外的跨国巨头进行较量。

在国际营销的早期，企业进行跨国经营的目的主要是延长产品的生命周期，即把发达国家将淘汰的产品、技术或设备销售给发展中国家，以开始一个新的产品生命周期。从营销观念的角度来讲，这是一种传统的营销观念。但是今天，情况已经彻底改变了，从事国际营销的企业，特别是跨国公司越来越重视和运用社会营销观念、战略营销观念、关系营销观念和体验式营销观念。

17.2.1 社会营销观念

进入 21 世纪后，社会营销观念逐渐成为了现代企业营销观念的主流。社会营销的观念主要包括社会责任观念和绿色营销观念。

1. 社会责任观念

社会责任是一个企业对社会承担的责任。营销的社会责任是指企业营销工作对社会所承担的义务。企业作为社会的一个成员，营销活动是企业与社会发生关系的最主要活动之一。企业的社会责任很大程度是通过其营销活动表现出来的。因为营销在于满足顾客的需求，满足社会整体的需求就是企业的社会责任。对社会负责任就是要最大化体现对社会的正面影响和造成对社会最小化的负面影响。《财富》以八种关键的声誉品质为基础，评出美国年度最受尊敬的公司名单，其中评价的主要标准就是社会责任。在它的评价结果中，得高分者通常反映公司做事情考虑社会福利的声誉；得低分者通常是因为该公司在伦理和法律方面有过不当行为。得低分者往往跟经济效益差联系在一起。

企业的社会责任具体包括企业的经济、法律、伦理和慈善责任。

企业的经济责任是企业对投资者所承担的资产保值、增值的经营责任及对财务收支的真实性和效益性等方面应承担的责任。

企业的法律责任是指企业必须遵守法律，特别是要对员工遵守法律负责。

企业的伦理责任是社会期望企业承担的，但却未写进法律的责任。许多商业人士把这种责任称为法律的精神。比如，考虑一下那些船上赌场免费为其顾客无限提供酒类饮料的责任问题。其结果是，醉酒的顾客可能试图驾驶而导致事故，有时是致命的事故。虽然赌场经营者履行了法律责任，只给成年人提供含酒精饮料，但有时却未能致力于解决法律精神所提供的伦理问题。赌场经营者和其他饮料公司有义务不要造成顾客可能醉酒驾驶的情形。负责任的经营者应监控顾客消费，并且拒绝给看起来喝醉了酒的顾客提供服务。

企业的慈善责任是指那些社会想要的和商业价值观规定的行为和活动。慈善责任展示公司想要回报社会的愿望，比如，许多企业把税前收入捐给慈善团体。捐赠慈善机构、支持社区项目等都是一个公司的慈善形式和志愿精神的体现。

2. 绿色营销观念

绿色营销是指企业遵循人类可持续发展规律，以绿色环保与人类健康为核心，以实现企业自身利益、消费者需求、环境利益的统一为目标而展开的营销行为。

扩展阅读 17.3
我国企业绿色营销理念及创新策略
扫码阅读

绿色营销是未来国际营销发展的主流之一。近年来低碳绿色的生活方式，已经成为社会的主流话题，也是消费者选择产品或者服务的重要考虑因素之一。随着环境问题日趋恶劣，绿色安全的食品、服装、家具产品、家用电器、汽车、房产建材、养生保健都将成为发展热点，甚至是自然的空气、水都将成为中国中产阶层的必需品；节能减排有望成为新的生产和消费增长点，为经济活力提供动力。这些为绿色营销观念的发展提供了平台。

（1）绿色营销的核心内容

绿色制造。当前，绿色制造将愈来愈体现全球化的特征和趋势。因为，人们在发展绿色产品的过程中，逐步认识到：人类需要团结起来，保护我们共同拥有的唯一的地球。单一的绿色产品的个案开发是不够的。因此，必须从制造业下手，进行绿色制造的研究和应用。因为，制造业对环境的影响往往是跨行业的。ISO14000系列标准的陆续出台，为绿色制造的全球化研究和应用奠定了很好的管理基础。在国际贸易和跨国网络、移动和社交媒体营销中，近年来，许多国家要求进口产品要进行绿色认证，要有"绿色标志"。

特别是有些国家，以保护本国环境为由，制定了极为苛刻的产品环境指标，他限制以国产品进入本国市场，即设置了"绿色贸易壁垒"。因此，绿色制造业的发展，将为我国产品，提高绿色性能提供强大的技术保障。为我国企业消除国际贸易壁垒，进入国际市场提供强有力的支撑。

绿色集成制造系统。绿色制造涉及产品生命周期全过程及企业生产经营活动的各个方面，因而其是一个复杂的系统工程。要真正有效地实施绿色制造，必须从系统的角度和集成的角度来考虑和研究绿色制造中的有关问题。网络技术恰恰提供了这种可能性。当前，绿色制造的集成功能、目标体系、产品和工艺设计与材料选择系统的集成、用户需求与产品使用的集成、绿色制造系统中的信息集成、绿色制造的过程集成等集成技术的研究，将成为绿色制造的重要研究内容。绿色设计今后仍将是绿色制造中的关键技术。绿色制造，将导致一批新兴产业的形成。除了目前大家已注意到的废弃物回收处理装备制造业和废弃物回收处理的服务产业外，绿色设计的支撑软件还有计算机辅助绿色产品设计系统、绿色工艺规划系统、绿色制造的决策系统、产品生命周期评估系统和ISO14000国际认证的支撑系统等，这都将会得到快速的发展，并成为绿色网络、移动和社交媒体营销的主打产品。

（2）绿色营销的主要特征

提倡绿色消费意识。"绿色"产品近年来被炒得沸沸扬扬，然而许多人并不了解其真正内涵。真正意义上的绿色产品，不仅质量合格，而且除生产过程、使用过程、处置过程中都要符合环境保护要求之外，与同类产品相比，还应具有低毒、少害、节约资源等环境优势。具体而言，就是在设计时，要考虑到资源与能源的保护与利用；生产中，要采用无废、少废技术和清洁生产工艺，有益于公众健康；在废弃阶段，应考虑产品是否易于回收和处置。总之，它重视资源回收利用和产品的环保性能，不但要求尽可能地将污染消除在生产阶段，而且也最大限度地减少产品在使用和处置过程中对环境的危害程度。

实行绿色促销策略。由于绿色营销对企业提出了环保的要求，企业的促销策略也发生了重大转变。企业的注意力将从单纯追求利润，转变为"在营销中要注重生态环境的保护，促进经济与生态的协调发展"上来。因此，企业在采用促销策略时，除了要考虑获取自身利润的因素外，必须考虑环境的代价因素，不能以损坏或损害环境来达到企业盈利的目的。

（3）绿色营销企业的五大优势

一是优先获得消费者的信任。近年来，相当数量的跨国企业和本土企业遭遇不同的程度的产品危机，危机产品对消费者的伤害、对环境的污染曝光引发消费者对企业和产品的信任危机；消费者对广告的信任度下降。企业加入绿色认证，进行绿色整体包装、宣传中凸现绿色内容，拉近了与消费者的距离，给消费者新的感受，获得消费者对产品、品牌、企业的优先信任权。

二是开辟绿色市场，获得利益空间。绿色消费成为当前的消费浪潮，表现在衣食住行各个方面。对绿色消费趋势敏锐感知的企业会在第一时间掌握绿色消费趋势，制定市场开辟策略，制定市场开辟策略，赢得市场，获得丰厚的商业利润。

三是打破绿色壁垒，拓展国际空间。绿色壁垒作为一种新兴的非关税壁垒，以其隐蔽性强、技术要求高、灵活多变等特点日益受到贸易保护者青睐。21世纪我国本土企业迈向国际市场将产生深远的影响，我国本土企业运用绿色营销向国际市场的绿色技术指标看齐，是破除"绿色壁垒"，拓展国际市场空间的必由之路。

四是融入社会，赢得多方支持。公众对环保的关注和热情在与日俱增，企业的环保活动也激起了媒体关注的千层浪，带给企业巨大的美誉价值，赢得广泛政府支持及外部公众、内部员工的支持。

五是获得长期发展的动力。绿色营销符合社会营销观念的大趋势，绿色营销遵循企业的新经营理念、产品高标准，有助于企业建立与社会、消费者长期的互动关系，保证企业的长期可持续发展。

17.2.2 战略营销观念

在市场营销理论和实践的长期发展过程中，营销观念发生了两次质的飞跃。第一次飞跃的标志是市场营销观念的产生，它是由美国通用电气的约翰·麦克金特立克于1957年首先提出。第二次质的飞跃发生在20世纪70年代后期，其标志是战略营销观念的出现。由于石油危机的爆发和日本竞争者的进入，美国企业普遍面临生存危机。在这样的环境下，美国企业纷纷寻找解决危机的办法，于是，战略营销观念开始被引入到企业的营销活动中来。

战略营销观念是指企业的营销活动应围绕企业营销战略展开。营销战略就是企业全局性和长远性的重大营销决策，主要包括产品决策（产品寿命周期战略，产品组合战略，新产品开发战略）、市场决策（市场需求战略，目标市场覆盖战略）、市场/产品决策（市场渗透战略，新产品开拓战略，新市场开拓战略；多角化经营战略）、竞争决策（市场领导者战略，挑战者战略，追随者战略，游击者战略）、联合决策（兼并战略，协调战略，让步战略，战略联盟）等。企业营销管理可分为3个层次，第一层次是战略层，它包括营销目标的确定、目标市场选择和产品定位、营销战略选择；第二层次是策略层或战术层，包括选择和制定4P营销组合的策略原则与方向；第三层次是实施层，把营销战略及其相应的营销策略付诸实施。

传统营销的展开围绕营销的各个组成要素——产品、价格、渠道、促销。战略营销包括这些策略变量，但在某些重要的战略方面超出了传统营销的范围。战略营销遵循市场导向的战略发展过程，考虑不断变化的经营环境和不断传送顾客满意的要求，这是一种关于营销的思维和实践方式。战略营销强调竞争与环境的影响，它要求营销人员有效地进行企业总体战略规划，以实现企业的目标与任务。

战略营销认识到以往的以消费者为导向的营销观念忽视竞争的缺陷，特别强调消费者与竞争者之间的平衡。由于现代企业越来越注重与顾客建立长期的互利的交换关系，同时，因经济全球化程度的日益加深带来的市场竞争的日益加剧及买方市场的形成，营销经理已经无法像以往那样单纯地注重日常的经营，而是必须运用战略管理的思维和工具指挥营销活动，才能不辱使命。今天，战略营销因为其战略特征已经成为营销管理的主流范式，受到了越来越广泛的应用。

战略营销具有如下特征。

一是以市场为动力。传统营销的活动领域是企业现有产品，战略营销强调企业新产品和潜在新市场。战略营销认为竞争优势源于顾客，既基于厂商所取得的顾客满意的程度，又基于厂商超越竞争对手的顾客满意水平的程度。战略营销旨在提供顾客满意的各种经营行动。

二是注重环境的复杂多变性。经营环境的日益复杂和变化多端导致具有监视市场和竞争对手的战略营销的兴盛。战略营销提供的专门知识有利于监测环境、确定产品规格、研究竞争对手。

三是以顾客满意作为战略使命。传统营销的对象是消费者，战略营销的对象还包括企业内外所有可能涉及的人员，如供应商、竞争者、公职职员、顾客等。战略营销思想认为取得顾客满意的关键在于将顾客的需要与组织的服务计划过程联系起来。

四是要围绕竞争优势的建立与发挥而进行营销活动。传统营销的主导作用主要是创造、发展需求，战略营销还要求调节不规则需求，甚至消灭某些不良需求，注重利用企业内外环境的资源和能力获得持续竞争优势。

五是面向未来，注重长期目标，如市场份额、顾客满意或顾客忠诚。战略营销首先是通过战略规划来实现的，战略营销要求企业所有的营销决策与管理都必须带有战略性。企业必须根据自己在行业中的市场地位以及它的市场目标、市场机会和可利用资源，制定本企业的营销战略。营销战略和营销计划是整个公司总体战略制定和规划的核心所在。

超级链接 17-1

摩拜共享单车的国际市场营销战略

当前，共享经济蓬勃发展，依托共享平台而产生的商业模式多种多样。2016 年由摩拜单车掀起的一场共享单车浪潮，由于其便利快速、低碳环保、价格低廉的优势一直延续至今。到 2018 年，国内的共享经济市场已进入一个稳定的成熟阶段，共享单车纷纷瞄准海外市场，设计一系列国际市场营销战略，积极探索国际市场。进行全球化布局成为其发展的重点目标之一，摩拜单车就是一个典型的例子。

1. 差异化战略，塑造品牌形象

品牌战略越来越受到企业的关注。要想成功塑造一个优质品牌，就要了解消费者的需求点，并提供高品质的服务或质量来满足需求。摩拜单车在国际市场上进行市场营销，采取差异化营销策略，可以从品牌差异化入手，提升海外消费者对摩拜品牌的信赖度、认可度。

第一，要提供优质的产品。产品得到消费者认可，是塑造品牌的第一步，因此要提高摩拜单车的质量，并加大对摩拜单车的维护，及时回收修复损坏的单车，并在人流量大的区域加大对单车的投放量；第二，要扩大对摩拜单车品牌的宣传力度。摩拜单车在海外由场上可以与当地的便利店、通讯软件、第三方支付等加强合作。另外还可以将品牌生动化，推出出摩拜单车的卡通代言人，增进品牌与消费者之间的亲近感、认可感；第三，优化摩拜单车多元化服务。依靠摩拜APP，在主页增添当地的娱乐、导航、休闲等多元化功能，使得用户快捷出现的同时，提供更多样的服务。

2. 利用大数据，迎合顾客需求

在互联网＋快速发展的当下，大数据的发展为企业更加准确地汇集顾客需求提供了便利。在国际由场上共享单车品牌众多，要充分了解消费者的需求并满足其需求，才能在激烈的竞争中脱颖而出。

利用大数据、GPS定位系统分析用户的骑行习惯和骑行路线，结合路况、车辆分布等方面对单车进行投放与维护，实现对共享单车的精确管理，满足海外用户的出行需求，尽量避免出现找不到车现象。另外摩拜单车被美团收购后，应该加强与美团等业务的合作，实现1+1大于2的效果，利用以App汇集消费者的需求，提升服务，满足海外用户的需求。

3. 注重多方合作，合理配置资源

摩拜单车进军国外由场，面对不同国家的交通规则以及政府管制，应该积极地与当地政府展开合作。首先，摩拜单车应在当地法律规定的基础上进行车辆投放，严格遵循当地的交通规则；其次，应与政府就规范共享单车这一目标展开合作，比如设立共享单车专用车道、专用停放区域等，共同合作规范用车；最后，可以与政府合作开展损坏、废弃的单车回收，促进资源合理配置。

资料来源：张琳杰.摩拜共享单车的国际市场营销战略研究[D].沈阳：辽宁大学，2019.

17.2.3 关系营销观念

1. 客户关系生命周期

任何一种产品都会经历开发、成长、成熟、饱和、衰退以致最终退出市场而消亡的过程。人们把产品从投入市场至退出市场的过程称为产品的生命周期。在知识经济和网络经济的背景下，现代科学技术迅速发展，人类知识的更新速度不断加快，新产品层出不穷，许多产品的生命周期大大地缩短了。因此，产品导向或产品生命周期导向的营销理念已经不完全符合形势的要求。传统营销理论中的产品生命周期的观念受到了新型的"客户关系生命周期"观念的挑战。

"客户关系生命周期"是产品生命周期概念在客户关系管理中的移植。企业的任何客户关系都会经历从开拓、经过成长、成熟、饱和衰退以致终止业务关系的过程。人们把客户关系从开拓至终止的全过程称为客户关系的生命周期。客户关系的生命周期是客户关系水平随时间变化的发展轨迹，它动态地描述了客户关系在不同阶段的总体特征。客户生命周期可分为考察期、形成期、稳定期和退化期等4个阶段。

（1）考察期是客户关系的孕育期。双方考察和测试目标的兼容性、对方的诚意、对方的绩效，考虑如果建立长期关系双方潜在的职责、权利和义务。双方相互了解不足、不确定性大是考察期的基本特征，评估对方的潜在价值和降低不确定性是这一阶段的中心目标。

（2）形成期是客户关系的快速发展阶段。双方关系能进入这一阶段，表明在考察期双方相互满意，并建立了一定的相互信任和交互依赖。在这一阶段，双方从关系中获得的回报日趋增多，交互依赖的范围和深度也日益增加，逐渐认识到对方有能力提供令自己满意的价值（或利益）和履行其在关系中担负的职责，因此愿意承诺一种长期关系。

（3）稳定期是客户关系的成熟期和理想阶段。在这一阶段，双方或含蓄或明确地对持续长期关系作了保证。这一阶段有如下明显特征：双方对对方提供的价值高度满意；为能长期维持稳定的关系，双方都作了大量有形和无形投入；双方交易量很大。在这一时期双方的交互依赖水平达到整个关系发展过程中的最高点，双方关系处于一种相对稳定状态。此时企业对客户的投入相对以前较少，客户为企业作出的贡献较大，企业与客户交易量处于较高的盈利时期。

（4）退化期是客户关系水平发生逆转的阶段。关系的退化并不总是发生在稳定期后的第四阶段，实际上，在任何一阶段关系都可能退化。引起关系退化的原因很多，如一方或双方经历了一些不满意或需求发生了变化等。退化期的主要特征有：交易量下降；一方或双方正在考虑结束关系甚至物色候选关系伙伴（供应商或客户）；开始交流结束关系的意图等。当客户与企业的业务交易量逐渐下降或急剧下降，客户自身的总业务量并未下降时，说明客户已进入退化期。此时，企业有两种选择，一种是加大对客户的投入，重新恢复与客户的关系，进行客户关系的二次开发；另一种是不再做过多的投入，渐渐放弃这些客户。

从"产品生命周期"到"客户关系生命周期"，标志着企业营销理念的变化，这种变化对企业经营者具有一定的启发意义，它给市场营销者一个重要的信号，即：在激烈的市场竞争中，影响企业生存和发展能力的主要因素是客户，而不是产品。因此，企业应该想方设法延长有利可图的客户关系生命周期，建立长期稳定的客户关系。

2. 关系营销的特征

20世纪80年代中期美国营销专家杰克逊提出"关系营销"，这是建立起长期稳定的客户关系的一个很好理念。关系营销是指在营销活动中，注重识别和维系顾客与其他相关利益人之间的关系，从而达到营销目的的一种营销理念。

关系营销的主要特征是：通过与主要客户建立起直接的服务关系，以培养客户忠诚度，再行扩大这种关系。因此，进行关系营销，既可以建立起庞大的后台数据库，又可以直接利用直邮邮件进行推广或采用打折、优惠券等优惠活动，吸引和培育客户的忠诚度。

关系营销是以开发关系营销项目为基本工具的。实际应用时，可选择的项目有：以奖励回头客为目标的常客优惠活动；以提供购物折扣、客户交流和特别服务为特色的顾客俱乐部；以发送商品目录或额外服务的直邮资料、客户杂志等来培养客户忠诚度的关系链。近年来，又增加了以电子邮件和邮件列表来回应客户的网上数据库关系营销系统等。

与有价值的客户建立长期有价值的关系是关系营销的核心战略，也是关系营销的中心内容。关系营销认为：一次性或孤立的活动，无法获得长期的客户忠诚和坦诚的对话关系。所以，必须把忠诚度营销活动中获得的信息储存到集中数据库里，以保证公司的长期使用和用来建立长期的客户关系。"赛百味"是一个总部设在美国的三明治特许经营商，从20世纪70年代成立起就应用关系营销来建立自己的品牌。不论在什么地方，"赛百味"都依赖优惠活动塑造客户忠诚度，包括赠予会员卡，实行"赛百味俱乐部"会员制，奖励一份免费"赛百味"产品等。另外，还通过直邮、商店展示、寄明信片、包装袋、海报、货架广告和外贴标记等方式，用以吸引和提高客流量，培育和增加忠诚度。所有这些活动的核心都是"保住已有客户，寻找新的成员"。

17.2.4 体验式营销观念

美国伯德·施密特博士（Bernd H.Schmitt）在他所写的《体验式营销》（*Experiential Marketing*）一书中指出，体验式营销（Experiential marketing）是站在消费者的感官（Sense）、情感（Feel）、思考（Think）、行动（Act）、关联（Relate）5个方面，重新定义、设计营销的思考方式。此种观念突破传统上"理性消费者"的假设，认为消费者消费时是理性与感性兼具的，消费者在消费前、消费时、消费后的体验，是研究消费者行为与企业品牌经营的关键。体验营销，正在成为一种企业巩固市场和建立品牌的有效模式，上海盛大网络发展有限公司甚至在中国宁波市开设了以网络游戏《传奇》为主题的网游公园，世界级扑克牌制造企业姚记也开设了扑克为主题的文化公园，上海浦东开始兴建的迪士尼乐园，吸引了超过1000亿元的投资，以超过世博会的直接投资的大手笔营造中国人的梦幻童话世界。

扩展阅读 17.4
开封清明上河园虚拟体验营销

体验式营销的特点具体有如下5个特点。

(1) 关注顾客的体验。体验的产生是一个人在遭遇、经历或是生活过一些处境的结果。企业应注重与顾客之间的沟通，发掘他们内心的渴望，站在顾客体验的角度，去审视自己的产品和服务。

(2) 以体验为导向设计、制作和销售的产品。当咖啡被当成"货物"（Commodities）贩卖时，一磅可卖三百元；当咖啡被包装为"商品"（Goods）时，一杯就可以卖一二十元；当其加入了"服务"（Services），在咖啡店中出售，一杯最少要几十元至一百元；但如能让咖啡成为一种香醇与美好的"体验"（Experiences），一杯就可以卖到上百元甚至是好几百元。增加产品的"体验"含量，能为企业带来可观的经济效益。

(3) 检验消费情景。一般来说，顾客在消费时经常会进行理性的选择，但也会有对狂想、感情、欢乐的追求。企业不仅要从顾客理性的角度去开展营销活动，也要考虑消费者情感的需要。因此，营销人员不再孤立地去思考一个产品（质量、包装、功能等），还需要通过各种手段和途径（娱乐、店面、人员等）来创造一种综合的效应以增加消费体验；不仅如此，而且还要跟随社会文化消费向量（Sociocultural consumption vector, SCCV），思考消费所表达的内在的价值观念、消费文化和生活的意义。检验消费情景使得在对营销的思考方式上，通过综合的考虑各个方面来扩展其外延，并在较广泛的社会文化背景中提升其内涵。顾客购物前、中、后的体验已成为增加顾客满意度和品牌忠诚度的关键决定因素。

（4）体验要有一个"主题"。体验要先设定一个"主题"，也可以说：体验式营销乃从一个主题出发并且所有服务都围绕这主题，或者其至少应设有一"主题道具"（例如一些主题博物馆、主题公园、游乐区，或以主题为设计为导向的一场活动等）。并且这些"体验"和"主题"并非随意出现，而体验式营销人员所精心设计出来的。如果是"误打误撞"形成的则不应说是一种体验式行销行为，在这里所讲的体验式营销是要有严格的计划、实施和控制等一系列管理过程在里面，而非仅是形式上的符合而已。

（5）方法和工具有多种来源。体验是五花八门的，体验式营销的方法和工具也是种类繁多，并且这些和传统的营销又有很大的差异。企业要善于寻找和开发适合自己的营销方法和工具，并且不断地推陈出新。

17.3 国际营销战略层次化

在复杂多变的国际环境下，企业为了提高企业营销资源的利用效率，使企业资源的利用效率最大化，营销战略也随之不断改革和发展着。尤其是对处于竞争激烈的企业，制定营销战略更显得非常迫切和必要。企业营销战略随着时代发展及企业发展目标不断变换着，从其发展历程来看，可以将其分为4个层次：产品驱动型营销战略、市场驱动型营销战略、顾客驱动型营销战略和驱动市场型营销战略。

1. 产品驱动型营销战略

过去将营销等同于推销和广告，从产品出发的营销战略可以定义为"产品驱动型战略"：以既有产品和服务为营销点，进而选择相应的市场和客户。这种营销模式，在如今的竞争环境下已逐渐成为过去时。

2. 市场驱动型营销战略

随着消费者行为的发展和变化，以消费者需求为营销模式选择基准的营销战略渐渐成型。以顾客为出发点的营销战略，其初级阶段是"市场驱动型战略"：企业发现市场，进而探索市场需求，分析并获得竞争优势，不断满足市场需求从而占领市场。市场驱动型营销战略的出现相比产品驱动型营销战略是革命性的进步。

3. 顾客驱动型营销战略

市场驱动型战略的前提是假设企业面对的是同质市场以及需求一致的顾客。然而只注重从顾客出发是远远不够的，还要从每一位顾客出发。因此，从顾客出发的营销战略，有更高级的"顾客驱动型战略"：企业以关系营销观念为指导，迎合顾客需求，并为不同顾客制定数据库，以使企业产品更新以及未来发展都能紧随顾客需求的方向。这也是当今大多数企业赖以生存的营销战略。

4. 驱动市场型营销战略

比市场驱动型和顾客驱动型更高层次的营销战略，是"驱动市场型战略"：重新定义旧的市场或者开创一个新的市场，驱动市场型营销战略是一种全新的企业营销理念和营销行为，是一种生产者积极地开发产品、引导消费，推动形成市场新空间的主动型营销。其所注重的是对顾客隐性需要的挖掘，而不是去简单地跟随市场；强调生产者创造消费，引导市场的作用，强调超越消费者现有需要；生产者不再是根据需要进行生产，而是更多地对消费者未觉察到的需要进行挖掘，创新出产品，并对消费者进行指导与说服。

采用驱动市场型战略的企业需要主动地设计消费，充分发挥生产者引导消费的作用，以推动更高层次、更大规模的新消费市场来实现创造新市场空间的目的，从而独辟蹊径，抢占先机，有效地与竞争对手拉开差距。驱动市场型营销有两个重要的创新内容：一是向市场消费者提供新的价值主张，即价值创造；二是创造企业特有的业务经营系统，即流程创新。

17.4 国际营销组合策略多元化

1. 国际营销产品策略高新化

计算机、互联网、生物工程、卫星通信等新技术的出现和应用极大地影响着当代人类的生产方式和生活质量，高新技术产品营销成为企业产品策略的重点。高新技术产品在整个营销产品中所占的比重越来越大。高新技术不仅能够在产品方面推陈出新，还使得新产品研制开发的速度越来越快。

国际营销产品策略的创新首先表现在拓宽产品类型概念的内涵上。在传统国际营销中，产品主要是指实物产品、技术和劳务。在当前的市场条件下，产品类型的概念得到了极大的丰富，产品不但包括实物产品、技术和劳务，还包括服务、事件、人员、组织、地方、财产权、信息和观点等。这里服务既指服务产品本身，也指附加在实物产品之上的支持性的服务。

在当前的市场条件下，由于实物产品的同质化现象日趋严重，服务正成为企业竞争的焦点。据有关调查显示，服务已成为IBM公司最大的一张王牌。在IBM的盈利模式里有这样一个算式：产品+服务=1+3=4，也就是说，1元的产品加上服务后可以卖到4元，这充分体现了服务的价值。

产品可以分3个层次：核心产品、实际产品和附加产品。在当代市场环境下，产品的创新主要不是表现在实际产品层次，而是在附加产品层次，包括支持性的服务、质量保证、安装、送货方便性、品牌形象和其他服务杂项等。也正因为如此，新的市场条件下产品的差别化特征更加难以模仿。

从产品生命周期来看，较之传统营销，在新的市场条件下，产品的生命周期大大缩短了。这主要是因为信息技术的迅猛发展提高了产品设计和生产的速度。

产品日益高新化的发展趋势进一步加速了产品寿命周期的缩短，让那些未能及时开发新产品的企业陷入严重的危机之中。同时，由于产品科技含量高、更新换代快以及高新技术层出不穷等原因，使高新技术市场的营销环境充满风险和挑战。因此，在产品策略高新化过程中，企业不仅要注重持续创新，建立专业化分工协作体系来抵御经营风险，而且要围绕高新技术产品创建相应的服务体系。现代高新技术产品的发明、推广和应用，使得产品的科技含量附加值更多，消费者对产品的理解、认识、购买、使用和感受更依赖于企业提供的高质量、全方位的服务。有人说，21世纪高新技术产品的竞争，归根结底是服务的竞争。

2. 品牌营销全球化

品牌是企业商品个性化的沉淀和凝结，是在竞争激烈的同质化市场中引起消费者注意或购买的重要识别的特征，基于全球经济一体化和网络化的宏观环境影响，品牌营销成为21世纪企业开展营销活动的战略重点。

进入21世纪之后，工业社会的市场壁垒随着互联网和全球经济一体化进程的加快而被逐渐打破，信息化社会将全球融合为一个巨大的没有时空界限的统一市场。社会的进步与发展客观地把现代企业的品牌营销置于一个全球化的环境之中，21世纪企业的产品与20世纪产品的不同，在于越来越多的品牌可以在世界范围内流通。消费者在任何一个国家都可以买到自己所熟悉的时装、快餐、旅游或银行服务等。特别是网络、移动和社交媒体营销和电子商务的出现，既降低了品牌全球化的运作成本，又使无数个过去在传统工业社会里难以跨出国门的品牌，可以在一夜之间进入国际市场，面向全球的消费者。同时，也使过去无法在本国买得到的世界知名品牌，通过互联网在电脑屏幕前直接操作鼠标就可以完成购买行为。未来的品牌将会全球趋于一致，这从根本上刺激了企业为争夺领导品牌而在全球范围内展开竞争，同时也可能对品牌还未形成全球化的国家或企业构成强大的冲击。品牌已逐渐显示了企业参与国际竞争的实力，在品牌营销活动中，只有将其同世界各地的文化环境、风俗习惯和消费者心理密切结合起来，才能让企业的品牌深入世界各地消费者的心中，从而增强企业的核心竞争力，确保企业能在激烈的国际市场竞争中立于不败之地。

3. 国际营销定价策略新颖化

在定价策略方面，首先是价格的构成因素发生了变化。知识因素、创新成本等开始被计入价格之中，并占有较大的比重。

其次，定价的导向发生了转变，由传统的以成本为导向的定价策略转向以顾客感知价值为基础的价值导向定价策略。企业之所以能做到这一点，跟信息技术的发展是分不开的。虚拟现实（Virtual reality）等技术的发展使得企业很容易在实验室里测试出产品对顾客的实际价值。

再有，定价方式也发生变化。通过运用网络技术进行定价的方式出现了。顾客可以直接在网上与企业进行讨价还价，这使得企业的定价策略更加灵活。

4. 国际营销渠道策略国际化

第一，从形态来看，渠道由金字塔式向扁平化转变。传统的金字塔式渠道体制，因其强大的辐射能力，为厂家产品占领市场发挥了巨大的作用。但是，在供过于求、竞争激烈的市场环境下，传统的渠道存在着许多不可克服的缺点：一是厂家难以有效地控制销售渠道；二是多层结构影响了渠道的适应性和灵活性，有碍于效率的提高，而且臃肿的渠道不利于形成产品的价格竞争优势；三是单向式、多层次的流通使得信息得不到准确和及时的反馈，这样不但会错失商机，而且会造成人力和时间的浪费；四是厂家的销售政策不能得到有效的执行和落实。因此，许多企业正将销售渠道由金字塔式向扁平化方向转变，即销售渠道越来越短，销售网点则越来越多。销售渠道短，增加了企业对渠道的控制力；销售网点多，则增加了产品的销售量。

第二，在新的营销环境下，国际营销渠道另一个明显的变化是新的渠道系统的产生，包括垂直营销系统、水平营销系统和多渠道营销系统。垂直营销系统是基于渠道成员控制渠道行动、消除渠道冲突的强烈愿望而出现的，它能够通过其规模和重复服务的减少提高渠道系统的有效性。与传统的营销系统不同，垂直营销系统是由生产商、批发商和零售商组成的联合体。在美国的消费市场上，垂直营销系统已成为一种主导的渠道形式，占全部市场的70%～80%。垂直营销系统有3种类型：公司式垂直营销系统、管理式垂直营销系统、合同式垂直营销系统。渠道方面的另一个进展是水平营销系统的产生，它由处在渠道同一层的两个或两个以上的公司联合而成，以共同开发和利用一个靠单个公司的力量所无法利用的市场机会。另外多渠道营销系统也是国际市场营销的重要渠道。过去，很多企业只采用单个渠道在一个大众市场或细分市场上销售产品。今天，大众市场已裂变为多个细分市场，与此相适应，很多企业建立了多条分销渠道。当一个企业利用两条或更多的营销渠道服务于一个或更多的细分市场时，就出现了多渠道营销系统。

第三，不再把中间商看成是顾客，而是把他们看成是向最终顾客传递顾客价值过程中的合作伙伴。

第四，渠道方式实施电子化分销。互联网技术和电子商务的飞速发展为企业渠道电子化提供了广阔的空间。电子化渠道具有跨时空、交互式、拟人化、高效率等特征，能够适应新经济时代消费者快速、便捷并富有个性的需求。2010年，网络团购网站，如雨后春笋般出现上万家网站，全民参与到了一次别开生面的PK团购竞赛中，以糯米、拉手、美团、24券为代表的团购网甚至动用报纸、地铁灯箱等传统媒体进行广泛传播。

5. 国际营销促销策略多样化

国际营销促销策略的多样化主要表现在5个方面："一对一"促销、网络广告、多元新型媒体和网络公共关系的产生和兴起以及整合营销传播。

网络技术的发展使得企业与企业、企业与公众之间可以通过网络进行双向互动式沟通，极大地提高了沟通的效率。更重要的是，网络让"一对一"促销成为现实。在旧经济时代，企业依靠大规模的广告传播等基本手段便可以收到明显的促销效果；在新经济时代，这种简单的做法已经很难奏效。首先，很难把人们大规模地集中到一起，除非是在观看诸如奥运会或美国橄榄球超级杯之类的比赛。其次，有些广告也没有必要面向广大的人群，比如猫食广告。因此，在新经济时代可以通过网络进行"一对一"促销。人们有充分的理由相信，电子邮件广告（E-mail）、电子公告牌（BBS）广告、互联网（Web）广告等新型网络广告形式将成为未来广告的重要组成部分。在21世纪的今天，谁能洞察到网络广告市场的潜在需求，并能从技术上不落后或取得先机，无疑将掌握更多的资源和赢得更多的广告主的青睐，当然媒体选择也将会更人性、更科学。

21世纪媒体的变化非常引人注目，因为它们在影响市场或营销组合策略的同时，也透过形形色色的大众娱乐潜移默化地改变着人们的生活方式。

除了电子媒体外，多元新型的媒体也出现了些不同于工业时代不分群体无差异的大众媒体，而是演变为依据不同市场、不同消费群体、不同场景的"小众媒体"。多元新型媒体根据受众阅读和观看习性、欣赏倾向和接受的程度，最大限度地为受众度身定做媒体。这样既可以满足特定消费群体个性化的媒体需求。同时，也可提高媒体的发布效率。例如，医院专供患者阅读的杂志、学校食堂专对学生播放的电视广告、超级市场手推车上悬挂的广告和电视台针对不同观众发布的不同广告等，都是在传统媒体基础上的细化。如果让媒体受众将接受广告视为一项乐于欣赏和阅读视听的事情，21世纪的媒体公司和广告公司可就大有作为了。

激烈的市场竞争如大浪淘沙，迫使企业不断审视自己的企业与市场营销环境来调整营销策略和战略，或者确立新的营销理念，或修正原有的营销方式，整合理念正是鉴于企业在希冀兼顾企业内外整个价值链上的所有的"星座"都能够闪闪发亮的目标指引下，逐渐演变和发展起来的一种更适合现代市场竞争的营销理念，实现从传统的依靠"单一营销"向"整合营销"的转变。

在新经济时代，创造市场也许比适应现存的市场来得更加重要，创造市场比细分市场和确定目标市场更为生动，成熟的市场竞争也是最为激烈的。而整合营销要求企业主动地迎接多变的挑战，更加清楚地认识市场与企业之间的互动关系，不仅要分析现有的市场，研究如何尽量扩大市场份额的策略，更应未雨绸缪，研究消费者的新需求，发掘潜在的市场，从而开创新市场。整合营销推崇企业用动态的观念看待市场，一个企业市场优势地位的确定与稳固，在于企业能否深刻地领悟市场发展方向，以及是否有能力根据市场的变化及时调整企业的战略、充分利用自身以及"外脑"来适应变化了的市场。在复杂动态的营销环境下，一个企业只有成为市场营销的开拓者，开创新的市场并不断地保持领先地位，企业才有可能拥有持久的生命力、成长能力和核心竞争力。

国际营销促销策略的多样化还表现在整合营销传播理念的产生。越来越多的成功企业采用了整合营销传播这个理念。这种理念要求企业仔细协调和整合各种促销工具和传播渠道，以便向目标市场传递一个清晰、一致和强有力的关于企业和企业产品的信息。整合营销传播意味着企业的信息、定位、形象和身份通过各种营销传播工具传递给顾客的时候，是协调一致的。实践证明整合营销传播能产生更加一致的传播效果，并能明显地促进销售。

在营销策略组合方面，互联网时代的营销组合策略创新不是表现在文字游戏上，也不仅表现在单个营销策略上，而最主要的是表现在营销策略的实现上，也即真正意义上的营销组合策略在新的互联网时代实现了。

在传统营销理论中，4Ps一直具有举足轻重的地位，尽管以后有不少学者加入了Ps的游戏，把4Ps扩大到7Ps、9Ps等，但给人们留下最深印象的仍是4Ps。4Ps对企业的营销活动所起的作用是系统的和直观的，因而也是经典的和有效的。在市场进入由买方决定的消费主义时代，营销学适时地作了调整，提出了围绕消费者利益开展营销的4Cs（顾客、成本、方便、沟通），使营销活动更贴近"满足顾客需求"这个营销学的本质性的内涵。然而在掀起一阵4Cs热以后，人们冷静下来发现4Ps与4Cs在实现有效交换这一点上却惊人得一致，即都是强调动态性和系统性。尽管前者站在生产者的立场上强调营销组合的重要性，后者站在消费者的立场上追求营销组合的适用性，但两者的本质都要求从产品设计开始就要充分考虑消费者的要求，实行全程的互动营销。从这一点讲营销组合确实是营销学的精髓所在。然而令人遗憾的是，在现实的经济生活中却很难真正做到4Cs，也很难使4Ps取得预期的效果。尽管大多数企业都强调了市场调查、市场预测和市场测试，并通过不懈的努力来揭示市场需求的即时信息，使企业的营销在每一个环节上都妥帖地反映全程的互动营销，但由于时间、空间、成本的限制，大多数企业根本达不到这些理论的要求。

在互联网时代，这种状况发生了根本性的变化。企业可以利用网络，以极低的成本，在营销的全过程中对消费者的需要进行即时信息收集。消费者也可以利用网络对产品的设计、定位的合理性，促销的手段、渠道的形式、服务的功能、沟通的适应性等发表意见。于是企业与消费者之间的互动在营销的全过程都可以妥善地得以实现。这时，"惊人的一跳"出现了：长期以来营销学所追求的"满足用户需要"在互联网时代成为任何企业都可以轻易地实现的现实。在提高顾客让渡价值的同时，企业也真正使营销决策做到有的放矢。企业的核心竞争力得到了有效的提升，社会资源得到了充分的利用，互联网使营销的4Ps和4Cs重新焕发动态性和系统性的神奇功能。通过互联网，全球多个市场的物流、现金流、信息流已经汇集成了一个开放的、互动的、循环的网络；市场的空间形态、时间形态和虚拟形态得到了有机的结合。全程的互动式营销满足了消费者对更加便捷、更加合理的营销方式的需要，也促进了现代营销理论的进一步发展。

超级链接 17-2

海底捞的服务营销策略——基于消费者行为分析

基于消费者的购买行为模式，我们可以知道消费者首先接受的是外部营销（4P）和环境刺激，再经过一系列的购买决策过程作出消费反应。消费者的消费行为最大限度的影响来自于企业的营销模式，而衡量一个企业是否卓越的标准来自于它的市场营销策略。因此，基于消费者的消费行为分析，海底捞采取了以下的服务营销策略，来使得海底捞更加广受消费者青睐。

1. 海底捞的产品策略

在产品营销方面，海底捞针对就餐前提供代客泊车及免费擦车等服务，候客区则提供擦鞋、美甲等免费服务，为消费者在进餐前提供优质的服务；进餐时，海底捞为消费者提供各种各样满足消费者口味的锅底，其中最重要的是海底捞的四味锅底，满足了即使多人来进餐众口难调的尴尬场面。同时，根据不同的消费人群提供围裙、眼镜布、橡皮筋、手机袋和发卡、靠垫、玩具等物品；每桌配有一名服务员，搭配酱料，添菜；熟悉顾客名字；且服务员有权力为顾客换菜、送菜、打折。基于以上的种种服务，使消费者有种宾客如归的感觉，使服务员在推荐菜品时，不会让消费者有抵触及不满情绪。不仅如此，海底捞相比较其他的火锅店的特色于菜单上所有的菜品都可以点半份，这样就可以使消费者尝到更多种类的菜品，还同时提供免费小吃，还有精品凉菜等；在就餐后，服务员会立马送上口香糖给消费者并致以最诚挚的微笑。在产品策略方面，海底捞在不断推出新产品的同时还不忘记将原本就提供的服务做到最好。

2. 海底捞的价格策略

首先，海底捞采取了声望定价策略。声望定价策略是指企业利用买方仰慕该品牌的心理，基于消费者的心理以及消费者对该企业具有一定的认可度和忠诚度进行较高的定价策略，从而使消费者愿意花更多的钱享受海底捞的优质服务。其次，海底捞采取的是折扣定价策略。海底捞针对大学生群体在每周的周一到周四14点—17点、22点—次日7点；周五0点—7点、14点—17点；周末0点—7点提供6.9折的折扣优惠。针对社会群体提供折扣券及代金券，例如30元抵100元的代金券等。由于消费的折扣也使消费者在能够享受优质服务的同时，拴住他们的消费欲望，使他们更多能够成为回头客。海底捞的价格策略是厚利经营，因为海底捞拥有大批高获利的菜品，海底捞才能大方的去赠送很多非进餐时顾客所享用的东西。厚利经营管理是海底捞价格策略的精髓所在，也是海底捞不断发展壮大的物质基础。

3. 海底捞的促销策略

随着社会的发展，对于餐饮行业的要求越来越高，传统火锅店的促销策略已逐渐不能够吸引消费者前来消费，而海底捞的促销策略打破了传统的促销模式，主要有以下几点。

（1）由于传统的火锅店的菜单较为单一，所以海底捞大概传统风貌，制作出图文并茂的精美菜单，吸引更多的消费者前来消费。

（2）建立一支具备高素质、高效率的营销团队。全国各地的分店中都会从优秀的服务员中挑选出优秀的营销人员，从而进行有效的营销。

（3）开展网上订餐，送餐上门的外卖业务。

（4）建立并推广新菜品的整体营销制度。其中包括海报的精美制作、新菜品的营养成分分析、制作方法的接受等。

资料来源：林伟斌，刘伊琳，邬小霞. 浅析海底捞的服务营销策略——基于消费者行为分析[J]. 全国流通经济，2020，（9）：5-6.

17.5 国际营销模式个性化

国际营销个性化是未来国际营销发展总的趋势。国际著名市场营销专家菲利普·科特勒在其《想象未来的市场》一文中指出，未来市场经营者将把注意力集中于大的群体转移到寻找特殊的、合适的目标。在这些目标所在处，就有财富存在。由于消费者需求的特殊性增加，不同消费者在消费结构、时空、品质诸多方面的差异自然会衍生出特殊的、合适的目标市场，这些市场规模会缩小，但其购买力并不会相对减弱。目标市场特殊性的强化预示着消费者行为的复杂化和消费者的成熟。

21世纪营销服务呈现个性化的发展趋势，完全不同于传统工业社会将消费群体相近的需求等同看待。根据单个消费者的特殊需求进行产品的设计开发，制定相应的市场营销组合策略，是新世纪营销个性化的集中体现。能够满足千差万别个性化需求的营销可能取决于21世纪高新技术的发展。因为互联网技术使信息社会供求关系变为动态的互动关系，消费者可以在全世界的任何一个地方、任何时间将自己的特殊的需求利用互联网迅速地反馈给供给方，而生产方也可以随时随地通过互联网了解和跟踪消费者的市场反馈。供需双方利用现代媒体相互沟通，让工业时代难以预测和捉摸的市场将变得逐渐清晰，传统的市场调查在未来将渐渐失去其存在的价值。

个性化的营销是以产品最终满足单个消费者需求为归依的。企业能否根据具体消费者而不是群体消费者设计非常个人化的产品或服务，成为衡量其竞争实力的一项准则。20世纪末，中国海尔集团提出了"您来设计，我来实现"的新口号，由消费者向海尔提出自己对家电产品的需求模式，包括性能、款式、色彩、大小等。海尔集团实施家电个性化生产的战略举措，其产品的人文概念和更具实用的价值与传统工业社会的产品价值已经不能同日而语，这不仅是因为衡量产品价值的标准发生了变化，更重要的是因为信息社会中人的生活方式影响了消费者对产品价值的需求。个性化的消费需求已经不是消费量的满足而是质的差异的获得。企业要生存和发展就必须同时具备个性化的营销能力和能够将互联网、信息和企业资源整合的能力。

在国际营销个性化的趋势下，个性化营销衍生出精准营销、数据库营销以及会议营销等多种营销模式，这些营销模式彼此间密切联系又各成一体。

1. 精准营销

精准营销（Precision marketing）是在精准定位的基础上，依托现代信息技术手段建立个性化的顾客沟通服务体系，实现企业可度量的低成本扩张之路。就是公司需要更精准、可衡量和高投资回报的营销沟通，需要更注重结果和行动的营销传播计划，还有越来越注重对直接销售沟通的投资。

精准营销在以下几个方面突破了传统营销的局限和束缚。

（1）精准营销通过可量化的精确的市场定位技术突破了传统营销定位只能定性的局限；

（2）精准营销借助先进的数据库技术、网络通信技术及现代高度分散物流等手段保障和顾客的长期个性化沟通，使营销达到可度量、可调控等精准要求。摆脱了传统广告沟通的高成本束缚，使企业低成本快速增长成为可能；

（3）精准营销的系统手段保持了企业和客户的密切互动沟通，从而不断满足客户个性需求，建立稳定的企业忠实顾客群，实现客户链式反应增殖，从而达到企业的长期稳定高速发展的需求，扭转了传统营销只针对普遍需求，缺乏与顾客间的互动，难以满足客户个性需求的劣势；

（4）精准营销借助现代高效广分散物流使企业摆脱繁杂的中间渠道环节及对传统营销模块式营销组织机构的依赖，实现了个性关怀，极大降低了营销成本。

互动营销是精准营销模式的核心组成部分，是实现和客户互动的主要手段之一，互动营销强调和客户良性互动。互动营销采取各种有效互动形式，紧紧抓住消费者心灵，在顾客心中建立鲜活的品牌形象。

在互动营销中，互动的双方一方是消费者，一方是企业。只有抓住共同利益点，找到巧妙的沟通时机和方法才能将双方紧密地结合起来。互动营销尤其强调，双方都采取一种共同的行为。

互动营销是指企业在营销过程中充分利用消费者的意见和建议，用于产品的规划和设计，为企业的市场运作服务。企业的目的就是尽可能生产消费者需求的产品，但企业只有与消费者进行充分的沟通和理解，才会生产出真正适销对路的商品。互动营销的实质就是充分考虑消费者的实际需求，切实实现商品的实用性。互动营销能够促进相互学习、相互启发、彼此改进，尤其是通过"换位思考"带来全新的观察问题的视角。

2. 数据库营销

精准的互动营销需要通过营销测试系统及大型个性数据库对消费者的消费行为进行精准衡量和分析，实施精准定位，这被称为数据库营销。数据库营销就是企业通过收集和积累会员（用户或消费者）信息，经过分析筛选后针对性的使用电子邮件、短信、电话、信件等方式对客户进行深度挖掘与关系维护的营销方式。或者，数据库营销就是以与顾客建立一对一的互动沟通关系为目标，并依赖庞大的顾客信息库进行长期促销活动的一种全新的销售手段。这是一套内容涵盖现有顾客和潜在顾客，可以随时更新的动态数据库管理系统。数据库营销的核心是数据挖掘。国际市场上十多年前就有数据库营销的例子：一家通过邮购目录直销服装的公司，积累了200万名顾客的资料，经过数据挖掘，发现这200万名顾客包括5 225个市场单元。比如，其中一个市场单元是同时买了一件蓝衬衣和一条红领带的850名顾客，他们再买一件海军蓝夹克的可能性很大。那么该公司如果推广海军蓝夹克，就只用发信给850名而不是200万顾客了。

在国际营销个性化方面数据库营销通常可以用来达成以下营销目标：

（1）更精确地瞄准产品的营销与设计方向；

（2）确保客户忠诚度，避免竞争的风险；

（3）确认最有可能购买新产品与服务的客户；

（4）提高销售效率；

（5）为传统的销售方式提供低成本的新方案；

（6）更容易量化营销结果。

3. 会议营销

会议营销是企业通过各种途径收集消费者的资料，经过分析、整理后建立数据库，然后从中筛选出所要针对的目标消费者，运用组织会议的形式、并结合各种不同的促销手段，进行有针对性的销售的一种营销模式。会议营销是直接针对目标人群进行的营销模式，减少了广告宣传的盲目性和不确定性，节约广告宣传资源，资源利用效率高。

会议营销的核心是在消费者心目中建立对品牌的信任，并长期维护这种信任，在竞争日益激烈，市场高度同质化的今天，仅靠产品本身往往难达到这一目的，还要与消费者进行针对性宣传，提供真诚的服务，有效的营销策略都是极具个性化的，只有精确地锁定目标消费者，并与之开展"一对一"的沟通，满足消费者差异化的需求，方能提高满意度，增强品牌忠诚，使企业得到长期的发展。

会议营销正是建立在"一对一"互动沟通基础上的一种整合服务营销体系，主要是通过建立消费者资料库，收集目标消费者的资料，并且对这些资料进行分析、归纳和整理，筛选出特定的销售对象，然后利用会议的形式，运用心理学、行为学、传播学等理念，与消费者面对面地进行有针对性的宣传、服务，以便达成销售的一种营销模式，它涉及信息的收集和有效化处理、目标人群的前期联系、现场的组织及跟进服务等方面。

17.6　国际营销手段虚拟化

信息全球化已成为当代经济的一个重要特征，其迅速崛起的主要原因是互联网。互联网不仅仅是交互通讯、信息传播和电子商务的工具，而且是信息全球化最理想的工具，给国际营销提供了前所未有的平台。

随着在线营销的发展，互联网上的虚拟市场不断扩大，消费者可以通过互联网这个虚拟的购物空间确定自己的消费行为，这标志着 21 世纪企业营销模式虚拟化时代的到来。营销虚拟化不但表现在消费者身份虚拟化、消费者行为网络化，而且体现在企业的广告、调查、分销和购物结算等都通过互联网而实现数字化。

实施虚拟化营销是我国在 21 世纪追赶或超越世界市场营销新潮流的一条捷径。如果说 20 世纪中国与西方发达国家在工业化进程上的差距是几十年甚至是上百年，那么新世纪中国在互联网技术上的差距相对较小。国务院新闻办公室副主任在上海召开的第二届中美互联网论坛上指出目前，中国平均每天新增网民 24 万人，依此发展速度，未来三四年中国网民人数有望达到 5 亿。可以说，互联网的崛起和发展为中国市场营销虚拟化的发展提供了一个千载难逢的机遇。而网络购物正是互联网作为网民实用性工具的重要体现，随着中国整体网络购物环境的改善，网络购物市场的增长趋势明显。目前的网络购物用户人数已经达到 6 329 万人，有 25.0% 的网民青睐网上购物，跻身十大网络应用之列。

1. 云营销

随着营销管理信息化的发展和完善形成了一种新的营销模式——云营销。

所谓"云营销"就是依靠云、搜索引擎以及社会化媒体作为主要媒介，通过网络，把多个成本较低的计算实体，整合成一个具有强大营销能力的完美系统。

云营销不仅局限于基础的本企业管理功能，而且基于电子商务企业构建的强大后台数据库系统，为商家提供智能化的营销分析和优化的营销策

扩展阅读 17.5
"小朱配琦"组合连麦进行隔空"云直播"

扫码阅读

略，真正实现"由点及面"的云服务、云营销。

云营销拥有云计算超大规模、虚拟化、可靠安全、成本较低等特点，使得营销更加精准、便捷、低成本、实效化。不仅如此，它还将产生各种新式的服务或产品。云营销通过不断提高"云"的覆盖能力，以及"云"之间的逻辑计算能力，来减少用户的经济负担，最终使用户简化到只要在家里，一台终端，都可以得到近乎无限数量的优质客户，享受"云营销"带来的强大经济利益。

2. 网络、移动和社交媒体营销新策略

在国际营销的网络时代的背景下，营销模式信息化、数字化、虚拟化使得营销变革日新月异。在互联网平台上，传统的营销模式实现了再一次的价值提升，营销与网络的结合也催生了许多新的营销策略，诸如病毒式营销、搜索引擎营销、SNS营销、口碑营销、EDM营销、无线营销等多种形式。这些内容详见本书17章国际营销的互联网时代：网络、移动和社交媒体营销。

17.7 国际营销业态数字化

以"E国际贸易"为主要特征的国际贸易新业态，正随着信息技术蓬勃发展和产业革命的深入展现出其前所未有的发展动力，对稳定一个国家产品国际市场份额和拉动进出口平衡方面的作用越来越突出。国际贸易新业态不仅是加速经济新旧动能转换的重要手段，也是实现外贸稳增长的重要动力。国际贸易新业态以其制度上的突破性创新，比传统贸易方式更具活力，是经济体制更加开放的先导。

国际贸易新业态有如下主要特征。

一是社交平台与跨境电子商务融合，形成短视频电商，成为跨境电子商务的新增长点。短视频社交成为一种"生活方式"，正在改变品牌营销和流量引入规则。

二是传统跨境电商平台与线下实体融合，形成跨境O2O。跨境电子商务进口平台尝试在线下开设实体店，为消费者提供集体验、交流为一体的跨境实体零售新体验。跨境电子商务作为外贸新业态之一，随着其新模式的不断涌现，为传统外贸转型升级提供了新渠道、新思路。

> **知识延伸**
>
> ### 跨境O2O
>
> 跨境电商，交易主体分属不同关境，通过电子商务平台达成交易、进行支付结算，并通过跨境物流送达商品、完成交易的一种国际商业活动。而O2O（Online to offline），意思是线上对线下。跨境O2O顾名思义就是分属不同国家的交易双方通过线上支付，线下跨国物流将商品送达完成交易的方式。

三是 E 国际贸易方式以喷薄之势发展，逐步与一般贸易、加工贸易、小额边境贸易和采购贸易等方式交互融合，成为新的下一代主要国际贸易业态。下一代国际贸易业态与下一代制造业业态相互作用，共同使传统国际贸易和制造业的时空界限、地理界限日渐模糊，使最终产品的生产和价值实现不再由一个国家独立完成。国际贸易一方面扭转生产消费跨国分离状态，另一方面又通过全球价值链和 E 国际贸易平台重新链接，依托贸易平台或新的载体和渠道，将全球范围内分离的生产过程和环节，单一分散的生产商、供应商、中间商和消费者汇聚在一起，形成了前所未有的市场集成力量，包括生产商集成、供应商集成、中间商集成和消化者集成，并由此产生巨大的贸易规模、贸易流量，并不断改变着贸易方向，产生了更加便捷、快速和自由的贸易方式，不同国家之间的经济联系和贸易往来变得比以往任何时候都更加紧密。

新业态催生了新动能。国际贸易新业态的形成与发展，使生产性企业与专业服务公司合作更加紧密，而"互联网+"及大数据的应用等不但降低了交易成本，减少了流通环节，而且倒逼企业不断提升产业链、供应链、价值链，增强企业创新能力，集中精力搞好产品质量的提升，增强品牌影响力、强化国际规则话语权。

未来，网络外贸公司将从网上商店和门户这一形式过渡到其核心业务流程、客户关系管理等都通过网络来处理的形式。网络的普及将使产品和服务更贴近用户的需求。电子商务水平和其他相关技术的快速发展，带动新一代的网络贸易形式取代传统外贸形式的同时，也取代目前简单地依靠"网站+平台"这种单一的网络交易方式。网络成为企业资源计划、客户间关系管理及供应链管理的重要手段。

未来网络贸易型网站将会出现兼并热潮。结成战略联盟是网络贸易发展的必然趋势。网络贸易发展趋势的个性化、专业化，以及网站资源的限制性、客户需求的全方位性，将推动不同类型的网站以战略联盟的形式进行相互协作。

本 章 小 结

企业的国际经营环境经常会发生变化，这决定了企业的营销观念和营销活动必须随着经营环境的变化而不断调整，达到一种动态的适应。

当代国际营销环境变化主要体现在经济、文化、技术等方面。在经济环境方面，经济的全球一体化、经济的区域一体化、服务经济和知识经济的迅猛发展使得企业的国际营销面临着更为复杂的环境，在给企业带来机遇的同时，也提出了挑战。在社会文化环境方面，当代消费者的生活习惯发生了变化，从而引起他们在购买行为方面的变化：消费者的个性化需求的倾向越来越明显，他们对价格更加敏感，他们不断地期望更高的质量和个性化服务；他们意识到真正的产品差异很小，他们对品牌的忠诚度降低了；他们从互联网和其他途径获得广泛的信息，使得他们的购买行为更加理智。在技术环境方面，信息技术尤其是互联网技术的发展，给营销带来直接的冲击。在政治法律环境方面，各国政府在放松对经济的管制的同时加强了立法。在自然环境方面，世界人口持续增长、自然环境恶化、自然资源日益紧缺、能源价格不断上升，这些使得越来越多的人意识到环境保护的重要性。

在新的市场环境下，国际营销呈现出五大发展趋势：国际营销观念全新化、国际营销战略层次化、国际营销组合策略多元化、国际营销模式个性化、国际营销手段虚拟化、国际营销竞争共赢化。

关 键 术 语

全球经济一体化（global economic integration）
区域经济一体化（regional economic integration）
服务经济（service economy）
知识经济（knowledge economy）
政府管制放松（government deregulation）
社会营销（social marketing）
绿色营销（green marketing）
战略营销（strategic marketing）
体验式营销（experiential marketing）
客户关系生命周期（the life cycle of customer relationship）
关系营销（relationship marketing）
精准营销（precision marketing）
数据库营销（database marketing）
产品策略（product strategy）
网络型营销组织（corporate networking）
电子商务（E-commerce）
多元新型媒体（new multi-media）
整合营销传播（integrated marketing communications）
整合营销（integrated marketing）
服务个性化（service individualization）

课 后 习 题

1. 国际营销环境的变化主要体现在哪些方面？
2. 国际营销虚拟化的主要内容有哪些？
3. 战略营销有哪些特征？
4. 国际营销渠道策略的国际化主要表现在哪些方面？

本章讨论案例

腾讯营销

微信营销是目前最为成功的社交化营销案例，微信利用腾讯庞大的用户群，从社交工具向营销工具进行转换。微信营销分为腾讯的自主营销和开放式的营销。微信的自主营销主要是微信工具钱包下的一些营销工具，包括手机充值、理财通、Q币充值、生活缴费、滴滴出行、火车票机票、电影票、吃喝玩乐、彩票等。其中滴滴打车的营销取得了巨大的成功，从2013年开始实施至今已经成为影响人们出行的重要因素，更多的人选择滴滴打车，因为叫车方便、安全且支付方式更加便捷，避免了没有零钱的尴尬。而微信开放式的营销包括为其他的电子商务企业所提供的营销平台，例如微信群营销、朋友圈营销、微信公众号营销等方式。招商银行、彩票、大众点评等众多电子商务企业利用微信公众号成功建立客户群体进行营销，节约了成本的同时还巩固了客户的忠诚度。具体的方法包括业务咨询、业务办理、相关文章推送的服务。而微信群也成为一些企业为客户和代理商进行交流互动的平台，成为一种新型的营销方式，朋友圈则是免费的广告平台。微信平台推出后，至2011年11月，用户增长量达到5 000万，而到了2012年3月微信用从5 000万增长到1个亿。从2012年3月到2012年9月微信用户增长到了2亿。由此可见，微信用户的飞速增长，为社交化营销提供了扎实的用户群体，使得微信营销成为病毒式的营销，也使得更多的电子商务企业看到了微信营销的商机，从而加入到微信营销的行列之中。其次分析微信群的营销案例：微信营销群可以是营销团队自己建立的营销群，从而进行培训和学习，可以是为客户建立的营销群，还可以进行二次销售和客户维护等工作。最后分析公众号营销案例：公众号营销已经成为众多的企业所选择的一种营销手段，并且微信公众号可以根据产品的特质和定位而进行不同的服务，如彩票服务中消费者可以获得双色球、福彩等相关的服务。

QQ营销的方式也是腾讯获得成功的案例之一，但是QQ的用户群体主要是PC端的用户，虽然也有移动版，但是移动端客户群体的使用习惯更加偏向于微信。因此QQ营销并没有微信营销成功。但是QQ的历史相较于微信更加长久，是腾讯公司推出的首款社交软件，其客户群体对于QQ忠诚度更高因此仍然取得了一定的成效。QQ营销主要通过QQ空间和QQ群进行的，而QQ群相对于微信群具有更多的自主性，企业可以通过搜索相关的群加入到用户之中进行调查和宣传。例如做减肥产品的则可以加入到一些减肥达人的群中，了解客户的需求从而有针对性地进行营销，而消费者也可以通过搜索一些商家的客户群进行售后维权工作和使用心得的交流互动等。因此，QQ营销具有更加忠诚度的客户群体和自主性营销的方式。

开放式营销是腾讯为其他的电子商务企业提供的营销平台，电子商务企业可以利用腾讯庞大的社交用户关系链进行宣传和营销，而腾讯则可以借助电子商务企业弥补其营销网络的不足，从而达到互赢的格局。而利用微信成功进行营销的案例有招商银行和京东商城。其中招商银行是利用公众号的使用创造了巨大的用户群体并对老客户进行维护巩固其忠诚度，而京东商城则是与腾讯合作，双方属于合作的关系。京东为微信的用户提供购物平台，使得微信作为社交平台可以进行购物，吸引更多的用户群体，而微信则为京东进行了推广并提供了庞大的消费群体。公众号营销可以提供众多的服务，并且可以根据客户的提问进行解答，客户只要提供相应的数字就可以。例如，京东精选属于微信钱包之中的一个服务项目，当点击京东精选之后则是进入到京东商城的首页，消费者可以在此完成网购活动。这样的结合性，有效地强化了品牌的推广与营销，是基于社交媒体的成功典范。

资料来源：刘康，万小燕.基于社交媒体的企业网络营销模式变革[J].商业经济研究，2016（8）：62-64.

讨 论 题

1. 试讨论腾讯是如何利用APP进行营销推广的？
2. 结合本案例，试述国际营销未来的发展趋势。
 （考核点：国际营销战略层次化、模式个性化）

主要参考文献

[1] 付亮，王俊伟. 病毒式营销的内涵、特点及应用 [J/OL]. 沈阳师范大学学报（社会科学版）：1-6[2020-07-20].https：//doi.org/10.19496/j.cnki.ssxb.20200713.001.

[2] 周文成，姚婷婷. 大数据时代网络营销运行中的问题与对策探析 [J]. 电子商务，2020（07）：66-67.

[3] 赵媛，樊重俊，朱玥. 基于大数据的连锁餐饮会员网络营销策略 [J]. 电子商务，2020（07）：68-69.

[4] 陈伟飞，张荷. "后疫情时代"网络电影的营销变革 [J]. 新闻研究导刊，2020，11（13）：102-103.

[5] 杨先顺，赖菀桃. 网络善因营销中消费者伦理感知的维度研究 [J/OL]. 新闻与传播评论：1-10[2020-07-20].https：//doi.org/10.14086/j.cnki.xwycbpl.2020.04.009.

[6] 季永伟. 网络营销对餐饮业发展的促进分析 [J]. 中国商论，2020（13）：9-10.

[7] 宋和. 网络经济时代市场营销策略的转变 [J]. 中国市场，2020（18）：115-116.

[8] 张波，吴佳霖. "互联网+"农村新型多功能体验式产业发展的路径探索 [J]. 产业创新研究，2020（12）：29-30.

[9] 汤飞飞. 以茶产品网络销售为例——谈基于慕课的高职《网络营销》课程教学改革实践 [J]. 福建茶叶，2020，42（06）：239-240.

[10] 王爱龄. 基于网络经济时代下市场营销策略的转变研究 [J]. 财富时代，2020（06）：64.

[11] 吕航. 网络经济背景下市场营销创新策略分析 [J]. 财富时代，2020（06）：144.

[12] 彭达枫. 互联网大数据时代的营销模式创新 [J]. 中外企业家，2020（18）：105-106.

[13] 刘露. 对于社交网络时代市场营销模式的思考 [J]. 经济研究导刊，2020（16）：47-48.

[14] 程宇. 网络经济模式下电镀企业的整合营销探索 [J]. 电镀与环保，2020，40（03）：117-118.

[15] 廖文萌，顾文聪. 基于大学生网络消费行为的文创产品营销策略研究 [J]. 商场现代化，2020（10）：25-26.

[16] 唐显锋. 网络营销与企业经济管理分析 [J]. 现代营销（下旬刊），2020（05）：103-104.

[17] 史致远，李红新. 新技术发展对网络整合营销的影响及对策 [J]. 电子商务，2020（05）：55-56.

[18] 杨启星. 浅谈网络经济时代市场营销管理的机遇与挑战 [J]. 中国管理信息化，2020，23（10）：134-135.

[19] 郑丽，袁欣，周淼淼. "互联网+"时代网络个性化营销方法探讨 [J]. 中外企业家，2020（14）：101.

[20] 武美丽. 大数据分析时代对市场营销的影响研究 [J]. 中小企业管理与科技（中旬刊），2020（01）：114-115.

[21] 王宁. 智子再现：营销理论中的西方战略迷局 [J]. 商场现代化，2020（07）：40-42.

[22] 加里·阿姆斯特朗，菲利普·科特勒著；赵占波等译. 市场营销学案例 [M]. 北京：机械工业出版社，2019：14-15.

[23] 郑荔."不需要"层次理论的意义——马斯洛"需要层次理论"再认识[J].黑河学院学报,2019,10(10):79-81+84.

[24] 雷明亚.大数据在广告公司扩散的影响因素研究[D].重庆工商大学,2019.

[25] 张艺凡.浅析宝洁公司在中国市场的营销战略以及对中国企业的启示[J].广西质量监督导报,2019(08):102+94.

[26] 李威,王大超.国际市场营销学[M].北京:机械工业出版社,2019:5-6.

[27] 李盼盼.树立现代市场营销观念,提升市场竞争优势[J].现代经济信息,2019(22):97.

[28] (丹)斯文德·霍伦森著;张昊,梁小宁,徐亮译.国际市场营销学[M].北京:机械工业出版社,2019:10.

[29] 汪菲.浅谈人工智能在市场营销方面的应用[J].营销界,2019(52):73-74.

[30] 王永贵,洪傲然.营销战略研究:现状、问题与未来展望[J].外国经济与管理,2019,41(12):74-93.

[31] 曾倩如."互联网+"背景下金宝贝早教机构营销策略研究[D].闽江学院,2019.

[32] 宋词.大数据时代中国银行吉林省分行电子银行营销策略研究[D].吉林大学,2019.

[33] 何雨谦.小微企业市场营销管理的现状与对策探讨[J].江西电力职业技术学院学报,2019,32(10):117-118.

[34] 程芳芳.基于地区营销视角的平湖经济技术开发区招商引资策略研究[D].浙江理工大学,2019.

[35] 胡敏.互联网时代SX公司液晶面板产品中国市场营销策略[D].北京交通大学,2019.

[36] 朱磊.J公司营销策略研究[D].南昌大学,2019.

[37] 胡庆波.三星彩超中国市场营销策略研究[D].兰州大学,2019.

[38] 朱雪兰,朱超云.星巴克体验营销策略分析[J].中外企业家,2018(30):236-237.

[39] 邵禹源.耐克和New Balance的品牌形象和营销策略分析[J].中国集体经济,2018(01):61-62.

[40] 菲利普R.凯特奥拉,玛丽C.吉利,约翰L.格.国际市场营销学[M](原书第17版).北京:机械工业出版社,2017.

[41] 王莉等.国际市场营销[M].北京:清华大学出版社,2017.

[42] 菲利普·科特勒(Philip Kotler),加里·阿姆斯特朗(Gary Armstrong)著,楼尊译.市场营销:原理与实践(第16版)[M].北京:中国人民大学出版社,2015.

[43] 李爽主编.国际市场营销[M].北京:人民邮电出版社,2015.

[44] 胡荻.亨利·福特成败T型车[J].中国商贸,2014(22):38-42.

[45] 卡尔·麦克丹尼尔,小查尔斯·W.兰姆,小约瑟夫·F.海尔[J].市场营销学案例与实践,2013.

[46] 迈克尔·波特.国家竞争优势[M].李明轩,邱如美,译.北京:中信出版社,2012.

[47] 刘涛,何方正.从推销到营销:究竟有多远[J].经营与管理,2011(06):44-45.

[48] 张煜阳.无线营销发展现状与未来趋势研究[J].上海商学院学报,2011.1

[49] 黄仁伟.深刻认识国际政治环境考验的长期性复杂性严峻性.http://www.wenming.cn/ll_pd/lldt/201110/t20111017_355344.shtml,2011.10.16.

[50] 百度文库.国际政治法律环境.http://wenku.com/view/7ea2136b011ca300a6c39096.html,2011.07.29.

[51] 邹海涛.低碳经济下企业国际营销环境的变化及对策[J].中国商贸,2011(Z1):68-69.

[52] 菲利普·科特勒,加里·阿姆斯特朗.市场营销原理[M].北京:中国人民大学出版社,2011.03.

[53] 新2浪财经网.中美轮胎特保案大事记.http://finance.sina.com.cn/g/20110906/103110439937.shtml,2011.09.06.

[54] 彭龙富.学生比树少的大学[J].读者,2011.12.

[55] 中顾网. WTO就欧盟对华皮鞋反倾销案设立专家组. http: //news.9ask.cn/gjmy/qingxiao/anli/201005/691460. html, 2010.05.24.

[56] 新华网. 日本震灾利比亚战争天灾人祸是会否拖累世界经济. http: //news.xinhuanet.com/world/2011-03/24/c_121224027.htm, 2010.03.24.

[57] 郭松克. 市场营销学 [M]. 广州: 暨南大学出版社, 2010.

[58] 张惠珍. 浅析企业网络营销运作中的伦理建设 [J]. 科技经济市场, 2010.1

[59] 徐金子. 企业网络营销策略分析 [J]. 商情, 2010 (18).

[60] 万后芬. 市场营销教学案例 [M]. 北京: 高等教育出版社, 2010.

[61] 耐克帝国半个世纪演绎的国际营销之道. 清华大学领导力培训网. http: //www.thldl.org.cn/news/1005/39349.html, 2010-05-05.

[62] 郎咸平. 福特潜伏战 [J]. 商界, 2010 (4).

[63] 王伟. 营销博弈 [J]. 读者, 2010.10

[64] 陈之杂. 只做最容易成功的事 [J]. 读者, 2010.23.

[65] 朱慧彬. 一点儿的骄傲 [J]. 读者, 2009.10.

[66] 朱晖. 飞到天上去 [J]. 读者, 2009.09.

[67] 胡春. 市场营销案例评析 [M]. 北京: 清华大学出版社、北京交通大学出版社, 2008.

[68] 许志玲、赵莉. 数据库营销——分众营销时代的营销利器 [M]. 北京: 企业管理出版社, 2008.

[69] 梁东、刘建堤. 市场营销新视点 [M]. 北京: 经济管理出版社, 2007.

[70] 冯英健. 网络营销基础与实践 [M]. 北京: 清华大学出版社, 2007.

[71] 张静中, 曾峰, 高杰. 国际市场营销学 [M]. 北京: 清华大学出版社, 2007.

[72] 秦波. 国际市场营销学教程 [M]. 北京: 清华大学出版社, 2007.

[73] 托马斯·弗里德曼. 世界是平的 [M]. 长沙: 湖南科学技术出版社, 2006.

[74] 吴汉嵩. 新经济时代国际营销环境的变化趋势 [J]. 江苏商论, 2006 (08): 98-99.

[75] 李弘, 董大海. 市场营销学 (第5版) [M]. 大连: 大连理工大学出版社, 2006.

[76] 甘碧群主编. 国际市场营销学 (第2版) [M]. 武汉: 武汉大学出版社, 2006.

[77] 刘新, 刘铁明, 程艳菲. 国际市场营销学 [M]. 北京: 中国商务出版社, 2006.

[78] 菲利普·科特勒. 营销管理 [M]. 上海: 上海人民出版社, 2006.

[79] 维恩·特普斯特拉、拉维·萨拉特. 国际营销 (第8版) [M]. 郭国庆等译. 北京: 中国人民大学出版社, 2006.

[80] 萨布哈什·C. 杰恩 (Subhash C. Jain). 国际营销案例 [M]. 宋晓丹等译. 北京: 中国人民大学出版社, 2006.

[81] 朱思文. "超级女声"的营销攻略 [J]. 投资与营销, 2005.11.

[82] 菲利普·R. 凯特奥拉 (Philip R.Cateora), 约翰厄姆 (John L.Graham). 国际市场营销学 (第12版) [M]. 周祖城等译. 北京: 机械工业出版社, 2005.

[83] 沃伦·J. 基坎 (Warren J.Keegan), 马克·C. 格林 (Mark C. Green). 全球营销原理 [M]. 傅惠芬等译. 北京: 中国人民大学出版社, 2005.

[84] 黄升民. 广告主绿色营销研究报告 [M]. 北京: 社会科学文献出版社, 2005.

[85] 沈巧雯. "体验营销的最佳典范: 星巴克咖啡" [J]. 管理现代化, 2005.2.

[86] 孟群舒. "超级女声"撞击娱乐经济 [J]. 财富智慧, 2005.8.

[87] 吴晓云. 国际营销学教程 [M]. 天津: 天津大学出版社, 2004.

[88] 马浩. 竞争优势: 解剖和集合 [M]. 北京: 中信出版社, 2004.

[89] 张辉. 全球价值链理论与我国产业发展研究 [J]. 中国工业经济, 2004.5.

[90] 菲利普·科特勒. 市场营销教程 [M]. 北京: 华夏出版社, 2004.

[91] Sally Dibb, Lyndon Simkin. 市场营销：案例和概念（第2版）[M]. 赵平、孙燕军译. 北京：清华大学出版社，2004.

[92] 戴亦一. 战略营销 [M]. 北京：朝华出版社，2004.

[93] 迈克尔·津科特（Michael Czinkota），伊尔卡·朗凯恩（Iikka Ronkainen）. 国际市场营销学（第6版）[M]. 陈祝平译. 北京：电子工业出版社，2004.

[94] 朴命镐. 为了创造顾客价值的市场营销 [M]. 韩国：经文社，2004.

[95] 李哲等. 全球文化时代的国际市场营销 [M]. 韩国：学现社，2004.

[96] 刘志超. 国际市场营销 [M]. 广州：华南理工大学出版社，2003.

[97] 朱华，窦坤芳. 市场营销案例精选精析 [M]. 北京：经济管理出版社，2003.

[98] Philip Kotler. Marketing Management（Eleventh Edition）[M]. Prentice Hall, 2003.

[99] 查尔斯·W. 希尔. 国际商务：全球市场竞争（第3版）[M]. 周健临等译. 北京：中国人民大学出版社，2002.

[100] Charles W Lamb, Joseph F Hair, Carl McDaniel. Marketing（Sixth Edition）[M]. South-Northern College Publishing, 2002.9.

[101] 沃伦·J. 基坎（Warren J. Keegan），马克·C. 格林（Mark C. Green）. 全球营销原理 [M]. 傅惠芬等译. 北京：中国人民大学出版社，2002.

[102] Philip Kotler, Gary Armstrong. Principles of Marketing (Ninth Edition)[M]. Prentice Hall, 2001.

[103] 吴晓云. 工商管理市场营销案例精选 [M]. 天津：天津大学出版社，2001.

[104] 罗国民，刘沧劲. 国际营销学 [M]. 大连：东北财经大学出版社，2001.

[105] William D Perreault, Jr E Jerome McCarthy. Basic Marketing: A Global-Managerial Approach （Fourteenth Edition）[M]. McGraw Hall, 2000.

[106] 罗伯特·E. 史蒂文斯等. 营销规划 [M]. 王琦译. 北京：机械工业出版社，2000.

[107] Hellriegel，Jackson，Slocum. Management（Eighth Edition）[M]. South-Western College Publishing, 1999.9.

[108] Warren J. Keegan. 全球营销管理 [M]. 北京：中国人民大学出版社出版，1998.

[109] Warren J. Keegan. Principles of Global Marketing[M]. Prentice-Hall International, Inc.1,997.

[110] Subhash C. Jain. International Marketing Management(Fifth Edition)[M]. South-Western College Publishing, 1996.

主要参考网站

[1] http://www.anliku.com 案例库网
[2] http://www.globalmarketing.cn 国际营销传播网
[3] http://www.emkt.com.cn 中国营销传播网
[4] http://www.vmc.com.cn 中国市场营销管理网
[5] http://www.eeo.com.cn 经济观察报网
[6] http://www.cb.com.cn 中国经营报网
[7] http://www.wtvusa.com/ 全球贸易地区网
[8] http://www.fita.org/ 国际贸易协会联合会网
[9] http://www.intl-trade.com/ 国际贸易网
[10] http://www.tradecompass.com/ 贸易指南网
[11] http://worldbusiness.net/ 全球贸易网
[12] http://www.wt.net/ 世界贸易网
[13] http://www.virtualtradelink.com/ 贸易区链接网
[14] http://world-trade-search.com/ 国际贸易搜索网
[15] http://www.chinabig.com/ 中国贸易网
[16] http://www.itdn.com.cn/ 中国国际贸易发展网
[17] https://countryreport.mofcom.gov.cn/default.asp 国别报告网
[18] http://www.mofcom.gov.cn/mofcom/ouzhou.shtml 各经商参赞处官网
[19] http://www.tradeinvest.cn/index 中国贸易投资网
[20] http://www.ccpit.org/ 中国贸促会官网
[21] http://project.mofcom.gov.cn/ 商务部投资项目库
[22] http://www.fdi.gov.cn/ 商务部投资指南网
[23] http://drc.heinfo.gov.cn/DRCNet.OLAP.BI/web/default.aspx 国研统计数据库
[24] http://data.un.org/ 联合国统计网
[25] http://comtrade.un.org/ 联合国商品贸易数据库
[26] https://www.wto.org/index.htm 世界贸易组织数据库
[27] http://www.imf.org/external/data.htm 世界货币基金组织官网
[28] http://unctad.org/en/Pages/Home.aspx 联合国贸发会议数据库
[29] http://unstats.un.org/unsd/mbs/app/DataSearchTable.aspx 联合国统计月报数据库
[30] http://data.worldbank.org/ 世界银行官网

教师服务

感谢您选用清华大学出版社的教材！为了更好地服务教学，我们为授课教师提供本书的教学辅助资源，以及本学科重点教材信息。请您扫码获取。

▶▶ 教辅获取

本书教辅资源，授课教师扫码获取

▶▶ 样书赠送

市场营销类重点教材，教师扫码获取样书

 清华大学出版社

E-mail: tupfuwu@163.com
电话：010-83470332 / 83470142
地址：北京市海淀区双清路学研大厦 B 座 509

网址：http://www.tup.com.cn/
传真：8610-83470107
邮编：100084